HISTOIRE
DE
Philippa de Gueldre
Reine de Sicile et de Jérusalem

DUCHESSE DE LORRAINE ET DE BAR

RELIGIEUSE DE

L'ORDRE DE SAINTE CLAIRE

MORTE EN ODEUR DE SAINTETÉ

AU PAUVRE MONASTÈRE DE SAINTE CLAIRE

DE PONT-A-MOUSSON

TOME SECOND

Beaucoup de filles ont
amassé des richesses,
vous les avez toutes sur-
passées.

*Multæ filiæ congrega-
verunt divitias : tu supergressa es universas.*

Vous régnerez par la
vérité, par la douceur et
la justice, et votre droite
vous conduira au milieu
des merveilles.

*Propter veritatem et
mansuetudinem et justi-
tiam ; et deducet te mirabiliter dextera tua.*

PAR UNE PAUVRE-CLARISSE

De Sainte Claire de l'Ave-Maria

DE GRENOBLE

1889

Tous droits réservés

EN VENTE A LA LIBRAIRIE BARATIER ET DARDELET
4, Grand'Rue, 4, Grenoble

LE MOIS DU DIVIN ÉPOUX

OU

TRENTE JOURS CONSACRÉS A L'AMOUR DU SACRÉ-CŒUR DE JÉSUS

Suivi de réflexions sur la sainte Messe et du Chemin de la Croix de l'âme réparatrice, par une pauvre Clarisse du monastère de Sainte-Claire de l'Ave-Maria de Grenoble. Ouvrage approuvé par Mgr l'Archevêque de Bourges, par Nos Seigneurs les évêques de Grenoble, de Rodez, de Viviers et de Nice, et par le Révérendissime Père Général de tout l'Ordre des Mineurs. Se vend au profit du Monastère. Un fort vol. in-18 broché, 3 francs.

DEUXIÈME ÉDITION

Cet ouvrage, que l'on peut appeler le *Nouveau Mois du Sacré-Cœur des communautés religieuses*, forme un in-18 d'environ 500 pages. Revêtues de plusieurs approbations épiscopales, de celle du R. P. Général de l'Ordre des Frères Mineurs, ces pages ont pour but de faire connaître de plus en plus le Cœur qui nous a tant aimés.

Des réflexions sur la sainte Messe et le Chemin de la Croix de l'âme réparatrice, suivent les trente Méditations. Cette suite de pieux exercices est comme un encens suave qui s'élève de la terre vers le Ciel. La théologie, l'art d'écrire, et surtout l'édification pénétrante que l'on y goûte, inspirent au lecteur le dessein de s'absorber encore dans ces doux entretiens.

A un autre titre encore, ce Nouveau Mois du Sacré-Cœur se recommande aux âmes vouées au Christ époux. Le produit de la vente est destiné au pauvre monastère de Sainte-Claire de Grenoble. Toute personne qui achètera ce livre coopérera donc à une grande œuvre de charité et aura une part spéciale aux bénédictions du Roi des Vierges et aux prières reconnaissantes des pauvres clarisses de l'Ave-Maria.

MÉDITATIONS RELIGIEUSES
OU LA
PERFECTION DE L'ÉTAT RELIGIEUX
FRUIT DE LA PARFAITE ORAISON
Par le R. P. CHAIGNON, S. J.
3 volumes in-12, brochés............ 9 francs.

DIRECTIONS SPIRITUELLES DE SAINT FRANÇOIS-DE-SALES
Publiées par l'abbé H. CHAUMONT
Volumes in-16 elzévir, sur papier vergé, titres divers : l'Humilité, la Confession, l'Eucharistie, la Souffrance, l'Oraison, etc. ; à 3 et 6 francs.

HISTOIRE

DE

PHILIPPA DE GUELDRE

HISTOIRE

DE

PHILIPPA DE GUELDRE

REINE DE SICILE ET DE JÉRUSALEM, DUCHESSE
DE LORRAINE ET DE BAR

RELIGIEUSE DE L'ORDRE DE SAINTE-CLAIRE

MORTE EN ODEUR DE SAINTETÉ AU PAUVRE MONASTÈRE
DE SAINTE-CLAIRE DE PONT-A-MOUSSON

Multæ filiæ congregaverunt divitias : tu supergressa es universas.

Beaucoup de filles ont amassé des richesses, vous les avez toutes surpassées.
(LIBRI SAPIENTIÆ.)

Propter veritatem et mansuetudinem et justitiam : et deducet te mirabiliter dextera tua.

Vous régnerez par la vérité, la douceur et la justice, et votre droite vous conduira au milieu des merveilles. (Ps. 44.)

TOME SECOND

PAR UNE PAUVRE-CLARISSE DE SAINTE-CLAIRE DE L'AVE-MARIA
DE GRENOBLE

—

1889

Tous droits réservés.

HISTOIRE

DE

PHILIPPA DE GUELDRE

CHAPITRE XVIII

L'œuvre de sainte Colette est menacée. — L'énergie et l'héroïsme de Philippa sauvent la Réforme. — Les Clarisses reconnaissantes l'appellent leur seconde Mère Sainte Colette.

> « Pour ce qui regy de la réforme, je vous rappellerai ce que je vous a' déjà dit et ce que j'aime à répéter en ce moment : La Sainte Vierge m'a fait connaître, que, par sa protection spéciale, la Réforme durera jusqu'à la fin des temps dans les couvents de religieuses. »
>
> *(Paroles de notre séraphique Mère Sainte Colette.)*

« En ce temps-là, un bruit sourd s'estoit répandu par les couvents de la Réforme qu'on estoit sur le poinct d'apporter quelques modérations aux lois de l'ancienne rigueur. » Les Clarisses Colettines, saisies de terreur, entrèrent, dit la légende, « *en des affres et appréhensions extrêmes.* » Renoncer à leurs Constitutions, en retrancher seulement un mot, leur eût semblé mille fois plus douloureux que la mort; leur droit de défendre la Réforme leur paraissait divin : notre glorieuse Réformatrice n'avait-elle pas dit un jour : « Mes Sœurs, je vous dis que cette religion n'est pas la religion de Sœur Colette, ni du Père Henri, mais la religion de Notre-Seigneur Jésus-Christ, car Il vient en personne pour la réformer. »

Les filles de la vierge de Corbie avaient hérité de la foi séraphique et de l'énergie persévérante de leur sainte Mère ; elles se préparèrent donc à la lutte, lutte d'autant plus douloureuse qu'elle allait s'engager entre les enfants d'une même famille, entre les fils et les filles de saint François ; guerre sainte, si l'on peut ainsi parler, puisqu'elle nous a conservé le saint héritage de la Réforme dans sa céleste intégrité.

« La reigle austère de sainte Claire, rétablie par sainte Colette, dit le Révérend Père Guinet, eut d'abord des sectatrices très zélées de son observance, mais il leur est arrivé, de même qu'à plusieurs autres Ordres, que les Révérendissimes Généraux y apportèrent beaucoup d'obstacles par leur autorité, qu'ils croient s'étendre à altérer les établissements des Réformes les mieux fondées, sous prétexte de conformité, qu'il seroit bien plus raisonnable d'établir en ceux qui se sont relachez de la reigle primitive, afin qu'ils se conformassent à ceux qui l'ont reprise, que de violenter ceux-ci à la quitter par un fatal relâchement, pour rentrer en conformité avec ceux-là. De sorte que l'on peut dire ce que l'archevêque de Trêves disoit, par la plume de saint Bernard : *Utinam qui adjutor esse deberet non adversaretur!* »

Nous ne nous permettrons pas de juger la conduite de nos Pères en cette circonstance. Ils purent se tromper et bien faire tout à la fois, car Dieu voit l'intention, et, souvent, que lui importe l'action ! Assurément, certains visiteurs méritèrent que leur conduite fut incriminée par les amis de la Réforme ; mais ces torts particuliers ne doivent pas rejaillir sur l'Ordre tout entier, et il nous paraîtrait peu convenable de ne pas croire que la charité et le désir louable de l'unité n'aient été le principal mobile de la façon d'agir des Révérendissimes Généraux.

Ce qui se passait alors ressemblait fort au différend survenu un siècle auparavant entre saint Jean de Capistran et sainte Colette. Et cependant, qui songerait à blâmer l'un ou l'autre de ces deux saints ?... Ne sont-ils pas admirables jusque dans leur désaccord ?..

« Ces deux âmes séraphiques, dit l'abbé Douillet, dévorées du zèle de la gloire de Dieu et du salut des hommes, s'étaient bientôt comprises. Elles avaient échangé les lumières qu'elles avaient reçues soit de Dieu directement, soit des hommes. Elles avaient gémi ensemble sur les maux qui allaient désoler la chrétienté et s'étaient animées encore plus à la prière et à la pénitence pour les péchés du peuple. Mais cet accord laissa subsister une dissonnance qui causa à sainte Colette une profonde douleur. L'histoire de l'Eglise, les vies des saints nous montrent comment l'Esprit de Dieu, toujours un, se diversifie dans les instruments dont il se sert. Malgré sa puissante action sur eux, il leur conserve toujours leur personnalité, leur caractère humain. Sainte Colette, saint Jean de Capistran tendaient au même but : à rendre aux Ordres de saint François leur antique splendeur ; mais il y avait des différences dans leur manière de procéder, et dans les moyens employés pour atteindre ce résultat. Sainte Colette les connaissait. Saint Jean de Capistran, malgré la générosité héroïque de sa vie, paraît alors avoir douté du courage de l'homme et de la possibilité de sa persévérance dans les voies tracées par le patriarche d'Assise. Vaincu, en quelque sorte, par les défaillances précédentes, il voulait mitiger la règle primitive. Telle n'était point la pensée de la vierge de Corbie, au contraire. Elle voulait rendre à cette règle primitive toute sa vigueur, et, par de sages règlements, la préserver des violations antérieures... Cependant, saint Jean de Capistran, animé, lui aussi, des plus pures intentions, préoccupé des dangers du schisme et désireux de voir immédiatement, au moins dans la Réforme, la beauté de l'unité, fort d'ailleurs des pouvoirs du Souverain Pontife légitime, demandait la fusion des deux œuvres et la soumission des Maisons fondées par sainte Colette à l'Observance, dont il était l'admirable représentant. La vénérable Abbesse ne pouvait y consentir. Le commissaire apostolique insistait. Dieu permet ainsi, pour l'épreuve de ses serviteurs et la conservation de l'humilité dans leur cœur, que, payant leur tribut à la faiblesse humaine au milieu des lumières dont il les favorise, ils ne voient pas toutes les faces d'une affaire et se heurtent quelquefois les uns les autres. Nous sommes, dit saint Grégoire, des hommes mortels, faillibles, infirmes, portant des vases de terre qui se gênent l'un l'autre. Mais si les corps de boue sont à l'étroit, que la charité dilate ses entrailles! Grande leçon pour la plupart des hommes divisés de sentiments; les réformateurs ne se diviseront pas de cœur; ils ne blesseront pas la charité. Sainte Colette a confiance en Dieu qui lui a donné sa mission.

Elle prie et fait prier. Pour avoir le temps de plaider sa cause, elle a demandé d'abord un délai de trois jours. Alors sa communauté, partagée en divers groupes, ne cesse d'adresser au Dieu caché dans l'Eucharistie les plus ardentes adorations et les supplications les plus instantes. Elle-même n'interrompt pas ses prières. Elle s'humilie, et se demande si ce ne sont pas ses fautes qui exposent à la ruine l'œuvre divine qui lui a été confiée. Après trois jours, elle n'a encore rien obtenu. Elle demande à saint Jean de Capistran un nouveau délai, et persévère avec confiance dans ses pieux exercices. Elle fait, à genoux, des processions dans les cloîtres, et bientôt on peut suivre sa marche, à la trace que ses genoux usés marquent d'un sang virginal sur le pavé. C'était assez. La charité, l'humilité, la confiance, le respect de l'autorité qui semblaient en lutte, avaient été gardés généreusement. Le Seigneur se laissa fléchir et termina cette épreuve. Il fit connaître sa volonté à saint Jean de Capistran, qui, rempli d'admiration et effrayé tout à la fois, accourut de grand matin au monastère, pour rendre le calme et la paix à la sage Réformatrice et à ses filles, en se désistant de ses demandes. Dès lors, l'union fut parfaite entre ces grandes âmes, et, dans des entretiens et des confidences célestes, elles louèrent Dieu, s'enflammèrent d'une charité plus ardente, et concertèrent les moyens de contribuer plus efficacement au triomphe et à la pacification de l'Église (1). »

Le chemin était donc frayé aux filles de Colette ; il

---

(1) L'abbé Douillet, dans son intéressant ouvrage consacré à notre glorieuse Mère.

fallait lutter généreusement, et, puisque leur sainte Mère leur avait donné l'exemple d'une résistance aussi énergique que respectueuse, elles devaient l'imiter en cela comme dans tout le reste. Certes, les Clarisses réformées n'étaient pas prêtes à déchirer les pages de leurs Constitutions, et, les leur eût-on ravies, ces pages bénies, qu'elles les eussent retrouvées inscrites au plus profond de leur cœur en caractères ineffaçables !

Mais réussiraient-elles à faire respecter leurs privilèges sans blesser l'autorité, seraient-elles assez puissantes, elles, de pauvres femmes, pour soutenir de leurs mains frémissantes l'édifice sacré de la Réforme, et seraient-elles comprises dans leur héroïsme par le successeur du patriarche d'Assise?... N'eût-il fallu donner que du sang et des larmes, elles en eussent été prodigues, mais, ce dont elles se croyaient dépourvues, ces filles de l'humilité, c'était d'abord de cette sainteté qui opère des miracles, puis de cette énergie, de cette expérience, de ce tact exquis, si nécessaires dans le maniement de telles affaires. Cependant, l'esprit de la sainte Mère reposait en ses filles ; elles avaient tout cela sans s'en douter. Certes, elles pouvaient entreprendre la lutte, et leur triomphe sera d'autant plus beau qu'elles auront plus souffert dans ce redoutable combat. Colombes timides, elles avaient suspendu leur doux nid aux rameaux féconds de l'Arbre de la Réforme. Qu'allaient-elles devenir, si on tentait d'abattre cet Arbre mystérieux à l'ombre duquel leur vie s'écoulait si paisible?...

Hélas ! elles voyaient s'amonceler l'orage ; et il leur semblait que, moins heureuses que les premières disciples de sainte Colette, elles n'avaient pas les ailes d'une mère pour couvrir leur faiblesse et réchauffer leurs pauvres cœurs glacés d'effroi.

Dieu prit pitié de ses fidèles servantes, et, comme elles gémissaient de ne pas avoir au milieu d'elles une sainte Colette, il leur en donna une seconde en la bienheureuse Philippa. C'est ce que n'a pas craint d'avancer le Révérend Père Guinet, en disant que la reine de Sicile « ayant été extraordinairement envoyée de Dieu en la sainte religion, pour y maintenir, comme elle a fait la Réforme de sainte Colette, elle est elle-même une seconde sainte Colette ; et que Dieu luy ayant donné une mission extraordinaire, elle s'en est héroïquement acquittée par son zèle et par ses vertus (1). »

D'autres auteurs disent « qu'elle étoit si zélée pour « la défense de la Réforme, qu'en un besoing elle « eût passé les Alpes, eût monté le Vatican, fût en- « trée sans peur dedans le plus auguste conclave du « monde, et là, se fût servie de toute la puissance « et estendue du bras séculier pour défendre la cause « de sa religion. »

Voilà bien Philippa telle que nous la connaissons : même foi, même énergie ; ses ardeurs ne s'affaiblissent point, et, *fallût-il fracasser encore tous les obstacles d'un coup de la Croix de son Maistre*, elle n'hésiterait pas pour répondre à ce que Dieu veut d'elle, et pour le servir en épouse dévouée. Voyant donc l'extrême désolation de ses Sœurs bien-aimées, qui n'avait d'égale que la sienne, « elle leur tira bientost ceste espine du cœur ; car ce fut pour lors que, mettant bas cest humble extérieur soubs lequel elle cachoit sa majesté

---

(1) Addition à sa Vie, page 73.

royale, et que, changeant la façon de parler que l'humilité et la Religion luy avoient enseignée, elle commença à refaire de la Royne et parler en princesse : N'ayès peur, mes filles, c'est une terreur panique et un artifice de l'ennemy commun de nostre paix; non, il ne s'en fera rien, mes enfants sont trop puissants, et mon crédit trop authorisé, pour endurer une playe si sensible et si mortelle que celle-cy. Et puis mes amys sont en grand nombre ; mes alliés tiennent les premiers rangs de l'Europe; le Roy est mon cousin, et il m'ayme, c'est tout dire. Nous sommes trop fortes, mes filles ; la terre est pour nous ; taschons seulement, par nos prières, que le Ciel ne nous soit point contraire. » Ces paroles ne furent vainement jetées en l'air, dit la chronique, car « aussi tost, elle prit en sa protection les monastères de son Ordre, érigés ès villes de Metz, Verdun, Neuf-Chastel, Gand, Bruges, Hesdin, Péronne, Cambray, Arras, Rouen; supplia bien humblement sa Sainteté de luy vouloir estre autant favorable en ceste affaire qu'elle luy avoit été propice en toutes les autres; employa l'authorité et crédit du Cardinal de Lorraine, son fils, auprés du sacré conclave; escrivit puissamment sur ce sujet au Révérendissime Père Paul de Soncino, ministre général de son Ordre. Et ayant ainsy remué ces grands génies et puissances souveraines de l'Eglise, elle fit jouer tous les ressorts du temporel. Les Grands luy offrirent leurs services; les Princes, leur authorité; le Roy, son pouvoir. »

Mais quel était le sujet de tant d'alarmes, de mouvement et de lutte? En quoi la Réforme était-elle menacée ? Qu'est-ce qui causait aux filles de Colette cette *terreur panique* et leur faisait endurer *ceste playe si sensible et si mortelle?* Il nous serait difficile de le préciser. Le Révérend Père Guinet, qui a traité cette question, vers l'an 1691, n'en paraît guère instruit lui-même; cependant, c'est à cet auteur que nous devons certains documents relatifs à cette phase douloureuse de la Réforme. Ces détails, les seuls qui jettent un peu de lumière sur cette période de troubles et de douleur, donnent à croire que cette *persécution* commença en 1521 et dut se terminer, en 1537 ou 1539, par le Bref de Paul III.

« Il paroit, dit le pieux ami des Colettines, que l'on commença cette bourrasque par changer souvent leurs confesseurs et leurs visiteurs, contre leurs propres instituts, tandis qu'il se brassoit d'autres entreprises secrètes qui buttoient à la ruine de la Réforme. Nous découvrons ces desseins par une lettre que les religieuses de Sainte-Claire de Cambray écrivirent à celles du Pont-à-Mousson, où elles se plaignent de la dureté, de la rigueur et du traitement emporté de leur Général, à qui elles avoient envoyé rendre, à son arrivée, tous les respects possibles, et présenter une lettre pleine de civilité et de soumission où elles luy rendent compte tant de leur Institut que de leur Réforme et de leur façon de vivre, dont il témoigna être fort irrité; et le lendemain, il entra dans leur couvent contre les formes prescrites, n'étant ny luy, ny les religieux qui l'accompagnoient en habit d'Eglise, et commençant son discours par la lettre qu'il avoit reçue, les accusa de superbe et de présomption; et, après les avoir traitées comme les plus criminelles du monde, il sortit brusquement sans donner la bénédiction; il fit ensuite venir les douze plus jeunes pour recevoir leurs dépositions, et, n'en ayant pu tirer aucune plainte, il en parut toujours plus en colère, qu'il modéra si peu qu'il n'en voulut plus entendre nulle autre; de sorte que ces tristes religieuses furent extrêmement consternées d'un si étrange emportement, craignant qu'il n'en fît ressentir de sinistres effets par le grand pouvoir qu'il avoit à Rome. Et quoy que plusieurs lettres que l'on garde au couvent de Sainte-Claire du Pont-à-Mousson, et que nous avons leues, ne spécifient pas tout à fait les mêmes procédures, elles donnent toutefois assez à entendre qu'elles avoient toutes grand sujet de craindre un renversement de leur Institut et de leur Réforme, et comme il se trouvoit dans la province de France une exacte observance de cette Réforme, on buttoit à diviser cette province pour traverser l'observance (1). »

Le monastère de Cambrai n'avait pas été le seul mis en émoi par la brusque façon d'agir du Général; bon nombre d'autres, effrayés des *nouvelletez* auxquelles on les voulait soumettre, se croyaient près de leur ruine, et, de tous ces asiles de paix et de silence, sortit tout à coup un cri de terreur qui déchira le cœur de la Bienheureuse.

Comme on le pense, les plaintes des Clarisses de Cambrai comme celles de tous les monastères de Flandre, de Normandie et autres provinces, trouvèrent un facile écho dans les âmes séraphiques qui peuplaient la solitude de l'Ave-Maria du Pont. Philippa écrivit aussitôt des lettres touchantes aux monastères victimes, comme le sien, de cette terrible tourmente, « leur promettant l'appui de son autorité, » et les

---

(1) Addition à la *Vie de la vénérable servante de Dieu Sœur Philippa de Gueldre*, par le R. P. Guinot.

réconfortant par des paroles telles, que nous entendrons les pauvres Sœurs l'appeler, dans l'élan de leur reconnaissance, « leur singulière consolateresse et l'assuré refuge de leur sainte religion. »

Dès le commencement de ces tristes débats, Philippa avait écrit au Général de Soncino pour le supplier de ne rien changer à la forme de vie des filles de sainte Colette. Le Révérendissime Père était alors au Chapitre Général assemblé à Carpi, et il ne se pressa point de répondre. Voulait-il consulter les Pères capitulaires, voulait-il se donner du temps à lui-même pour réfléchir à ce qu'il devait répondre à sa fille spirituelle, et à la conduite qu'il aurait à tenir vis-à-vis des Clarisses Colettines ; sa Paternité était-elle tellement surmenée par les affaires du Chapitre, qu'elle n'ait pu répondre de suite à son auguste solliciteuse, ou, ne voulant pas accéder à sa demande, retardait-elle une réponse défavorable ? Toutes ces suppositions sont incertaines, mais ce qu'il y a de certain, c'est que ces délais furent très favorables à la Réforme et voici comment. La Bienheureuse, dans son zèle ardent, recourut au Saint Père; c'était encore Léon X. Aux pieds du successeur de saint Pierre, elle était toujours bien reçue, toujours écoutée et toujours exaucée. Pourquoi n'eût-elle pas profité du libre et facile accès qui lui était donné à cette Cour de Rome. La question qu'elle y soumettait était digne d'être jugée par le Vicaire du Christ.

Il est rapporté que Benoît XIII, se déclarant en faveur de sainte Colette, s'était écrié : « *Digitus Dei est hic : Le doigt de Dieu est là ! Cette œuvre est l'œuvre du Très-Haut !* »

Léon X en jugea ainsi, et, rempli d'admiration

pour ces filles héroïques défendant si généreusement l'héritage de leur sainte Mère, il se déclara protecteur de Philippa et de la Réforme, comme jadis Benoît XIII s'était déclaré le coopérateur et le conseil de sainte Colette dans son œuvre admirable.

La réponse de Rome arriva plus tôt que celle de Carpi, et voici ce que le P. Guinet dit de ce nouveau Bref :

« Par un Bref du 13 may 1521 adressé à l'Abbesse et aux religieuses du monastère du Pont, à l'instance du cardinal Jean de Lorraine, fils de notre Bienheureuse, et pour satisfaire au désir qu'elle avoit d'obtenir la bénédiction apostolique, tant pour elle que pour toutes ses Sœurs, comme aussi la confirmation de tout l'Institut de sainte Colette, voicy comme le Saint Père parle aux religieuses sus nommées :

« Notre bien aymée Fille Philippa de Gueldre, enflammée de la ferveur de dévotion, est entrée et a fait profession dans votre monastère, y ayant été attirée par votre vie exemplaire et par l'odeur de votre bonne renommée qui vous a fait mépriser les appas du monde et la société conjugale de tout homme mortel pour servir Celuy qui est beau par-dessus tous les enfans des hommes, sous le joug de la discipline régulière. »

« Puis il accorde à Philippa, et à toutes, la bénédiction apostolique pendant toute leur vie, le jour de l'Ascension après la messe, de même que si elles luy étaient visiblement présentes. Il confirme et approuve de nouveau l'Institut de sainte Colette, illustre en miracles, défend à tous supérieurs, sous peine d'excommunication, *latæ sententiæ*, d'y rien innover, et établit les Seigneurs Evêques de Metz et de Toul et l'Abbé de Saint-Antoine-le-Viennois pour y tenir la main. Il confirme de même tous les privilèges, immunités, etc. »

Grande dut être la joie des Clarisses au reçu de cette lettre de Léon X. Elles avaient eu raison de compter sur la haute et sainte protection de Sa Sainteté. Ainsi encouragées, approuvées et soutenues, elles sentirent redoubler leur courage et ne doutèrent plus du succès.

Le Bref du 13 mai, si élogieux pour nos Mères, si favorable à la Réforme, fut bientôt suivi d'un autre dont le Révérend Père Guinet fait mention en ces termes :

« Le même Léon X, par un bref du 25 may 1521, adressé tant au Vicaire Général qu'au Chapitre Général assemblé à Carpi, leur commande, en vertu de la sainte obéissance, de se conformer au bref cy-devant qu'il a donné en considération de sa bien aimée en Notre-Seigneur, Philippa de Gueldre, afin que, persévérant dans le bon propos qu'elle a embrassé, à l'exemple de toutes ces bonnes religieuses, elle, qui est fort âgée, puisse persévérer, avec le repos de son esprit, dans toutes les coutumes et les observances qu'elle a embrassées par sa Profession, et finir ses jours remplie d'une consolation spirituelle. »

« Le Général de Soncino n'attendit pas ce second bref pour se soumettre, lui et son Chapitre, aux décisions du Saint-Siége. Cinq jours après la promulgation du premier, Sa Paternité, pleine de déférence pour les désirs du grand Pape, avait écrit à la Bienheureuse une lettre tout imprégnée de paternelle bienveillance. Cette lettre, heureusement conservée, prouve une fois de plus que si, parfois, on ne s'entendait pas, du moins on s'aimait toujours, et que, dans cette lutte sacrée, la charité ne fut jamais blessée, les liens jamais rompus. Voici en quels termes le Général écrivit à la royale Clarisse :

« *A ma très chère religieuse Sœur Philippa de Gueldre, Reine de Sicile, de l'Ordre de Sainte-Claire, au monastère de la même Sainte-Claire du Pont-à-Mousson, Fr. Paul de Soncino, Ministre Général et Serviteur des Mineurs et de toutes les autres Règles instituées par notre très heureux Père saint François, salut et paix !*

« Votre singulière et fervente dévotion, par laquelle ayant méprisé tous les appas du monde, vous vous étudiez d'aller au-devant de votre Epoux Jésus-Christ avec les vierges vigilantes et prudentes, dans l'esprit de pauvreté, sous la sainte Règle de sainte Claire, cette dévotion, dis-je, mérite très justement que je vous chérisse très particulièrement d'une affection paternelle en Notre-Seigneur et que je vous embrasse des bras de la charité. C'est pour quoy souhaitant, non seulement de seconder, avec toute sorte de bienveillance, la dévotion que vous avez envers Dieu, mais même de vous exciter à de plus grands mérites de sainteté : je vous prends pour ma très chère fille en Jésus-Christ, comme engendrée dans le Seigneur, et vous mets sous ma protection, vous conjurant de recourir à moy, de même qu'à un Père qui vous est très pieusement dévoué comme la raison le demande, (en gardant les statuts de l'Ordre), et de vous assurer avec confiance sur mon secours, dans toutes les occasions où je pourroy vous servir; car il est constant que je ne manqueroy pas de seconder vos désirs dans tout ce qui dépendra de moy. Et, pour contribuer que les autres Sœurs servent Dieu avec vous en paix et en repos, je ne prétends rien changer ny innover touchant les statuts de votre monastère, où ils ont été jusques icy fidèlement observez, afin que vous puissiez continuer à vivre cy-après dans la paix et dans la tranquillité où vous avez vécu jusques icy, et que Notre-Seigneur, venant à frapper, vous puissiez entrer avec Lui dans ses nopces avec la lampe ardente des bonnes œuvres.

A Dieu, ma fille très aimée en Jésus-Christ, suivez, par le chemin droit, le même Seigneur qui se repaist entre les lys.

« Donné à Carpi, pendant l'assemblée de notre Chapitre général, le 18 May 1521.

« De votre Sérénité le très cordial F. Paul de Soncino, Ministre Général indigne de tout l'Ordre des Mineurs.

« Cette lettre du général de Soncino, ajoute le Révérend Père Guinet, est sans doute un effet de l'obéissance qu'il rend au Saint-Siège, comme on peut le reconnaître aisément, si on compare le contenu et la date du bref de Léon X du 13 may 1521, avec cette lettre qui est du 18 du même mois, écrite pendant le temps du Chapitre général, où un courrier exprès avait été dépêché, tant on s'efforçait de satisfaire au zèle et à la ferveur de cette religieuse reine (1). »

(1) Lettres écrites à la reine de Sicile, pages 154, 155, 156.

Cette importante délibération fut en même temps insérée dans les actes du Chapitre de Carpi. Malheureusement les archives d'Ara-Cœli ayant été perdues à la suite de l'invasion française, sous Napoléon Ier, il n'a été possible de retrouver que les lignes suivantes, prises de la *Chronologia historico legalis*, et qu'a bien voulu nous envoyer le Très Révérend Père Raphaël :

« Comme nous désirons procurer la consolation et le repos des Sœurs et des Religieux, nous avons décidé que pour le gouvernement, la visite et l'élection, surtout pour les monastères des Sœurs, où règne l'Observance, rien ne doit être innové ; mais qu'elles doivent conserver leurs louables coutumes et constitutions. »

Comme on le voit, le fond de cette citation répond parfaitement à la lettre du Général de Soncino que nous avons rapportée.

La Réforme crut avoir retrouvé à jamais sa douce paix dans la sauvegarde assurée de tous ses intérêts. Rome avait parlé, et la cause était jugée... Le Général, donnant un magnifique exemple de la soumission due au Saint-Siège, avait écrit aussitôt cette lettre admirable qu'on ne lit qu'avec un profond attendrissement, et par laquelle il promet de ne *rien changer ny innover dans les statuts* donnés par sainte Colette à ses filles généreuses ; puis sept jours après, un nouveau Bref adressé au Vicaire Général et aux Pères Capitulaires, « leur commandoit absolument, en vertu de saincte obéissance, de ne rien innover ou changer en l'ordre et reigle établis par saincte Colette, y adjoutant cette clausule : à cette fin que nostre bien aymée fille, Sœur Philippa de Gueldre, puisse passer le reste de ses jours en paix et consolation (1). »

Hélas ! la joie des Clarisses réformées fut de courte durée ; c'était une halte au milieu de l'ouragan, et, pendant seize années encore, elles durent lutter avec une persévérance digne de la cause qu'elles soutenaient. Leur croix fut lourde, mais elles la portèrent en épouses du Crucifié, et elles y trouvèrent leur triomphe.

Comme nous l'avons vu, le Révérendissime Père Général avait pleinement accédé à la demande de Philippa ; « mais, dit le père Guinet, ceux qui avoient charge de luy donner satisfaction et à toutes les religieuses ses sœurs, ne se portèrent pas avec la même promptitude à ce qui était de leur devoir; » c'est du moins ce qu'on peut conjecturer par ce lambeau de la lettre qu'elle en écrivit au Père Provincial. Ce fragment est écrit de la main de celles qui luy servoient de secrétaires pour écrire ses lettres, comme il est facile à reconnaître par le rapport des caractères. Nous n'avons rien changé dans les termes ni l'orthographe.

« Révérend Père, pour la fiance que j'eis en vostre religieuse prudence et discrétion, suivant encore ung peu mon naturel non du tout réduit en perfection, (en révérence avec miséricorde demandée, sy offence y ait) ce povre ver de terre s'est souventes fois esmerveillé que sy longtemps l'avez oublyé, entendu les troubles, innovations et mutacions executés en nostre forme de vivre. Je sces, Révérend Père, que n'estes obligé à ce faire pour mes désiers, synon par charité com-

(1) Mérigot.

mune et déffense pastorale de vos brebis, ou à loup venant on se doit exposer, selon le dit de Jhu Crist ; je ne veulx R. P. sinistrement interpréter vostre tant prolixe et tedieuse dilatation et silence en malvaise parte, mais plustot en bonne ; si esse R. P. que pour prévenir au tous inconvénients et rachepter nos esprits de tant de désolations, veu que la chose s'adresse à vous, et plusieurs aultres comme veirez, que ne prendrez en malvaise parte, ny comme répugnance des membres à chief ce que ce présent nostre messagier et secrétaire de mon fils le Cardinal vous présentera et fera ; et je vous tiens si fidel pour vostre office à la province, et amy de cest humble estat, que la chose vous sera aggréable (veu que c'est votre très grande descharge), et crois que l'aviens en desir R. P., j'espère après vos négoces terminés parler à vous, et alors nous communiqueres de vos nouvelles aydant, etc., etc. »

Comment fut reçue cette lettre et comment y fut-il répondu ? nous n'en savons absolument rien ; mais ce qu'il y a de certain, c'est que, sous une forme ou sous une autre, la « bourrasque » continua. Le général de Soncino, animé de si bonnes intentions, dut retourner en Italie, et, ainsi éloigné des malheureuses provinces qui avaient réclamé son secours, il ne put sans doute surveiller les rapports des Provinciaux avec les monastères des Clarisses soumis à leur juridiction. Les premiers purent ne pas comprendre jusqu'où s'étendait la défense de Léon X de ne rien innover, défense qui cependant avait été renouvelée par le même Pape peu de temps avant sa mort (1).

(1) Le même Léon X, par un dernier Bref du 16 Novembre

Quant aux Colettines, elles connaissaient leurs statuts, et la moindre brêche qu'on y faisait leur semblait une profanation. Les Clarisses mitigées pressaient les Révérends Pères de ramener le second Ordre à l'unité; les réformées protestaient qu'elles aimaient mieux mille morts que d'y consentir ; de là ce conflit qui ne se pouvait terminer qu'après bien des contestations, car mille questions plus délicates les unes que les autres se trouvaient en jeu, et, malgré la bonne volonté des Pères de les trancher au plus tôt, il fallait bien au moins les examiner.

Nous ne savons en quelle année, et pour quels motifs, le Révérend Père Provincial bouleversa la Communauté de Pont-à-Mousson en changeant brusquement son Confesseur ; mais le fait n'en est pas moins certain. Nous le trouvons, et parfaitement affirmé, soit par Guinet, soit par la lettre que Philippa écrivit au Provincial. Ce dernier, en annonçant ce changement, fait savoir à la Duchesse que, par respect pour son auguste personne, il lui serait fait une faveur spéciale ; elle ne serait pas soumise au nouveau confesseur et pourrait continuer à se faire diriger par l'ancien.

C'était peu connaître la Bienheureuse que de lui faire telle proposition et croire qu'elle l'accepterait. Son horreur de toute singularité ne devait pas s'accommoder de ce privilège, et ainsi le Père Provincial,

1521, adressé aux Abbesses et à tous les couvents de Sainte-Claire suivant la Réforme de Sainte Colette dans les pays ultramontains, c'est-à-dire à notre égard en deçà des monts d'Italie il leur accorde le contenu dans le Bref cy-dessus à l'instance du cardinal Jean et pour satisfaire au louable désir et au saint propos de sa bien aimée Philippa, qui a embrassé cette Réforme dans le monastère de Sainte-Claire du Pont-à-Mousson, attirée par les exemples de l'Abbesse et des religieuses dudit couvent.
(Guinet, p. 82.)

au lieu d'améliorer la situation, ne fit que la compliquer. Il est de ces condescendances qu'un cœur bien né, qu'une âme religieuse n'accepte pas. Les maux d'autrui sont toujours contagieux aux bons cœurs, dit le Père Avrillon, et cette charité naturelle, quand elle est bien réglée, est souvent le fondement et la base sur laquelle l'auteur de la nature et de la grâce pose l'édifice d'une charité surnaturelle. Philippa était sous l'empire de cette double attraction de la charité, et la seule consolation qu'elle pouvait espérer en voyant souffrir ses sœurs était de partager leur douleur. Jouir d'un privilège tandis que ses compagnes aimées seraient sous le poids d'une mesure injuste, non, jamais elle n'y consentira : son cœur est trop fier et son âme est si noble!... Elle veut être à la peine avec « tant de si vertueuses filles dédiées à Dieu dès leur jeunesse, » puis elle sera à l'honneur avec elles, mais pas avant.

Du reste, Philippa avait souvent dit qu'elle préférerait les plus horribles tourments à la violation de la Règle. Or, que disent à ce sujet nos admirables Constitutions ? « Nous voulons et ordonnons, dit sainte Colette, en vertu de l'obéissance, qu'aucune sœur, de quelque condition qu'elle soit, ne puisse ou ose se confesser à aucun confesseur religieux ou séculier, de quelque condition, grade ou dignité qu'il jouisse, même sous prétexte de quelque grâce ou privilège que ce soit, à lui accordé, si ce n'est au confesseur du couvent, ou bien du bon plaisir et avec la permission de l'Abbesse et de la plus grande partie des discrètes pour une cause juste et raisonnable (1). »

(1) Constitution. Chapitre VI. Art. II.

Comme on le voit, à moins d'une *cause juste et raisonnable*, les Constitutions Colettines ne permettent pas à une religieuse, *quelle que soit sa condition*, de choisir un confesseur autre que celui de la communauté. Certes, si Philippa eût manifesté le besoin de conserver son ancien directeur, l'Abbesse et son chapitre se fussent empressés de confirmer une faveur déjà donnée par le Provincial ; mais pour cette fervente religieuse, l'unique besoin de son âme était de se conformer à sa Communauté et de partager ses jours d'épreuve comme ses jours de joie. Elle réclama donc le privilège de n'en n'avoir point, et se hâta d'écrire au Révérend Père Provincial la lettre suivante :

« Ihs   Mª   Fˢ   Clara
c'est-à-dire : Jésus   Maria   Franciscus   Clara

« Très Révérend Père, la paix laissée aux créatures de nostre consolable Pasteur et Prélat Jhus pour l'humble salut et religieuse imitation, les causes me mouventes à vous escripre et retourner à vostre paternelle Révérence. C'est premier pour vous avertir de la grande tristesse, fâcherie et trouble d'esprit en laquelle m'avez mise et laissée avec toutes les religieuses de ces provinces de par dessa, dont je requiers Dieu en ferveur d'esprit et toutes créatures en cela me estre ayde et propiciateur et à toutes povres désollées religieuses quy prétendent leur salut. C'est, très Révérend Père, de nous introduire cette dampnable et irrésonnable mutacion de nos confesseurs, laquelle je ne puis entendre estre du Sainct Esprit, puisque nos consciences y sont si grandement blessées, et que n'avons cas aydant la grâce de nostre

Seigneur dont il faille ci souvent sans cause légitime changier de confesseur.

Très Révérend Père, prétendant venir à vos fins, escusez la parolle, car douleur extrême le me fait dire, vous avez dit que mon Père confesseur ne me sera changié, ce que je prans à injure me notant de particularité. Certes, jamais depuis mon entrée en religion, en choses quelconques, je ney esté particulière ne secluse du train de vie commune, et de secy, je fais juges seux qui ont esté mes prélas et prélastes. Pourquoy ne faictes aucune loys singulière pour moy, car de telles comme je ne doins, aussi ne veuls, ne désir user et de cest grâce vous remercie; mais très Révérend Père, veuillez avoir nos âmes et conciences troublées pour recommandées comme bon Père et Prélat, nous laissant vivre et persévérer en nostre paix, bien et sainctement ordonnée au dit de toutes gens quy craingnent et ayment Dieu, ce sera l'honneur de Dieu, courage à nous toutes povres désollées religieuses de mieux le servir, et à vous bonne renommée et odeur. Hélas ! esse la venue par dessa du vicaire de nostre glorieux Père saint Françoys de nous mettre en ugne tant angouesseuse et extrême désolacion? Où sont les doulceurs et miséricordes du père envers ses enfants? Cela est notoire que mieux vault laisser après soy bénédiction que auttrement dont les reliques ne seront jamais finées, mais suscitées et renouvellées de jour en jour.

Très Révérend Père, à genoux devant vous, les mains joinctes comme autrefois my avez veu, je vous requiers avoir pitié de moy et de toutes les religieuses des provinces de France et de Bourgoingne.

Hélas! ne veuillez perdre nos âmes racheptées du précieulx sang de Jhucrist; n'ayez point ung cueur endurcy, mais traitable selon raison; ouvrés vos yeulx de miséricorde; regardés tant de ci vertueuses filles dédiées à Dieu dès leur jeunesse, prosternées à vos pieds, attendant vostre responce consolable. Envoyés nous les bonnes nouvelles et prenez l'office d'un bon ange à vostre venue par dessa, et cil y ait en aucunes d'antre nous ou en aultre nos confesseurs chose digne de correction, avec miséricorde, corrigés et les transportés des lyeux où ils sont, mais ne faictes pas esguale sentance et ne faictes périr le bon avec les meauvais.

Très Révérend Père, j'envoye par congé de ma prélate ce présent porteur, homme d'honneur devers vous pour ouyr pour cecy vostre response, auquel povez commettre tant de lettre que de bouche vostre intancion, car il me sera fidel, et sur ses mots je ferés fin à mes tristes et douloureuses postulacions, attendant votre bénigne grâce, très Révérend Père, priant le Dieu de paix et consolation vous donner sa sainte grâce.

Vostre très humble et très obéissante sujette.

Sœur Phe de Gheldre.

On ne se lasserait pas d'assister à cette guerre sainte et d'en rappeler les épisodes émouvants. Les deux partis restent vraiment séraphiques jusque dans leur désaccord. Quoi de plus admirable que la lettre du Révérendissime Père de Soncino! Sans doute, une âme vulgaire eût senti le frémissement de l'amour propre, et, tout en se soumettant, eût laissé paraître qu'elle avait frémi... mais le successeur du séraphique Père est au-dessus de ces faiblesses de la nature, et, comme son bienheureux Père, prosterné aux pieds de la sainte Eglise romaine, il met sa joie à lui obéir, et cette joie l'emporte sur tout autre sentiment.

Cependant, ce n'était pas peu de chose pour le Père de Soncino et les vénérables Pères Capitulaires de se voir menacés d'excommunication s'ils tentaient de troubler de pauvres femmes dans leur manière de vivre et de se mortifier. Toutefois, pas un murmure ne s'éleva dans la solennelle assemblée de Carpi; le messager de Léon X est reçu comme un messager du Ciel. Une parole de Rome suffit pour changer les esprits et les cœurs, et le Ministre général, écrivant aussitôt à la bienheureuse Philippa, commence à la saluer en la paix du Christ, puis il *embrasse des bras de la charité sa très chère fille engendrée dans le Seigneur,* et il ne sait faire autre chose que l'assurer de sa paternelle protection, lui affirmant que rien ne sera changé dans les statuts de sainte Colette. Pas une parole de reproche, pas un mot de mécontentement, pas une ombre de ressentiment. Il semble que cette lettre soit un rayon de miel tombé de la ruche séraphique. Béni soit Dieu! qui, plus de trois siècles après, nous permet d'en savourer encore la douceur.

Quant à la Bienheureuse, sa correspondance conserve toujours son tour piquant et original, son ton de ravissante simplicité, de profonde humilité, *d'audace vertueuse,* comme le disaient ses Sœurs. La franchise était un des côtés brillants de son grand caractère, et elle ne la sacrifie pas dans cette circonstance, seulement, elle la fait paraître avec tant de grâce et de délicatesse, qu'on ne peut lui reprocher de s'être *souventes fois esmerveillée* de l'oubli dont elle se plaint. C'est une fille qui pleure aux pieds de son Père, et c'est *un povre ver de terre*, si humble dans ses abaissements, qu'il est aux pieds de son Père exhalant le cri de l'âme crucifiée qui demande pourquoi il l'a abandonnée; c'est une disciple de la grande Réformatrice, qui imite l'héroïque résistance de sa Mère, mais cette résistance se voile sous tant de respect et de soumission, qu'elle n'empêche pas la Bienheureuse de se nommer la très humble et très obéissante sujette du Père Provincial. Elle lui présente sa requête et l'appuie par les motifs les plus capables de toucher le cœur du religieux, mais cette pieuse demande, elle la fait à *genoux et les mains jointes*, ne doutant pas d'être exaucée et attendant la bénigne grâce du très Révérend Père. Quelle fermeté et quelle douceur! Le ravissement que l'on éprouve à lire la lettre de Paul de Soncino égale la joie que l'on ressent en lisant celle de Philippa. Un saint Jean de Capistran, et une sainte Colette eussent-ils parlé avec plus de suavité et plus de force? Il nous est permis d'en douter!...

On s'étonnera peut-être de voir la lutte continuer, malgré les menaces sévères de Léon X et les promesses du Père de Soncino. A cela, nous répondrons que le manque de documents dans l'ordre chronologique ne nous permet pas d'établir en quelles années se sont passés les faits que nous avons rapportés précédemment. A part les évènements liés au chapitre de Carpi, et dont nous avons donné la date certaine, nous ne savons en quels temps furent écrites ces lettres de la duchesse citées plus haut, et quand se passèrent les faits qui les motivèrent. Il pourrait se faire que ce fût après la mort de Léon X, et alors, nous ne savons si son successeur ratifia ou annula ses brefs.

Adrien VI se prononça-t-il en faveur des Mitigés ou des Réformés? Aborda-t-il seulement cette grande question durant son court pontificat?... Nous ne pouvons nous permettre à ce sujet que de simples conjectures, et alors, pourquoi ne pas supposer que nos Révérends Pères, tout en agissant parfois contre les intentions des Clarisses Colettines, étaient néanmoins en parfait accord avec le Saint-Siège.

En 1524, Clément VII publia un bref (25 janvier) confirmant ceux de Léon X.

Enfin, Paul III, par son Bref du 19 octobre 1537, termina ces longs et pieux débats. Le Bref est adressé par le Saint-Père à Philippa.

« Sa Sainteté luy dit que l'honnêteté de la religion, jointe à son affectueuse dévotion, mérite qu'il se rende favorable à ses pieux désirs, elle qui, après avoir été l'épouse du duc de Lorraine, a bien voulu se soumettre au joug de l'obéissance dans la religion, et s'étudier continuellement à se conformer à la volonté et aux ordres du bon plaisir de Dieu, etc. Il fait les mêmes grâces de bénédiction apostolique et de confirmation de toutes sortes de privilèges, immunités, etc., tant pour le couvent de Sainte-Claire du Pont-à-Mousson, que pour ceux de Metz, de Verdun, de Rouen, de Cambray, d'Arras, de Neuf-Château, de Gand, de Bruges, de Hesdin, de Péronne et autres monastères ; il députe l'auditeur général de la Chambre apostolique et les Evêques de Toul et de Metz pour en être les conservateurs et les exécuteurs, etc. (1). »

Durant cette lutte de plusieurs années, ce qui trouble nos chères Clarisses réformées, ce sont, en définitive, des choses peu importantes en apparence, et dans lesquelles on ne pouvait, à tout propos, recourir à l'autorité des Souverains-Pontifes. Les Provinciaux, dans un temps où les communications étaient aussi lentes que difficiles, devaient souvent agir sans avoir le temps de consulter le Ministre général ; alors, leurs vues personnelles ont pu se trouver en contradiction avec les intérêts de la Réforme ; de là, ces petits conflits, ces paisibles querelles, qui *pénètrent de douleur les pauvres Dames*, mais dans lesquels la charité demeure toujours inviolable.

Les filles de sainte Colette sont attristées parfois : découragées, jamais ! Elles croient voir revivre leur sainte Mère en Philippa : celle-ci, toujours debout sur ces hauteurs mystiques où la transportait son courage, dominait la situation de tant de monastères alarmés. Rien n'abattait son énergie, rien n'arrêtait son intrépidité.

« C'est avoir de l'authorité et du zèle tout ensemsemble, s'écrie Mérigot, c'est estre vrayement religieuse et vrayement princesse, c'est aimer sa reigle, sa religion, sa Croix, que de faire remuer tant de monde, faire eschauffer tant de grands princes, faire tonner et fulminer tant de Papes, en un mot, d'employer le Ciel et la terre pour demeurer toute sa vie pauvre, abjecte, humble, mortifiée entre quatre murailles. Soyez bénitte à jamais, brave princesse, bienheureuse royne, saincte religieuse ! Que si c'est astre

(1) P. Guinet.

brillant du Paradis, Saincte-Claire, a eu une couronne particulière pour avoir fondé une si sainte religion et si profitable à l'Eglise; si saincte Colette est haultement récompensée pour l'avoir rafermie estant sur le poinct de s'eslocher, la justice de Dieu ne manquera jamais de vous récompenser dignement pour avoir si bien conservé et maintenu ce que ces deux grandes servantes de Dieu avaient si glorieusement estably. »

A l'admiration des biographes de Philippa de Gueldre, se joint la reconnaissance émue des générations du cloître. « Cela se voit, dit le Père Guinet, dans les lettres des couvents de Cambray, de Genève, d'Orbe, de Gand, de Lonchamps, d'Amiens, de Montbrison, de Moulins, de toute la province de Touraine, de celle de Saint-Bonaventure, de Bourg en Bresse, de Chambéry, de Grenoble, de Sourx, de Surre, d'Arras, de Bruges, de Hesdin, d'Aigueperse en Auvergne, de Dezize, de Saint-Marcel et d'autres lieux, qui luy écrivent d'un style si ingénu et si simple, toutefois si énergique et si dévot, que l'on ne peut douter de la haute estime qu'elles avoient toutes de sa vertu, encore plus que de son crédit : au reste, leur expression est si respectueuse, qu'elle attendrit les lecteurs. Il est bon d'en toucher quelques passages.

« Vous estes, disent-elles, après Dieu, tout notre refuge et espoir, très vénérable et Révérende moult aimable Mère, notre véritable Judith, notre souveraine Maîtresse en la dilection incompréhensible de notre doux Epoux Jésus.

« Elles se nomment ses indignes serviteresses et humbles sujettes. Elles la congratulent de ses vertus éminentes, disant qu'elle est l'étoile matutinale apparue très vertueuse; Dame unique, soubz la valeur et splendeur de laquelle prennent vigueur et authorité, voire les choses de petite estime. Elles disent qu'il est besoin à cette heure, pour l'honneur de Dieu, de montrer ce grand zèle qu'elle a eu en leur sainte Religion, de laquelle elle est, et que, par son audace vertueuse, elle montre son cœur viril et magnanime. Elles la prient à genoux, à mains jointes, la corde au cou, pour la révérence de la Passion, à laquelle elle est si dévote, et son bon patron, Monseigneur saint Philippe. Hélas ! disent-elles, notre souveraine Mère, vous estes comme une autre Judith, et comme la colombe, avec son heureux retour dans l'Arche de leur espérance, avec le rameau d'olive contre la désolation entière.

« Elles allèguent une lettre de sainte Colette, qui défend, en mille façons, de jamais consentir aux nouvelletez. Elles la qualifient le miroir, la rose florissante dont l'odeur est répandue devant la divine Majesté, et tout le monde loue la grande et profonde humilité, vray exemplaire par prompte obéissance à laquelle elle s'est soumise. Elles disent qu'elle a contemné toutes délices et richesse, qu'elle a accumulé un thrésor inestimable en son vertueux esprit, qu'elle est l'asseuré refuge, lumière et espoir de leur sainte Religion, très chère et parfaite espérance après Dieu, singulière consolateresse.

« Elles remercient cette Révérende et notable Mère, à genoux et mains jointes, des cordiales et très dévotes lettres qu'il luy a plu de son humilité, du bon vouloir et démonstration, qui est une grande joie et consolation en leurs pauvres esprits, car, disent-elles, nous reconnaissons bien que votre belle âme est toute pleine d'ardente charité et amour de

Dieu, et de grand zèle de garder et observer leur saint Estat, et les aider à le faire à toutes les bonnes et louables coutumes de leurs bonnes Mères du temps passé, qu'elle est leur seconde Mère sainte Colette, et que pour telle elles la tiennent, voyant qu'elle est en tel vouloir et désir plutôt élire la mort et tous les tourments et persécutions que l'on luy pourroit faire, comme on afait à elle sainte Colette étant en ce monde, que de consentir à ces préjudiciables innovations.

« D'autres l'appellent encore leur très précieux thrésor, leur espérance et leur asseuré refuge de toute leur pauvre religion, très parfaite zélateresse de leur saint Etat, la suppliant être certaine qu'en plus grande liesse d'esprit que cœur humain ne pourroit estimer, elles ont reçu les très prudentes lettres toutes remplies du saint Esprit qu'il luy avoit plû leur écrire, et qu'à la réception d'icelles, il leur a semblé qu'une lumière nouvelle et toute céleste était née dans leurs cœurs. Elles l'appellent la source de leurs biens et honneurs, et fontaine de consolation des pauvres désolées ; qu'il a été impossible de lire à la Communauté ses saintes et bénignes lettres sans grosse effusion de larmes, connaissant son saint et séraphique zèle, et la magnitude de l'amour du Doux Jésus envers elles et tout l'Ordre ; elles se mettent en mains de sa sainte tutelle, elles la considèrent comme Mardochée faisait d'Esther, le Seigneur l'ayant mise en l'hôtel de la sainte Religion comme chef et Maîtresse de sa famille et pour cela élu Reine et donné souveraine puissance à ce qu'elle délivre son peuple.

« D'autres disent encore qu'elles estoient noyées et submergées en l'abisme de très amères angoisses et inestimables douleurs, et que, par ses lettres, elles ont reçu une extrême consolation par cette claire et nouvelle lumière survenue; qu'elle est leur refuge et vraye médiatrice.

« D'autres, qui en ont eu communication, disent que ces lettres sont remplies de toute dilection, amour et piété démonstrative, du grand zèle de sa bonté et grâce qu'elle a à l'entretenement et augmentation de leur saint estat et observation régulière, louange à Dieu, de voir décorer et honorer leur saint estat de sa royale et révérende personne. Dieu seul a la connaissance de leurs grandes tribulations.

« D'autres, que comme Dieu a mis sainte Colette la Judith, etc., il l'a mise la protectrice et la défenderesse de cette sainte Réforme, la remercient le plus très humblement et de la plus très humble et vraie affection qu'il leur est possible, de la tant bénigne et cordiale et dévote lettre que son humilité a daigné prendre la peine de leur écrire, et aussi de tout le doux et maternel reconfort, que, par icelle, il luy a plu leur donner.

« Dans tout ce que dessus, ajoute le Revérend Père Guinet, une chose est digne de remarque, qui est l'unité et la conformité des sentiments très relevés que ces bonnes filles, si éloignées les unes des autres, avoient de la vertu et des éminentes qualitez de notre Bienheureuse Reine; sans les avoir concertez ensemble, car ce que nous venons d'en rapporter sont des exraits de diverses lettres de tous les Couvents cy-dessus nommez, où l'on remarque que la fin unanime de toutes ces différentes lettres butte particulièrement à la conservation de la discipline régulière pour laquelle ces bonnes religieuses faisoient paraître tant de zèle. »

Moins heureuse que le Père Guinet, nous n'avons pu lire en entier ces pages brûlantes de nos bonnes Mères; du moins en conservons-nous les pieux fragments comme de véritables reliques, et à l'hymne de leur gratitude envers celle qu'elles nommaient leur seconde Mère sainte Colette, nous mêlons notre chant de reconnaissance, note joyeuse et sacrée, dont les siècles nous ont transmis les religieuses vibrations et que répéteront, après nous, les générations toujours renouvelées des vierges colettines.

Si c'est à notre glorieuse Mère sainte Colette que nous devons les admirables pages de nos Constitutions, c'est à notre Bienheureuse Mère Philippa que nous devons de posséder, encore aujourd'hui, ce précieux héritage dans sa céleste intégrité :

Elle s'est donc pleinement vérifiée jusqu'à nos jours, elle sera vraie jusqu'à la fin des temps, cette prophétie de notre glorieuse sainte Colette : « Pour ce qui regarde la Réforme, disait-elle un jour es filles, je vous rappellerai ce que je vous ai déjà   t ce que j'aime à répéter en ce moment : la sainte Vierge m'a fait connaître que, par sa protection spéciale, la Réforme durera jusqu'à la fin des temps dans les Couvents de religieuses. »

Et nous, fières et heureuses de cette magnifique prédiction, et pleines de reconnaissance envers notre sainte Réformatrice et celle qui nous a conservé intactes les pages de nos Constitutions, nous redirons comme la Bienheureuse Philippa : « Que nous souffrirons plutôt la mort et qu'on nous arrachât les yeux et tous les membres, que de souffrir qu'on fît aucune altération dans l'Institut. »

CHAPITRE XIX

Les grandes douleurs de la Mère. — Les profondes tristesses de la chrétienne. — Mort de François de Lambesoq. — Crimes des Luthériens.

> L'amour se ranime par la souffrance, il s'enflamme par la Croix, il se divinise par le martyre.

Nous venons d'admirer avec quelle persévérance et quelle énergie Philippa s'était dévouée aux intérêts de sa famille religieuse ; nous avons vu en elle une seconde Colette, soutenant d'une main ferme l'édifice de la Réforme, et luttant jusqu'à l'héroïsme pour empêcher qu'*aucune modération soit apportée aux lois de l'ancienne rigueur* : nous nous sommes unis à ses contemporaines pour saluer en la Bienheureuse *la rose florissante dont l'odeur étoit répandue devant la divine Majesté*, et nous avons compris de quelle trempe était cette grande religieuse, qui préférait mille morts à une seule *bresche faite à l'Institut*. Mais nous n'avons rien dit des événements douloureux qui, durant cette période de trouble, étaient venus briser le cœur de la mère toujours si aimante et si dévouée. Nous allons parler de ces grandes douleurs de Philippa, et voir de quelles autres profondes tristesses elles furent précédées et suivies : sous le voile de la religieuse, nous retrouvons la bonne Duchesse, la tendre mère et la descendante héroïque des rois très chrétiens.

Philippa s'était consacrée victime au jour de ses noces divines. Dieu ne l'avait point oublié, et il semble que, depuis cette aurore bénie de sa profession, l'Epoux crucifié se soit plu à multiplier les croix de sa bien-aimée et à entourer d'épines cette rose du cloître. Nous avons vu ce qu'avait été pour la nouvelle professe l'année 1521 : la mort de Marguerite de Lorraine avait déchiré son cœur, celle de Léon X avait brisé son âme; les dangers qu'avait courus la Réforme avaient rempli d'angoisses le cœur des Clarisses Colettines, et Philippa avait été la première à comprendre que ce n'était là que le prélude de la persécution engagée contre l'étroite Observance. Le grand courage qu'elle déploya alors, ses grandes vertus religieuses, et particulièrement son amour de la sainte Règle, la désignèrent au choix de ses compagnes, dans l'élection abbatiale, et nous nous rappelons ce que la Bienheureuse souffrit dans son humilité, ce qu'elle lutta pour assurer le pacifique triomphe de son admirable cause.

Il semblerait que le divin Jésus eût pu donner alors quelque temps de repos à sa chère épouse; mais, dans son infinie sagesse, le Seigneur n'en jugea point ainsi. S'était-Il arrêté, Lui, le généreux Sauveur, dans sa montée au Calvaire ?... et ses épouses doivent-elles songer à se reposer dans la voie douloureuse? Oh! non, car faire halte au chemin de la douleur, ce serait faire halte dans la voie de l'amour, et l'amour, le véritable amour peut-il se reposer ?... Les coups douloureux ne furent donc point suspendus pour l'âme mûrie aux rayons célestes, et Philippa continua son chemin chargée d'une pesante croix.

L'année 1522 apporta de grandes tristesses à son cœur de mère et de souveraine. Parlons d'abord de ce qui contrista son amour maternel et dut lui faire verser tant de larmes à l'ombre de l'autel. Son fils, Louis de Vaudemont, résigna son évêché de Verdun en faveur de son frère, Jean de Lorraine. L'histoire ne parle pas du chagrin avec lequel Philippa dut envisager cet événement : tout nous porte à croire qu'il fut profond. Elle voyait son fils abandonner l'état ecclésiastique pour se jeter dans le parti des armes et satisfaire des projets ambitieux, et elle savait, cette mère, si versée dans les secrets divins, que son enfant, appelé à vivre sur des hauteurs mystiques, en compagnie des anges, ne trouverait pas le bonheur en descendant dans la vallée amère. Quel fut le rôle de cette sainte femme dans cette triste circonstance?... Prier et pleurer! Voilà sans doute ce qu'elle fit dans le secret de son humble cellule... Des conseils n'eussent pas agi sur la nature inquiète du jeune prince; peut-être furent-ils donnés par le cœur de la mère remplie de foi, de lumière et d'amour, mais, quoi qu'il en soit, le jeune évêque ne revint pas sur sa détermination. Il préféra changer son titre de prince de l'Eglise pour celui de comte de Vaudemont, la houlette pastorale contre l'épée des fils de Lorraine. Comme ses frères, il passera en Italie, s'y distinguera par des prodiges de valeur, se rendra célèbre par la part qu'il prendra à la guerre contre les Rustauds, fera valoir, à la Cour de France, les droits de sa famille au royaume de Naples; mais, malgré de si nobles exploits, nous le verrons mourir fort pénétré du regret d'avoir quitté l'état ecclésiastique.

La légende semble avoir respecté la douleur de la mère, en parlant peu de la conduite du fils ; nous devons agir de même, le manque de documents ne nous permettant pas de nous étendre sur ce sujet fécond cependant, en tristes réflexions ; mais il y a de ces pensées si délicates qu'elles se sentent plus qu'elles ne s'expriment : de ce nombre sont celles dont on se sent assailli en voyant l'évêque de Verdun descendre de son siège épiscopal et devenir comte de Vaudemont. Infortuné prodigue ! il dissipait l'héritage sacré et, loin de la maison de son père céleste, il se mit au service des misérables intérêts de la fortune. Cependant, hâtons-nous de le dire, il servit aussi la cause du Seigneur, et, lorsqu'aux champs de Saverne nous retrouverons le comte de Vaudemont, nous saluerons en lui un véritable héros, un chevalier du Christ, défendant les intérêts de la sainte Eglise au prix de son sang et au péril de sa vie.

Aux larmes que la sainte Duchesse versa sur son fils se mêlèrent celles qu'elle versa sur son peuple, et ceux qui auraient osé douter de l'affection que la *bonne Royne* conservait à ses anciens sujets purent se convaincre, alors, que le cœur de la souveraine battait aussi fort sous la bure que sous l'hermine royale.

Vers la fin de l'année 1522, une peste terrible, semblable à celle qui, en 1505, avait fait tant de ravages, reparut avec la même malignité. L'effroi et le désespoir s'emparèrent des populations, la mortalité devint effrayante, et les Etats de René le Victorieux et de la Reine de Jérusalem ressemblaient à un vaste champ de douleur, au-dessus duquel planaient jour et nuit les ombres de la mort. La *Mère du peuple* sentait ses entrailles se déchirer; autrefois, elle s'était montrée l'ange de tous les malheureux atteints par le fléau; aujourd'hui, elle ne cessait point de l'être, quoique d'une façon différente, mais non moins efficace. Elle exhorta ses fils, ses belles-filles à se dévouer pour leurs fidèles sujets, à répandre d'abondantes aumônes, à consoler, à secourir les pauvres victimes; puis, elle, l'ange invisible, elle se tint près de Dieu, le suppliant de se laisser apaiser et de suspendre le cours de ses rigueurs. Ses saintes compagnes s'unirent à elles, et il n'était sorte de mortifications et de pénitences qu'on ne s'imposât à l'Ave-Maria, en ce temps de deuil et de calamité publique.

Philippa fut profondément attristée de l'attitude *indigne* de certains bourgeois aisés, qui, effrayés du fléau et tremblant pour leur vie, s'attirèrent le mépris public en s'enfuyant honteusement des lieux désolés, alors que par leur fortune, leur présence ou leurs ordres, ils eussent pu secourir et consoler les malheureux pestiférés. Mais la terrible épidémie ne respecta pas leur retraite : « bientôt la peste s'étendit sur tout le Barrois et la Lorraine, pour ne se ralentir qu'au commencement de l'hiver suivant. » Philippa de Gueldre gémit devant le Seigneur de ce profond égoïsme, de cette lâcheté odieuse : elle pria pour ceux qui souffraient et mouraient; elle pria encore pour ceux qui redoutaient la souffrance et la mort, et s'offrit à son Dieu comme victime, lui faisant le sacrifice de sa vie pour sauver son peuple. Mais le Ciel voulait que Philippa se consumât lentement sur l'autel du sacrifice ; il lui réservait encore vingt-cinq ans de douleur et de combats dans la vallée des larmes. L'âme épouse du Crucifié, l'âme généreuse de Philippa ne devait point défaillir dans cette lutte héroïque, et Dieu semblera se lasser plutôt de lui offrir la coupe du sacrifice, qu'elle de la vider, parce qu'il est vrai que l'amour se ranime par la souffrance, il s'enflamme par la Croix, il se divinise par le martyre.

Le martyre ! oui, c'était bien là le triomphe que Notre Seigneur voulait pour sa bien aimée, et ce rêve divin, le Maître allait le réaliser en livrant Philippa aux plus cruelles angoisses, aux plus déchirantes douleurs qui puissent submerger un cœur maternel. Ce cœur de mère, nous le connaissons, nous savons ce que lui avait coûté de larmes et de tortures la perte de sept enfants, ou plutôt nous ne le savons point, car une telle blessure ne se sonde pas : Dieu seul en mesure la largeur et la profondeur..... Et cependant cette blessure allait se rouvrir une huitième fois, un nouveau glaive allait être plongé dans des plaies encore saignantes, puis d'autres coups viendront ensuite, coups redoublés, coups écrasants, qui auraient été mortels pour la Bienheureuse, si l'amour, l'amour plus fort que la mort, n'était l'immortelle vie des cœurs de saintes et des âmes séraphiques.

Les sept charmants petits enfants que Philippa avait offerts au Ciel, après que le Ciel lui-même les lui avait donnés, s'étaient envolés avec des ailes d'anges vers les régions du beau Paradis. Il y avait eu alors des flots de douleur qui, des cœurs de René et de Philippa, avaient débordé sur les funèbres berceaux ; mais aussi, il y avait eu, pour le père et la mère, cette suprême et douloureuse consolation de fermer de leurs mains les yeux de ces purs chérubins, et de les contempler comme une ravissante image de l'innocence endormie dans les bras de l'immortalité....

Dans les nouveaux sacrifices qui vont être imposés à Philippa, Dieu se souviendra qu'elle est consacrée victime, et l'amère douceur de veiller auprès du lit de mort de ceux qu'elle a aimés lui sera refusée désormais : toute consolation humaine lui sera retirée. Plus une âme est sainte, plus la Croix qui lui est présentée doit être nue et sanglante, et, pour les âmes qui ne vivent que de la souffrance, l'unique consolation est de n'en avoir point.

Nous allons bientôt voir comment le Seigneur s'y prit pour accabler sa fidèle épouse d'un poids de douleur digne du poids de son amour. Ce Sauveur bien aimé jeta dans la balance des saintes afflictions tout ce que sa main divine put saisir de divins trésors ; il fit même un insigne miracle pour augmenter les tortures de sa généreuse servante; mais celle-ci jeta dans la balance du saint amour un cœur brûlant de se laisser crucifier, et les morceaux de ce cœur brisé et résigné étaient dignes d'être pesés avec la lance qui l'avait perforé et la Croix qui l'avait transpercé.

Ne nous étonnons point si toute la vie de la Bienheureuse est marquée au coin des plus terribles épreuves et embaumée du parfum de la résignation la plus sublime : d'une de ses mains crucifiées, le Sauveur Jésus martelait le cœur de sa victime, et de l'autre, afin qu'elle vécût pour supporter son martyre, Il la pressait contre son Cœur de Sauveur, ce Cœur, Roi de tous les cœurs blessés, et Force de toute âme que crucifie l'amour.

Philippa avait pleuré sur la tombe de ses sept petits enfants comme pleurent toutes les mères qui se voient ravir par la mort ceux auxquels elles ont donné la vie. Si telle avait été sa douleur pour des enfants encore au berceau, et dont elle n'avait recueilli que des sourires angéliques et des caresses enfantines, que faut-il penser du brisement de cœur qu'allait lui causer la mort de ce charmant comte de Lambescq, car c'est bien ce jeune et aimable prince que Dieu songeait à rappeler à Lui au moment où, plein de vie, de gloire et d'espérance, il était plus que jamais la joie et l'orgueil de la famille ducale...

Que faut-il dire de l'agonie du cœur de Philippa lorsque, trois ans après la mort de François, elle perdit Louis de Vaudemont, son onzième enfant... de pareilles douleurs ne peuvent se rendre... on n'en parle qu'en pleurant, et les larmes sont plus éloquentes que les paroles.

Nous avons vu le petit François à l'âge de deux ans et quelques mois pleurer sur les genoux de sa mère, devenue la plus désolée des veuves, et lui réclamer son père bien-aimé... Nous nous sommes sentis émus en voyant par quelles tendresses, mêlées de larmes, la Bienheureuse répondait alors aux demandes ingénues de son enfant chéri, et nous avons deviné avec quelle sollicitude Philippa avait toujours veillé sur ce cher Benjamin, privé si jeune de l'amour de son père.

L'enfant avait répondu à tant de tendresse et il était si bon, si reconnaissant, si aimable envers sa mère chérie, que lorsqu'il fallut s'en séparer, on crut qu'il mourrait de douleur, alors que pour sa mère commençait la vie du cloître. La Cour, le Peuple, le Clergé, les Vierges avaient laissé couler leurs pleurs en entendant les sanglots de ce « *cher petit gars,* » et tous avaient compris qu'il n'y avait que Dieu lui-même qui ait pu se mettre entre une mère si tendre et un fils si aimant, parce que Dieu commande à tous les amours.

Depuis ce jour si doux et si triste, le jeune adolescent était revenu souvent à l'Ave-Maria; il s'était familiarisé avec ses murs austères, et l'humble parloir lui semblait moins triste et moins froid, tant la Bienheureuse, au travers de ses grilles, savait faire rayonner sur ses enfants les flammes de sa maternelle tendresse.

François avait besoin de sa mère; son cœur la réclamait parfois avec tant d'impétuosité que, s'échappant du palais de Nancy, il sautait sur son brillant coursier, et, accompagné de quelques pages, il arrivait tout à coup frapper à la porte du monastère du Pont, comme jadis il allait frapper à la royale porte de la chambre de la bonne reine.

Ave Maria ! disait la Mère portière... *Ave Maria !* répondait le jeune prince, d'une voix si douce qu'on l'eût comparée à celle « d'un petit agnelet, » et que les Sœurs tout émues allaient, en grande hâte, appeler sa *bonne mère.* Qui dira alors tout ce qui se passait entre Philippa et son fils ! que de doux entretiens ! que d'affectueux colloques ! L'âme de François se rassérénait; il voyait, il sentait qu'il avait toujours une mère, et, avec un filial abandon, il lui ouvrait son âme, il la prenait pour sa chère directrice.

Les Sœurs assistantes étaient touchées de tant de candeur, ravies de ce que disait le fils, émerveillées de ce que répondait la mère... et parfois, sous son long voile, plus d'une des portières laissa couler ses larmes d'attendrissement.

De 1519 à 1525, l'enfant bien-aimé parut donc souvent au monastère, révélant dans chacune de ses visites une nouvelle qualité de son esprit, un nouveau trésor de son cœur. Philippa voyait croître son fils *en grâce et en sagesse*; elle en eût presque pu concevoir de l'orgueil, si sa profonde vertu ne l'eût préservée de ce faible maternel, et rendue la plus humble des mères.

L'austère religieuse restait donc toujours le type accompli de la mère aimante et dévouée, et c'est ainsi que, tout en travaillant à sa propre perfection, et servant les grands intérêts de sa famille religieuse, du fond de son cloître, elle trouvait encore le temps de diriger ses enfants avec toute l'autorité qu'ils lui avaient accordée sur leurs âmes, et toute la tendresse qu'elle donnait à leurs cœurs.

Pendant six ans, le jeune comte de Lambescq put constater que, pour être une sainte, la reine de Jérusalem n'en était pas moins restée une mère tendre, sachant, comme par le passé, donner à ses enfants chéris cette lumière, cette expérience, cette suavité d'affection, ces élans d'héroïsme que son amour maternel puisait dans l'amour divin.

Vers la fin de l'année 1524, ou tout à fait au commencement de l'année 1525, François de Lambescq vint saluer sa bonne mère, se recommander à ses prières et chercher sa bénédiction, car une grande expédition se préparait, et le dernier fils de René II voulait, lui aussi, marcher sur les traces de son père et de ses frères. François n'avait pas encore dix-huit ans, et cependant, il partait joyeux pour l'Italie, mettant au service de François Ier sa jeune et vaillante épée, son merveilleux courage et sa chevaleresque ardeur. Caractère franc et loyal, esprit fin et cultivé, cœur d'or et tête de feu, « sans peur et sans reproche, » comme Bayard, aux côtés duquel il s'était souvent rencontré, le douzième enfant de Philippa était le type du chevalier le plus accompli et un sujet d'admiration pour tous.

On saluait en ce guerrier de dix-sept ans le noble fils du vainqueur de Charles de Bourgogne, le digne émule de ses frères Antoine Ier et Claude de Guise ; sa piété d'ange, sa foi ardente faisaient souvenir qu'il était enfant d'une sainte ; son fier courage qu'il était fils d'un héros. Les rois, les princes le comblaient déjà d'honneurs et de royales prévenances ; ses nobles compagnons d'armes l'admiraient respectueusement ; les vétérans, les preux l'observaient avec non moins d'admiration, et, entre eux, ils se demandaient ce que serait un jour le comte de Lambescq et d'Orgon... Un avenir de gloire semblait se préparer pour François, tout souriait à ses dix-huit printemps et à sa bouillante ardeur... Hélas ! il était à deux pas du tombeau, et c'est au navrant spectacle de sa mort que nous allons assister. Comment le fils put-il mourir loin de la mère, comment la mère put-elle vivre loin de son fils expirant ? c'est que Dieu est le Maître de la vie et de la mort : sa volonté divine appelait le fils aux joies de la Résurrection, et retenait la mère au sommet de son Calvaire, la soutenant au pied de sa Croix, et voulant que, jusqu'au bout, elle traversât les phases variées d'un douloureux martyre.

Comme nous l'avons déjà dit, la Bienheureuse

n'aura plus désormais la douloureuse consolation de fermer les yeux de ses enfants, et de leur rendre les derniers devoirs. Le Révérend Père Faber a merveilleusement décrit la mère au chevet de son fils expirant : « Le chagrin, dit-il, a besoin de s'occuper. Les besoins du malade sont la distraction de sa mère affligée. Il faut que l'oreiller soit rendu plus doux, que les cheveux soient écartés des yeux, que ces gouttes de sueur sur le front soient essuyées, que ces lèvres pâles soient continuellement humectées, que cette main trop blanche soit réchauffée par de légères frictions, que ce rideau soit repoussé en arrière pour donner plus d'air, que ces yeux affaiblis soient garantis de la lumière, que les couvertures trop lourdes soient éloignées de cette poitrine oppressée. Lors même qu'il est évident que le contact le plus léger et le plus doux de ces tendres soins est une nouvelle souffrance pour le malade, la main de la mère a peine à se retenir, car son cœur est dans chacun de ses doigts. Rester tranquille est la désolation de son âme. Elle pense que ce n'est ni l'habileté, ni l'expérience de la garde-malade qui inspire ces prescriptions, mais la dureté d'un cœur qui n'est pas celui d'une mère, aussi se révolte-t-elle intérieurement contre l'autorité de cette femme, lors même que la crainte d'être cruelle retient ses mains. Ne faut-il pas que cette écume soit ôtée de la bouche de l'enfant ? cette longue boucle de cheveux ne le gêne-t-elle pas en tombant ainsi au travers de son œil et en obstruant sa vue ? cette main glacée n'a-t-elle pas besoin qu'on y ramène le sang doucement, tout doucement ? Elle oublie que l'œil est vitreux et ne voit plus, que le sang s'est retiré au cœur et que la main même d'une mère ne peut plus le faire revenir. Elle s'assied donc en murmurant et concentrant toute sa douleur dans son inaction forcée. »

Hélas ! Philippa n'aura pas, comme cette pauvre mère, le cruel privilége de distraire son chagrin inexprimable en comblant de ses soins son enfant bien-aimé. Dieu la juge capable de porter une Croix plus pesante : Il a sondé son cœur, Il a vu jusqu'à quelles hauteurs de sacrifice Il pouvait l'élever, et alors Il assigne à cette mère désolée un poste étrange d'où elle pourra voir l'affreuse scène de carnage où *les fleurs des lis sacrés s'empourpreront du sang de la plus belle noblesse,* et où elle assistera à l'agonie du fils de sa joie sans pouvoir, de sa blanche main, fermer les yeux de ce cher mourant..............

.... François de Lambescq était parti à la suite de François Ier et aussi, sans doute, en compagnie de ses frères aînés, pour la nouvelle expédition d'Italie. La pauvre mère, agitée par un triste pressentiment, avait senti son cœur se serrer douloureusement lorsque son enfant chéri était venu lui demander une bénédiction qui devait être la dernière, lorsqu'il lui avait dit cet *à Dieu* qui devait être suprême. Mais cette femme forte avait un tel empire sur elle-même que, pour ne pas attrister ses saintes compagnes, elle commanda à son âme brisée de refouler en elle-même cette tristesse envahissante dont elle se sentait saisie ; sur ses lèvres resta ce sourire de paix inexprimable qui ne se rencontre que dans le cloître ; elle se tut sur ce qu'elle souffrait dans ses angoisses maternelles, mais elle ne cessa, chaque jour, de recommander aux prières de ses sœurs les chers guerriers que son cœur accompagnait sur la terre lointaine, et pour eux, prosternée devant le Seigneur des armées, elle le priait de les secourir par sa droite.

Pendant que Philippa souffre en mère et prie en religieuse, que se passe-t-il par delà les monts, sur ce sol d'Italie où déjà a coulé à flots le plus pur sang de la Lorraine ?

François Ier s'était emparé de Milan et, « contre l'avis de ses meilleurs capitaines, il s'obstina au siège de Pavie que défendait le fameux espagnol Antoine de Leyve avec une garnison digne de lui ; il commit encore la faute de s'affaiblir en détachant de son armée douze mille hommes pour conquérir le royaume de Naples. L'énergique résistance de Pavie sauva les généraux de l'Empereur : ils eurent le temps de rallier les diverses fractions de leur armée, et Bourbon ne tarda pas de rejoindre Pescaire et Lannoy avec ses douze mille lansquenets et cinq cents cavaliers francs-comtois. Alors, supérieurs en forces aux Français, ils s'avancèrent pour délivrer Pavie (1). »

« Les escarmouches et allarmes continuelles de l'ennemy forcèrent le Roy de se résoudre à une de ces deux extrémités : ou de lever le siège et de se retirer à Milan, ou d'accepter la bataille ; l'une estoit très utile, mais pleine de honte, l'autre glorieuse, mais pleine de dangers: toutefois, le chois en fut très facile à ce redoutable guerrier. La maison de Valois est née avec la valeur ; elle ne sçait que c'est de honte, d'ignominie, de lascheté. Il prend donc résolution de demeurer en honneur et de hazarder plus-tost et sa liberté et sa vie que de donner ce contentement à

---

(1) Chevalier et Todière. Histoire moderne, page 346.

son ennemy de pouvoir dire : il a eu peur!! Ainsi résolu, il met ses gens en ordres, accepte la bataille, s'attache au combat, et quoy que pressé de tous costés, soustint toutefois si glorieusement tous les efforts, secourut si à propos tous ceux des siens qui couroient risque de leur vie, encouragea si puissamment ceux qui, aymant mieux faire brêche à leur réputation qu'à leur vie, se laissoient emporter à une fuitte pleine d'opprobe, en fin, fit si vaillamment de sa personne qu'au jugement mesme de ses ennemys, il pouvoit estre égalé aux plus grands empereurs de l'antiquité, s'il eust été autant heureux et fortuné qu'il estoit vaillant et courageux.

« Mais les victoires despendent du Ciel. Les ennemys des François gaignent le dessus, redoublent leur furie et leurs coups mettent tout en désordre, tuent et massacrent sans égard et Princes et fantassins. Ce ne sont que cris horribles, que hurlements, que sang, que mort.

« Pendant cette journée infortunée, Philippa estoit en son petit oratoire au Pont-à-Mousson, s'entretenant à l'accoustumée avec son Dieu, et sans double luy recommandant avec affection les affaires et la personne sacrée de ce grand Roy qu'elle aimoit si tendrement. Dieu luy accorda une partie de ses requestes très instantes, luy donna la personne du Roy et, de plus, *par une faveur extraordinaire, luy fit voir tout à plein l'estat de ceste tant sanglante et désastreuse meslée.* Bon Jésus! qui pourroit icy descrire assés dignement les larmes, les soupirs et les sanglots de ceste pauvre désolée?... Quand elle veit les fleurs des lis sacrés empourprées du sang de la plus belle noblesse de France, quand elle veit ce jeune mais très courageux guerrier François de Lorraine, comte de Lambescq, son jeune fils, au plus gros de l'armée, couvert de sang et de plaies, tomber et mourir aux pieds du Roy son bon Maistre... quand elle entendit ces cris tristes et lamentables : Sauvez le Roy! Quand elle veit le plus grand prince du monde entouré d'un bon nombre de soldats enragés qui voulurent tous avoir part à la prise d'un si grand Roy (1). »

On ne sait vraiment s'il est possible de s'imaginer une extase plus sanglante que celle qui, transportant Philippa au sommet de son calvaire, la fit assister ainsi à la mort de son fils bien aimé... On se demande, avec une émotion, qui ne se traduit que par des larmes, comment, sortant de cette inexprimable vision, elle ne s'éleva pas vers les Cieux avec l'âme de son fils, plutôt que de redescendre dans ce val de douleur. Pauvre mère désolée! qui dira le martyre de son cœur durant ces heures terribles!... Dieu faisait pour elle un miracle, mais quel miracle!! O Seigneur! toute âme comblée de vos faveurs divines est une âme attachée à la Croix par toutes les fibres de son cœur!! Plus on vous aime, ô Christ! Plus on est crucifié !

. . . .

Philippa, dans cette grande vision du 24 février 1525, fut martyrisée dans tout son être... Elle apercevait son fils couvert de plaies et elle ne pouvait pas étendre sa main vers ce blessé aimé pour panser ses horribles blessures... elle frémissait en voyant le sang de son enfant couler à flots et se mêler à la poussière

---

(1) Vie de la Sérénissime Philippa, Mérigot.

affreuse de ce champ de carnage... et ce sang, qui était la moitié du sien, elle ne pouvait l'étancher et y mêler ses larmes... Dans la lumière de l'extase, elle découvrait, parmi tant de blessés et de morts, ce jeune moribond, qui n'avait pas dix-huit ans, râlant et se tordant dans les douleurs de l'agonie, et sur le corps de cet enfant adoré, à l'entour duquel piétinaient les chevaux furieux, elle, la mère désespérée, ne pouvait se pencher pour recueillir son dernier soupir et essuyer les gouttes d'une sueur mortelle... N'était-ce pas là un tourment horrible? Que manquait-il à cette douleur pour qu'elle soit un martyre de l'amour maternel? Oui! c'était bien un martyre et un martyre affreux...

Notre Dame, la Mère incomparable, dut soutenir la Bienheureuse dans ces moments cruels... Elle avait su, avant Philippa, ce que c'est que de voir mourir un fils sans pouvoir en approcher; et, comme le Fils de Marie était Jésus Notre Seigneur, son martyre avait été divin, et il est resté un mystère de douleur plein de consolation pour les mères désolées. Lorsque le Christ était resté trois heures en agonie, il n'y avait pas eu un de ses membres qui ne réclamât la main d'une mère, pas un où son contact n'eût adouci une multitude de douleurs si elle eût pu y atteindre... O mères, avez-vous un nom par lequel nous puissions appeler cet ardent désir qu'avait Marie de lisser cette chevelure, d'essuyer ces yeux, d'humecter ces lèvres si chères qui venaient de proférer de si belles paroles, de reposer cette tête bénie sur son bras, de soulever ces mains palpitantes, de soutenir quelques instants la plante de ces pieds meurtris et lacérés?

Cela ne fut point accordé à Marie, et, cependant, elle restait toujours calme, immobile comme une statue, non point par indifférence ni par stupeur, mais dans cette attitude d'adoration respectueuse et affligée, convenable chez une créature, dont le cœur était brisé, et qui sentait le bras même de l'Eternel se placer autour d'elle la soutenant pour qu'elle vécût, qu'elle aimât et qu'elle souffrît en silence (1). »

Un jour, Philippa avait entendu la voix du Christ lui dire : sois parfaite, comme mon Père céleste est parfait : aujourd'hui la même voix semblait lui dire : souffre comme ma Mère a souffert ! ! Et cette généreuse épouse d'un Dieu crucifié s'essayait à souffrir à l'exemple de la Mère des douleurs... La plus pauvre des mères peut toujours donner à son enfant son sein pour y dormir... Philippa ne put offrir le sien à son Benjamin pour s'y endormir de l'éternel sommeil : elle, qui l'avait si souvent bercé sur ses genoux, ne put bercer son agonie. A une distance cruelle, elle assista à cette agonie, éclairée par une lumière surnaturelle qui lui découvrait les moindres détails de cette scène horrible...

Mais Dieu ne permit-Il pas que le regard de l'enfant et de la mère se rencontrassent à ce moment suprême, et que leurs deux âmes se soient embrassées une dernière fois? O Seigneur, laissez le nous croire ! ! Du haut de votre Croix, très doux Jésus, vous avez vu votre sainte Mère et laissé tomber sur elle votre regard mourant ! ! Par un miracle de votre Toute-Puissance, vous aviez ouvert les yeux de Philippa pour lui faire voir son fils expirant, par un nouveau prodige, n'auriez-vous pas entr'ouvert ceux de l'enfant mourant pour lui faire rencontrer, une der-

---

(1) Père Faber. *Le Pied de la Croix*, p. 323.

nière fois, le regard de sa pieuse mère, ce regard qui avait veillé sur son berceau, son enfance son adolescence, et qui, maintenant, voilé de larmes, s'étendait sur son agonie...

Que se passa-t-il dans le cœur de Philippa lorsqu'elle vit l'âme de son enfant s'envoler, céleste fugitive, vers l'éternelle patrie ? quel déchirement se fit dans son sein maternel, lorsque, sur le champ de carnage de Pavie, elle n'aperçut plus que le cadavre ensanglanté du jeune héros ? quels cris de douleur fit-elle entendre, et quels actes de résignation offrit-elle au Maître de la vie et de la mort? Le Crucifix miraculeux, qui se voit encore de nos jours, fut le seul témoin de cette première douleur de la Bienheureuse. La Légende raconte que cette image du Sauveur crucifié parla à la mère désolée, et lui annonça la perte de la bataille de Pavie, la consolant de la mort de son aimable François, tant il est vrai que « le divin Consolateur donne ses meilleures consolations aux cœurs inconsolables (1)... » Délicatesse divine ! prévenance amoureuse du Roi des martyrs ! Il convie sa Bien Aimée au mystère de la douleur, mais Lui, le Dieu souffrant veut être son premier Consolateur ; son cœur agonisant bat à l'unisson du cœur transpercé de sa servante, et, devant cette âme brisée, le Seigneur pose son Image crucifiée... Bien plus, Il fait un miracle, et cette Image s'anime, et elle parle, et comme c'est la Croix qui fait sangloter la Bienheureuse, c'est le Dieu du Crucifix qui la console, et la ranime. Et, d'une façon moins sensible, mais non moins réelle, il en est toujours ainsi : dans toutes nos douleurs ne sentons-

---

(1) Père Faber.

nous pas que le premier cœur qui vient instruire et réconforter le nôtre c'est le Cœur de Jésus crucifié ! Dieu s'incline vers sa créature, et celle-ci brisée sent se ranimer sa force de souffrir, lorsqu'elle pose son cœur déchiré sur l'image crucifiée du Sauveur...

Si la voix du Crucifix miraculeux fit entendre à Philippa des accents que l'oreille de nul autre n'entendit, et que la parole ne pourrait rendre, la Bienheureuse, de son côté, ne dut pas rester muette, et les anges purent s'émerveiller des colloques divins qui s'engagèrent entre le Dieu du Crucifix et l'âme crucifiée de son épouse...

Quant aux Sœurs, elles ne se doutaient point de ce qui se passait à l'Oratoire de Philippa... Elles savaient que leur bonne Mère y restait des heures entières abîmée dans des oraisons extraordinaires et, par respect pour son amour de la solitude comme pour sa profonde humilité, elles n'osaient venir la troubler dans ses longues heures de contemplation, encore moins pénétrer dans ce sanctuaire sacré lorsqu'elle s'y entretenait seule à seul avec son Jésus. Seulement, elles se tenaient toujours alentour de ce cher petit Oratoire au moment où la Bienheureuse avait coutume d'en sortir; nous aurons occasion de redire *que c'estoit pour avoir des nouvelles toutes fresches du Paradis* qu'elles en agissaient ainsi, car elles savaient, les chères Sœurs, que, dans ce lieu béni, leur sainte Mère *estoit favorisée des haultes visions et contemplations.* Ce jour-là donc, elles étaient non loin du petit Oratoire se demandant avec une sainte curiosité ce que pouvait bien faire la Bienheureuse, laquelle s'était enfermée depuis plusieurs heures. Aucune, cependant, n'osait aller l'arracher aux saints transports de l'oraison, lorsque, tout à coup, Philippa *toute esplorée et comme hors d'elle-même*, dit la Légende, sortit de son priez-Dieu, et accourant vers les religieuses bien estonnées de la voir en cest estat, « ah ! mes sœurs, leur dit-elle, mes chères sœurs, en prières pour l'amour de Dieu; secourés, je vous en prie, le pauvre royaume de France. Ah! belle fleur de lis tu es donc abattue, et toy, mon fils, François, mon fils tu es mort !... Hastès-vous, mes sœurs, et priés Dieu, le Roy François, mon Seigneur et cousin, est en grande nécessité... il est prisonnier... » (1)

Des sanglots éclatèrent de toutes parts... les chères compagnes de la Bienheureuse unirent leur douleur à la sienne : on s'aime tant dans le cloître qu'un cœur ne pleure jamais tout seul, une larme, en tombant, se mêle toujours à d'autres ; on partage tout dans la vie séraphique. Aussi qu'elle fut amère la tristesse des Clarisses du Pont! Elles se sentaient navrées en voyant cette mère désolée pleurant le fils de sa joie... elles voulaient essayer de la consoler, mais il leur semblait que c'était faire injure à sa douleur maternelle que de tenter d'essuyer ses larmes... Il est de ces plaies si profondes et si douloureuses que la main de Dieu a seul le droit de s'y poser et de les adoucir. Les bonnes sœurs offrirent donc à la Bienheureuse leurs fraternelles condoléances, recueillirent religieusement ses larmes amères, y mêlèrent les leurs, puis, pour répondre à son invitation émue, elles se mirent aussitôt en prières. Bien qu'elles ne doutassent point de la réalité des visions de Sœur Philippa, nos bonnes Mères, dit la Légende « remar-

(1) Père Faber. *Le Pied de la Croix*, p. 323.

quèrent diligemment et l'heure, et le temps, et toutes les circonstances, et trois ou quatre jours après, les courriers arrivant, elles trouvèrent que la chose s'estoit passée en la mesme heure et en la mesme façon qu'elle l'avait racontée ; les aigles ont des yeux bien petits, mais aussi elles voyent de très loin »

Cette vision extraordinaire augmenta encore la vénération des Clarisses envers leur royale compagne ; saisies d'admiration, comme aussi remplies de cette sainte terreur que produit toujours le contact du surnaturel, elles restèrent plusieurs jours et plusieurs nuits prosternées devant la sainte Eucharistie, se relevant tour à tour, et faisant de grandes pénitences et mortifications pour sauver le royaume de France et assurer le repos éternel de tant de princes et de guerriers défunts. Ce que leur bonne Mère Philippa leur révéla des affreux désastres de cette journée terrible du 24 février était bien de nature à redoubler la ferveur de ces saintes victimes dont le rôle était celui de médiatrices entre le Ciel et la terre. Quant à Philippa, elle était plongée dans une sombre douleur qui put faire craindre pour ses jours. Enveloppée dans son long voile noir, qui était pour elle le voile symbolique de l'Epouse de Jésus, le voile austère de la veuve chrétienne, et le voile de deuil de la mère pleurant ses huit enfants, elle demeurait enfermée dans son oratoire, ne sachant plus que prier, pleurer et souffrir... Le sanglant tableau que Dieu avait placé sous ses yeux épouvantés y revenait sans cesse avec toutes ses horreurs, et alors le martyre recommençait avec ses douleurs multiples, et la Bienheureuse avait son âme *triste jusqu'à la mort.* Qu'on se figure ce qu'avait été pour elle ce moment ou plutôt ces heures durant lesquelles « Dieu luy avoit fait voir *tout à plein* l'estat de ceste tant sanglante et désastreuse mêlée » Aucun détail de cet affreux ensemble ne lui avait échappé, et, à côté de son cher comte de Lambescq, que d'autres vies précieuses elle avait vues s'éteindre dans le carnage : Chabannes, le grand maréchal de France, La Trémouille, Louis d'Ars, le maître et l'ami de Bayard, le grand écuyer San Séverino, et presque tous les vieux héros des guerres d'Italie périrent avec le fils de Philippa. Le roi de Navarre, Montmorency, le maréchal de Fleuranges, et une foule d'autres furent faits prisonniers. François Ier, blessé à la jambe et au visage, se défendit avec un intrépide courage ; il avait tué sept ennemis de sa main lorsque son cheval, frappé à mort, s'abattit sous lui. Il se relève et combat à pied, mais bientôt, contraint de se rendre, il demande le vice-roi de Naples, Charles de Lannoy, qui reçoit à genoux son épée sanglante. Ce fut du camp impérial, près de Pavie, que le royal prisonnier écrivit à sa mère une lettre que la tradition a transformée en ce billet d'un laconisme sublime et devenu populaire : *Madame, tout est perdu, fors l'honneur* (1) !

Au milieu de tant d'infortune, Louise de Savoie, mère de François Ier, avait la consolation de savoir son fils en vie ; mais, hélas ! pour la duchesse de Lorraine, le silence de la mort répondait seul au cri de sa douleur... *Mon fils, François mon fils, tu es mort !...* répétait-elle avec cet accent déchirant de la mère que rien ne peut consoler, et qui, du reste, ne cherche

---

(1) Chevalier et Todière.

pas à l'être. Ses compagnes, navrées, pleuraient sur le fils et sur la mère, et elles se demandaient avec angoisse si Philippa de Gueldre pourrait survivre à François de Lambescq! Oui, elle lui survivra, mais pour souffrir encore d'incompréhensibles tourments, et pour prouver, une fois de plus, « que c'est l'affliction qui fait les saints. Voilà le véritable procédé de la transmutation de la terre impure en un métal pur et céleste. Voilà pourquoi Dieu nous traite si durement dans l'affliction. Sa sagesse rend son amour cruel (1). »

Philippa sortit de cette épreuve douloureuse comme jadis les martyrs sortaient de l'arène sanglante, lorsque leurs liens mortels n'ayant pas encore été brisés, ils retournaient meurtris, à demi-broyés, mais pleins de joie d'avoir souffert pour le nom du Christ, dans leurs sombres cachots, changés pour eux en vestibule du Ciel. Les tourments n'avaient point abattu son courage; sa foi n'était point affaiblie, au contraire, elle avait crû dans de merveilleuses proportions; son amour s'était ranimé dans la souffrance; elle était prête à recommencer la lutte, et, lui eût-il fallu, comme une nouvelle mère des Machabées, voir mourir les uns après les autres, pour la gloire du Seigneur, les quatre princes qui lui restaient, elle aurait eu la force de dire, selon ses propres expressions : *bénis soient à jamais les beaux jours auxquels j'ay mis au monde tant de victimes pour le Ciel!*

Nous allons bientôt entendre cette femme héroïque encourager ses fils à verser leur sang pour la défense de la sainte Eglise; et lorsque nous l'entendrons les

(1) P. Faber.

supplier « de ne pas reculer d'un pas, maintenant que l'occasion se présente de pouvoir mourir glorieusement pour celuy, lequel, avec l'infamie et l'opprobre du monde, est mort en Croix pour eux; » alors, dis-je, nous serons tentés de nous demander si, dans les actes des mères des martyrs, il se rencontre des pages plus émouvantes que celles que nous aurons le bonheur de citer.

Les compagnes de Philippa la contemplaient en silence : la douleur et l'admiration les rendaient muettes. Ce qu'elles voyaient d'infortune et d'héroïsme dans leur royale Sœur, brisait et subjuguait leurs cœurs : l'âme de la mère était inondée de fiel, et cependant les paroles qui jaillissaient de l'âme de la chrétienne, étaient plus douces que du miel : il y avait là de quoi navrer et ravir tout à la fois.

Durant plusieurs jours après la mort du comte de Lambescq, la révérende Mère Agnès de Mousson fit réciter tous les soirs, pour le cher défunt, le long office des morts. Bien des pleurs coulaient pendant cette lugubre psalmodie, et lorsque Philippa, se levant au milieu de ses compagnes, disait elle-même l'*Oremus*, où elle nommait le noble trépassé, un frisson de douleur agitait toutes les saintes âmes qui entouraient l'héroïque mère, et elles se demandaient comment, au brisement de son cœur, elle unissait tant de force d'âme. Ce merveilleux secret, elle devait un jour le dévoiler par ces paroles admirables que les religieuses recueillirent avec autant de respect que de dévotion, et dont elles firent une de leurs sentences favorites : « Le vray réconfort de l'âme, la vraye joie et repos du cœur, c'est ce grand Dieu, ce Dieu éternel, incompréhensible et qui remplit toutes choses. Jamais amour ne fatigue, jamais ne lasse, jamais il n'est troublé, tourmenté, surmonté. »

Toute la vie de Philippa était bien, en effet, un acte continuel d'amour que rien ne pouvait fatiguer, qu'aucune Croix ne pouvait lasser, et qu'aucun événement ne devait troubler ni surmonter. Elle avait jeté le pont d'or de cet inébranlable amour sur des bases divines, et elle laissait passer le flux et le reflux des grandes eaux de la tribulation, sans craindre que leur violence ne nuisît à sa solidité. Et, cependant, que de douleurs fondaient à la fois sur cette âme généreuse ! Au moment où nous en sommes, elle était blessée au cœur par trois glaives dont la foi seule pouvait émousser les tranchants acérés : elle luttait contre ceux qui voulaient la ruine de la Réforme colettine, et nous savons ce qu'était pour elle cette *playe si sensible et si mortelle*; elle venait de voir mourir sous ses yeux son fils, qui n'avait pas dix-huit ans, et les lumières de l'extase, en éclairant l'horreur de cette scène, ne l'avaient rendue que plus insoutenable pour son cœur ; enfin, à ces larmes maternelles, si abondantes et si amères, se mêlaient celles qu'elle versait sur les douleurs de notre Mère, la sainte Eglise. L'hérésie luthérienne étendait de plus en plus ses affreux ravages. Dieu révélait à sa fidèle servante les malheurs de son peuple choisi. Elle eut à ce sujet des révélations nombreuses. « Jésus, dit le Père Balthazard, qui se plaît à exercer ses élus pour les purifier de plus en plus, luy découvrit clairement les grands et innombrables maux que deux abominables hérésiarques faisaient alors souffrir à l'Eglise, sa sainte Epouse. Il luy fit voir son Sacré-Corps foulé aux pieds, les saints temples abattus, les autels renversés, les prêtres massacrés, l'Allemagne et la France en combustion par cette double hérésie. A cet affreux spectacle, cette véritable religieuse tombait dans des langueurs et dans des défaillances mortelles; puis, reprenant ses esprits, elle s'en plaignait à Dieu et s'écriait, dans l'amertume de son âme : Jusques à quand, Seigneur, laisserez-vous votre héritage en proye aux impies? Jusques à quand souffrirez-vous ces abominations dans le lieu saint? Votre colère, grand Dieu, n'aura-t-elle point de fin? sera-t-elle toujours enflammée contre votre peuple? Miséricorde, Seigneur, miséricorde pour tant d'âmes rachetées au prix de votre sang précieux! Nos péchés, il est vray, nous ont attiré ces malheurs; mais souvenez-vous, Seigneur, que vous êtes le Dieu des miséricordes et de toute consolation; faites cesser, je vous en supplie, ces impiétez ou effacez-moy du Livre de Vie! »

La pieuse duchesse pouvait laisser couler ses larmes: « ce siècle dedans lequel elle vivoit estoit malheureux, dit Mérigot, et très semblable à un théâtre, funeste sur lequel on voyoit les justes ressentiments et vengeances espouvantables du Très-Hault, courroucé contre les péchés et abominations des hommes. Deux furies d'enfer, armées de feu et de flammes, avoient conjuré la ruine de l'Epouse de Jésus. Calvin, le plus envenimé basilisque d'impiété que la terre aye jamais porté, commençoit à empester de sa maudite haleine ce beau et fleurissant Royaume de France. Luther, monstre prodigieux de taverne, avoit enyvré quasi toute l'Allemagne de sa doctrine pernicieuse et infernale. Toutes les nouvelles qui couroient pour lors, n'estoient que des Eglises très augustes et très anciennes, abbattues, saccagées, bruslées; des bons prêtres et saincts religieux, mocqués, poignardés, pendus ; des autels sur lesquels se faisoit jadis le sacrifice innocent de l'Agneau sans macule, des-honorés, profanés, renversés ; du Corps sacré de Jésus, ô Ciel ! foulé aux pieds, donné aux bestes, jeté dedans les cloaques et voiries les plus ordes et plus infâmes du monde. Philippa, à ces nouvelles lamentables, s'en prenoit à ses yeux, et, leur demandant des larmes de sang, se prosternoit devant ce très auguste et adorable Sacrement, requérant vengeance de tous les excès et félonies que ces vassaux barbares, abandonnés à toute méschanceté, commettoient contre leur souverain. »

La famille de saint François ne fut pas épargnée dans la tourmente : « ces pervers et impies huguenots commencèrent, l'an 1524, en Saxe, d'user du venin de leur iniquité, à l'endroit des religieux, et principalement contre les religieux de l'Observance de la province de Sainte-Croix, lesquels, comme parfaits observateurs du saint Evangile, furent toujours constents et fermes pour soutenir la sainte foi de Jésus-Christ, aux plus grandes persécutions et travaux que l'Eglise ait eus, jusqu'à répandre le sang et employer leur vie. Aucuns d'iceux, doncqués, après avoir souffert beaucoup d'angoisses, furent déchassés injustement par ces cruels sataniques de la même province, et envoyés en exil, entre lesquels furent les deux premiers ministres provinciaux que l'Observance eut en ces quartiers, un nommé P. frère André, lequel, l'an de salut 1518, fut élu Ministre provincial ; et l'autre, le Père frère Henry Marquardie, qui succéda à sa place l'an 1521, sous le gouvernement (ô quelle misère !) fut désolée, cette pauvre province, de ces instruments et enfants du démon infernal, lesquels n'étant pas contents d'avoir ruiné une province qui avait accoutumée d'abonder en grands personnages et grands serviteurs de Dieu, persécutèrent encore les pauvres religieux, leur faisant endurer mille affronts et autant de morts, où, contre leur volonté et desseins, ils sont cause que ces bons Observantins jouissent de la gloire éternelle, acquise avec la palme du saint Martyre (1). »

Ce fragment des annales de nos Révérends Pères nous fait voir que la persécution commença de bonne heure contre les fils du Séraphin de l'Alverne. Les pages consacrées au récit des calamités qui fondirent alors sur certaines provinces, nous initient à la fureur des hérétiques et à la constance de nos martyrs. Que de scènes de carnage dont le récit nous épouvante, se déroulèrent sous les yeux de la sainte religieuse, lorsque, renfermée dans son Oratoire, elle tombait, ou plutôt elle s'élevait dans ces états surnaturels durant lesquels Dieu lui révélait les malheurs de la sainte Eglise. Faut-il s'étonner si, à cet affreux spectacle, elle tombait dans des *langueurs et des défaillances mortelles*, d'où elle ne sortait que pour faire de son corps une hostie de sacrifice et de réparation. On voyait sur son visage pâle et défait l'empreinte des tortures dont Dieu affligeait son âme, et de celles dont elle accablait son corps. Au sortir de ces visions douloureuses, elle se traînait plus qu'elle ne marchait le long des cloîtres, pieds nus, la corde au cou, la désolation peinte sur ses traits, s'arrêtant à tous les petits oratoires, s'y prosternant la face contre terre, ou y faisant, les bras en croix, de longues prières expiatrices; c'était alors que, rencontrant ses chères

(1) *Chronique des Frères Mineurs*, 1ᵉ partie. Liv. I, chap. xxxix.

Sœurs, « son unique consolation après Dieu, prions, leur disait-elle, prions, mes chères Sœurs, ne cessons de nous humilier et de nous mortifier, afin d'arrêter le cours de la vengeance divine qui nous menace ; l'hérésie est à nos portes, et avec elle toutes les cruautés imaginables : le Rhin, la Save, le Danube, sont teints du sang de leurs habitants ; la Franconie, le Virtemberg et l'Alsace, frontières de nos Etats, sont dans la dernière désolation. »

Les religieuses, effrayées, multipliaient leurs jeûnes, leurs pénitences, leurs veilles prolongées, et, dans le secret du cloître, elles s'immolaient comme on s'immole quand on veut venger et consoler l'Epoux céleste, et attirer ses regards de divin Pasteur sur les brebis égarées.

Au fond de ce petit couvent de l'Ave-Maria de Pont-à-Mousson, que de mystères d'immolation et d'amour, que de réparations sanglantes, que d'hymnes et de soupirs consolaient le Christ outragé ! Des cœurs de vierges et de veuves y battaient sublimement, des âmes de saintes s'y consumaient ; les larmes et le sang y coulaient en silence, et de tels flots pouvaient laver bien des taches, effacer bien des crimes...

Grâce à Dieu ! ces flammes ardentes de l'amour réparateur ne se sont point ralenties, et notre siècle peut jeter à celui de Philippa le défi des saints héroïsmes : « La France sait-elle qu'il y a aujourd'hui, sur le sol français, plus de cent mille jeunes filles qui ont tout quitté, dans l'âge de la jeunesse, de la beauté, à l'heure des plus douces espérances pour se consacrer à l'adoration et à l'amour de Jésus-Christ ! Cent mille jeunes filles pures, chastes, vouées au seul amour de Dieu et des hommes, dans un siècle comme le nôtre (1) ! » Ah ! qu'il a dit vrai l'illustre Lacordaire lorsque, arrêtant sa pensée ravie devant un monastère dont il décrivait les charmes, il s'écriait : O maisons aimables et saintes ! On a bâti sur la terre d'augustes palais ; on a élevé de sublimes sépultures ; on a fait à Dieu des demeures presque divines ; mais l'art et le cœur de l'homme ne sont jamais allés plus loin que dans la création du monastère !... » Il savait comment on sert *Dieu et les âmes,* dans ces *maisons aimables et saintes,* celui qui écrivit un jour de la Quercia : « Quand nous nous faisons moines, nous autres Français, c'est avec l'intention de l'être jusqu'au cou !... »

Comme le grand Religieux de notre siècle, comme sainte Thérèse, sa séraphique contemporaine, Philippa était dévorée de la passion de Dieu et des âmes. « L'éternité lui dévoilait ses plus profonds mystères, et, près de ces réalités suprêmes, les choses de ce monde ne lui paraissaient plus que des ombres et des fantômes... Dieu et les âmes ! Le Ciel ! l'enfer ! L'éternel bonheur ou l'éternelle haine (2) ! » Oui, comme la grande Réformatrice du Carmel, la Mère Philippa « ne vit plus que de ces pensées et d'un désir immense, brûlant ; d'un désir qui la consume et qui la dévore, d'arracher à l'enfer, au malheur, à la haine, de donner au Ciel, au bonheur, à l'amour les pauvres pécheurs. Dans ce but, elle veut s'immoler par le sacrifice absolu d'elle-même prolongé

---

(1) Mgr Bougaud.
(2) *Vie de sainte Thérèse,* d'après les Bollandistes, tome I, p. 226.

autant que son existence (1), » et ce caractère divin d'héroïsme chrétien, elle ne perd aucune occasion de l'imprimer dans l'âme de ses fils. Les pages suivantes vont nous montrer cette Mère admirable parvenue à l'apogée du sacrifice, car, dit l'auteur de l'*Histoire de sainte Monique*, « le comble du sacrifice, le sommet suprême de la douleur, ce n'est pas de donner sa vie; le grand martyre, quand on est mère, c'est de donner la vie de son enfant (2). »

Un jour, probablement au sortir d'une de ces extases dont elle était si souvent favorisée, la duchesse, encore toute frémissante des crimes qui venaient de lui être révélés, « en faisoit à ses Sœurs la triste peinture, lorsqu'avec un surcroît de douleur, elle apprit que de la nombreuse armée des hérétiques révoltés contre leurs souverains, vingt-quatre mille s'étoient déjà avancés vers la Lorraine, lesquels, ne respirant que sang et carnage, portoient le fer et le feu partout où ils passoient. Ce fut alors qu'avec un redoublement de prières, de larmes et de mortifications, animée d'une sainte confiance en Dieu, elle mit tout en œuvre pour arrêter l'impétueux cours de ce torrent qui alloit se décharger avec rapidité dans les Etats de ses fils. Ce fut alors qu'elle joignit aux forces humaines les armes invincibles de la foy. Inspirée tout d'un coup, dans cette pressante conjoncture, de cet esprit de religion qui l'animait, elle appela auprès d'elle les princes ses enfants, lesquels s'y rendirent aussitôt (3). »

(1) *Vie de sainte Thérèse*, d'après les Bollandistes, tome I, p. 226.
(2) Mgr Bougaud,
(3) *Vie de la Princesse*. Balthazard.

CHAPITRE XX

Comment la Bienheureuse Philippa invite ses enfants à vaincre et à mourir. — Elle prie à Pont-à-Mousson et ses fils triomphent en Alsace. — Elle prend sous sa royale protection les Monastères persécutés. — Mort du comte de Vaudemont.

> « Ha ! mes Princes, il faut mourir... ouy, je suis vostre Mère, ouy je vous ayme tendrement, mais je le dis encor une fois : il faut mourir... »
> (*Vie abrégée.*)

Philippa ne se trompait point, lorsqu'au sortir de ses longues extases, elle annonçait à ses Sœurs les douleurs de la Chrétienté : *La Save nageoit dedans le sang de ses enfants, et le Danube en portoit les nouvelles, aux peuples voisins. La Franconie estoit en feu, le Duché de Virtemberg et l'Alsace, provinces voisines de la Lorraine, retentissoient horriblement aux mugissements effroyables de vingt-quatre mille rustres révoltés contre leurs Princes et Seigneurs. La Lorraine estoit à la veille de sa perte* (1), si Dieu n'eût protégé et gardé les anciens Etats de la Reine de Sicile.

Dans de pareilles conjonctures, on se figure aisément l'émotion que dut causer au monastère et aux

(1) *Vie abrégée.*

habitants de la cité du Pont, l'arrivée des Princes et de leur imposante escorte. La population se précipita sur les pas des fils de la duchesse, et les suivit jusqu'à l'*Ave Maria*. Le couvent était comme le phare au milieu de la tempête : sur ces vagues humaines, sur ces flots de peuple qui mugissaient de douleur et d'effroi au pied de ses murs, il allait faire rayonner les mystérieuses flammes d'une lumière conductrice.

De leurs cellules, les pauvres Clarisses eussent pu entendre les cris de la multitude, le cliquetis des armes, les hennissements des coursiers impatients, et tout le tumulte d'une foule qui croissait de moment en moment; mais cette clameur confuse n'arrivait qu'à demi aux oreilles des religieuses : elles étaient toutes au parloir intérieur, entourant *leur bonne Mère* et suppliant le Seigneur de parler par la bouche de sa servante.

Les princes, entourés de l'élite de la noblesse lorraine, remplissaient le parloir extérieur. Le R. Père confesseur et son compagnon, les frères lais employés au service du couvent, et plusieurs autres religieux de différents ordres, essayaient de contenir et de calmer le peuple, lequel sachant que les Princes « s'estoient assemblés auprès de Madame leur Mère pour scavoir d'elle l'ordre qu'il falloit tenir en ceste nécessité et calamité, » aurait voulu ouïr le discours de la Bienheureuse, et, voyant qu'il n'y pouvait parvenir, du moins il demandait à grands cris qu'on lui apportât les paroles de « la bonne Royne. » Le bruit s'était répandu qu'elle recevait du Ciel d'intimes communications, et, dans cette grande question de la guerre contre les hérétiques, ses conseils, comme toujours, devaient être des ordres ; bien plus, ils étaient des oracles.

Laissons la multitude épouvantée interroger les guerriers et les prêtres; laissons-la tressaillir dans sa fierté nationale et sa fierté chrétienne, et, pendant qu'elle discourt sur la guerre et l'hérésie, suivons les Princes, *ces nouveaux Machabées*, jusque dans le pauvre parloir, et assistons à cette scène incomparable : d'un côté de la grille, les épouses de Jésus, couvertes de leurs longs voiles, à genoux sur la dalle, les bras en croix ou la face prosternée contre terre, implorant le secours du Dieu des armées, et, au milieu de ces femmes plus célestes qu'humaines, une reine, une mère, une religieuse, encourageant son peuple à terrasser l'hérésie, conviant ses fils à la mort, et promettant à tous l'assistance de leur Dieu... Puis, de l'autre côté de la barrière du cloître, debout, près de cette sombre grille, le Sérénissime duc Antoine, l'Illustrissime duc de Guise, le Cardinal de Lorraine, le comte de Vaudemont, et, avec ces fils de Philippa, les plus illustres représentants de la noblesse, du clergé et de la bourgeoisie. L'ombre des murs sacrés planait sur cette assemblée et l'enveloppait d'un profond mystère. Qu'allait-il se passer ? Les vierges priaient; Philippa allait parler, les princes brûlaient du désir d'entendre leur sainte Mère leur transmettre les ordres du Ciel; les guerriers sentaient battre leur cœur sous leur lourde cuirasse; au dehors, les flots grossissants du peuple, faisaient entendre un murmure confus.

Cependant, la Bienheureuse ne se pressait point de parler; il se passa quelques moments d'un triste et douloureux silence : un noble guerrier manquait à l'appel, et le cœur de la mère se brisa en pensant à François de Lambescq : il n'y avait pas trois mois que

Dieu l'avait rappelé à Lui. Mais un regard vers le Ciel rendit à Philippa toute son énergie; elle refoula ses larmes, laissa saigner son cœur, puis, comme au jour de son départ pour le cloître, *elle combattit ce qui lui restoit de mère dans l'âme*, et invita ses enfants à mourir.

« La saincte religieuse, voyant ses enfants bien-aymés accompagnés d'une noblesse si belle, si chrestienne et si résolüe à bien faire, bénit Dieu de tout son cœur de luy avoir donné des enfants si généreux, si zélés pour la défense de la religion ancienne, si portés à la manutention de la foy, si enflammés à l'amplification de la gloire de Dieu. Et, sans mettre en délibération, s'il falloit prendre la voye des armes, les disposa par le discours suivant à mourir généreusement, plustot que de voir et endurer le dégast et tribulation de la saincte Cité, la profanation des lieux sacrés dévolus ès mains des étrangers :

« Mes chères entrailles, vous ne seriés point les enfants du grand René, ni les miens, si vous faisiés plus d'estat du monde que de Dieu. Si l'intérest d'un poulce de terre avoit plus de pouvoir sur vous que la grande estenduë de l'Eglise, nostre Mère commune. Si vous reculiés d'un pas, maintenant que l'occasion se présente de pouvoir mourir glorieusement pour Celuy, lequel, avec l'infamie et l'opprobre du monde, est mort en Croix pour vous. Non, mes enfants (je veux icy publier, à ma honte, mon imperfection), la Religion n'a point tant encor surmonté mon imbécillité, ni la nature et tendresse de mère en moy, que s'il n'y alloit que de vostre Estat, je ne deusse préférer vos vies aux biens temporels. L'affection de Mère me feroit mettre à part l'honneur duquel les princes de vostre qualité font tant d'estat qu'ils s'estiment ne debvoir survivre à sa perte, pour vous embrasser, et baiser plustôt vifs que morts.

Mais en ceste affaire, en laquelle outre la ruine évidente de vostre domaine, et la flétrissure de vostre honneur, la gloire de Dieu est foulée aux pieds, l'Église des-honorée, la foy interessée, les lois divines et humaines honnies et violées. Ha ! mes Princes, il faut mourir, ouy je suis vostre Mère, ouy je vous ayme tendrement, mais je dis encore une fois, il faut mourir. Et le contentement que j'auray de vous voir estendus morts pour la querelle de mon Dieu donnera de la force à mes mains pour vous fermer les yeux sans trembler ; du courage à mon cœur pour vous pouvoir baiser sans blesmir ; de l'asseurance à ma langue pour pouvoir dire de vous sans besgayer : Bénits soient à jamais les beaux jours ausquels j'ay mis au monde tant de victimes pour le Ciel. Allés donc mes enfants, allés à la bonne heure, valeureux princes, desfendés courageusement la cause de Dieu, relevés les autels du Seigneur, conservés ses temples, protégés ses bons et fidèles serviteurs.

Mais hastés-vous, ne donnés point loisir à ce torrent, de se faire un lict, et prendre son cours ; il le faut destourner au plustôt : tranchés, couppés, abbatés tout ce qui s'opposera à vos armes. Elles sont justes, puis qu'elles ne battent que pour la gloire de Dieu ; elles sont nécessaires puis que le mal est si violent ; elles sont utiles pource que ce qui touche la Religion offence tout le monde. Et ne craignés point d'estre cruels, il y a des maladies qui se guérissent en les flattant doucement, mais celle-cy veut estre mal-traittée. L'hérésie est de la nature de la gangrène, elle gagne tousours pays, si on ne luy va au devant ou par fer ou par flamme; Adieu, mes enfants, adieu, allés et combattés, cependant, je demeureray sur la montagne, entourée de mes chères Sœurs, et lèveray mes mains vers le Ciel, pour prier ce grand Dieu des armées de vous donner des lauriers en ce monde et la gloire du triomphe au Ciel. »

De telles paroles se passent de commentaires... Disons seulement avec un historien : « qu'il ne fallut point d'autre trompette pour sonner le boute-selle; ces valeureux Machabées, ainsi animés pour la défense de l'Eglise, se jettèrent promptement en campagne. »

Auparavant, ils prirent la bénédiction de leur mère... le cardinal lui-même, qui vénérait cette mère comme une sainte, voulut s'incliner sous sa bénédiction maternelle. La Bienheureuse, tremblante, bénit le prince de l'Eglise, en le considérant comme son fils; puis, à son tour, elle se mit à genoux, et, ne voyant plus en lui que son évêque, elle lui demanda sa bénédiction épiscopale et le pria de bénir aussi ses frères, les prêtres, les vierges, les guerriers et le peuple...

Après cette double bénédiction, les Princes s'éloignèrent, et, à *la haste*, s'occupèrent d'organiser une armée.

Les paroles enflammées de la Bienheureuse Philippa avaient volé de bouche en bouche, et ranimé tous les courages; après le départ de ses fils, la foule voulait envahir le parloir du monastère et entendre, elle aussi, les accents émus de cette femme héroïque... Mais la sainte religieuse s'était retirée dans son oratoire, pressée de se soustraire à toutes les ovations; la Mère Agnès de Mousson, d'après le conseil de la Bienheureuse, fit entrer toute la Communauté dans les exercices d'une profonde retraite, et les portes de l'humble parloir furent fermées sans pitié à la pieuse curiosité du peuple. Plus que jamais, l'Ave-Maria ressemblait à un tombeau; mais quel tombeau! Au dehors, il pouvait paraître triste et froid : au dedans, il était illuminé avec la foi, les incroyables sacrifices, les incomparables prières, les sublimes élévations des héroïnes du cloître. C'était là, dans cette atmosphère calme et recueillie du sanctuaire, que des mains pures s'élevaient vers le Ciel, tandis que des voix séraphiques faisaient monter vers l'Eternel les hymnes de l'expiation et de l'intercession. Le peuple respecta le silence dans lequel les Clarisses voulaient se renfermer durant ces jours de deuil et de calamités, et, voulant imiter en quelque chose ces nobles victimes, lui aussi, il pria et il pleura.

Pendant ce temps, la noblesse et la bourgeoisie nationale répondaient dans un magnifique élan à l'appel du duc Antoine, et celui-ci eut bientôt organisé une petite armée. « Ses frères de Guise et de Vaudemont lui apportèrent un notable contingent; Verdun envoya des troupes et de l'argent, le duc de Gueldre lui-même, oncle maternel d'Antoine, procura quelques compagnies de lansquenets : bientôt on fut en état d'entrer en campagne.

« Aux approches de l'armée lorraine, les Rustauds, répandus dans la plaine de Saverne, se réfugièrent dans les murs de la ville, et on ne tarda pas à apprendre que des renforts considérables venaient à leur secours. On résolut d'aller à la rencontre de ces ennemis inattendus. On les attaqua dans Lupstein, où on les extermina. Cette première victoire décida les paysans de Saverne à se rendre. Il avait été convenu qu'ils sortiraient désarmés et retourneraient dans leurs foyers ; malheureusement un incident, dont la responsabilité ne saurait être imputée au duc, vint ensanglanter cette mémorable journée. Pendant le défilé, une querelle surgit entre un Rustaud et un lansquenet ; un soldat avide de carnage, croyant peut-être à une trahison, se mit à crier : *Frappe dessus, il nous est permis :* et alors commença une déplorable boucherie ! Les chefs des troupes victorieuses firent de grands efforts pour arrêter l'effusion du sang ; leur autorité fut quelque temps méconnue, ils parvinrent à grand peine à sauver la ville qui avait accueilli les Rustauds.

Ces premiers succès d'Antoine n'avaient pas encore ruiné les ressources des rebelles. Quelques jours plus tard (20 mai 1525), le duc se trouvait en présence de vingt-quatre mille hommes, protégés par des accidents de terrain, un rempart de chariots et une redoutable artillerie. Mais Dieu n'était pas avec eux, ils furent défaits, mis en fuite ou taillés en pièces. Le comte de Vaudemont, blessé, terrassé, remonta sur son coursier pour combattre et pour vaincre. Antoine resta seize heures à cheval, se contentant d'un œuf pour toute nourriture, parce que le combat se livrait un jour d'abstinence, et qu'il n'y avait pas d'autre aliment maigre à sa disposition. Puis, rentré dans ses Etats, il témoigna au Dieu des armées sa reconnaissance, en fondant à Saint-Nicolas une messe qui s'annonçait, chaque année, par un tintement de seize coups (1). »

(1) *Vie de la Duchesse*, par l'auteur de la *Vie de Marguerite de Lorraine*.

Dans cette magnifique victoire, quelle avait été la part de Philippa? Un de ses biographes nous l'apprend, par ces quelques mots : « Les heureux succès de trois rencontres, la prise de la ville et chasteau de Saverne, la déroute de Chenonville, la défaite sanglante de dix-huit mille révoltés, la perte de fort peu de gens du costé des princes, le recouvrement de l'Illustrissime Comte de Vaudemont, qui fut trouvé haletant parmy les troupes desconfites, firent bien cognoistre le crédit que la Bienheureuse Philippa avoit au Ciel. La partie n'estoit pas égale, l'affaire estoit précipitée, l'ennemy bien fortifié et en poste très avantageux, et cependant la chance se tourna du costé des plus faibles. Mais, je me trompe : les princes avec leur saincte Mère estoient les plus forts. David fut compté par Joab, son connestable, pour dix mille, tant il faisoit estime de son courage ! Et pour combien de mille falloit-il compter Philippa, armée de zèle, d'amour et d'oraisons? Ce sont bien des armes si puissantes à ceux qui les ont bien en mains, qu'il n'y a rien qui leur puisse résister. Elie pria et il tira le feu du Ciel; Elisée se mit en oraison, et il commanda à la mort; Josué ne dict que trois mots, et voilà le soleil, ce grand courrier, immobile; Moyse dresse son cœur vers le Ciel, et Dieu se met à sa discrétion; il lève les mains en haut, et Josué triomphe à la campagne.

« Ainsi la dévote Philippa crie à Dieu, dès son oratoire, et voilà les ennemys de Dieu dissipés, elle pric au Pont-à-Mousson, et ses fils triomphent en Alsace; elle offre leurs vies pour la querelle du Seigneur, et elle les revoit pleins de vie, chargés de gloire et de lauriers : tant il est véritable ce beau mot de David : Dieu fera toujours la volonté de ceux qui le craignent ! (1) »

Le Révérend Père Hilarion de Coste rend aussi un magnifique hommage au zèle dont la Bienheureuse était animée pour la défense de la foi, et au courage que ses fils déployèrent dans cette lutte sacrée. « Le venin contagieux de l'hérésie de Luther, dit-il, fléau très juste de Dieu irrité contre son peuple, qui s'était répandu en la Saxe, serpentant le pays peu à peu, infecta non seulement toute l'Allemagne, mais, traversant le Rhin, fut, par quelque malheureux démon jaloux du repos de la chrétienté, jeté sur les frontières de notre France très chrétienne, auparavant aussi fortunée qu'elle a été depuis malheureuse.

« Philippa de Gueldre, craignant que ce venin gastât le duché de Lorraine, prit un soin particulier que tous ses cinq fils, qu'elle aimoit tendrement, fussent nourris et élevés à la piété chrestienne et dans une aversion des hérésies, car ces Princes généreux et magnanimes, incités par leur mère et animés des bonnes instructions qu'elle leur avoit fait donner estant jeunes, défirent à Saverne, ville d'Alsace, les *Rustiques* mutins, débauchés par les pernicieuses doctrines de Zwingle et de Luther qui avoient déjà gâté et démoli par l'Allemagne les villes et les châteaux de la noblesse.

« Ces princes lorrains arrêtèrent le cours impétueux de ceste armée innombrable, de laquelle ils firent un horrible carnage. Le duc Antoine, après avoir défait les sectaires de Luther, élevés contre le clergé et la noblesse, mit un si bon ordre en ses terres

---

(1) *Vie de la Sérénissime Philippa*, Mérigot.

que l'hérésie ne s'y put pas établir. Son frère le Cardinal, se servant du crédit qu'il avoit auprès de notre Roi François, empêcha avec les cardinaux de Bourbon et de Tournon, que ce grand monarque ne fît venir Mélancton en sa Cour, et travailla à faire punir sévèrement ceux qui estoient entachés de luthérianisme. »

Les biographes de la Bienheureuse nous disent qu'en sauvant la Lorraine ses fils conjurèrent un danger qui pouvait devenir européen, et qu'ils préservèrent la France, le beau royaume de Marie, de l'invasion de cette *nouvelle horde d'Attila!* « De toutes parts, des lettres de remerciements furent adressées au prince qu'un intérêt de salut public et d'humanité avait rendu si vaillant guerrier. »

M. le baron Guerrier de Dumast a fait admirablement ressortir la gloire de ce magnifique triomphe, en montrant de quelle conséquence fut, pour notre patrie, la victoire remportée sur les Rustauds par les héros lorrains : « Lorsque, soulevés par les doctrines de l'apostat de Wittemberg, dont ils voulaient en bons logiciens pratiquer rondement toutes les conséquences, d'épais essaims de rustres allemands, ivrognes et libertins comme leur apôtre, vinrent au cri de « Vive Luther! vive le *gentil* Luther! » se ruer sur l'Occident, et y prêcher par le fer et le feu le *nouveau règne du Saint-Esprit*, c'est-à-dire l'anarchie absolue, traitant sans pitié les personnes et les choses, brisant tous les monuments de l'art, exerçant mille abominations indignes ou féroces : la France, privée de son roi (alors prisonnier des Espagnols), n'était pas en mesure de leur présenter sur-le-champ la barrière de fer que Charles-Martel, aux bords de la

Loire, opposa jadis à l'islamisme. On ne sait donc, à l'irruption de ces nouvelles hordes d'Attila, jusqu'où seraient allés les maux de notre patrie, sans l'énergique et prompt dévouement de la nation lorraine.

« A la voix de leur souverain, du bon duc Antoine, surnommé *prince de paix*, mais qui, dans un intérêt d'humanité, se montra soudain vaillant guerrier, les Lorrains, avec un admirable élan, firent pour la France ce que les Polonais et les Hongrois avaient souvent fait pour l'Europe : ils lui formèrent de leurs corps un rempart. Seuls pour combattre des bandes forcenées, aussi puissantes par le nombre que par le fanatisme, ils acceptèrent, ils remplirent la tâche. Leur épée enfonça la ligne serrée des brigands, et, sur divers champs de bataille, en Alsace, ils parvinrent à dissiper ou à détruire soixante mille Rustauds : ainsi nommait-on les soldats d'une armée vandale, dont le chef même ne savait pas lire : « *Guerre des Rustauds* ! » tel est aussi le nom sous lequel est restée célèbre en histoire cette lutte de géants, où, par le bras d'un petit peuple héroïque, l'Occident civilisé eut à vaincre des tourbes brutales, furibondes et formidables. Elle a été le sujet des chants de Pilladius, dans sa *Rusticiade*, sorte d'épopée latine, dictée par l'enthousiasme des contemporains : enthousiasme non moins vif que juste, car le duc Antoine, leur sauveur, devint à leurs yeux comme un de ces personnages surhumains, colosses des âges mythologiques, qui recevaient les hommages des peuples, pour avoir purgé la terre des monstres qui la ravageaient. (1) »

Pendant que l'Europe acclamait son fils et le pro-

---

(1) *Foi et Lumière*, 2ᵉ édition, p. 393.

clamait à la fois *prince de paix* et *vaillant guerrier*, Philippa, cachée aux yeux de tous, chantait, elle aussi, l'hymne de la reconnaissance. Elle s'abîmait dans cette religieuse reconnaissance, elle entraînait ses compagnes au pied de l'autel, leur faisait entonner le cantique de l'action de grâces, puis, pendant que ses Sœurs chantaient des lèvres, elle, comme saisie par un ravissement sublime, elle chantait du cœur et de l'âme, et lorsqu'elle revenait de ses extases qui la transportaient aux pieds du Dieu de la victoire, on l'entendait murmurer doucement : « Que le Seigneur « soit béni parce qu'il a exaucé la voix de ma prière. « Le Seigneur est mon aide et mon protecteur : « mon cœur a espéré en Lui et j'ai été secourue. Et « ma chair a refleuri et je le louerai de toute l'étendue « de ma volonté... » Et les saintes compagnes qui l'entouraient achevaient le psaume sacré et répétaient en chœur : « Le Seigneur est la force de son peuple... « il est le protecteur qui donne l'abondance du salut... « Seigneur, sauvez votre peuple et bénissez votre « héritage ; gouvernez-les et élevez-les jusque dans « l'éternité (1). »

Tandis que Philippa se montrait l'ange de la Lorraine, pendant qu'elle priait sur les hauteurs et que ses fils triomphaient dans la plaine, son frère, le duc de Gueldre se constituait le vaillant défenseur de la Gueldre catholique.

En admirant le zèle du frère et de la sœur dans cette longue lutte contre l'hérésie, on se rappelle ce mot d'un de leurs historiens, l'illustre Wadding : « Ils sucèrent avec le lait l'amour de Dieu et le respect

---

(1) Ps. xxvii, v. 8, 9, 10, 11, 12.

pour l'autorité. » Puis, le même auteur ajoute : Ils ne s'en départirent aucun moment de leur vie !...

« Charles Egmont, après avoir recouvré l'héritage de ses pères, n'eut rien de plus à cœur que de protéger et de faire fleurir la religion catholique, cruellement persécutée dans les villes voisines de la Haute Germanie. Cependant, je l'affirme, lorsque Isaac Pontamer a écrit l'histoire de la Gueldre, il a, par de faux procédés et en haine de Charles Egmont, dénaturé les lois et les décrets que ce prince avait portés pour contenir son peuple dans le devoir. Mais, à lire la lettre de Charles au Souverain Pontife, on reconnaît la fausseté et l'impiété de Pontamer. En effet, quand l'hérésie de Luther commença à se répandre, il écrivit au pape Clément pour lui demander avec instance de lui permettre de citer à son tribunal les prêtres qui favorisaient cette funeste contagion ; il lui promettait d'user de cette autorité avec prudence, dans le seul but d'affermir les peuples dans la foi, et en même temps de faire tous ses efforts pour arrêter l'audace et réprimer la témérité de ces impies. »

Voici l'admirable lettre que le frère de Philippa écrivit au successeur de saint Pierre. Nous la citons d'après Wadding :

« C'est en baisant vos pieds, Très Saint Père, que je me recommande très humblement à votre Sainteté. Dans presque toute la Germanie, l'hérésie de Luther répand, hélas ! ses désastreux ravages, et se fortifie de plus en plus non seulement dans le peuple, mais encore dans le clergé. Nous-même, nous faisons tous nos efforts pour l'arrêter et la détruire, si bien qu'on n'en parle même pas dans nos états ; mais ce qui nous afflige au plus haut point, c'est de voir les princes, nos voisins, tant ecclésiastiques que laïques, fermer les yeux, ce nous semble, et permettre beaucoup d'actes qu'ils pourraient empêcher ou réprimer sans trop de difficulté. Aussi, nous supplions très humblement votre Sainteté de vouloir bien, en vertu de l'autorité apostolique dont elle est investie, ordonner que ces princes ouvrent les yeux et veillent avec plus de soin sur ce monstre aux cent têtes qui menace d'engloutir l'Eglise du Christ, brebis et pasteurs. Pourrait-on imaginer plus déplorable et plus funeste malheur? Pour nous, nous sommes persuadé que le mal a envahi particulièrement le clergé; mais Dieu nous garde de porter une main sacrilège sur les prêtres du Seigneur! Et pourtant il serait utile, que dis-je, il serait nécessaire d'obtenir de votre autorité apostolique, pour nous et pour les autres princes nos voisins, la charge de ramener ces égarés dans le droit chemin tracé par nos pères, et si longtemps suivi par eux; bien plus, de les forcer, même par les derniers supplices, à récipiscence. Quant à nous, nous ferons tous nos efforts, et nous sommes prêt à sacrifier nos biens, nos forces, notre vie même, pour une œuvre si sainte et si nécessaire. Toutefois, c'est à la condition que l'ordre de votre autorité apostolique viendra confirmer notre désir que nous croyons être dans l'esprit de l'Eglise et l'expression fidèle de notre respect. Puisse le Christ, Notre Seigneur, conserver longtemps encore dans une parfaite félicité Celui qui tient le gouvernail de son Eglise.

« Charles EGMONT.

« En notre castel d'Arnhein, février 1525. »

Trois mois après avoir écrit cette lettre, où se dévoilent sa foi, son zèle, sa religieuse intrépidité, son respect et son dévouement pour le Saint-Siège, le duc de Gueldre fournissait à ses neveux un puissant secours, en leur envoyant plusieurs compagnies de ses courageux lansquenets. Cette union des forces était comme une image de l'union des cœurs, et Philippa bénissait le Seigneur de ce que tous les siens, unis dans la même foi et le même amour, offraient, dans un commun élan, leurs biens, leurs forces, leur sang, leurs vies même, s'il l'eût fallu, pour la défense de sa divine cause.

La Lorraine était sauvée, et la Gueldre, ce berceau de Philippa, possédait dans son duc un intrépide défenseur... Il semblerait qu'alors la Bienheureuse eût pu sécher ces torrents de larmes que lui faisait verser l'hérésie menaçante... mais non, aux grands cœurs Dieu réserve les grandes douleurs, et Philippa ne devait point cesser de pleurer... Les intérêts religieux de son peuple et de ses fils étaient sauvegardés : ceux de sa famille religieuse ne l'étaient point... une partie bien chère de la tribu séraphique allait souffrir de la part des hérétiques une affreuse persécution; et bien que le monastère du Pont fût à l'abri de telles alarmes, il n'en souffrait pas moins, car, nous l'avons déjà dit : pour les âmes nobles et vraiment chrétiennes, la souffrance d'autrui n'est pas sans écho.

Les religieuses Clarisses, qui « étoient accablées des misères sous lesquelles toute l'Eglise gémissoit à la naissance de l'hérésie, principalement celles de Moulins, d'Orbe, et plus particulièrement celles de Genève, recouroient à la Révérende Mère Sœur Philippa avec d'autant plus d'empressement, de tendresse et d'incessantes sollicitations, que la chose pressoit infiniment davantage. »

La Bienheureuse tendait alors sa royale main aux princes ses enfants, et elle en obtenait de « grandes aumônes pour les Monastères affligez et opprimez par les hérétiques. Il y a de la dévotion à lire le remerciement que les bonnes Sœurs de Genève luy firent le 30 janvier 1531 : *Elles remercient l'Abbesse et le couvent de l'excellente Sœur Philippa de Gueldre de leurs plantureuses aumônes, et de celles de Madame la Duchesse, disant qu'elles furent portées du tour au réfectoire, où les Sœurs étoient assemblées, qui en furent si surprises qu'incontinent se levèrent toutes, et, les mains jointes et les yeux élevés au Ciel, remerçioient, prioient, bénissoient pour madite Dame, pour la Très Révérende Mère Sœur Philippa, pour la Mère Abbesse et toutes les Sœurs, etc., etc...*

« D'autres couvents la remercient pareillement de ses aumônes, dont elles ont reçu de grands secours : si bien que cette grande âme, qui avoit renoncé à toutes choses pour soy même, a sceu pourvoir aux autres par l'ardente sollicitation de sa charité enflammée (1). »

Des liens intimes unissaient le monastère du Pont à celui de Genève. Pendant plusieurs années, Dieu se plut à resserrer ces nœuds d'une incomparable affection, et Il en agissait sans doute ainsi, afin qu'aux jours de la persécution les Clarisses de Genève trouvent une ineffable consolation et un puissant secours dans la charité fraternelle et le royal crédit de Philippa de Gueldre. Si nous nous transportons en l'an-

(1) Révérend Père Guinet.

née 1535, nous voyons l'*Ave-Maria* du Pont plongé dans la plus profonde tristesse... Les nouvelles qui arrivaient coup sur coup de Genève étaient désolantes... Comment n'eût-on pas pleuré sur de telles infortunes, qui accablaient les Clarisses genevoises? Comment n'eût-on pas tremblé à la seule pensée du péril qui les menaçait?

Rien de plus douloureux que la lutte engagée contre nos Sœurs de Genève ; rien de plus consolant que leur attitude presque céleste envers leurs persécuteurs.

Il ne se passait guère de semaines que ces saintes victimes ne trouvassent le moyen de faire parvenir à leurs sœurs de Pont-à-Mousson des nouvelles détaillées de leur triste situation. Tous ces messages étaient adressés à *l'excellente Sœur Philippa de Gueldre*, et celle-ci s'unit tellement à leur douleur, elle les recommanda avec tant de sollicitude aux princes et seigneurs qui pouvaient les secourir, elle les encouragea avec tant d'ardeur à soutenir la lutte pour la foi de la véritable Eglise, que, raconter les persécutions luthériennes contre les moniales Clarisses de Genève, c'est parler de ce qui toucha la sainte Duchesse au point le plus sensible de son âme séraphique ; les omettre, serait élaborer de notre récit le résumé de ces incomparables lettres que Philippa ne lisait qu'en les baisant, parce qu'elles étaient écrites par des vierges victimes, et dont la lecture émue et émouvante se faisait en communauté, interrompue souvent par des sanglots, continuée au milieu d'une profonde tristesse, de lamentations déchirantes, finie toujours par une prière commune, appel pressant au secours du Dieu fort, à la protection du Christ, qui console et qui sauve.

Mais quelles étaient ces afflictions étranges qui jetaient en de telles angoisses les solitaires du Pont ? En voici un court exposé : Le 30 mai de l'an 1535, des syndics ou consuls s'étaient rendus au pauvre monastère de Sainte-Claire de Genève, pour sommer le Père Confesseur de se trouver, le dimanche suivant, aux disputes publiques, en compagnie de toutes ses religieuses. Ce n'était pas la première fois que la fureur luthérienne faisait trembler les timides colombes, mais ici commença une persécution à outrance, qui ne devait avoir ni trêve ni relâche, jusqu'à ce que les pauvres recluses aient été expulsées de la cité genevoise. Les syndics s'étant rendus au tour, firent les mêmes sommations aux religieuses.

« La Mère Abbesse, dit la chronique (1), craignant que son vieil âge ne luy fit faire quelque équivoque à la réponse qu'il falloit faire à cette sommation, fit appeler avec elle la Mère Vicaire, nommée Sœur Pernette de Mont-Loy, autrement dit de Chasteaufort, laquelle, comme elle étoit de grande maison et de sang illustre, avoit un entendement relevé, un grand zèle à son état, et son courage si généreux, qu'elle fit des merveilles pendant ces afflictions : il est à croire que, sans elle, les religieuses eussent été perdues et ne fussent jamais sorties de Genève, ainsy qu'on jugera par le succès de l'histoire. La Mère Vicaire, donc, pria les syndics d'excuser les Religieuses, si elles ne peuvent obéir à leur ordonnance, d'autant qu'elles ont faict le vœu de perpétuelle clôture, lequel elles ne vouloient ni devoient transgresser en aucune façon. Les syndics luy répondent qu'il ne falloit plus alléguer

(1) Fodéré.

leurs vœux ; que le conseil avoit résolu que tous les habitants seroient réduits en union de foy, selon la conclusion qui réussira de ces disputes publiques ; et pour ce, il falloit que tous y assistassent, afin d'entendre ladite conclusion.

« La Vicaire luy repart que ce n'étoit pas l'estat des femmes de disputer de la Sainte Ecriture ; veu même qu'il est défendu aux hommes laïcs de lire la Bible et de disputer de la foy, à plus forte raison moins est-il permis aux femmes qui ne sont pas seulement reçues en témoignage. Que de les y faire aller pour entendre la conclusion que l'on y donnera pour une union de foy, elles étoient très bien fondées en leur créance de Sainte Mère Eglise, laquelle elles vouloient tenir et estoient plutost prêtes de mourir que de changer la vray foy à une nouvelle, inventée par Luther Augustin apostat. Au demeurant, qu'elles ne croyoient pas que cette ordonnance eust été faite pour elles qui connaissoient les Seigneurs et les gouverneurs de la ville, si sages, si prudents et si judicieux, qu'ils ne se voudroient pas acquérir du blasme à violenter des pauvres filles qui n'offensoient personne et ne se mêloient que de prier Dieu. »

La discussion dura deux grosses heures « à la fin desquelles les syndics autant en colère que confus de la *faconde* et vives raisons de cette vénérable Mère, s'en allèrent criant que, par le grand diable, on romproit leurs portes et qu'on les sortiroit bien de leurs tannières !...

Le lendemain, samedy, les religieuses se réconcilièrent et communièrent encore. Après dînée, elles s'assemblent à la treille et y appelèrent le Père confesseur, le priant instamment de se sauver et sortir promptement de la ville, soit en habit dissimulé ou comme il pourra, sachant qu'il seroit forcé de se trouver à ces disputes, et, qu'encor qu'y allant par contrainte, il seroit exempt de l'excommunication, en laquelle tombent ceux qui y vont par plaisir, néanmoins, comme il étoit docte, elles prévoyoient bien que luy, voulant montrer sa constance et ferveur à la vraye religion, il seroit mis en prison et luy feroit-on de grands tourments.

« Ce bon Père fondoit en larmes en s'écriant : ô Suzanne, soyez à mon ayde, car je puis hardiment dire après vous : *Angustiœ sunt mihi undique et quid eligam ignoro !* Ha ! mes chères filles, les douloureux coups de poignard que vous me donnez au cœur! ha! que vous mettez mon âme en une extrême perplexité ! Si je me sauve et retire, j'encourray un blasme infâme devant tout le monde et un reproche insupportable de mes supérieurs de vous abandonner en telle nécessité. Et (qui est le plus !) Dieu qui me demandera compte de vous, me damnera méritoirement comme mercenaire qui m'en seroi fui, voyant venir le loup. Si je demeure, je ne puis évader les tourments, mais c'est là où je dois et je veux montrer ma constance à les endurer pour l'amour de mon Dieu, et pour le soutien de la foy. A Dieu ne plaise que je commette un tel crime que de vous abandonner, mais résolûment je tiendroi ferme.

« Après les soupirs et larmes de part et d'autre, l'Abbesse luy repart que cette sienne résolution étoit sainte, mais qu'elle causeroit de plus grands maux, en ce que ces malheureux Luthériens croiront que c'est luy qui les maintenoit en leur Religion, qui les empeschoit d'adhérer à leur hérésie et de sortir pour aller à ses disputes, et ainsy luy et elles seront diversement tourmentés ; que s'il étoit absent, les hérétiques croiroient que c'est d'elles seules qu'est la résolution de ne sortir hors leur Monastère, et qu'ils les laisseroient comme pauvres filles sans les violenter. En somme, les religieuses le conjurèrent et prièrent tant pour l'amour de Dieu et pour leur bien, qu'il consentit de s'en aller, non sans telle abondance de larmes, qu'il ne pouvoit prononcer aucune parole. Puis, reprenant ses esprits, et exposant ces paroles : *patientia vobis est necessaria*, il leur fit une belle remontrance, les exhortant à la patience, aux vœux solennels qu'elles avoient faits à leur Epoux Jésus-Christ, à la constance qu'elles devoient avoir à maintenir la foy, leur proposant l'admirable courage de Sainte-Agnès, laquelle, en l'âge de douze à treize ans, avoit si virilement enduré le martyre pour conserver sa virginité et maintenir la foy.

« Enfin, luy et les religieuses prennent congé respectueusement. Elles le remercient de tant de bien et consolations qu'il leur avait faicts, luy crient mercy de tout ce en quoy elles pouvoient avoir offencé ; réciproquement, il les remercie de tant de charités qu'il avoit reçues d'elles, leur demande pardon s'il avait été négligent en l'exercice de sa charge, leur donne encore l'absolution générale, les remet entre les mains de Dieu, se recommande respectivement és prières les unes des autres.

« Je remets à la considération du pieux lecteur en quelles chaudes larmes, regrets, cris et soupirs fut confit leur dernier *à Dieu !* » Cependant, le bon Père ne pouvait se résoudre à quitter son petit troupeau ; il demeura encore quelques jours à Genève, y souffrit une furieuse persécution, et ne s'éloigna que pour rendre plus de services encore à ses chères filles. « Ce qui fut utile aux religieuses, car comme elles étoient toutes, hormis quatre de la ville, des plus grandes et illustres Maisons de noblesse de Savoie, ledit Père Confesseur donna avis à quelques-uns de leurs parents de leur déplorable misère. Ces Seigneurs, en donnant avis et aux uns et aux autres parents, et étant assemblés avec chacun un bon nombre de serviteurs, se logèrent une partie à Saint-Julien, afin que si les Sœurs pouvoient sortir par le pont d'Arve, ils fussent près de les recevoir. L'autre partie va à Geys, afin que, si elles sortoient par le pont du Rhône, ils en fissent de même.

« De quoy le bon Charles, duc de Savoie, étant averti, écrivit au bailly de Geys de les recevoir et loger honorablement, si elles se pouvoient sauver par là. Et, d'autre part, il envoya le Seigneur de Faucon, gentilhomme de sa chambre, à Saint-Julien, d'où il étoit natif, afin de les loger en sa maison si elles se retiroient de ce côté là ; mais ils y demeurèrent jusqu'au 30 août, sans pouvoir avoir aucunes nouvelles d'elles, ni si elles sortoient ou non, car personne de Savoie n'osoit approcher les limites de Genève, aussi, personne de la ville n'entroit dans l'état de Savoie. »

Que devenaient donc les protégées de Philippa de Gueldre, les Sœurs bien-aimées pour lesquelles elle adressait lettre sur lettre au duc de Savoie, aux Princes de Lorraine et à plusieurs grands Seigneurs qu'elle savait devoir s'intéresser à la cause des infortunées captives ?... Leur situation était déplorable. « Aussitôt que le Père Confesseur fut sorti, elles s'étoient assemblées au Chapitre pour résoudre ce qu'elles auroient à faire. Mais ce n'étoient que larmes, serrements de cœur si grands, qu'elles ne pouvoient parler et ne savoient que dire, ni proposer. Enfin, toutes, d'un commun accord, prièrent la Mère Vicaire de faire la proposition, remettant entre ses mains leurs vœux, leurs voix, leurs volontés, protestant de faire tout ce que son bon jugement trouvera expédient. Lors, cette prudente Mère s'adressa aux jeunes et leur dit :

« Mes filles, vous serez celles que rechercheront ces malheureux et qui serez tourmentées, et nous autres anciennes à vostre considération, car, si ces chiens vous avoient débauchées et attirées à leur maudite secte, ils ne se soucieroient plus de nous. Il est donc temps que vous manifestiez votre résolution. Que s'il y en a quelqu'une qui se laisse emporter aux tentations de Satan, je lui diroi comme Notre-Seigneur dit à Judas : *Quod facis, fac situis!* Celles qui voudront être constantes aux vœux qu'elles ont faits à Dieu, nous promettons de les assister et que l'on nous *chapplera* plustost en pièces que les abandonner. Sus donc, mes enfants, par le serment de foy que vous avez à Dieu, dites ce que vous avez au cœur. Que si vous craignez de le dire tout haut, déclarez-le secrètement, l'une après l'autre, à la Mère Abbesse. Ces jeunes vierges prosternées devant les anciennes, se mettant la corde au cou, dirent toutes l'une après l'autre : Nos très chères et honorées Mères, nous protestons icy, devant Dieu et devant vous, de jamais ne renoncer l'habit de la sainte Religion, mais de persévérer et mourir en l'observance de nos vœux, lesquels nous réitérons de nouveau, d'aussi bon cœur que le jour de notre Profession. »

Il serait trop long de dire par quelles paroles enflammées la Mère de Châteaufort ne cessa d'encourager ses Sœurs, et quelles réponses admirables lui faisaient celles-ci, à l'exception d'une malheureuse qui voulut bien se perdre, « mais auparavant, elle causa d'étranges afflictions aux pauvres Sœurs. »

Dès lors la vie des Clarisses de Genève devint un martyre perpétuel. Après être restées sept semaines sans messe, sans confession, sans communion et sans oser dire l'office, sinon de nuit, et encore si bas qu'il ne fallait pas que les gardes qui étaient devant le Monastère les entendissent, les Clarisses virent plusieurs fois leur couvent envahi, saccagé, pillé, les saintes Espèces profanées, et elles étaient si terrifiées qu'en se rendant au chœur pour *y attendre le coup de la mort*, « elles tombaient par terre d'appréhension, » tandis que plusieurs étaient blessées, selon le récit du chroniqueur. « Ces barbares rompirent tous les oratoires, déchirèrent les livres, et, à grands coups de cognées, rompirent les chaires et faisaient voler les éclats sur les religieuses dont il y en eut quelques-unes de blessées. »

Attendant la mort d'un moment à l'autre, cornées dans leur monastère par quatre-vingts hommes, ne pouvant aborder la cellule du tour que gardaient, au lieu de portières, deux sergents de ville, les pauvres Clarisses manquèrent bientôt de vivres et n'eurent plus, pour se nourrir, qu'un peu de potage d'herbes : « et demeurèrent ainsi quatre jours abandonnées du Ciel et de la terre, comme s'il n'y avait plus personne au monde ; désirant plus la mort que la vie, car l'espace de quinze jours continuels, elles avoient souffert tant de divers assauts, lesquels duroient quelquefois depuis le matin jusqu'au soir, et souvent avoient passé les vingt-quatre heures sans boire ni manger, dont elles étoient si débiles et si abattues et de corps et d'esprit, qu'elles demeurèrent deux jours entiers sans se pouvoir lever de leurs lits. »

Pendant ce temps, qu'on se figure Philippa en extase dans son oratoire, « *découvrant clairement*, selon Balthazard, *les grands et innombrables maux que deux abominables hérésiarques faisoient alors souffrir à l'Eglise, la sainte Epouse de Jésus.* » Dieu qui lui mettait sous les yeux *les innombrables maux* causés par l'hérésie, ne dut pas lui épargner la vue des horribles profanations qui souillèrent le monastère de Sainte-Claire de Genève. Que de prières s'élevèrent du cloître de Pont-à-Mousson vers le Roi des vierges pour Lui demander de secourir le chaste essaim dont la ruche était si cruellement maltraitée. Le Seigneur pesa tant de larmes, il écouta tant de soupirs, et les Luthériens eurent le dessous dans cette terrible lutte. Vainement les plus acharnés d'entre eux voulurent-ils persuader aux jeunes Sœurs que garder la chasteté était chose impossible, et qu'il leur fallait accepter les partis honorables qu'ils leur présentaient ; vainement offrirent-ils aux anciennes une liberté sacrilège, rien ne put vaincre ces *têtes de fer*, comme ils les appelaient, et nos bonnes Mères sortirent triomphantes de ces horribles assauts, et leurs ennemis, *autant honteux qu'esbahis, disoient que l'on auroit aussitôt amolli une enclume de maréchal que de convertir ces cœurs obstinés!*

Enfin, comme par miracle, les pauvres infortunées

obtinrent la permission de s'évader de Genève. Cette sortie s'effectua le 30 août.

« Etant toutes descendues au cloître, les religieuses se mirent à genoux, parlant aux bonnes Mères trépassées qui y étoient enterrées, comme à des personnes vivantes, leur dirent le dernier à Dieu, invoquant leurs mérites à ce que Dieu les voulût conduire, mais avec des paroles et pointes si pénétrantes que les Luthériens se retiroient au coin du cloître avec les larmes aux yeux. Ayant dit le *De Profundis* avec les oraisons, et donné de l'eau bénite pour la dernière fois, la Mère Vicaire disposa si prudemment les religieuses qu'elle donna à chacune des plus anciennes et des malades une jeune Sœur forte pour la soulager, commandant à toutes d'aller bien serrées les unes à la suite des autres sans distance, et leur défendit de dire mot, ni répondre en aucune façon, nonobstant toutes les injures ou moqueries qu'on leur feroit, et puis dit : « *Allons donc, Messieurs, au nom de Dieu!* »

Sur le seuil du cloître, la bonne Mère recommanda au lieutenant de ne *pas les mener à la boucherie*, mais elle se confia à sa parole, le connaissant *tout homme d'honneur*, disait-elle. « Dame Vicaire, lui répondit-il, venez assurément sur ma parole, et ne craignez rien, car je perdrais plutôt la vie que de fausser la promesse que je vous ai faicte ; et *quant à quant*, se mit le premier en tête avec sa pertuisane pour faire faire place ; une partie des soldats de la garnison côtoyaient les religieuses, le reste marchoit après avec les sergents. »

Ainsi protégées, les pauvres Clarisses arrivèrent sur les limites de Genève et du pays de Savoie. Elles prirent congé de la troupe, et, guidées par leurs convers, elles prirent la route de Saint-Julien. Bientôt elles eurent le bonheur de rencontrer leur Père Confesseur et un de ses compagnons, frère Thomas Garnier, « qui depuis huit ou dix jours voltigeoient par les villages circonvoisins de Genève pour voir s'ils en pourroient apprendre quelques nouvelles. Dieu sait la consolation que ces pauvres affligées reçurent et les louanges à Dieu de cette rencontre ! »

Le duc de Savoie et sa femme Béatrix de Portugal donnèrent ordre de recevoir les Clarisses avec tous les honneurs dus à leur héroïsme et à leur sainteté. L'ambassadeur ducal vint à leur rencontre leur faire *l'harangue de condoléances de leurs misères*, et la marche des pauvres fugitives jusqu'à Annecy fut un véritable triomphe. Elles échappèrent, comme par miracle, aux poursuites des plus furieux luthériens, lesquels, blâmant la conduite des gouverneurs de Genève, et voulant ramener les Clarisses dans cette ville pour les y persécuter à nouveau, envoyèrent cerner le château de la Perrière où elles s'étaient réfugiées pendant cinq jours.

Par une permission divine, les pauvres exilées avaient quitté la Perrière depuis quarante-huit heures... Elles entrèrent à Annecy aux acclamations de tout le peuple ; la ville était illuminée en leur honneur, « les rues toutes bordées des habitants de l'un et de l'autre sexe, qui, les genoux en terre et les larmes aux yeux, leur faisoient la bienvenue avec des acclamations et lamentations pitoyables. » Le lendemain, veille de la Nativité de Notre-Dame, les Clarisses de Genève furent conduites processionnellement au monastère de Sainte-Croix au chant du psaume : *In exitu*

Israel de Egypto, domus Jacob de populo barbaro.
On les appela dès lors les Clarisses d'Annecy.

A l'heureuse nouvelle de leur délivrance, un joyeux *Te Deum* retentit dans la chapelle des Clarisses de Pont-à-Mousson. Si le voile de l'humilité, l'oubli du temps, nous ont caché dans le détail tout ce que la Bienheureuse Philippa de Gueldre a fait pour ses sœurs de Genève, du moins avons-nous voulu faire connaître le résultat heureux de tout ce qui fut tenté pour sauver ces malheureuses victimes. Ce résultat, Philippa y avait contribué en Clarisse et en souveraine.

Les archives du pauvre monastère du Pont gardèrent longtemps, comme des reliques aimées, les lettres écrites par les Clarisses de Genève à leur bonne Mère Philippa. Quelques fragments en parvinrent au Révérend Père Guinet. C'est grâce à ces documents, et à d'autres non moins précieux, que le pieux annotateur a pu laisser entrevoir quelque chose de cette sainte affection qui unissait Philippa avec les monastères opprimés par la fureur luthérienne. Le Révérend Père parle « principalement » des couvents de Moulins, d'Orbe, mais tout « particulièrement » de celui de Genève. Les Clarisses de cette dernière ville recouroient à la Bienheureuse avec *empressement* et *tendresse* ; elles luy exposoient confidemment les calamitez communes de l'Eglise, et les leurs en particulier, soit les spirituelles où il s'agissoit de leur salut, soit les temporelles qui concernoient leur subsistance, l'assurant qu'elles étoient entièrement délaissées et privées des aumônes que les personnes charitables leur faisoient, parce que ces bienfaiteurs étoient eux-mêmes tombez dans l'indigence par la cruauté des hérétiques, qui voloient leurs biens, qui renversoient leurs maisons et leurs châteaux, qui les chassoient, les exiloient et les persécutoient avec la dernière fureur.

« Ces bonnes Filles racontent à leur bonne et chère Mère, notre très pieuse et très excellente Reine-Duchesse, les excez, les prophanations, les désolations, les interdits des choses saintes, les blasphèmes, les bouleversements, les révoltes, les meurtres et autres semblables abominations : elles luy donnent avis, par elles-mêmes et par leurs confesseurs, et luy envoyent même des messagers exprez pour luy rendre un compte exact de tout ce qui se passe, tant à leur égard, qu'à l'égard de toute l'Eglise, et elles luy disent qu'*elles sont avec vérité jour et nuit en abondance de larmes et dures disciplines qui est chose piteuse.*

« Elles ajoutent les protections miraculeuses de Dieu sur leurs personnes, comme elles sont couchées plus au long dans les Chroniques de saint François; elles mandent seulement en abrégé que Dieu les sustanta toutes pendant trois semaines d'vn pain qui n'auroit pu suffire que pour un repas, et qu'il les sauva miraculeusement des mains des hérétiques par l'apparition de trois chevaliers, qui avoient chacun au front une croix resplendissante comme le soleil, dont la justice séculière fit deffence de parler ; mais les malheureux mêmes qui étoient venus plusieurs fois pour insulter le couvent n'en purent disconvenir, et les bons amis des religieuses leur en donnèrent avis sous main.

« Elles dépeignent les logements qu'elles ont soufferts dans la maison des Pères, qui ont consumé toutes les provisions et *étoient devenues nettes de pain et de vin;* ce sont leurs propres termes.

« Elles implorent son secours auprès des grands de la terre, et elles se recommandent aux aumônes des Sérénissimes Princes de Lorraine, en la priant en même temps, de remercier leurs Princes et Seigneurs de la protection qu'ils leur donnent, et des assistances qu'elles en reçoivent, nommant entr'autres avec éloge Monsieur le Vicomte de Martigny, *leur vray Père,* et elles terminent en se qualifiant pauvres esclaves, captives, échappées et réfugiées à Annessi au monastère de Sainte-Croix, à l'exception d'une seule misérable qui a bien voulu périr.

« Avec tout cela, toutes ces bonnes religieuses, soit les affligées et les réfugiées, soit toutes les autres des maisons que nous avons spécifiées, luy témoignent qu'elles mourront plu-tôt que de se relâcher de l'observance et des bonnes et anciennes coutumes de Sainte Colette et de leurs premières Mères. Elles offrent pour cet effet tout le bien qui leur reste, jusqu'à vendre les calices, qui ont échappé du pillage des hérétiques, et se réduire au pain et à l'eau; et elles la prient afin de ne rien épargner de son crédit, de son authorité, ny de tout ce qu'elle pourra pour maintenir leur sainte Réforme et leur sacrée Observance, dont elles se reposent entièrement sur sa conduite.

« Par là, nous voyons l'estime que tout l'Ordre avoit des vertus de la Bienheureuse, et que ses Sœurs étoient autant animées de son zèle et de ses résolutions héroïques que de l'exemple de ses incomparables vertus (1). »

(1) P. Guinet. Onzième preuve.

Philippa de Gueldre était digne de cette estime et de cette confiance. Jusqu'à la fin de sa vie, elle fut l'ange protecteur de tous les couvents de la Réforme, « ne voulant nullement abandonner les Sœurs de tous les autres monastères qui s'attachoient, à son exemple et sous son abry, à la même observance, qu'elles avoient unanimement promise à Dieu; elle leur donna en cela des marques d'une charité parfaite, suivant saint Augustin, qui apprend, dans sa Reigle, que la preuve de la perfection est le zèle inaltérable de préférer le bien commun à toutes sortes d'intérêts particuliers. »

Sur son lit de mort, la Bienheureuse pensera encore à la protection qu'elle sentait devoir à tous les monastères de la Réforme, et nous l'entendrons « charger du même soin les Princes ses enfants, qui s'en sont acquittez si fidellement que Claude de Lorraine, duc de Guise, son fils, écrivit fortement après son décèds au Général de l'Ordre et luy parla en ces termes : « *Vous direz peut-être que la Reine est morte, mais scachez qu'elle ne mourra jamais tant que notre race durera !..* » et il lui fit connètre qu'ils n'épargneront rien pour maintenir un Ordre qu'elle leur a recommandé à sa mort, luy présent, et, qu'à son égard luy ayant été par elle recommandé, il ne l'abandonnera jamais. »

Après sa mort, Philippa n'en continua pas moins à protéger les Religieux fervents et zélés observateurs de l'étroite observance; sans parler ici des grâces insignes obtenues par son intervention en faveur de sa famille religieuse, citons seulement un fait plein de consolation, rapporté par le Père Guinet, et qui trouve admirablement sa place à la fin de ce chapitre.

« Après quoy, dit le pieux auteur, nous finissons en rapportant, avec autant de gratitude que de joye, un nouveau bien-fait tout récemment obtenu par l'entremise de cette charitable et officieuse Philippa, qui est trop considérable pour n'en point faire part au public : parce qu'il fait voir évidemment que si cette Bienheureuse a servi dans le cloître d'un modèle accompli, elle ne servira pas moins dans le ciel de protectrice et d'azile à tous ceux qui sont affligez et opprimez. Ah ! qu'il est bien vray que Dieu accorde ordinairement aux Saints, dans le séjour de la gloire, pour les personnes qui les invoquent sincèrement sur la terre, le don des mêmes grâces qu'ils ont reçues, et des vertus qu'ils ont pratiquées pendant qu'ils vivaient dans ce lieu de combat et d'exil. Car justement, au même moment que je finissois ces remarques, en voicy une preuve qui se présente très à propos, et qui cause un bonheur d'autant plus grand qu'elle délivre d'un plus grand orage. Il est constant que l'esprit malin s'est servi de toute sorte de machines pour troubler et pour perdre la réforme d'un Ordre assez connu dans l'Eglise ; et que, pour y réussir, il a employé au dehors les puissances suprêmes et au dedans les divisions intestines : de sorte que les fidèles sujets de cette Réforme attaquée, traversée et persécutée depuis plusieurs années, manquant d'appuy auprès des hommes pour soutenir la justice de leurs droits, ont été obligez de chercher des patrons auprès de Dieu. Parmi lesquels, ils ont eu recours au vénérable serviteur de Dieu Pierre Fourrier de Mataincourt qui leur a souvent fait ressentir les effets de son grand pouvoir : mais, outre ce signalé médiateur, ils ont encore très particulièrement invoqué la Bienheureuse Philippa de Gueldre, notre très insigne et austère réformée, si mémorable pour le zèle invincible qu'elle a toujours témoigné à défendre et à maintenir la Réforme de son Ordre. Pour cet effet, ils se sont adressez à elle avec une confiance extrême, et avec une dévotion qui n'a été ny vacillante ny interrompue : ils y ont employé vœux, prières, requêtes, actions, sacrifices ; et ils ont intéressé auprès d'elle les bonnes Religieuses qui sont les dépositaires de son tombeau. Enfin Dieu, heureusement touché d'une cause si juste, a béni les vœux et les bonnes intentions des Pères de cette Réforme si cruellement agitée, et Il les a délivrez de la plus violente des tempêtes par l'intercession de cette souveraine Médiatrice. Ce qui est si vray, que ces mêmes Pères nous ont instamment priez de mêler nos prières et nos actions de grâces avec les leurs pour reconnaissance de ce bienfait qu'ils trouvent inaprétiable, et, pour mieux nous en acquitter, de vouloir même nous transporter auprès du tombeau de cette Bienheureuse, en un mot, de le publier hautement partout à la gloire de Dieu, à l'honneur de ses Saints, et à la consolation des Réformes que Dieu scait protéger quand elles sont le plus persécutées : *Etenim Sacramentum regis abscondere bonum est, opera autem Dei revelare et confiteri honorificum est* (1).

Comme on le voit le Révérend Père Guinet a été fidèle à sa mission : à l'ombre du tombeau de la Bienheureuse, il a laissé penser son cœur et courir sa plume. Moins heureuse que lui, nous ne pouvons veiller et prier près des restes vénérés de notre héroïne, et embaumer notre récit du parfum céleste

(1) Guinet.

qui s'exhalait du cloître de Pont-à-Mousson... du moins espérons-nous que, du haut du Ciel, le Sauveur Jésus bénit aussi ces pages, et que Philippa, sa bien-aimée, sourit toujours à la fraternelle tendresse de ses Sœurs en l'Epoux.

Non loin de ce tombeau vénéré, sur lequel le Révérend Père Guinet, et tant d'autres, avant et après lui, collèrent leurs lèvres et laissèrent tomber leurs larmes de pieuse reconnaissance, on voyait un autre monument funèbre : c'était une colonne de marbre surmontée d'un cœur doré. Cette colonne se trouvait devant le Maître-Autel de l'Eglise : elle datait de 1528, et c'était Philippa qui l'avait fait élever dans des jours d'inénarrables tristesses...

Lorsque l'église était déserte, Philippa de Gueldre s'avançait vers la grille du chœur, soulevait un instant l'épais rideau qui la couvrait, puis ses yeux, après s'être arrêtés au Tabernacle, se fixaient douloureusement sur la colonne de marbre... un ruisseau de larmes inondait bientôt son pâle visage, des soupirs déchirants s'échappaient de son cœur, tandis que ses lèvres murmuraient pieusement un *De Profundis*...

Pourquoi ce regard douloureux, ces larmes amères, ces prières des trépassés?... Ah! c'est que sous cette froide colonne de marbre reposait un jeune cœur glacé par la mort, et que ce cœur était quelque chose de Philippa : c'était le cœur de Louis de Lorraine-Vaudemont, c'était le cœur d'un fils aimé reposant tout près d'une mère aimante! N'y avait-il pas là de quoi regarder, pleurer et prier?

Ce fut en l'année 1528 que le cœur maternel de Philippa reçut cette nouvelle blessure.

Le jeune comte, nous l'avons déjà dit, faisait valoir

à la Cour de France les droits de sa famille sur le royaume de Naples. « Il fit la première campagne comme chef de la flotte, et la seconde sous Lautrec avec dix mille lansquenets. »

La Bienheureuse trembla pour le comte Louis, lorsqu'il partit pour Naples, comme, trois ans auparavant, elle avait tremblé pour le comte de Lambescq, et les évènements hélas ! justifièrent ses tristes pressentiments.

Le 23 août, le comte Louis de Lorraine-Vaudemont, l'ex-évêque évêque de Verdun, mourait de la peste sous le ciel de Naples !

Philippa apprit-elle dans une extase la mort prématurée qui mit fin aux aventures de son cher fils ? Dieu la lui révéla-t-il, Lui-même, comme Il lui avait annoncé de sa bouche adorable la mort de François de Lambescq ?... Nous ne savons rien des merveilles divines par lesquelles Dieu consola alors cette mère affligée... L'histoire nous dit seulement que le jeune prince mourut *fort pénétré du regret d'avoir quitté l'habit ecclésiastique*, que ses domestiques rapportèrent son cœur, et que ce cœur fut religieusement conservé dans le couvent où sa mère vivait encore.

Qu'on se figure la douleur de cette mère, lorsque vingt jours après la lugubre journée du 23 août, le 13 septembre, on lui apporta le cœur de son fils, ce cœur de vingt-huit ans, déjà glacé par la mort, et dont elle n'avait pu recueillir le dernier soupir... Du moins ne voulut-elle point s'en séparer ; elle l'arracha des mains des fidèles domestiques qui le rapportaient, et sans doute allaient aller le déposer dans le caveau ducal ; elle le prit, et qui eût osé empêcher la tendresse jalouse de la mère de reprendre ce cœur qu'elle avait donné à son enfant?... puis, avec une exquise délicatesse de sentiment, elle voulut que ce cœur reposât en face du Tabernacle, à l'endroit même où elle s'était offerte en sacrifice, lorsque, renonçant à tout et à tous, elle était venue, victime volontaire, jusqu'à l'autel du Seigneur! Elle voulut qu'après sa mort, le cœur de son fils reposât à l'ombre du sanctuaire, de cette ombre dont il avait presque eu peur pendant sa vie, alors qu'il avait trouvé plus doux de vivre dans le siècle que dans l'état ecclésiastique, et qu'il avait échangé sa belle croix d'évêque contre l'épée de Lorraine !

Pauvre Mère ! elle se rappelait ce qu'il était dit des victimes de la loi ancienne : on les amenait au pied de l'autel pour y être sacrifiées à la gloire de l'Eternel, et leur sort était vraiment digne d'envie... mais si la main tremblante ou mal exercée d'un sacrificateur n'enfonçait pas jusqu'au cœur le couteau sacré, et n'abattait pas du premier coup la victime choisie, celle-ci s'enfuyait, et allait mourir, sans honneur et sans gloire, loin du temple et de l'autel...

Cependant, au milieu de sa cruelle douleur, Philippa éprouvait une certaine consolation à rendre à Dieu ce cœur dont le dernier soupir avait été un *soupir de regret*, *de sincère repentir*; et comme elle savait que Dieu est infiniment bon, elle ne doutait pas que, mourant à la terre en de tels sentiments, son fils ne soit né au Ciel. Et s'il n'y était pas encore parvenu, dans ce céleste séjour, elle hâtait ce repos de l'enfant chéri dans le sein de son Dieu par ses ardentes prières et ses effrayantes mortifications. Elle se rappelait le Prodigue retournant à son Père, et, bercée par ce doux souvenir, elle voyait son fils entrant dans les demeures éternelles de son Père des Cieux ; elle l'aidait à revêtir la robe nuptiale, et comme elle vivait de foi, de prière et d'espérance, elle se consolait en pensant qu'une neuvième place venait d'être faite, ou se préparait, au *souper des noces de l'Agneau*, pour le neuvième enfant que le Seigneur lui reprenait...

Mais la résignation de la chrétienne n'empêchait point la douleur de la mère... Pavie et Naples ! quels souvenirs pour la reine de Sicile et de Jérusalem ! N'était-ce pas pour elle les noms de deux tombeaux ?...

Ce fut au monastère des religieuses de Sainte-Claire de Naples que fut enseveli le corps de Louis de Vaudemont (1). Le souvenir de la mère y est gardé comme celui de son fils.

Nos Révérends Pères d'Italie ont bien voulu nous faire parvenir quelques fragments des annales séraphiques de Naples ; ils nous ont été d'un précieux secours.

Il nous serait trop long de citer l'article consacré à René II et à ses enfants ; cependant, nous aimons à transcrire deux lignes écrites en lettres italiques, et intercalées dans la liste des enfants de René et de Phillippa ; elles établissent d'une manière certaine l'âge du jeune prince, la date (2) et le lieu de sa mort, et confirment le témoignage des historiens, qui s'accordent à dire que le comte de Vaudemont mourut sans avoir contracté d'alliance :

« *Luigi, comte di Vaudemont, morto nell' assedio*

---

(1) « Son corps gît à Naples, dans le monastère des filles de sainte Claire. » Dom Calmet.

(2) Nous tenons à donner cette citation, parce qu'un auteur a écrit que ce fut en 1538 que mourut le comte de Vaudemont. C'est un anachronisme bien constaté.

di Napoli l'anno 1528 nell-età di anni 28, senza alleanza.

Louis, comte de Vaudemont, mort au siège de Naples en 1528, à l'âge de 28 ans, sans avoir contracté d'alliance.

Quant au passage consacré à notre héroïne, nous ne pouvons résister au plaisir de le citer en entier, heureuse de penser que, de nos jours encore, Naples garde une si belle page écrite à la mémoire de notre Bienheureuse. Voici ces lignes gracieuses, traduites de l'italien :

De la Reine Donna Philippa de Gueldres, Religieuse de l'Ordre de Sainte-Claire.

L'an 1519, la sérénissime et catholique Reine de Sicile, Donna Philippa de Gueldres, se fit religieuse de la première règle de Sainte Claire, et, par les saintes vertus d'humilité, d'obéissance et de mépris des choses du monde, elle se surmonta elle-même. Quoique ayant, par le passé, vécu avec beaucoup de pompe dans les délicatesses et les grandeurs royales, elle sut si bien s'abaisser et s'humilier dans la pénitence régulière, qu'ornée de saintes œuvres, elle mérita la grâce de son Epoux Jésus-Christ. Cette noble Matrone fit élever deux beaux autels dédiés à la Conception de la Mère de Dieu, un dans l'église des Pères de l'Observance, et l'autre dans le monastère de Sainte-Claire de Pont-à-Mousson, appartenant à la province de France, où elle habitait, et où, mourant dans le Seigneur, elle fut ensevelie près de cet autel............

(Annales séraphiques.)

Si, sur la terre, un si bel éloge a été fait de notre Bienheureuse Philippa, que faut-il penser des récompenses magnifiques que le Christ Jésus lui a préparées dans les joies de son Eternité ?...

Avant nous, les anges ont écrit sa vie admirable dans leur livre d'or, et l'ont appelée *heureuse pour l'Eternité*.

En attendant de voir à quel degré de gloire le Seigneur a élevé sa servante dans la demeure de l'Immortalité, disons avec l'Apôtre : que notre œil n'a point vu, notre oreille n'a pas entendu, notre cœur n'a pas conçu les récompenses que Dieu prépare aux âmes de bonne volonté, aux âmes qui L'aiment d'un unique amour, et qui, selon que l'a pratiqué la Reine Philippa, « *savent si bien s'abaisser et s'humilier dans la pénitence régulière, qu'ornées de saintes œuvres, elles méritent la grâce de leur Epoux Jésus-Christ.* »

CHAPITRE XXI

Dévotion de la Bienheureuse Philippa à la Passion. — Le petit oratoire. — La couronne d'épines. — Extases et défaillances de la Sainte Mère. — Elle participe aux souffrances du Christ. — Le Mont du Calvaire et le Mont d'Olivet.

> « Elle vivoit dans les flammes ! »
> (*Vie abrégée.*)

D'où venaient à la Bienheureuse tant de courage dans la lutte, tant de force dans la douleur, et une telle générosité dans le sacrifice ? Pourquoi son âme était-elle avide de souffrances et son cœur prêt à tous les dévouements ? Un de ses historiens nous révèle dans un mot charmant le secret de cette vie merveilleuse : « elle vivoit dans les flammes !!.. »

Elle vivait en véritable fille de ce Séraphin au cœur et à la bouche de feu, qui exhalait des flammes sur tout ce qui l'entourait (1) ; elle vivait en amoureuse observatrice de la Règle séraphique qui prescrit au fils et aux filles de François d'Assise « de ne laisser

---

(1) Avec cette bouche de feu, qui, si l'on en croit le biographe du Saint, un jour au pied de l'autel, exhala comme des flammes sur un des frères, François d'Assise entonna l'admirable cantique de l'amour de Dieu : *Amor, amore che si m'hai ferito...* (Goërres).

jamais s'éteindre en eux l'esprit de la sainte oraison.»
Elle vivait enfin « si parfaitement embrasée de ces
incendies sacrés, dit la légende, que jamais phœnix
de l'Arabie heureuse ne fut mieux ni plus heureusement consumé dedans ses feux musqués que ceste
dévote religieuse dessus les autels odoriférants d'une
charité séraphique ! »

Le monde n'a jamais compris ce qu'était la vie
d'une Clarisse, cette vie toute d'amour et d'oraison, et
il ne cesse de demander ce que font les filles de
Sainte Claire derrière leurs grilles, et pourquoi elles
s'ensevelissent ainsi toutes vivantes entre quatre murailles comme dans un tombeau...

Notre Très Révérend Père Léopold de Chérancé
s'est chargé de répondre à notre siècle, ce siècle de
doute et d'incrédulité, dit-il, qui supporte les épouses
du Christ en attendant qu'il les persécute... Les Clarisses font l'office de Marie-Madeleine aux pieds de
Jésus... L'Evangile ne dit-il pas qu'elles ont choisi la
meilleure part, et que le rôle de Marie l'emporte sur
celui de Marthe ?.. Tout chrétien, s'il voulait se donner la peine de réfléchir, verrait en Dieu même, la
raison des ordres contemplatifs. Le souverain Maître
n'a-t-il pas, en effet, le droit de se réserver des êtres
d'élite qui se consument devant Lui comme la lampe
du sanctuaire ?.. Si vous l'interrogez sur ses œuvres,
demandez-Lui plutôt ce que font là-haut ces millions
d'étoiles que l'œil de l'homme n'a jamais su compter;
pourquoi il a placé les plus belles fleurs au désert,
où elles versent leurs parfums et épanouissent leurs
brillantes corolles loin des regards humains; pourquoi les Séraphins restent immobiles auprès de son
trône, pendant que les anges, célestes messagers, sont

envoyés par Lui auprès de ses créatures. Comme les étoiles, comme les fleurs, comme les séraphins, les vierges contemplatives louent Dieu et la nuit et le jour... N'est-ce point assez ?... (1)

Philippa fut l'*étoile matutinale*, la *rose très odoriférante*, c'est ainsi que ses sœurs l'appelèrent ; elle fut aussi une grande contemplative *armée de zèle, de charité et d'oraison*, disent les historiens ; elle était, ajouterons-nous, un séraphin d'amour dont les six ailes se baignaient toujours dans les flots empourprés du Précieux Sang de son Dieu, ne quittant jamais les hautes cimes du Calvaire et ne se reposant que sur la Croix.

Philippa nous a paru belle dans le monde, belle sur le seuil du cloître, belle encore au milieu des vierges ses compagnes, belle toujours dans ses triomphes et ses joies, comme dans ses luttes et ses douleurs... et, cependant, la véritable beauté de cette fille du grand Roi est intérieure... Si nous voulons voir d'autres merveilles, plus grandes encore que celles qui déjà nous ont émue et ravie, il faut soulever le voile mystérieux qui recouvre la vie de Philippa au pied des autels, il faut pénétrer le secret des rapports intimes qui l'unissait à son Dieu : ce secret appartient au cloître et nous allons essayer d'en révéler quelque chose.

Philippa s'était héroïquement engagée dans la sombre et douce avenue de la pénitence, et elle voulait s'élever vers son Dieu sur les ailes de la reconnaissance et de la réparation. Reconnaissant d'un regard de l'âme le néant de ces grandeurs pour les-

---

(1) De Chérancé. *Vie de saint François d'Assise*, p. 129.

quelles l'humanité s'épuise, elle allait au-devant de tous les sacrifices, elle étreignait la Croix en ses bras, et remerciait Dieu de la purifier et de l'honorer par cette union cruelle...

Comme François d'Assise arrosant le sol de son sang et de ses larmes, et demeurant inconsolable de ce que la créature ne pouvait imiter le Créateur dans ses abaissements, la Bienheureuse pleurait et se flagellait au pied de son crucifix, et eût voulu s'anéantir au souvenir de la Passion du Christ, Notre Seigneur. Elle voyait ce Dieu d'Amour nous aimant en Sauveur, inventant pour nous la folie de la Croix, et le monde, en retour, tombant dans la folie du mal... alors la séraphique pénitente, s'unissant aux âmes qui comprennent ce vide à combler, cet abîme à franchir, recherchait le Christ pour s'unir à ses souffrances, à ses humiliations, et la divine Alliance s'opérait ou plutôt se renouvelait sur la Croix... Il en est toujours ainsi : Notre Seigneur et la Croix ce n'est qu'une même chose! la Croix et Notre Seigneur c'est encore la même chose, et, jusqu'à la fin du monde, la Croix, dressée aux sommets du Golgotha, attirera le regard des âmes saintement généreuses vers la Divinité, et les abaissera ensuite jusqu'à la profondeur du néant dont elles sortent, les invitant à l'amour et au sacrifice...

Philippa était si intimement unie à l'adorable Crucifié qu'on l'entendait redire incessamment avec l'Apôtre : « je vis, mais nenny je me trompe, ce n'est pas moy, c'est mon doux Jésus qui vit en moy. »

Et ne l'eût-elle pas dit qu'on l'eût aisément deviné; le secret de son union au Sauveur se trahissait à chacune de ses paroles, dans chacun de ses actes, et dans ces ruisseaux de larmes dont elle arrosait l'image de son Dieu crucifié.

Comme son séraphique Père elle pouvait dire : « En présence du Christ mon amour tout n'est plus pour moi qu'une fange impure : le Ciel et la terre ont perdu leurs attraits, le soleil sa splendeur, le chérubin sa lumière, et le séraphin ses ardeurs. »

Adorer et prier en union avec les âmes pures et saintes, souffrir et pleurer pour le salut des pécheurs, s'immoler pour les vivants et pour les morts, voilà le rôle plus céleste qu'humain que remplissait la Bienheureuse dans sa bénie solitude. Elle répandait sa vie en sacrifice, et de ce sacrifice s'exhalait un parfum qui était le nard exquis dont elle oignait les pieds adorables de son divin époux. Heureux ceux qui souffrent avec et pour Jésus, car ils savent faire rejaillir leur vie vers sa source, et, puisqu'elle doit être immolée, l'immolent du moins à Celui qui seul demeure et en qui se trouve la plénitude de toute vie !! Oui, heureuses les âmes qui ne pleurent que pour Dieu !! pour Dieu dans l'amour, pour Dieu dans la pénitence, pour Dieu dans l'amertume du passé, pour Dieu dans le sentiment de l'exil, dans le désir de Sion. O douleur !! ô souffrances volontaires ! ô joie d'avoir tout quitté pour Dieu ! ô amour ! non, jamais le monde n'a compris et ne comprendra ce mystère... *Jésus n'est pas du monde* : les disciples de son Cœur et de sa croix n'en sont pas non plus ! Philippa n'en avait jamais été, et si François d'Assise, aspirant à la souffrance, s'était écrié : Le bien que je désire est si grand que toute peine m'est un plaisir, elle, sa religieuse imitatrice, méprisant les folles joies du siècle, pouvait dire en toute vérité : Le bien que je désire est si grand que tout plaisir m'est une peine !!..

Jésus était son Tout et Il lui suffisait. *L'âme qui ayme Dieu*, dira-t-elle sur son lit de mort, *ne fait estime des choses qui sont au-dessous de Dieu !*.. et, dans ces mots ravissants de sagesse et d'amour, la Bienheureuse dépeint sa belle âme tout illuminée des rayons de la foi et s'abreuvant d'immortalité...

Pour mieux seconder ses irrésistibles attraits pour la solitude et l'oraison, sans doute aussi pour satisfaire sa profonde humilité, qui aurait voulu jeter un voile épais sur les grâces extraordinaires qu'elle recevait dans ses *haultes visions* et contemplations, les supérieurs de la Mère Philippa jugèrent à propos de mettre à sa disposition un charmant petit oratoire, ou sorte de tribune. Un historien de la Bienheureuse avoue naïvement la peine qu'il éprouve en pensant à tant de merveilleux secrets qui demeurèrent ensevelis dans cette mystérieuse retraite : « On luy avoit accommodé un petit priez-Dieu au bout de l'église pour s'y retirer et faire là ses oraisons ; j'en suis quasi marri, car si on l'eust laissée parmy les autres, nous aurions sans doubte un monde de grands et signalés exemples de la familiarité très intime qu'elle avoit avec son Dieu, lesquels sont maintenant ensevelis dedans cest oratoire, et demeureront incogneus jusques au grand jour de Dieu.

« Néant-moins quoy que cachée là dedans et bien enfermée, quoy qu'elle se fist très grande force et mist toute sorte d'industrie pour oster à ses sœurs la cognoissance des dons et des grâces que le Ciel luy communiquoit, cependant, elle donnoit souvent si avant dedans le Ciel et devant Dieu mesme, que, ne se ressouvenant plus ny du lieu où elle estoit, ny de ses sœurs, qui estoient là auprès, ny de ses bons propos, ny de soy même, elle se laissoit emporter à des colloques et aspirations séraphiques. Tantost on l'entendoit pleurer, tantost gémir, tantost sangloter, tantost parler doucement et répéter ce beau Nom que les anges adorent si profondément : *Ah! mon doux Jésus! mon doux Jésus! mon doux Jésus!*

« Il falloit bien que ce sainct Nom fut bien avant buriné dedans son cœur, puisqu'il venoit si souvent à la bouche, puisqu'elle le mettoit au commencement de tous ses discours, puisqu'elle le répéta plus de trois mille fois en sa dernière maladie...

« Quand Moyse sortit de la conférence qu'il eust avec Dieu, et revint parmy le peuple, il ressembloit à un soleil ou à un petit Dieu en terre. Quand Philippa sortoit de son oratoire, c'estoit toujours avec tant d'esclat au visage, tant de feu au cœur, tant de paroles enflammées à la bouche, que les Sœurs venoient en foule pour entendre d'elle des nouvelles toutes fresches du Paradis. Car elles savoient bien que dedans ce petit cabinet, Dieu luy ouvroit tout le Ciel, la faisoit participante de toutes ses plus grandes faveurs, luy faisoit voir les choses les plus cachées et éloignées de la cognoissance des hommes (1). »

Tous les biographes de la sainte Duchesse ont parlé de cet oratoire. Wadding lui-même, le grand historien si digne de foi, raconte les faveurs extraordinaires dont Dieu favorisait sa fidèle épouse dans ce lieu de bénédictions. Nous traduisons les lignes suivantes de sa narration latine.

(1) *Vie de la sérénissime Philippa de Gueldre*, par le R. Père Mérigot.

« Philippa, dit-il, avait la coutume de se retirer à certaines heures fixes dans un lieu privé, et là elle s'adonnait à l'oraison mentale ou à la contemplation des choses du Ciel. Un ruisseau de larmes tombait alors de ses paupières... Elle jouissait, pendant ce temps, d'une joie remarquable : les rayons de la lumière céleste éclairant son âme, elle paraissait n'avoir plus d'autres rapports qu'avec le Ciel. Alors, elle appelait Jésus Notre Seigneur, et les Sœurs, qui se trouvaient derrière la porte, comprenaient quelle était l'ardeur qui la poussait vers son Dieu. Ces exercices continuels, et s'accroissant de jour en jour, lui méritèrent de nouveaux bienfaits de la part du Seigneur, et comme le plus signalé, on raconte le suivant... »

Wadding rapporte alors la grande vision du 24 février 1525 ; il dépeint la mère désolée voyant mourir son fils bien-aimé, et voyant, dans les lumières de l'extase, l'horrible carnage de Pavie, puis il ajoute : *Ce qu'elle avait annoncé était réellement arrivé...*

Mais ce n'était pas rien que dans cet oratoire, « dans ce petit cabinet d'où elle découvroit tout le Ciel », que la Bienheureuse traitait familièrement avec l'Époux de son âme, et s'enivrait de sa beauté et de son amour ; en véritable épouse des cantiques, elle ne perdait pas un seul instant l'esprit d'oraison ; elle ne cessait de poursuivre l'Objet de ses saintes tendresses ; rien ne gênait son essor, rien n'arrêtait cette délicieuse poursuite ; et, avec le prophète, elle pouvait dire : « Comme le cerf soupire après l'eau des torrents, ainsi mon âme soupire après vous, ô mon Dieu ! (1). »

« Son geste, son maintien, sa contenance très modeste

---

(1) Ps. XLI, 1.

et très dévote, témoignoient bien la présence d'un si grand Maistre... Elle n'avoit point affaire de se retirer dans son oratoire pour traicter avec Dieu ; son cœur estoit une saincte chapelle et un riche tabernacle dedans lequel elle le trouvoit à toute heure, en toute place, en toute compagnie, voire au milieu des affaires les plus empressées, rapportant toutes ses actions au Paradis, ne parlant que de Dieu, ne faisant rien que pour Dieu, ne pensant qu'à Dieu, et ainsi obéissoit à ce grand précepte de Jésus : qu'il faut toujours prier. Et pour abréger, on peut dire d'elle ce que Théodoret, évesque de Cyre, disoit jadis d'un bon et dévot hermite : elle estoit venue en une si belle et entière cognoissance de ce grand Dieu, qu'elle ne pouvoit s'abstenir de penser à Luy ; on l'alloit bien voir, on luy parloit, et elle respondoit, mais en telle façon, qu'on voyoit facilement que sa pensée estoit au Ciel (1). »

« Elle méditait avec une telle ferveur sur les souffrances et la mort que le Sauveur avait voulu subir pour le salut du genre humain, qu'aucune autre pensée ne pouvait distraire un instant son esprit de sa contemplation. C'est pour cette raison qu'elle mit tous ses soins à ce que, dans le monastère, il y eût de nombreuses images représentant le Christ en Croix, et autres rappelant sa mort ignominieuse (2). »

Par respect et amour pour la Passion de son doux Jésus, elle fit enlever les tableaux magnifiques représentant les princes de Lorraine, et que les Clarisses tenaient à conserver dans leur monastère, soit en témoignage de l'affection et de la reconnaissance reli-

(1) *Vie abrégée.*
(2) Wadding.

gieuse qu'elles portaient à leurs Princes et bienfaiteurs, soit pour montrer et conserver le souvenir de la glorieuse descendance de leur royale compagne. Mais celle-ci semblait oublier qu'elle avait été fille de prince et épouse de roi, qu'elle était encore la mère de princes illustres... elle ne se souvenait que d'une chose : c'est qu'elle était épouse du divin Crucifié, et reine dans le sacrifice et la pauvreté ; à ce double titre, elle se crut le droit d'anéantir le souvenir des grandeurs éphémères de son royal passé, et, « louant Dieu par ses actes, tendant sans cesse vers Lui par son amour, ne se lassant jamais dans la louange, elle adora Celui qui vit dans les siècles des siècles, et elle jeta ses couronnes devant le trône, disant : Vous êtes digne, Seigneur notre Dieu, de recevoir gloire, honneur et puissance (1). »

Il fallut contenter la Duchesse et la seconder dans ses désirs d'humilité. Avec beaucoup d'édification, mais non sans beaucoup de regrets, les bonnes Clarisses décrochèrent les tableaux royaux et leur firent leurs adieux...

Cependant, la Mère Philippa leur permit de conserver le tableau des rois de Jérusalem, qui était surmonté d'une couronne d'épines avec ces deux vers :

  Cetera contempti, Solymæ diademata servo
  Quippe ferunt Christi sceptra crucemque mei...

Je méprise le reste, je ne conserve que la couronne de Jérusalem : ceux qui portent, en effet, le sceptre, et la Croix du Christ, ceux-là sont les miens.

(1) *Apoc.* IV, 10 et 11.

Et souvent elle répétait ces paroles aux Sœurs avec une telle force, une telle animation, que ses compagnes émues en pleuraient d'admiration... Mais c'était bien autre chose, lorsqu'elles voyaient la Bienheureuse apparaître au réfectoire, couronnée d'épines et inondée de larmes d'amour... alors elles s'inclinaient devant ce front qu'avaient couronné l'or et les pierres précieuses, et qui maintenant portait le diadème de la sainte Passion, et, se redisant entre elles ce que les anges se disent entre eux, ne pouvaient-elles pas s'écrier : quelle est celle-ci qui vient du désert du monde, appuyée sur les bras de la Croix du Sauveur, et abritée par les épines de la mortification ?...

Et si le Ciel se fût entr'ouvert au-dessus de cette scène indescriptible, le Père céleste, sans doute, eût pu répondre de sa voix éternelle : « celle-ci est ma fille bien-aimée, dans laquelle je mets toutes mes complaisances... »

Cette couronne d'épines, que Philippa chérissait, et dont elle se parait souvent dans ses actes de mortification, charmait nuit et jour ses regards attendris : elle était suspendue au-dessus du *petit lit à trois aix* qui composait son humble couchette. Le jour, elle la contemplait se détachant sur le fond des pauvres murs de sa cellule, et, dans ses transports, elle allait la baiser; elle laissait errer ses lèvres au travers de ces épines aiguës, et, dans ce baiser sanglant, elle trouvait de telles délices, qu'il n'était pas alors étonnant de l'entendre dire aux jeunes postulantes : *Que les espines se changeaient en couronnes d'amaranthes, les veilles en un beau jour sans nuit, les jeusnes en festins nuptiaux, les disciplines, les larmes, le sang, en perles, en esmeraudes, en rubis du Paradis.*

La nuit, la couronne d'épines berçait ses rêves ou charmait ses insomnies ; parfois, elle se l'essayait dans le mystère de ses veilles sacrées, et, comme une reine qui se pare pour la venue du roi, comme une nouvelle Esther allant vers le divin Assuérus, elle sentait naître dans son cœur une douce flamme d'amour, et, de cette épouse mystique, comme du Verbe divin, on pouvait dire : que le jour où elle avait ceint le diadème des sanglantes épines, était vraiment le jour de ses noces spirituelles, comme aussi de la joie et du triomphe de son cœur.

Et Philippa veillait... *Comment l'épouse dévouée peut-elle sommeiller*, dit saint Laurent Justinien, *quand elle sait que l'Epoux est sur le point d'arriver ?...* Elle veillait donc, portant sur son front royal le triple faisceau d'épines, et serrant sur son cœur sa pauvre croix de bois...

Et Jésus venait, car il suffit de l'attendre pour qu'il vienne, ce Dieu d'amour... Il venait en s'écriant : « Tu as blessé mon cœur, ô ma sœur, mon épouse, tu as blessé mon cœur ! (1). » *Media nocte, ecce sponsus venit!* au milieu de la nuit, voici l'Epoux qui venait, et, en cette nuit d'ineffables lumières, l'âme de la Bienheureuse était unie à Dieu, et Dieu uni à l'âme de sa bien-aimée.

« O amour incomparable ! ô charité du Verbe ! ô tendresse du céleste Epoux ! ô union de la divine sagesse, qui pourrait décrire vos célestes effets dans l'âme, qui est tout à coup embrasée de votre feu sacré ?... Je me tais, mon cœur tressaille, mon esprit est ivre de joie, pourquoi parlerais-je? Mes paroles ne

---

(1) Cant. IV, 9.

sauraient être comprises que par les âmes qui ont éprouvé ce que j'avance (1). »

Le cœur de Philippa tressaillait, son esprit était ravi, son âme se fondait, et tout son être se laissait aller aux ineffables douceurs de l'union divine, jusqu'à ce que, épuisée de joie, elle retombait sur son humble couche, ressemblant à cette épouse sacrée dont saint Laurent Justinien nous décrit l'état si digne d'envie : Après s'être abreuvée à la source surabondante de la bonté divine, elle en était comme inondée, elle savourait les parfums des plus suaves délices, elle goûtait les douceurs d'une paix parfaite, elle se reposait doucement dans le sein de la joie, elle se rassasiait d'une paix spirituelle et divine. Absorbée par la présence du Seigneur, elle s'oubliait entièrement elle-même, et ses lèvres ne savaient plus que répéter ce verset du prophète : « *Je m'endormirai, je me reposerai dans la paix.* »

O Philippa ! qu'elles étaient belles vos veilles ! qu'il était sacré votre sommeil ! qu'il devait être doux votre réveil !... c'était l'attente, c'était le repos extatique, c'était la vie féconde de la bien-aimée du Seigneur !

. . . .

La Bienheureuse n'avait si impitoyablement fait disparaître tous les vestiges de sa grandeur passée, et fait abattre toutes les couronnes ducales qu'on avait mises sur les armoiries de Lorraine et de Gueldre, que pour les remplacer par des ornements et des blasons plus précieux encore et vraiment dignes des épouses d'un Dieu crucifié.

« Philippa, nous dit la légende, pour se remémorer

(1) Saint Laurent Justinien.

continuellement la Passion du doux Jésus, fit mettre par toute la maison de beaux crucifix et autres images de la Passion ; elle fit abattre toutes les couronnes ducales qu'on avoit mises sur les armoiries de Lorraine et de Gueldre, qui se trouvoient dedans le monastère, pour y replacer la couronne d'espines de Jésus, se ressouvenant que le grand et invincible Godefroy de Bouillon, ornement éternel de la Maison de Lorraine, n'avoit jamais voulu porter le diadème royal où Jésus-Christ avoit esté couronné d'espines. On ne se peut tourner, dedans ce sainct monastère, sans trouver les clous, les espines, la croix de Jésus.

« Le cloistre, le chapitre, le réfectoire, le dortoir portent les armes de la Croix, toutes les chambres et lieux principaux ont un nom tiré de la vie de Jésus, à toutes les portes sont affichées de belles et riches sentences ou de la Passion, ou des mystères de nostre foy, toutes de la composition de la dévote Philippa. Parcourons deux ou trois des principales places de ceste maison.

« L'entrée du monastère, c'est l'entrée de Jésus en Jérusalem avec ces beaux mots : *Doux Jésus, faictes que notre entrée en la saincte religion soit pour y garder inviolablement les Règles, afin que nous soyons dignes d'entrer en la céleste Jérusalem.*

« Sa petite chambre porte le nom de la Crêche de Bethléem, avec cest escriteau : *Doux Jésus, faites-nous la grâce de mespriser de cœur et d'affection les biens temporels.*

« La porte du cloistre a le monument de Jésus avec ces paroles : *Doux Jésus, faictes que nous mourions si bien au péché, que nous ressuscitions à la grâce et à la fin à la gloire.*

La chambre des corrections et mortifications se nomme le Purgatoire, et donne ceste belle pensée à celles qui y entrent : *Doux Jésus, faictes-nous avoir agréables les pénitences et corrections de nos fautes en ce monde, afin que nous n'ayons que faire de les purger aux lieux souterrains.* Et ainsi des autres places... »

« Le siècle de Philippa estoit fécond en inventions gentilles; tous les princes de son temps, à qui mieux mieux, faisoient voir au monde leurs pensées sous des symboles mystérieux, et on jugeoit de leur fermeté ou de la bigearerie de leurs esprits à la gentillesse ou à l'extravagance de leurs inventions. La Maison d'Orléans mit en vogue son baston noueux, celle de Bourgogne la contrecarra de son rabot, et, voulant monstrer que d'elle dépendoit, ou la guerre ou la paix, fit paroistre, en ses enseignes, un fusil pour allumer le feu à sa discrétion. René de Lorraine, mari de Philippa, Prince né pour combattre la fortune, tesmoigna à tous ses ennemys que ses espérances tenoient de la nature de l'amaranthe, qu'elles ne se pouvoient flestrir, faisant paroistre partout son : *J'espère avoir.* Philippa, à la mode du temps, se laissa emporter à de belles et riches pensées et très dignes d'une grande et généreuse princesse; mais du tout éloignées de ces pensées altières et ambitieuses des mondains. Toutes ses conceptions se terminoient à la Croix, à la lance, aux clous et aux playes de Jésus : *la Passion de Jésus estoit sa devise.* Et, voulant laisser à la postérité ceste belle dévotion, dressa un jardin spirituel qu'elle fit peindre et remplir de beaux emblèmes de la Passion de Jésus, et elle le nomma : *Jardin de la Passion* (1). »

(1) *Vie de la Sérénissime Philippa*, Mérigot, chap. XI.

M. l'abbé Guillaume et M. l'abbé Hyver, qui ont consacré des pages si charmantes aux vieux et chers souvenirs de la petite chapelle des Sœurs Clarisses de Pont-à-Mousson, nous donnent sur le *Jardin de la Passion*, de précieux détails que nous nous permettons de reproduire ici.

« La princesse avait fait peindre pour l'église deux tableaux allégoriques, que les naïves chroniques du couvent appelèrent : « deux jardins spirituels de la « benoîte Passion de Notre Sauveur. » C'était la princesse qui avait inventé le sujet et la manière de le traiter. Elle aimait ses enseignements voilés sous des emblèmes.

« Le premier tableau représentait le Jardin de la Passion, clos d'une haie de soucis. Il n'y a d'ouverture que par *Grâce de Dieu*. Dans le jardin croissent des pensées ; les unes s'entr'ouvrent, chargées de rosée, et les autres, environnées de brandons, symbolisent l'amour de Dieu ; tandis que d'autres, sans rosée ni larmes, peignent la sécheresse d'un cœur sans dévotion.

« La Croix se dresse dans le milieu, et, au pied, à demi-éclose, une pensée est entourée de flammes, mais elle n'atteint pas son entier épanouissement, parce qu'elle ne reçoit pas la rosée des larmes. Elle semble attendre que des blessures du divin Crucifié tombe sur elle la rosée qui fertilise. C'est *Grâce de Dieu* qui fait cette faveur, et c'est *Amour de Dieu* qui arrache les mauvaises herbes ou les vices. On ne voit que sa main qui s'avance pour les déraciner. C'est *Crainte de Dieu* qui remue la bêche autour des pensées qui languissent et s'oublient dans leur engourdissement. Enfin, c'est *Souvenir de la Miséri-*

corde de Dieu, qui, sous la forme d'une main, s'entr'ouvre pour couvrir et protéger les pensées noires et flétries que *Désespoir* s'apprête à saisir de sa main déjà étendue.

« C'est le même jardin clos de la même haie, ouvert par le même gardien, que représentait le second tableau. Cinq espèces de pensées, répondant à cinq états d'âmes s'y trouvent. Les unes commencent à fleurir, sous la rosée des larmes d'une sincère contrition. Les autres s'inclinent pour mourir, et *Désespoir* accourt pour en faire sa proie, quand *Espoir en Dieu* vole à leur secours. Quelques autres sont toutes fleuries et rayonnantes dans les flammes, symbole de l'amour divin. Viennent ensuite les pensées qui refusent de s'ouvrir. Enfin les dernières, réfugiées au pied de la Croix, attendent d'elle leur accroissement.

« Le jardinier, *Amour de Dieu qui tout supporte* hors le mal, arrache les mauvaises herbes, ou les vices qui étouffent les bonnes pensées ; la primevère ou l'orgueil, la ronce ou l'avarice, l'ortie ou la volupté, le chardon ou la colère, l'ankolie ou l'envie, le pavot rouge ou la paresse, la nielle ou la gourmandise.

« Le second jardinier, *Crainte ou Tremeur de Dieu*, réveille les pensées oublieuses ou endormies.

« Enfin, *Espoir qui réconforte*, le troisième jardinier, arrache les pensées de la main de *Désespoir* pour les ramener à Dieu.

« Tel était le goût du temps, alors tout porté vers les choses ingénieuses, ajoute M. l'abbé Hyver. La piété n'échappait pas à cette recherche, et se complaisait dans ces enseignements symboliques où l'âme chrétienne s'évertue à chercher la vérité sous l'énigme et le sens sous les images. Ce n'est pas qu'il faille admirer cette hardiesse encore à la mode, au temps de Philippa de Gueldres, de prêter la vie à de froides abstractions : c'est un faible fait à constater ici et non une justification. Le procédé était le même partout. On personnifiait les qualités et les défauts dans le théâtre et dans le roman. Et, pour ne pas sortir de la question d'art, n'est-ce pas une personnification des excès de la table, punis enfin par les maladies, que ce drame de *Souper* et de *Banquet* représenté par les tapisseries de Charles le Téméraire ? Cela était parfois très heureux de faire mouvoir ainsi sous les yeux des spectateurs des moralités sans vie. Mais cela devenait aussi fatigant et redoublait l'obscurité loin d'éclaircir. Ce qui arriverait sûrement à qui contemplerait les tableaux de Philippa de Gueldre. Sans explication, ils resteraient une énigme insoluble (1). »

Philippa voulut faire elle-même la description du *Jardin de la Passion*, et, comme elle était poète jusqu'au fond de l'âme, elle tendit sa lyre et composa ces vers pleins de sentiments, qui furent inscrits au second *tableau de la Passion*. Nous les citons d'après le vieux manuscrit de nos Mères et d'après M. l'abbé Guillaume.

Le second tableau de la Passion contient ce que s'ensuit (2) :

†

Quiconque veult faire son sauvement
Et parvenir là sus en Paradis,

---

(1) M. l'abbé Hyver, *Notice sur l'église des Clarisses de Pont-à-Mousson*.
(2) Tiré du Manuscrit des Clarisses et reproduit par l'abbé Guillaume.

Il lui convient considérer comment
Jésus souffrit par les Juifs maudictz.
Tourmenté fut par faictz et contedictz :
Et mis en Croix en grand desconfiture.
Penser y fault, en nos œuvres et dictz,
Car mort souffrit pour l'humaine nature,
Et pour tenir les cœurs en ce mystère,
Fut composé ce présent jardinet :
Auquel on voit la Passion austère.
Ce jardin fault tenir plaisant et net,
Chacun y doibt, le soir et le matin,
Considérer quelles sont ces pensées :
Et plus l'aimer que riche cabinet ;
Car vertus sont par nous en luy posées.
Le jardinet d'éclairer il convient :
Et commencer premier à la closture.
Il est fermé comme bien ilz convient :
Tout de soucy, telle est la fermeture
Et signifie que l'humaine nature
Jamais profit n'a en la Passion
Si son salut n'a eu soucy et cure,
Et grand désir d'avoir compassion.
Grâce de Dieu est du jardin la porte,
Signifiant que nul ne peut entrer,
A bien penser la manière et la sorte
Des durs travaux qu'a voulu endurer
Le bon Jésus et y persévérer,
Si ce n'est luy par grâce spéciale
Nous incitant penser et remembrer
La Passion en tourment générale.
Au jardin, sont cinq sortes de pensées
Aucunes ja commencent à florir
Lesquelles sont de larmes arrousées
Pour augmenter et pour mieux les nourrir,
Les aultres sont qui du tout vont mourir,
Lesquelles veult désespoir dévorer.
Espoir en Dieu tost les vient secourir,
Les relevant pour du mal retirer.
Aultres y sont déjà du tout fleuries
De très ardents brandons environnées :
Les aultres sont mises dedans oublies
Quand pour florir en ce jardin sont nées,
Les aultres sont par un cœur pourmenées
Environnant la Croix en diligence
De toutes fault dire les destinées,
Et de chascune ouvrir l'intelligence.

Quant l'on commence la Passion penser
Commence alors la pensée à florir,
Adoncques la fault de larmes arrouser,
Pour l'augmenter et pour la mieux nourrir.
Le bon Jésus souffrit tant de tourments,
Car là il fault aux larmes recourir
Pour la pensée arrouser vistement.
Quant la pensée est jà du tout florie,
Pour l'avoir fort de larmes arrousée
Et qu'en la mort de Jésus est nourrie,
Par cœur dévot qui bien la pourpensée
Adonq'il fault que soit mise et posée
Entre brandons de feu de charité :
Si que d'iceux du tout soit embrasée
Voyant son Dieu, mort en humilité.
Hélas! aucuns ont pensées florissantes
Du bon Jésus et de sa Passyon,
Mais par plaisir et folie nuisante.
Laissent du tout avoir compassion :
Tellement que par leur offencion
Oubliant tost toutes belles pensées :
Et ne font point de pleurs effusion,
Par quoy ne sont de larmes arrousées.
Encore sont les aultres plus pervers :
Car puisque sont leurs pensées flories
Ils les délaissent et mettent en revers,
Et s'ennuyant n'en font que moqueries.
Puis désespoir vient en ses rageries,
Pour ces pensées asprement dévorer.
Car seiches sont-ils près d'estre pourries :
Si qu'elles vont à la fin tost tirer.
Nous avons de la déclaration
De quatre sortes et façons de pensées,
Laisser ne fault de faire mention
De celles qui sous la Croix sont posées,
Car ainsi sont à bon droit composées :
Que de son Sang Jésus doibt arrouser :
En florissant par le cœur sont passées,
Et vont du tout à la Croix reposer.
Du jardinet assez sont déclarées
La closture et les pensées et la porte :
Il fault aussi qu'après soit reserée,
Des jardiniers l'ordre et aussi la sorte.
Le premier est amour qui tout supporte,
Crainte de Dieu est second jardinier :
Et le tiers est : espoir qui réconforte,

Pauvre pécheur, nul ne le doibt nier.
Des jardiniers qu'avons dessus nommé
Le premier doibt le lieu mondifier
Car hors jectant vice mal renommé
Son honneur peut très fort amplifier ;
Mais fault savoir que veult signifier,
Qu'il va tirant autour de ces pensées ;
La fleur première au printemps florissant,
Monstre d'orgueil dict : *Veris primula*
Car Lucifer très clair resplendissant,
Florir voulut et point ne le cela :
Les orgueilleux ensuyvent bien cela
Car en honneur veulent premier florir.
Telle herbe fault détruire ça et là,
Hors la tirant et la faisant mourir :
La ronce prend des bons moutons la laine
Et signifie le vice d'avarice.
Car usuriers jour et nuict sont en peine
Pour simples gens ronger par maléfice,
Les rapineurs qui sont mis en office,
Les doux moutons tondent par leurs seigneurs,
Telle herbe n'est à ce jardin propice :
Amour de Dieu ne souffre telles gens.
L'ortie mord eschauffant par poincture
Signifiant péché de paillardise,
Car paillards sont poincts par belle vesture.
Beauté de corps, et regards à leur guise.
En quoy souvent la chaleur est transmise
Jusques au cœur, tant que d'amour enrage.
L'ortie ne doit au jardin être mise.
Amour de Dieu hait tel vilain bagage.
Chardon nommé *Tribulus* en latin,
Pour ce qu'il poinct en tribulation,
Monstre courroux poignant soir et matin,
Jurant, frappant, donnant affliction,
Dieu blasphémant, fuyant correction,
Terrible aux gens, à mourrir courageux :
Par quoy ne veult telle plantation :
Amour de Dieu rejette gens ireux.
L'ancholie est vers terre florissant,
Signifiant de l'envieux le vice.
Qui florissant des grands biens jouissant,
Vouldroit que Dieu à nul ne soit propice.
Grand mal lui faict, si aucun a office,
Honneur ou bien : il vouldroit tout avoir.
Amour de Dieu jecte tel maléfice

Du jardinet... chacun le doibt sçavoir.
Rouge pavot signifie paresse
Qui dormir faict et devenir pesant,
Telle est paresse qui n'est qu'une tristesse,
Et de bien faire un ennui très pesant.
Le paresseux assez va devisant,
Mais il ne faict nulle opération :
Le jardinier ne le juge duysant :
Par quoy en faict tost l'expédition.
Nielle croist ez coustumes ez fromens,
Et si leur faict desplaisir et dommage,
Et signifie ivrognes, garnemens,
Gloutons, friandz, pleins d'infâme langage,
Qui vont gastant pain, vin, chair et potage,
Sans jamais point vouloir faire abstinence.
Au jardinier ne convient tel bagage :
Amour de Dieu les jecte en diligence.
Tremeur de Dieu, lequel est diligent,
Du jardinet est second jardinier.
De despêcher il n'est pas négligent :
Oublie et haye nul ne le peut nier,
En ce jardin sans maille ni denier,
Oster il veult l'oublie de pensée.
La Passion il ne veult oublier,
Mais sa pensée y est du tout posée :
Espoir de Dieu prest de réconforter,
Plein de pitié et de miséricorde
Penser sçait de désespoir oster,
Et envers Dieu faict la paix et concorde :
Par quoy il fault qu'au jardin il s'abborde,
Afin qu'il puisse les pensées ordonner.
Ce jardinier est bon, je m'en recorde,
Et ce faisant se fera renommer.
Vous qui voyez ce présent jardinet,
Et qui lisez cette présente lettre :
Mettez au cœur plus tost qu'en cabinet
La Passion : car là on la doibt mettre.
Soyez songneux de bien vouloir commettre,
Vos sens et mœurs envers la Passion,
Si qu'à la fin soyez mis à la dextre
De Paradis prenant possession.

Les vers suivants, dit l'abbé Guillaume, indiquent que le morceau qui précède est l'œuvre de la vénérable Sœur Philippa, mais ils ne sont évidemment pas de la composition de cette pieuse reine.

> Ce jardinet fut faict au monastère
> Des Sœurs du Pont et du tout inventé :
> Pour mémorer la Passion austère,
> Que Dieu voulut souffrir par sa bonté.
> L'inventeresse n'a cy son nom bouté
> Qui se jugeait vers notre Dieu très vile :
> Et se nommait par grand' humilité
> Un vers de terre, pauvre, rien, inutile.

Les Mémoires du monastère de Pont-à-Mousson avaient bien raison de dire que la Mère Philippa avoit une si merveilleuse grâce de parler de Dieu, et en parloit si vivement, qu'il sembloit que ses sainctes paroles fussent autant de dards enflambez du feu divin. Et n'y avoit cœur si dur qu'elle n'amollist et attirast à dévotion...

Un de ses biographes nous dit « que la Bienheureuse avait accoutumé de demeurer en oraison depuis la messe conventuelle jusqu'à dix ou onze heures de la matinée. Elle recommençait après les Complies pour continuer jusqu'à huit heures du soir, avant lesquelles jamais, en bonne santé, elle ne quittait l'Eglise. Souvent même, les religieuses étaient obligées d'aller l'avertir que l'heure était passée et de l'arracher, comme de force, à la contemplation et à ses entretiens célestes, pendant lesquels il lui arrivait fréquemment de répandre beaucoup de larmes. Dans la ferveur de son oraison elle semblait avoir tout à fait abandonné la terre... »

C'était dans son oratoire, nous l'avons déjà dit, que se trouvait le Crucifix miraculeux : ce Crucifix d'ivoire subsiste encore de nos jours (1) : béni soit Dieu qui a bien voulu conserver à la Lorraine cette relique insigne ; c'est la Croix de Philippa ; *Crucem suam!!* celle devant laquelle son âme se fondait et son cœur se consumait... celle à laquelle elle parlait et qui lui répondait... c'est l'image qu'elle aimait parce qu'elle était l'*Image de Dieu crucifié*, et que c'étoit aux pieds de son Jésus mourant qu'elle voulait vivre et mourir, ne pensant qu'à ses divines souffrances et à son divin amour. « Elle avait le cœur si délicat de ce costé là que pour peu qu'on parlasse de la Passion on en voyoit incontinent les effets au-dehors. Ce qui faisoit que les bonnes religieuses se donnoient de garde d'en parler devant elle ou d'en faire lecture pendant les tables. Que si, par cas fortuit, cela arrivoit, au premier mot de la Croix, de la lance, des espines, de la mort de Jésus, elle baissoit incontinent la teste, quittoit le manger et le boire, demeuroit comme immobile. Puis, ne pouvant plus retenir les émotions de son âme, donnoit toute permission à ses yeux, à sa bouche, à son cœur; et aussi tost un déluge de larmes, une foule de souspirs qui s'entrecoupaient l'un l'autre, une palpitation de cœur si véhémente qu'il falloit promptement quitter et la lecture, et le manger et les tables, pour secourir ceste fidèle amante

---

(1) M. Perré, rentier à Nancy, a hérité d'une religieuse Clarisse de Pont-à-Mousson avec un tableau représentant Notre Dame des Hermites, et un joli petit bénitier en ébène orné d'un Crucifix en ivoire, du Crucifix devant lequel Philippa de Gueldre faisait ses prières accoutumées. C'est une peinture de 92 centimètres de hauteur, déchiquetée suivant les contours du dessin, et appliquée sur une feuille de sapin préparée à cet effet. M. Perré est venu déposer le Crucifix sur le tombeau de la vénérable reine. (Note de l'abbé Guillaume).

de la Croix qui languissoit et se pasmoit d'amour (1).

On l'emportait alors à demi-morte dans sa cellule; les sœurs se disputaient l'honneur de la porter entre leurs bras : elle était si belle à voir dans ses défaillances d'amour ! On la déposait sur la pauvre paillasse qui garnissait son humble lit ; on lui mettait son Crucifix entre les mains, on relevait à moitié son long voile, afin de jouir de la radieuse beauté de son doux visage, et elle demeurait ainsi perdue en Celui qui la ravissait. Ses saintes compagnes, formant autour d'elle comme une gracieuse couronne, la contemplaient avec une joie mêlée de vénération, tandis que les petits oiseaux qu'elle avait dans sa cellule, et auxquels elle avait appris à répéter : *Jésus! Jésus!* chantaient à l'envi ce Nom d'amour, et seuls osaient rompre le religieux silence qui régnait dans cette cellule sanctifiée par tant de merveilles.

Cependant, malgré les ineffables délices que goûtaient les Sœurs auprès de leur Mère Philippa, elles devaient se résigner à retourner au réfectoire et à continuer les exercices conventuels, car souvent la Bienheureuse ne reprenait ses sens qu'au bout de plusieurs heures. La Révérende Mère Agnès de Mousson donnait donc l'ordre de déserter la cellule de Philippa : aucun soin n'était nécessaire à cette heureuse *languissante!* et, comme le Bien-Aimé dit dans son divin Cantique qu'il ne faut point réveiller son épouse jusqu'à ce qu'elle le veuille elle-même, la Révérende Mère recommandait un silence plus profond encore que de coutume, et, fermant doucement, bien doucement la porte de cette petite cellule qui

(1) Vie abrégée.

était vraiment un lieu saint, elle laissait cette chère privilégiée jouir tranquillement de Notre Seigneur.

Les petits oiseaux, comme étonnés de voir que la Bienheureuse ne leur répondait pas, finissaient, eux aussi, par faire silence, et, après avoir dit une dernière fois : *Jésus !* ils s'endormaient près de la Bien Aimée de Celui qu'ils avaient chanté, et ne se réveillaient qu'avec elle pour répondre, en leur langage, aux transports de son doux réveil...

Scènes ravissantes et indescriptibles !! nul ne saura qu'au dernier jour le secret de vos célestes mystères...

Fulcite me floribus !! stipate me malis, quia amore langueo... soutenez-moi de fleurs, fortifiez-moi de fruits, car je languis d'amour... tel devait être le cri sublime de Philippa dans ses amoureuses défaillances, et Jésus, le doux Jésus, se penchant vers celle qu'Il aimait, la couronnait des fleurs de son amour lui offrait les fruits de sa Passion.

« Mais voicy bien encore davantage, disent les vieux mémoires : son bon amy Jésus la visita si puissamment, en faveur de sa Passion, que les sept dernières années de sa vie, il luy fit bien ressentir ce qu'il avoit enduré pour elle, et combien elle debvoit endurer pour luy. Dès le jeudy au soir la feste commençoit, et duroit tout le sainct jour du vendredy. C'estoient des douleurs si étranges, des poinctes si aigues, des émotions si violentes, qu'elle estoit contrainte de demeurer tout ce jour sur sa couche, les yeux attachés à un Crucifix, et là endurer, sans mot dire, la main puissante de ce divin Maistre qui, à grands coups de marteau, la polissoit et se la rendoit semblable. Les médecins y accoururent au commencement, et voyant des symptômes si extraordinaires et des douleurs si extravagantes, mais cependant si réglées et si périodiques, gardantes et heures et jour, furent contraints, n'y pouvant remédier, de mettre ce mal incurable au nombre de ceux desquels leur Hypocrate laisse et la cognoissance et la cure à la Divinité. Le meilleur remède pour la malade estoit ce grand et puissant remède contre toutes sortes de maladies : la patience et les prières de ses bonnes et chères sœurs, lesquelles, grandement affligées de voir ainsi leur saincte Mère tourmentée, avoient coutume de dire la larme à l'œil : *Hélas! il sera demain vendredy, nostre bonne Mère sera malade!..*

Wadding rapporte les mêmes faits miraculeux : « Cette sorte d'oraison lui était si familière, dit-il, que non seulement la vue de la Croix ou autre représentation semblable, mais son nom seul lui enlevait tout autre sensation et la livrait suavement à la pensée et à la méditation du Sauveur. Au milieu de ces sortes de méditations, son ardeur était telle que, ses forces physiques l'abandonnent, elle tombait à terre pendant que ses sœurs s'empressaient de lui porter secours pour retenir quelques temps encore cette âme prête à s'en aller. Afin de lui éviter autant que possible soit la maladie, soit la mort même, l'Abbesse ordonna, entre autres choses, que jamais on ne parlât devant elle soit des clous, soit de la Croix, ou de tout autre instrument employé par les hommes déicides dans le crucifiement de l'Auteur de tout salut. »

En vain la bonne mère Agnès de Mousson ordonnait aux sœurs lectrices d'omettre dans leurs lectures tout ce qui avait trait à la Passion du Sauveur Jésus, en vain recommandait-elle à la Communauté de ne jamais s'entretenir devant la Bienheureuse de ce qui la jetait dans ces défaillances mortelles, « les précautions furent souvent inutiles, et, *par un privilège divin, elle participa aux souffrances du Christ*. En effet, le sixième jour de chaque semaine, Philippa souffrait si violemment d'une douleur au côté et d'une consternation d'esprit telle qu'elle perdait la parole et restait dans son lit sans l'usage de ses sens. Il est certain que ces affections lui arrivèrent pendant les sept ans qui précédèrent sa mort... (1)

Les Mémoires des religieuses Clarisses confirment ces divers témoignages : Entre les autres grand'grâces que Nostre Seigneur luy avoit faict, c'estoit qu'elle avoit une très grand'amour et ferveur à la benoiste mort et Passion de Nostre Seigneur qu'elle n'en sçavait ouyr parler sans pleurer. Et quant elle mangeoit à la Communauté, si on lisoit quelque chose de ceste benoiste Passion, elle laissoit le manger et pleuroit si très abondamment tout le long du disner qu'il sembloit que le cœur luy deut fendre. Et craignant qu'elle ne tombast en défaillance nous n'en osions lire en sa présence...

La bonne dame se pleingnoit tousjours d'un poinct, et disoit qu'elle n'avoit jamais senti en sa vie douleur qui fut pareille à ceste là. Et en a esté tormentée bien environ sept ans devant sa mort... et la dicte douleur du costé luy prenoit le plus communément le jeudy au soir et duroit toute la saincte journée du vendredy, et disions souvent entre nous : Hélas! il sera demain vendredy nostre bonne Mère sera malade...

« Nous croyons pieusement que c'estoit une mé-

(1) Wadding.

moire et un sentiment de la Passion de Nostre Seigneur qu'elle avoit tant désirée, que, mesme estant séculière, elle nous a aultrefois dict qu'elle en avoit faict dire plus de trois mille Messes, et toutes les personnes qui luy sembloient estre bonnes et agréables à Nostre Seigneur, elle leur en faisoit faire prière et oraison spéciale. Toutefois, il fault laisser cela aux jugements de Dieu, lesquels nous sont inconghus (1). »

Pendant la Semaine Sainte, les extases de la Bienheureuse Philippa étaient encore plus nombreuses que de coutume; il est dit que jour et nuit elle demeurait au pied de la Croix, se mourant de douleur et d'amour, et paraissant n'être plus de ce monde... cependant, Dieu lui laissait encore assez de forces pour mêler sa voix à celle de ses compagnes dans le chant sublime des *Lamentations*... On voyait alors la *Reine de Jérusalem* aller au pupitre, pâle et éplorée, pliée dans son sombre habit de bure, qui ressemble si bien à un vêtement de deuil, et debout, au milieu de ses Sœurs, cette sainte veuve, qu'on eût prise pour une vierge de Juda, entonnait ce chant lugubre, si doux dans sa tristesse, si triste dans sa douceur, et que l'écho du cloître renvoie jusqu'aux voûtes du Ciel... Qu'elle était belle, alors, la Reine de Jérusalem, pleurant sur les ruines de la cité sainte et redisant au milieu de ses pleurs le verset sacré : *Jerusalem ! Jérusalem ! convertere ad Dominum Deum tuum !*...

Le Jeudi Saint, elle ne faisait trêve à ses larmes que pour aller au Jardin cueillir les premières fleurs du printemps, afin d'en orner la salle capitulaire où,

---

(1) Mémoires.

dans l'après-midi, avait lieu l'émouvante cérémonie du *Mandatum* ou Lavement des pieds. A elle était laissé le soin de *semer ce lieu de fleurs afin que tout y respire la bonne odeur de Jésus-Christ !* (1).

Elle ornait l'autel du chapitre, fleurissait le pupitre sur lequel était solennellement posé le Livre des Saints Évangiles, et si quelque Sœur venait la surprendre au milieu de ces pieux préparatifs, elle lui disait avec un ineffable sourire et un inimitable accent : *Mandatum novum do vobis, ut diligatis invicem sicut dilexi vos, dicit Dominus...* Je vous fais un commandement nouveau : c'est de vous aimer les uns les autres comme je vous ai aimés, dit le Seigneur.

Et la visiteuse ravie lui répondait par l'hymne du jour : *Beati immaculati in via, qui ambulant in lege Domini...*

Heureux les hommes irréprochables dans leurs voies, qui suivent la loi du Seigneur !

Ainsi se passaient ces jours célestes de la *grande Semaine...* Ainsi s'écoulent-ils encore dans nos

---

(1) Rituel de l'ordre : La Sacristine du Chapitre, assistée de quelque autre, aura paré l'autel du Chapitre des plus beaux et riches ornements blancs, et voilé le Crucifix de blanc au milieu de quatre chandeliers garnis de quatre cierges blancs, comme aussi elle aura mis au milieu du chapitre un pupitre sans tapis, comme une chaire d'humilité, avec un Missel ouvert dessus, et aura tout parsemé de fleurs ou de petites herbes odoriférantes, en sorte que tout y respire la douceur de la bonne odeur de Jésus-Christ. Et, à côté de l'épitre, elle aura disposé une crédence où elle aura mis deux nappes, l'une pour ceindre la Mère Abbesse, l'autre pour essuyer les pieds des Sœurs ; un bassin, une aiguière et une serviette pour laver et essuyer les mains de l'Abbesse après le lavement des pieds ; et, immédiatement avant la Procession, elle apportera là proche un grand vase d'eau chaude qui aura été préparée avec des herbes odoriférantes, et un autre d'eau fraîche, comme aussi un siège bas et honnête pour celle à qui on lavera les pieds. (Ancien Rituel.)

cloîtres bénis : on aime et on prie au milieu *des parfums de la bonne odeur de Jésus-Christ*, et on ne rompt le silence saint que pour se rappeler les préceptes du Sauveur et le bonheur de ceux qui marchent dans la voie de ses commandements...

Puis, au saint jour de Pâques, « en cette très sainte solennité, la gloire et la splendeur de tous les jours de l'année, nos cœurs doivent s'épanouir d'une sainte allégresse et faire retentir avec jubilation les louanges des grandeurs et merveilles de Jésus notre Sauveur, glorieusement ressuscité, triomphant de la mort et de toutes les peines de cette vie misérable, qui nous encourage, par son exemple et par l'offre de ses grâces, à l'espérance d'une semblable glorieuse Résurrection (1).

Philippa répondait à cette pieuse invitation, et, autant elle avait semé dans les larmes durant les jours consacrés au souvenir des souffrances de Jésus crucifié, autant elle récoltait de joies célestes au jour de son triomphe.

Aux premières lueurs de l'aurore pascale, elle chantait l'*Alleluia* à la porte des cellules de ses bonnes Sœurs ; celles-ci, se levant aussitôt, se joignaient à leur bonne Mère... une procession s'organisait au chant de l'*Alleluia*, et les saintes épouses de Jésus, un flambeau à la main, la joie dans le cœur, le cantique d'amour sur les lèvres, parcouraient les cloîtres, s'arrêtant à tous les oratoires pour saluer Jésus ressuscité et féliciter Notre-Dame ; puis elles rentraient au chœur et s'unissaient aux anges pour chanter les Mâtines de la Résurrection.

(1) Rituel de l'Ordre.

Ces pieuses coutumes existent toujours dans nos cloîtres séraphiques, et je ne sais vraiment si, dans la solitude du monastère, à travers les ombres de l'exil, on peut rêver un spectacle plus ravissant que celui de cette longue file de vierges s'élançant à la poursuite du Christ ressuscité dans le mystère de cette nuit pascale, dont le silence n'est troublé que par les célestes harmonies de l'*Alleluia* ou du *Regina cœli lætare*... Ces oratoires illuminés, offrant aux pieux regards l'image du Christ radieux, ou celle de la Vierge couronnée de roses et de lis ; les chants d'allégresse auxquels se joint la douce sonnerie de la grosse cloche tintant les premiers coups des Matines ; ces religieuses aux pieds nus, parcourant les cloîtres, et marchant si doucement qu'on croirait qu'elles rasent la terre sans la toucher ; ces fronts brillant de pureté et s'épanouissant comme la fleur, ces yeux baissés et qui ne se lèvent que pour saluer Jésus ou sa Mère, ces sourires angéliques, ces rayonnements de joie et d'amour qui s'échappent des pâles visages... tout cela, pour en comprendre le doux mystère, il faut savoir aimer... aimer comme aiment les disciples du Dieu de Charité, aimer comme aiment les compagnes de l'Agneau pascal... aimer, comme un jour on aimera au Ciel, dans cette cité du Seigneur où l'armée céleste chante, avec un enthousiasme sacré, le joyeux *Alleluia*, où tout est paix et amour, où *nos yeux verront le Roi dans l'éclat de sa majesté*, où notre Pâque sera éternelle !.........................
....

« Ne fallait-il pas que le Christ souffrît pour qu'il entrât dans la gloire ? » disait le Sauveur ressuscité aux disciples d'Emaüs... Ne faut-il pas que nous aidions le Christ à fouler le pressoir avant de partager sa gloire ? disent les cœurs généreux qui veulent suivre l'Agneau dans la douleur et dans la joie... Philippa, comme tant d'âmes qui l'avaient précédée, comme tant d'autres qui l'ont suivie, voulait parcourir la voie douloureuse, et faire halte au Calvaire et au sépulcre pour se rendre digne des joies divines et éternelles.

Cette sainte amante de la Croix trouva un ingénieux moyen de satisfaire sa dévotion aux mystères de la Passion : elle fit construire dans le jardin du monastère deux oratoires dont l'un s'appellait le Mont des Olives et l'autre le Calvaire.

De nos jours on voit encore, dans l'emplacement de l'ancien jardin des Clarisses, une sorte de crypte qui, au rapport de M. l'Abbé Hyver, pourrait bien être une de ces chapelles élevées dans le jardin par la piété de Philippa de Gueldre. Les anges, il nous le semble, doivent couvrir ces ruines sacrées de leurs blanches ailes et continuer à y chanter, sur leurs harpes célestes, l'hymne de la Passion !... Bien des historiens ont parlé de ces oratoires ; la description qu'en ont faite nos Mères Clarisses nous paraît la plus édifiante...

« Notre bonne Mère a aussi fait édifier au jardin deux belles petites chapelles, l'une appelée le *Mont du Calvaire* : là où il y a un fort beau Crucifix si dévot à voir qu'il n'y a un cœur si dur qui le sceut regarder attentivement qu'il n'ait les larmes à l'œil. L'autre chapelle est appelée le *Mont d'Olivet* en laquelle il y a l'image de Nostre Seigneur, qui porte sa Croix, aussi grand et puissant qu'un homme. Et sa benoiste Mère, la glorieuse Vierge Marie, luy vient au-devant et tombe toute pasmée, et saint Jean l'Evangéliste est auprès d'elle qui la soustient entre ses bras. Toute la sainte Cité de Jérusalem et le sainct Sépulcre de Nostre Seigneur y est peinct tout à l'entour. Qui est une chose bien dévote. Et n'y sçauroit on entrer sans en rapporter consolation spirituelle. Car il semble que Nostre Seigneur et sa Mère soient tout vifs et ne leur faut que la parole.

« En ce lieu la bonne Dame alloit souvent prier Dieu et estoit longuement à deux genoux, les bras estenduz en croix, disant des patenôstres et autres suffrages, qui est une manière d'oraison fort dévote et profitable pour prier et recommander toute créature.

« Elle faisoit ses petits voyages et pérégrinations tantost en Calvaire puis en Olivet, après au cloistre et autres lieux en si grand' ferveur et dévotion que mille créatures ne le scauroient estimer, et sembloit toujours qu'elle fût en la présence de Nostre Seigneur. (1

«Dans la construction de ces deux « dévots oratoires » la *seconde Colette* avait suivi l'exemple de la *première*: Notre glorieuse Réformatrice aimait beaucoup ces représentations des mystères de notre Rédemption. Il est rapporté que, « voulant en conserver l'abrégé sous ses yeux, et laisser aux Clarisses d'Auxonne un monument qui serait pour elles un mémorial et une prédication, elle fit ériger un calvaire dans l'enclos du couvent. Ce calvaire, formé de petites roches, était surmonté d'une magnifique croix en pierre, dont le seul aspect inspirait le sentiment de la plus vive dévotion envers Celui qui versa son sang pour les pécheurs.

(1) Mémoires.

« Toutes les nuits, après Matines, la sainte Abbesse conduisait la Communauté au pied de la Croix. Les Sœurs formaient la couronne, et, s'agenouillant, elles disaient toutes ensemble : « Nous vous conjurons, Seigneur, de jeter les yeux sur votre famille pour qui Notre Seigneur Jésus-Christ n'a pas hésité à se livrer aux mains des méchants et à subir le supplice de la Croix, Lui qui vit et règne avec vous dans les siècles des siècles. » Puis il s'échappait de leurs cœurs ces soupirs enflammés : « O Montagne du Calvaire ! ô Monument d'amour ! ô Passion de mon Dieu ! Vous êtes la source et le centre de toutes les grâces ! O Croix ! le signe assuré de mon salut, je vous salue je vous prends pour ma devise : ou souffrir ou mourir ! »

« Irritée par cette pratique et ces prières qui émeuvent les croyants, une plume généralement mal inspirée a osé qualifier de *malheureuses* fanatiques les Clarisses auxonnaises, victimes volontaires, dont l'héroïque vie payait à la Justice de Dieu l'impôt de tout un peuple

« Le Calvaire de l'*Ave-Maria* excita la jalousie du démon qui jura sa ruine selon que l'insinuent les Mémoires. « La croix de pierre que la sainte Mère avait fait placer dans le jardin, raconte l'Abbesse Jeanne Catherine, fut frappée du tonnerre. Le dessus fut cassé, le Crucifix mis en pièces, et l'autre côté de la Croix, où était l'image de Notre Dame, fut conservé sans aucun mal. Le démon, dans sa rage, laissa ses griffes imprimées sur la draperie du manteau de ladite image et ne put la rompre. Voyant cela, une bonne ancienne, sœur Claudine Begein, tout infirme qu'elle était, prit cette image entre ses bras, et, quoiqu'elle fût la charge de trois ou quatre hommes, elle la posa dans un petit coin d'une muraille où elle avait grand soin de la faire vénérer. Dans la suite, on lui bâtit une chapelle. C'est là que nos sœurs invoquent Notre Dame pour leurs besoins particuliers et pour ceux des personnes du dehors qui y mettent leur confiance. On dit qu'il s'y fait des miracles (1).

Les oratoires de l'*Ave-Maria* de Pont-à-Mousson n'étaient pas moins célèbres que le *Calvaire* d'Auxonne ; on savait que Dieu se plaisait à y accorder des grâces merveilleuses, soit à ses fidèles servantes, soit aux amis et bienfaiteurs du monastère ; aussi ne se passait-il pas de jour que les bonnes sœurs n'allassent ensemble, ou en particulier, au mont Calvaire et au mont Olivet représenter à Dieu les besoins de leurs âmes, et Le supplier de bénir tous ceux qui se recommandaient à leurs saintes prières.

« C'estoit en ces lieux sacrés que Philippa alloit faire tout les jours ses stations et petits pèlerinages et que, prosternée en terre devant le Crucifix, les bras étendus en croix, elle demeuroit un long espace de temps à remémorer les douleurs et souffrances de son bon Maistre. Les bonnes sœurs la suivoient de près, joignant leurs prières à celles de leur bonne Mère, leurs sanglots à ses soupirs et gémissements, et ainsi faisoient une très harmonieuse musique et un écho très doux et très agréable à Dieu et aux anges » (2).

---

(1) Mémoires de l'*Ave-Maria* d'Auxonne, année 1691. Reproduit dans l'intéressant ouvrage de M. l'Abbé Bizouard, auquel nous empruntons ces intéressants détails sur le *Calvaire* de l'*Ave-Maria* d'Auxonne. (Histoire de sainte Colette et des Clarisses en Bourgogne.)

(2) Vie abrégée.

Un dimanche d'été, pendant la récréation du soir, la princesse entraîna ses compagnes au jardin pour y visiter Jésus crucifié, « son bon amy Jésus ! » disait-elle avec une sainte familiarité. Tout dans la nature portait à la reconnaissance et à l'amour et offrait une concordance heureuse avec les pensées des solitaires. Elles sentaient leurs joies se multiplier, leurs âmes semblaient se mêler à tout ce qui les entourait ; elles respiraient avec la brise du soir... elles résonnaient avec les cloches de la cité dont les sons, en s'éteignant avec mystère, ressemblaient à la prière du soir. Dans les hautes branches, les oiseaux chuchotaient, leurs chants si doux devenaient ceux des moniales, et leur vie leur paraissait n'être qu'un long chant de reconnaissance envers le Dieu bon qui les avait conduites dans l'Eden de la Religion... l'ombre descendait des hautes cimes, et le soleil, perçant de ses derniers rayons les branches entrecroisées, jetait sur l'herbe et les fleurs comme une nappe de feu. Les petites fleurs, se souvenant du Saint qui les avait invitées à louer leur Créateur, et croyant revoir quelque chose de François d'Assise dans ses filles bien-aimées, « inclinaient encore leurs étamines et balançaient leurs corolles comme un encensoir d'or, versant devant Dieu les parfums de leur cœur. »

Les Sœurs arrivèrent à l'oratoire du Calvaire : Philippa s'y agenouilla en répétant ce verset du cantique de son séraphique Père : « Le Ciel et la terre, toutes « les créatures me répètent sans cesse que je dois « aimer, chacune d'elles me crie : Aime de tout ton « cœur, aime Celui qui nous a créées pour t'attirer à « Lui... Le Christ si beau m'entraîne tout entière, » et Le voyant, je pousse un cri d'amour : Amour

« après qui je soupire, ah ! fais-moi mourir d'amour ! »

Et, comme si l'amour eût voulu la faire mourir, elle tomba dans une sorte d'extase, dans un de ces accès de *si grand' ferveur et dévotion*, selon le témoignage de ses Sœurs, que *mille créatures ne le sçauroient estimer*. Puis, après une longue oraison au pied de la Croix, elle se retourna tout à coup vers ses compagnes, et, rompant le religieux silence qu'elles faisaient autour d'elle, elle leur fit ce beau discours que la Légende n'a pas voulu oublier :

« Mes chères filles, quand je jette les yeux sur ma pauvre vie passée, et que, de ce sacré port de Religion, je regarde les rochers contre lesquels je me suis et si souvent et si dangereusement brisée, j'ay une très grande occasion de louer et bénir mon Dieu de m'avoir mise au lieu où je suis, à couvert de toutes ces infortunes. C'est la vérité que j'étais une esclave du monde, et que je courois à bride abattue après ses plaisirs mensongers : ses feux follets m'éblouissoient les yeux ; ses douceurs me charmoient le goust, me faisant avaler avec plaisir le *boucon* qui me donnoit la mort ; ses grandeurs me précipitoient dedans une abisme de confusion ; ses vanités, maudites enchanteresses, me tenoient en captivité, et, quoique chargée et quasi oppressée de chaînes, et plus misérable qu'un homme de galère, me faisoient toutefois trouver douce la *cadence* de mon esclavage. Mais donnons la gloire à Dieu, et confessons franchement que jamais je n'ai eu tant de contentement parmi les pompes et honneurs du monde que j'en ay eu depuis que je suis en la saincte Religion, prenant mille fois plus de plaisir à contempler les murailles de ma closture, et ces petites chapelles de la Passion de mon bon Maistre, que je n'en ay pris parmi les Louvres et palais de la grandeur humaine. Non, mes filles, je n'ay aujourd'huy que ce seul regret, qui puisse inquiéter et importuner la paix de mon âme : que trop tard, ah! mon Dieu! trop tard! j'ay cogneu mon bien, trop tard me suis-je donnée de garde que j'étais ensorcelée, trop tard ay-je senti mon mal, et n'ayant quasi plus de vie, j'ay désiré de vivre! Mais la grande confiance que j'ay en la bonté et miséricorde de mon doux Jésus que je vois là en Croix pour moy, me donne asseurance que, puisqu'il m'a fait tant de grâces que de me tirer du déluge du monde pour me mettre dedans l'arche sacrée de la Religion, il me fera aussi ceste faveur que de luy conserver et offrir ce peu qui me reste de force, de courage et de vie. Le feu brille plus, et semble vouloir revivre quand il s'en va mourant; la pomme jette une odeur plus douce et plus agréable quand elle tire sur sa fin et se veut pourir : mon âge est en son déclin; mon corps commence à regarder la terre et mon âme le Ciel. Ah! mon doux Jésus, s'il y a encore quelque bonté et douceur, s'il y a encore quelque petit esclat et lueur de vertu en moy, recevés-la, je vous en prie, par toute l'estendue de vostre sacrée Passion; recevés-la, dis-je, en action de grâces que je vous fais pour le bénéfice inestimable de ma vocation en la saincte Religion!... »

De telles paroles se passent de commentaires... disons seulement que les Sœurs attendries écoutaient ce langage de l'humilité, ces expressions de foi et de reconnaissance avec une sorte de ravissement... Puis, quand leur bonne Mère eut fini de parler, chacune ajouta sa note d'amour à ce chant de céleste action de grâces... *Pour moy,* disait l'une, *je célébrerai le Seigneur dans mes cantiques, et je le glorifierai dans mes louanges* (1). *Qui me donnera des ailes comme à la colombe,* s'écriait une autre, *et je m'envolerai et je me reposerai* (2). *Que rendrai-je au Seigneur pour tous les biens dont il m'a comblée ?* (3) disait une troisième, dans un élan de cœur impossible à décrire, et l'âme d'une autre Sœur répondait à son âme, et toutes mêlaient leurs voix à ce suave concert pour célébrer les joies du chaste hymen qui les unissait à l'Amour crucifié...

Le Verbe pouvait venir au sein de la pieuse phalange, et, Lui aussi, y entonner son Cantique de sa Voix adorable : « Je suis venu dans mon jardin, mes Sœurs, mes Epouses ; j'ai recueilli la myrrhe et les parfums, j'ai mangé le miel de mes rayons... » (4) Car, pour Jésus, n'était-ce pas de la myrrhe et des parfums qui s'exhalaient de ces âmes en fleurs ?... et le miel de leurs saintes oraisons n'était-il pas digne, par sa céleste douceur, d'être offert à l'Epoux des Cantiques?

Qui dira ce qu'au soir de cette journée d'été il se passa de ravissants mystères sous les grands arbres du monastère de l'Ave-Maria? c'est le secret de Dieu, des anges et du cloître !...

La cloche conventuelle, en sonnant le premier coup de Complies, mit fin à cette scène indescriptible, ou plutôt elle fut le signal de nouveaux transports : les sœurs baissèrent leurs longs voiles et rentrèrent

---

(1) Ps. LXVIII, 35.
(2) Ps. LIV, 6.
(3) Ps. CXV.
(4) Cant. V, 1.

processionnellement au chœur en psalmodiant à voix basse le *Te Deum*... Peu après, le chant des Complies retentissait sous la voûte sacrée. Ravies en l'amour du Christ Jésus, et brisées par tant d'émotions divines, ces heureuses épouses eussent peut-être laissé envoler leurs âmes en chantant doucement le *Nunc dimittis*, si Dieu ne les eût encore retenues dans la vallée d'absynthe pour y aimer et adorer : Notre-Seigneur avait des Chérubins dans le Ciel : il voulait en avoir sur la terre (1).

(1) Paroles de Notre-Seigneur à la Bienheureuse Victoria : *J'ai des Chérubins dans le Ciel : je voudrais en avoir sur la terre.*

CHAPITRE XXII

Philippa et l'Eucharistie. — Amour et Immolation. — L'épreuve. — Ouvrages ascétiques à l'usage de la Reine de Sicile.

> « Avec la même dévotion qu'elle regardoit son bon Maistre crucifié, elle l'adoroit au très sainct et très auguste Sacrement de l'Autel. »
> (*Mémoires.*)

Depuis le jour où, sur les hautes cimes de l'Alvernia, le Séraphin d'Assise avait été transformé en crucifix vivant, l'héritage de douleur et d'amour du saint Patriarche s'était transmis à tous ses enfants, et les filles de Claire d'Assise pouvaient se nommer *filles de la Passion*... Avec non moins de vérité, les filles de François d'Assise pouvaient s'appeler *filles de l'Eucharistie*, depuis le jour où leur sainte Mère avait été vue portant, entre ses mains tremblantes, l'Agneau eucharistique; Jésus-Hostie, qui, de sa voix adorable lui disait : *Ego vos semper custodiam*. Je vous garderai toujours.

La Passion! l'Eucharistie! c'est le cri de ralliement des âmes séraphiques! c'est le chant d'amour de nos ineffables amours, c'est l'adorable sujet de nos ravissements...

La Clarisse suit, dès ici-bas, *l'Agneau partout où Il va*... Elle suit ses traces dans la voie douloureuse, elle s'unit à son sacrifice et se couvre de la pourpre de son sang... puis, quand tout est consommé, elle accompagne son Jésus jusqu'au tombeau et elle ne s'en éloigne que pour y revenir bientôt... Elle cherche son Seigneur, et, ne le trouvant pas au sépulcre, elle demande *où on L'a mis...* Et une voix lui répond que, vivant et glorieux, Il est dans l'Eucharistie... *J'irai et je L'emporterai!* dit-elle avec amour... et elle prend l'Hostie, et ce Bien-Aimé vermeil dont elle partage la pourpre sanglante, cet Agneau divin et immaculé, l'Hostie toute blanche, le Pain lumineux descend jusque dans son cœur d'épouse... Elle l'emporte dans le secret de son oraison et de ses chastes amours, et Celui qu'elle avait adoré crucifié, elle l'adore encore immolé dans l'Hostie...

La Passion et l'Eucharistie! L'une et l'autre nous donnent le Sang de l'Agneau... l'une et l'autre nous disent son infinie tendresse, toutes deux sont un sacrifice adorable... Voilà pourquoi les filles de François et de Claire méditent sans cesse ces mystères divins : *Passion et Eucharistie!* Voilà pourquoi nos cloîtres ressemblent à un Calvaire et à un Tabernacle, où des victimes s'offrent en union avec Jésus de Nazareth, et où des cœurs se font hosties avec Jésus-Eucharistie... Voilà enfin pourquoi les Clarisses ne savent qu'une chose : Jésus Crucifié! et Jésus-Hostie!

Jésus au Calvaire! Jésus à l'autel! le Crucifix et l'Hostie! c'était bien, en effet, ce que recherchait uniquement la grande Clarisse de Pont-à-Mousson ; elle était fille de François et de Claire, elle savait souffrir, elle savait aimer, que faut-il de plus pour être digne de se mêler aux anges du Calvaire et aux anges du Tabernacle?

« A peine étoit-elle sortie des accez de douleurs

que luy causoit son amour à la vue de la Passion de son Jésus, qu'elle voloit comme un séraphin à la sainte Table y manger le Pain des Forts, y recevoir ce Dieu si caché aux sens, mais si connu des âmes saintes à travers le sombre voile de la foy : c'étoit à ce festin des anges, à ce banquet des roys que la religieuse Philippa recevoit de nouvelles forces pour achever avec amour et persévérance son sacrifice : c'étoit là, qu'anéantie en la présence de ce Dieu du saint Amour, absorbée dans les délices qu'Il faisoit goûter à son âme, on l'entendoit fréquemment répéter ces amoureuses paroles : « Ah! mon Dieu, mon Seigneur! « suspendez vos ardeurs, arrêtez vos suavitez, mon « bon Jésus, mon pauvre cœur succombe sous le poids « de vos faveurs (1). »

Mais Dieu ne suspendait point ses ardeurs, Il n'arrêtait pas ses suavités, et l'heureuse Philippa, en recevant cette *manne plus douce que le miel*, *cet aliment délicieux*, se sentait défaillir de joie et d'amour. Si merveilleux étaient alors les dons qu'elle recevait de Jésus, Notre Seigneur, si sublimes devenaient ses extases, qu'elle sentait le besoin de se dérober à tout regard, et de rester, seule à seul, avec le Bien-Aimé. L'humilité lui donnait une aile, l'amour lui en donnait une autre, et c'est ainsi que cette colombe défaillante, blessée de la flèche divine, trouvait encore assez de force pour aller de la Table sainte à son Oratoire. Mais à peine y était-elle arrivée qu'elle tombait dans un ravissement, et que, ne pouvant plus faire violence à l'impétuosité de son amour, elle était contrainte d'en laisser éclater les transports.

(1) *Vie abrégée.*

Ses heureuses compagnes l'entendaient du chœur, et elles comprenaient que, « *s'élevant de la présence sacramentelle à la présence spirituelle du Verbe*, leur sainte Mère *éprouvait, par expérience, un véritable avant-goût de l'amour parfait et de la béatitude future* (1). »

« Elle recevoit son Dieu, disent-elles, avec tels soupirs et effusion de larmes qu'elle, estant en son Oratoire, bien fermée tout au bout de l'Eglise, nous loyons franchement gémir et pleurer. Combien qu'elle prenoit toutes les peines qu'elle pouvoit de muser et céler ses dévotions; mais sa belle âme et son dévot cœur estoient si remplys de l'amour divin, et ses paroles si vives qu'on s'en apercevoit clairement.

« C'estoit, dit Mérigot, un très bel exemple que de voir le soing et la diligence avec lesquels elle se préparoit à ce festin nuptial; le respect admirable avec lequel elle s'approchoit de la Table du Roy des roys, la tendresse de cœur avec laquelle elle se nourrissoit du Pain des anges, des délices du Ciel, du nectar et de l'ambrosie du Paradis ; les unions et extases dedans lesquelles elle s'abysmoit se retirant de ce banquet sacré. » Des heures se passaient dans cette action de grâces de l'union eucharistique ; mais Philippa ne s'en apercevait point. Elle était à Jésus ! Jésus était à elle !... elle ne pouvait penser à autre chose. Il semblait qu'elle eût été plongée dans un brasier ardent, et que, sortant de cette fournaise divine, son cœur ne fût plus que flammes...

Les Sœurs, craignant qu'en de tels transports l'âme de leur chère Mère ne s'envolât vers le beau Ciel de

---

(1) *La spirituelle et chaste Alliance*. St Laurent Justinien.

Jésus, allaient doucement lui dire que plusieurs heures s'étaient écoulées depuis la réception du Corps adorable de Notre Seigneur, et qu'il était temps de prendre un peu l'air avant de venir au chœur psalmodier l'office de onze heures.

En hiver, la bonne Mère Agnès offrait alors à Philippa d'aller se chauffer quelques instants au chauffoir commun : il n'y avait pas d'autre feu au pauvre Monastère que celui de la cuisine et celui du chauffoir. En été, elle la conduisait sous les grands arbres du jardin, et, avec une tendre sollicitude, elle lui préparait un humble siège au milieu de ses fleurs aimées.

Philippa répondait par un sourire de reconnaissance à ces affectueuses prévenances, mais il était aisé de voir que la seule ombre qu'elle recherchait était l'Ombre de Celui qu'elle aimait ; car son âme gardait le parfum de sa fleur eucharistique ; comme la Bien-Aimée elle languissait d'amour, et, posant sur son Crucifix ses lèvres qu'avait touchées l'Hostie, elle unissait dans ce divin baiser l'amour de la Croix et de l'Eucharistie...

De même que de la Croix elle s'était envolée vers l'Eucharistie, ainsi de l'Eucharistie elle revenait à la Croix, ou plutôt, dans son cœur, c'étaient une communion et un crucifiement perpétuels, car de la Croix sanglante de Jésus sort l'Hostie, et sur la blanche Hostie l'œil de la foi retrouve la Croix... O Passion ! ô Eucharistie ! ô mystérieuse union de la douleur et de l'amour ! ô merveilles adorables du Cœur qui nous a tant aimés, ô merveilles adorées par nos cœurs, vous êtes notre part, et vraiment *notre héritage est d'un grand prix !*

Philippa voulait souffrir pour mieux savourer

l'Hostie... elle se nourrissait du Pain des forts pour mieux savourer la souffrance, et nous aussi, ô mon Dieu, nous voulons souffrir pour être moins indignes de communier, et nous voulons communier pour être plus dignes de souffrir... nous voulons « monter du désert » pour être plus près du Ciel, et voler de la Croix au Tabernacle et du Tabernacle à la Croix...

La bonne Mère Philippa, dans l'intimité de ses chères Sœurs, se laissait aller parfois à de doux épanchements, et leur révélait, comme malgré elle, quelque chose de ses extases eucharistiques. Les sœurs ravies l'écoutaient avec délices; il leur semblait que les paroles de la Bienheureuse étaient des étincelles s'échappant d'un brasier ardent, et, lorsque Philippa les avait quittées, elles se disaient entre elles ce que les historiens ont répété à l'envi : « Nostre bonne Mère vit dedans les flammes!! »

La communion quotidienne n'était pas alors en usage dans notre saint Ordre comme elle l'est aujourd'hui... cependant, elle eût été accordée à la Bienheureuse si elle en eût fait la demande. Mais avoir un privilège, même un privilège eucharistique, la bonne Mère ne l'eût pu souffrir. Cette grande religieuse, qui prétendait « qu'elle aimeroit mieux se faire couper en cent morceaux plustost que de changer en rien les usages de l'Institut, » ne voulut donc communier qu'aux jours de communion générale. Elle connaissait ce mot de saint Vincent de Paul : « Dieu est une communion perpétuelle à l'âme qui fait sa volonté » (1), et, calme et ravie, elle se nourrissait à l'incessant festin de la volonté de Dieu, et, qui eût osé

---

(1) Vie de St-Vincent de Paul par Abelly. Liv. III, chap. v.

dire qu'en faisant ainsi elle ne mangeait pas divinement ?...

Non seulement la Bienheureuse pensait toujours à l'hôte du Tabernacle, mais encore elle travaillait pour Lui : l'amour n'est jamais inactif, il se traduit par mille preuves charmantes : c'est ainsi que Jésus recevait de Philippa l'humble tribut de la créature à son Créateur. Pour Lui, pour ce *Lis* de nos vallées, elle cultivait les fleurs les plus belles, les plus odoriférantes; elle les soignait avec tant d'amour, qu'on eût dit qu'elle les faisait s'épanouir sous le souffle de sa dévotion, tandis qu'elle les baignait de la rosée de ses larmes. Puis, quand elles étaient dignes par leur parfum et leur beauté d'être cueillies pour Jésus, alors elle en faisait de magnifiques bouquets qu'elle envoyait à l'église extérieure, et elle eût voulu elle-même se changer en l'une de ces fleurs, pour mourir en exhalant un dernier parfum devant le Tabernacle. Elle faisait encore des couronnes pour le Crucifix et les oratoires, « et comme souvente fois les jardiniers rapportent de leurs jardins quelques fleurs et bouquets à leus amys, Philippa ne manquoit jamais, quand elle entroit au jardin des fleurs, de cueillir les plus belles et odoriférantes, et en faire des couronnes qu'elle portoit ordinairement sur des crucifix et autres images. »

Dans ses moments de loisir, pendant les récréations, jusqué sur son lit de douleur au milieu de ses dernières maladies, la Bienheureuse filait du lin d'une extrême finesse, et de cette toile, qu'avait filée ses mains royales, elle faisait des corporaux d'une éblouissante blancheur qu'elle envoyait aux pauvres églises. Il lui semblait que c'étaient les langes de l'Enfant de Bethléem qu'elle préparait; d'autrefois elle disait que c'était le suaire qu'elle offrait au Seigneur immolé ou, encore, la nappe sur laquelle serait servi le Pain des Anges, l'Agneau-Hostie. Elle faisait des ornements pour les prêtres, des bourses de soie, de drap d'or ou de pourpre, et elle éprouvait tant de joie à s'employer au service des autels, que, bien souvent, elle demandait à la Mère Abbesse la permission d'aider la Sœur Sacristine, permission qui ne lui était jamais refusée, et dont elle usait avec un céleste bonheur.

Mais, en même temps que ces inénarrables délices, que d'inénarrables douleurs ressentait cette parfaite adoratrice de Jésus Hostie lorsque, au milieu de ses extases, le Bien Aimé, déchirant tous les voiles, « luy faisoit voir son sacré Corps foulé aux pieds, les saints temples abattus, les autels renversez, les prêtres massacrez, et luy découvroit clairement les grands et innombrables maux de l'Eglise sa sainte Epouse. »

A cette vue, la Bienheureuse se sentait mourir... C'était l'hostie, l'Hostie qu'elle adorait, l'Hostie qu'elle aimait, c'était l'Eucharistie qu'elle voyait *foulée aux pieds, donnée aux bêtes, jetée dans les lieux les plus infâmes*... Quel horrible martyre pour ce cœur si intimement uni à Celui de son Dieu! Quelle alternative d'amour joyeux et d'amour douloureux entre les regards portés sur l'Hostie adorée qu'elle possédait en elle-même, et ceux qu'elle portait sur l'Hostie profanée entre les mains des sacrilèges... alors, son cœur s'agrandissant, s'ouvrait à toutes ces hosties profanées, et elle suppliait les anges de délivrer Jésus Hostie et de Le lui apporter... Mais, comme aux jours de sa Passion, le Seigneur repoussait le secours des légions angéliques, et « son amour pour les hommes enchaînait sa justice, sa résignation calmait l'impatience des anges et celle qui s'emparait de toutes les créatures à la vue des outrages que recevait le Créateur » (1).

Philippa navrée devait donc assister à ces nouvelles prises de Jésus, aux nouvelles profanations de son Corps sacré, et, désolée de survivre à de pareilles douleurs, elle conjurait le Seigneur de la laisser mourir dans le baiser de l'Hostie. Son âme, dans son amour et sa douleur, eût voulu s'échapper de ces sombres régions où son Epoux divin était méconnu et outragé, mais ce Maître adoré voulait une grande victime, et, avant de donner à la Bienheureuse l'entrée de son beau Ciel, il voulait, pendant quelques années encore, faire reposer dans le cœur aimant et dévoué de cette créature l'eucharistique Cœur « qui aime tant les hommes et qui en est si peu aimé ! »

« Son cœur estoit une saincte chapelle et un riche tabernacle, » disent les biographes de la Bienheureuse, et, dans cette simple et courte révélation, la Légende, sans entrer dans le détail de cette *saincte chapelle* et de ce *riche tabernacle*, laisse entrevoir quelle lampe y brûlait, quel encens y fumait et quel holocauste y était offert en présence de l'Hôte adoré. Oui, Philippa savait se consumer, elle savait prier, elle savait se sacrifier pour Jésus-Hostie, et, en vérité, peut-on faire autre chose quand on se sent aimé de Dieu et qu'on veut Lui rendre amour pour amour; quand le cœur crie à l'âme : aime, prie et adore ; quand l'Amour, l'Eucharistie, Jésus Lui-même nous dit : rends-moi Hostie pour Hostie !!...

Philippa comprit que Dieu voulait être suivi dans un nouveau mystère de son immolation, et, avant de

---

(1) R. Père Ventura.

s'unir à son Jésus dans la gloire, elle resserra son union avec Lui dans la douleur. Un jour donc, elle demanda à Dieu le calice des mortelles tristesses, et, sans frémir, elle y porta ses lèvres, sans hésiter, elle le but jusqu'à sa lie : *son âme fut triste jusqu'à la mort*....

Comme les âmes aspirant à l'union divinement parfaite, elle dut demander que « tout lui devînt glaive pour donner en quelque sorte, à chaque instant, une consécration nouvelle à son état d'hostie, que tout soit feu pour dévorer, réduire en cendre la victime (1). »

Dieu s'empressa de satisfaire l'amour généreux de sa servante, et, pour mettre le sceau à sa perfection, pour lui donner de nouvelles palmes après de nouveaux combats, Il ajouta de nouvelles blessures aux plaies saignantes de son cœur, et Il brisa son âme...

La mort vint moissonner à nouveau parmi ses plus chères affections, et bientôt nous aurons l'occasion de dire quelles victimes aimées elle emporta de sa main glacée... Pour le moment, parlons des peines intérieures auxquelles Dieu livra sa fidèle servante ; en face du tableau de ses ravissements, plaçons le tableau de ses désolations ; voyons les lumières de l'extase s'éteindre pour un temps, et d'épaisses ténèbres couvrir cette âme, hier si forte, aujourd'hui si abattue, parce que toute lumière lui est enlevée et qu'elle marche à tâtons dans l'étroit sentier de la perfection, heurtée toujours par la tentation, mais jamais renversée, car, dans le sentiment d'une humilité profonde, et d'une obéissance parfaite, elle se laissait conduire par les guides sacrés que lui donnait l'obéissance. Tentée, elle veilla,

---

(1) R. P. Giraud.

elle pria, elle obéit toujours, et ainsi elle finit par remporter la victoire, car elle est vraie autant qu'elle est consolante cette parole du sage : « C'est en vain qu'on tend un filet devant les yeux de ceux qui ont des ailes » (1).

La Bienheureuse traversa cette phase douloureuse comme elle avait traversé celle de l'allégresse ; elle fut à Gethsémani comme elle avait été au Thabor : sur les ailes de l'amour et de l'humilité. Elle ne s'étonna point : « Celui-là même qui, à l'heure de son baptême ou de sa conversion, a reçu cet avis du Saint Esprit : « Mon enfant, dès que tu entres au service de Dieu, prépare ton âme à la tentation » (2) ; si, ravi par une grâce dont le perpétuel accroissement l'a constamment trouvé fidèle, il entre résolûment dans la voie des parfaits, il entend la même voix lui dire : « parce que désormais tu m'es plus agréable, c'est une nécessité que la tentation t'éprouve encore ! » (3) et je vais commencer à t'apprendre ce qu'une créature doit souffrir pour être digne de porter mon nom » (4). Le fait est, et nul ne l'ignore, que l'austère solitude de Betléem n'empêchait point Jérôme d'être hanté et tourmenté par les souvenirs de Rome païenne ; que, retiré dans le désert, Antoine y trouvait des ennemis nombreux et y subissait d'affreuses luttes ; qu'étendu sur sa couche d'agonie, après quatre-vingts ans passés dans la pénitence la plus rigoureuse, et le service de Dieu le plus dévoué, Hilarion y était encore visité et importuné par Satan ; qu'assez

(1) Prov. 1, 17.
(2) Eccli. 11, 1.
(3) Tob. xii, 13
(4) Act. ix, 16.

en crédit auprès de Dieu pour arracher trois morts à la tombe, Martin avait pourtant sans cesse à se défendre des esprits mauvais, et qu'enfin Paul lui-même, l'Illuminé du Christ, le vainqueur de l'idolâtrie et le docteur du monde, Paul en était réduit, par la violence et la ténacité de ses tentations intimes, à demander grâce et merci à Dieu, qui, lui promettant le secours, refusait formellement de le soustraire à cette honte (1). Il n'y a donc point d'illusion à se faire. Qui que nous soyons, où que nous allions, quoi que nous fassions, la tentation nous suit un peu plus que notre ombre ; elle sort de nos adversités ; elle fond sur nous d'en haut, elle monte de dessous terre et germe sous nos pas ; elle est dans l'air que nous respirons, dans le rayon de soleil qui nous éclaire la route, dans le caillou qui s'y rencontre, dans la fleur épanouie sur la haie qui la borde ; elle est dans la couche où nous sommeillons, dans le livre où nous étudions, dans l'oratoire où nous prions ; elle est dans nos parents, dans nos amis, dans nos compagnons de voyage ; elle est dans ce qu'il y a de plus sacré comme dans ce qu'il y a de plus profane ; elle peut s'échapper de l'autel et venir même du Tabernacle ; enfin et surtout, elle est en nous et jaillit de notre fond comme d'une source intarissable, et il en ira ainsi jusqu'à notre dernier soupir (2).

Il est rapporté que la Bienheureuse Philippa gardait presque toujours un profond silence sur les peines intérieures dont elle souffrait. Son Abbesse et ses confesseurs connaissaient seuls le secret de ses

(1) II Cor. XII, 8.
(2) Mᵍʳ Gay. De la Tentation. Vertus chrétiennes considérées dans l'état religieux. Tome II.

douloureux tourments ; ses sœurs n'en savaient presque rien, et le peu qu'elles en connaissaient elles l'apprenaient lorsqu'elles entendaient leur Mère désolée s'écrier, dans le silence de son oratoire : *Mon Dieu, mon Dieu, pourquoi m'avez vous abandonnée?* ou lorsque dans les récréations, Philippa, comme hors d'elle-même, sortant tout-à-coup de sa réserve, disait à ses compagnes chéries : « Je vous en conjure ô filles de Jésusalem, si vous trouvez mon Bien Aimé, dites-lui que je languis d'amour !... » Et les sœurs émues se demandaient entre elles à qui apparaîtrait l'aimable Jésus s'Il se cachait aux regards de sa fidèle épouse?... à qui Il parlerait s'Il ne faisait plus entendre sa voix adorable à celle qui leur rapportait *des nouvelles toustes fresches du Paradis ?...*

La bonne Mère avait un tel empire sur elle-même, qu'à n'en juger que par le doux sourire qui errait sur ses lèvres, on eût été bien loin de se douter à quelles tortures son âme était soumise. Ces tortures devinrent si violentes, qu'elle sollicita les secours d'un saint religieux, aussi éminent en science qu'en sainteté, le suppliant de lui donner les moyens de combattre et de vaincre. Ainsi fut composé le ravissant ouvrage intitulé : *Le dialogue entre l'Ame et Raison, par un religieux de la réformation de l'Ordre de Fontevrault.*

En tête du premier feuillet du texte, on lit : « S'ensuyt ung dialogue auquel raison console l'âme constituée en diverses tentacions, en luy donnant plusieurs remèdes, et démonstrant le prouffit et utilité qui en procède. Aussi parle amplement du fruictz de religion bien observée et de la béatitude éternelle et des vices et vertus avec plusieurs autres matières consolatives contre divers scrupules. » .

Rien de plus instructif, dit l'abbé Guillaume, que ces consolations de la raison éclairée par la foi, à l'âme effrayée de se trouver engagée dans cette lutte continuelle, dont l'issue doit être le Ciel pour le vainqueur, les ténèbres éternelles pour celui qui a succombé. Rien, en même temps, de plus savoureux à l'âme que la contexure simple, candide et affectueuse de ce dialogue!

Ainsi l'Ame demandant à la Raison, si, parfois, l'ennemi peut suggérer à une personne de faire quelque bonne œuvre : « O mon âme! répond la Raison, selon que le dit Gerson en son livre qu'il a fait de diverses tentations, l'ennemy exhorte aucune fois à entreprendre aucunes haultes et difficiles œuvres de vertus, comme jusnes et abstinences immodérées ou autre opération semblable, affin que, par immodération de tels jusnes (jeûnes), la personne, qui est de complexion débile, vienne en évacuation de cerveau et toute triste et mélancolique en grant détriment de soy mêsme et en la charge de la communité en religion au service de laquelle par indiscrétion elle s'est rendue inhabile et impotente. En oultre l'ennemy persuade et suggère aucune fois dire par coustumes et habituacion grande multitude d'oraisons vocales affin que par ce la personne se grefve ou qu'elle en soit ennuyée et fastidie en les disant sans dévotion, ou qu'elle s'en esliève par présumption, ou qu'elle délaisse à faire aultre chose plus utile et nécessaire, ou affin qu'il luy semble que pour la multitude et fréquentes oraisons dessus dictes Dieu la doye toujours exaulcer en toutes ses pétitions et requestes.

Le démon presse-t-il une épouse de Jésus-Christ à L'abandonner pour se livrer au péché? « donne leur telle réponse que fist saincte Agnès au fils du Prévost.

L'AME.

En quelle manière?...

RAISON.

Ainsy qu'il s'ensuyt. O nourrissement du péché et viande de mort : de parte toy donc de moy. Car je suis jà prévenue d'ung aultre espoux, lequel m'a offert ornemens plus précieulx que les tiens. Car seulement tu me offres une ordure : c'est assavoir délectation mauvaise et deshonnête en péché. Mon espoux a environné mon corps de pierres précieuses; il a mis à mes oreilles marguerites inestimables; il a empreint ung signe en ma face, affin que ne reçoipve aultre amy que Luy; il m'a vestue d'ung vestement d'or; Il m'a monstré trésors incomparables; lesquels il m'a promis donner si je luy garde promesse; doncques je ne pourroye pas regarder aultre que Luy et délaisser ung tel amy avecque lequel je suis conjoincte et lyée par amour et charité; duquel la noblesse est si haulte, si excellente, la puissance si forte, le regard si puissant, l'amour si doulce; duquel le soleil, la lune et les estoilles esmerveillent la beaulté; par l'oudeur duquel les morts sont ressuscités, par l'atouchement d'iceluy les malades viennent à convalescence; duquel les richesses ne peuvent jamais défaillir ne diminuer.

A Celuy seul, je garde ma foy et promesse... Pour les parolles dessus dictes et plusieurs aultres, ledict jouvenceau fils du prévost, fut tout confus. En ceste manière, mon âme, tu dois résister à l'ennemy en considérant la beaulté de ton espoux et amy d'une part, et d'autre costé en considérant la vilité et deshonneste subjection et persuasion de ton adversaire.

L'AME.

Véritablement Madame saincte Agnès estoit une vraye espouse de Jhesu Christ, virile et constante, laquelle respondit en la manière dessus dicte au fils du prévost : à l'exemple et imitation de laquelle je veulx résister au diable d'enfer. »

« Pour peu que l'on veuille examiner avec attention l'ouvrage dont nous venons de citer quelques courts fragments, il est facile de se convaincre qu'il a été composé spécialement pour Philippa de Gueldre, qui aurait confié à l'auteur l'état de son âme, ses inquiétudes et ses combats. Outre que tout s'y rapporte au caractère bien connu de la princesse, à ses dispositions habituelles, plusieurs passages font connaître que le religieux de Fontevrault s'adressait directement à la princesse, devenue fille obéissante de Sainte Claire (1).

Ainsi, lorsqu'il parle du renoncement à la volonté propre pour faire celle des supérieurs, il s'exprime en ces termes :

« Celuy qui est seigneur de son couraige et a domination sur sa propre volunté, est plus fort et plus puissant que celuy qui a puissance, victoire et triomphe sur les villes et cités. Et par ce que dessus est dict il appers que la personne qui est en religion, supposé qu'elle soit de bas lieu et condition et pouvres parens indigens et mendians, toutefois se elle laisse

---

(1) L'Abbé Guillaume.

sa propre volunté, elle est plus à louer et recommander que l'autre qui serait de lignée royale ou impériale et délaisserait ung royaulme, mais retiendrait sa propre volunté. Et ose dire et affermer que celle qui est pouvre de biens temporels, qui a renoncé à sa propre volunté a plus délaissé que l'aultre qui retient encore sa volunté et a délaissé comme dit est ung royaulme.

« Par quoy quand l'ennemy suggère aux personnes religieuses telles vanités en leur disant en ceste manière : Tu es de très noble et très haulte lignée. Tu es descendue du sang royal et impérial. Tes frères sont ducs et comtes, cardinaulx, archevesques, évesques, et sont moult riches en terres et possessions. Tes parens sont vestus d'or, de velours et aultres habits précieulx. Par que ce n'est chose juste ne raisonnable que telle et telle, qui sont pouvres et de bas lieux te soient préférées et que tu leur portes honneur et révérence en les servant : mais plustost ils te doibvent servir, obtempérer et obéir. Pour vaincre ladicte suggestion diabolique de vanité, la personne doit méditer, au contraire, que.......... Saincte Euphraxie fut de très noble lignée, à laquelle sa mère disoit les paroles subséquentes : Ma fille, crains Dieu et honore toutes les Sœurs, en leur faisant service en toute humilité : jamais ne pense en ton cœur que tu es du sang royal, et que, pour ceste cause, on te doit servir. »

L'abbé Guillaume, en parlant de ces citations, dit que, non seulement elles prouvent que le *Dialogue entre l'Ame et Raison* fut écrit pour Philippa de Gueldre, mais encore et surtout que cette âme sincèrement pieuse et avide de la véritable perfection évangélique, cherchait la vérité avec ardeur, ne demandait qu'à la connaître, à l'entendre, à la lire, à la contempler dans toute sa vivacité, sans voile, sans embage, afin de la pratiquer dans toute son intégrité. » Le religieux de Fontevrault termine son ouvrage par les stances suivantes :

> Si tu es en tentacion,
> D'instabilité muable,
> De blasphéme, desperation
> Ou d'autre vice détestable,
> Ly ce livre consolable
> Et le metz en exécution,
> Car il te sera prouffitable
> Contre la griefve affliction.
>
> Il te donnera discrection
> Pour virillement surmonter
> De l'ennemy la tentacion,
> Lequel te veust te précipiter,
> Pour ce il s'efforce de tenter,
> C'est toute son intention.
> Mais il ne te pourra déjecter,
> Si fais ceste monition.
>
> Semblablement sy veulx tendre
> A vertu et perfection,
> Tu pourras icy entendre
> Des docteurs l'instruction
> Et les fruits de religion
> Y sont déclairés amplement
> Pour aimer ta vocation
> Et la garder parfaictement.
>
> Mais si tu as aucuneffois
> Par ce livre consolation,
> Prie Dieu pour Frère Françoys
> Qu'il perviengne à salvacion.
> Toutefois la gloire et honneur
> En soit à Dieu tout puissant
> Sans lequel l'homme n'a valeur,
> Force, vertu, ne entendement.

Lorsque ce pieux ouvrage apparut dans la Communauté, les Religieuses eurent bien vite compris qui l'avait demandé et pour qui il avait été composé, mais, par un sentiment de délicatesse exquise, elles ne questionnèrent jamais leur Bienheureuse Mère sur le tourment de ses peines intérieures... Elles se contentaient de l'admirer en silence, se rappelant « que les bons et généreux soldats de Jésus-Christ ont à peine quelques instants de répit, quoique leur courage nous les montre tranquilles au milieu de leurs travaux... Avant de renfermer le froment dans le grenier, le père de famille le foule sur son aire ; le repos ne vient qu'après le pèlerinage. Avant d'entrer dans la cour du Grand Roi, dans le sanctuaire de l'Epoux, il faut subir une épreuve décisive ; il faut que la tentation flagelle quiconque veut parvenir à l'Alliance spirituelle du Verbe (1). »

Philippa de Gueldre, outre le *Dialogue de l'Ame et de la Raison*, avait encore à son usage particulier des ouvrages précieux. Il est dit qu'elle faisait ses délices du *Livre de vraie et parfaite Oraison*, « qui, avec le sermon de Jésus-Christ sur la Montagne, contient deux homélies de saint Jean Chrysostome, des expositions sur le *Pater*, l'*Ave*, le *Credo*, les dix Commandements de Dieu, les psaumes de la Pénitence et diverses prières. »

Elle possédait encore : *La Discipline de l'Amour divin*, dont la division curieuse mérite d'être citée :

---

(1) Saint Laurent Justinien.

PROLOGUE

Chapitre I. — Comment l'amour est :
    Doulx, dévot et commençant,
— II. — Patient, larmoyant, prouffitant,
— III. — Fervent, ardent et élevant,
— IV. — Fort, vaillant et triomphant,
— V. — Purifiant, clarifiant et contemplant,
— VI. — Ravissant, pénétrant et transformant,
— VII. — Languissant, mortifiant et vivifiant,
— VIII. — Excédant, jubilant et gratifiant.
— IX. — Simplifiant, unissant et gratifiant,
— X. — Anéantissant, glorifiant et déifiant.

Lorsque Philippa mourut, elle laissa ce livre précieux à sa chère Abbesse ; les Sœurs de Pont-à-Mousson l'ont toujours considéré comme une double relique, et les contemporaines de la sainte Abbesse avaient écrit sur le verso de la garde :

« Pour Sœur Agnès de Mousson, que nostre Révérende Mère la Royne lui avoit donné. »

Cet ouvrage manuscrit, que Philippa chérissait, portait pour épigraphe cette partie du 10e verset du 3e chapitre du Cantique des cantiques :

Ascensus purpureus media charitate constratus propter filias Jerusalem : Lit de pourpre orné d'affection pour les filles de Jérusalem...

Philippa possédait un exemplaire manuscrit des dialogues de Saint Grégoire-le-Grand, lequel, en texte latin, dit l'abbé Guillaume, apprend que la princesse qui en faisait usage entendait et comprenait la langue de Virgile et de Cicéron. Les dialogues de l'illustre Pontife ne sont autre chose que la vie et les miracles des Saints Pères de l'Italie. Saint Grégoire, qui les avait recueillis par tradition orale, les écrivit, à la prière des prêtres qui vivaient familièrement avec lui. Pour se rendre au désir, si souvent exprimé de ces ecclésiastiques, le saint Pape composa quatre livres de dialogues, écrits avec tant de douceur et de suavité qu'on les reconnaît incontinent pour être l'œuvre de Grégoire qui, instruisant le diacre Pierre qui l'interroge, lui ouvre la porte et la voie qu'il doit suivre, tant par les admirables réponses qu'il lui fait que par les solutions qu'il donne aux questions les plus difficiles. Le second livre des dialogues est rempli par le récit des miracles et des exemples tirés de la vie de saint Benoît, abbé. Les trois autres sont semés de documents précieux et d'exemples d'autres hommes éprouvés et parfaits, entre autres d'évêques, comme de Paul de Nole, de Marcellin, d'Anconitanus, de Boniface, de Ferentino, de Fortunat, de Todi, de Constance, d'Aquin, de Fulgence, d'Hercule, de Pérouse et de beaucoup d'autres (1). »

Comme plusieurs des compagnes de Philippa ne comprenaient pas la langue latine, elles ne pouvaient jouir de la lecture de ces pages admirables ; mais la bonne Mère, remplie de charité, se faisait un devoir et un plaisir de les leur traduire en français, et de leur raconter, dans cette langue, les choses merveilleuses qu'elle avait lues dans son manuscrit latin.

Il était un autre pieux trésor que nos Mères gardaient avec un soin jaloux : en entrant au monastère de l'Ave-Maria, la duchesse de Lorraine y avait apporté un magnifique ouvrage : « c'était la traduction française de la *Vie de Jésus-Christ*, composée en latin

1 *Vie de la Duchesse*, p. 222.

vers le milieu du xive siècle, par Ludolphe de Saxe, prieur de la Chartreuse de Strasbourg. Cet ouvrage, qui est moins une vie de Notre-Seigneur qu'une série de méditations et d'inspirations pieuses, jouit d'une vogue immense pendant deux siècles. Les copies s'en multiplièrent à la fin du xive et pendant la moitié du xve, et il fut traduit en français par le F. Lemenand, mineur observantin (1). »

En 1506, une magnifique copie en fut faite pour la duchesse de Lorraine Philippa de Gueldre. Elle formait deux volumes, dont le premier a été acheté par S. E. le Cardinal de Bonald, archevêque de Lyon, pour une somme de douze cents francs. Le second est la propriété d'un particulier. Il est terminé par un morceau de poésie à la louange de la duchesse-reine ; nous nous reprocherions de ne pas citer ici ces aimables stances :

> Non sans raison ont les hystoriens
> Tant crestiens, Sarrazins que payens,
> En leurs escripts rédigé par hystore
> Les grans vertus et noms des anciens
> Hébreux et Grecz, Barbares ou Troyens
> Donc à présent il est encore mémore.
>
> Premièrement qu'il redunde en leur glore
> Nul nen doubte, car il est tout notore
> Que vertu croist par louange efficace
> Davantage qui est point pemptore
> Cela induit les subséquens encore
> A ensuivir des vertueux la trace.
>
> Soit des escripts d'aucun la noble rasse
> Les grans vertus et nobles dons de grâce
> Ensemble aussi les gestes et langage

(1) Note du journal l'Espérance, 20 novembre 1844.

Raison permet et veult qu'ainsi se passe
Et d'aultre part vérité le pourchasse
Car à nully ce ne porte dommage.

Cecy je dis pourtant qu'en ceste page
S'est suscript le nom et le lignage
De la Dame très noble et renommée,
Qui ce livre tant sumptueux et large
A fait escripre, en quoy se montre sage :
C'est Philippa de Gueldres surnommée.

Et pour montrer quelle est la bien eurée,
Et surtout digne d'estre honorée
Nobles parens, son maintien, son visage,
Nobles enfans desquels est décorée,
Et les vertus dont elle est très ornée,
Emportent bon et loyal tesmoignage.

Il est tout cler qu'elle est du parentage
De sainct Loys Roy dexcellent parage,
Car de Bourbon si descendait sa mère,
Qui jadis fut donnée en mariage
Au très vaillant prince prudent et saige
Des Gueldroiens, le duc, qui fut son père.

Et tant plus fort son estat considère
Son noble espous des princes la lumie,
Ces beaulx enfans vivans sans villeinie
Il fault en bref que je die et infère
Qu'elle est mère sans quelq vitupère
Plus heureuse que jamais fut envie.

N'eust-elle esté, la noble progenie,
De Charlemaine estoit presque finie ;
Plus n'en restoit que Règne de Lorraine
Mais Dieu mercî elle est bien refournie
De cinq beaulx filz que en temps quelquon en die
Se montreront nepveux de Charlemaine.

Oultre je dis y est chose certaine,
C'est la Dame qui est de tout bien plaine,
Car pour parler touchant les biens de l'âme,
Elle est doulce, gracieuse, humaine,
Et eu vertu parfaite et souveraine,
Autant ou plus que fut onq noble dame.

De prudence qu'il lui en faille drame
Non suit qu'elle soit sans vue et diffame,
Magnanime, modeste et continente,
Ayant sur toutes le renom et la fame
D'estre aussi plus libérale fame
Qu'on vist jamais... la chose est évidente.

Non sans cause ceste dame excellente,
Dessus toutes libérale et prudente,
Et de chacun amée et prisée,
Car celui n'a qui assez se contente
Magnifier telle noble régente
Qui de donner jamais ne fust lassée.

Que jamais soit de biens évacuée
Pour en faire libérale donnée,
Je dis que non. Et est la vérité,
Car oncques mais on ne vit femme née
Indigente, poure ou infortunée,
Devenue par libéralité.

Qu'en dis et faictz de toute chasteté,
brefvement de toute honnesteté,
Elle excède toute aultre par droicture,
Il est certain car jamais de traicte
Ne délivre plain de lascivité
Et ne voulust faire quelque ouverture.

Son passe-temps au regard de lecture,
C'est de lire de la saincte escripture
Et de toute doctrine salutaire.
Parquoy je puis évidemment conclure,
Sans de raison excéder la mesure,
D'honnesteté qu'elle est seul exemplaire.

Que telle soit la dame débonnaire,
Ce volume présent qu'elle fait faire
Le montre bien, ce semble, clèrement.
Et par ainsi pour icelle parfaire
Seul il reste le souverain salaire,
Qu'en Paradis aura finablement.

Que en elle ne ait des biens plus largement
Que je n'ay dit. Si a trop seurement
Et de vertus. Mais il convient entendre

Débilité de mon entendement
Ne les vertus bien peu totalement
Présentement escripre ne comprendre.

En ce qu'ay dit je ne pense mesprendre
Et la fin là où j'ai voulu prétendre
Quant ces vertus ay cy mis en histoire,
C'estoit affin tant le grant que le mendre
A icelle exemple peussent prendre,
Et quel en fut par durable mémore.

Quant est à elle le cas est tout notore
Quelle en donne la louenge et glore
Du tout à Dieu comme prudente et sage.
Lequel après ceste vie transitore,
Par sa grâce lui doint le possessore
A tout jamais de son hault héritage.

Scriptor qui scripsit cum christo vivere possit!

Mais le livre dont la Duchesse se servait le plus souvent, ou pour mieux dire celui qu'elle lisait et relisait incessamment, c'était un petit volume in-folio, en vélin, moins riche de peinture, de dorure, de vignettes que les précédents, et relié en basane gaufrée : il contenait en latin la Passion de Notre Seigneur, selon les quatre Evangélistes : « Ce manuscrit, qui lui rappelait le texte sacré de chaque évangéliste, atteste, aux feuillets surtout qui contiennent la Passion selon saint Jean, du fréquent usage qu'elle en faisait, et des larmes qui coulaient abondamment de ses yeux en lisant le drame sanglant de la Rédemption. » L'avant-dernier feuillet est complété par une oraison latine que Philippa disait matin et soir et dont voici la traduction :

« O Dieu, qui pour nous, pécheurs, avez étendu vos pieds, vos mains et tout votre corps sur le bois de la Croix, qui avez porté la couronne d'épines que les Juifs ont placé sur votre tête sacrée, par dérision de votre Nom très saint, et qui, sur ce bois de la Croix, avez reçu cinq plaies pour nos péchés ; donnez-nous aujourd'hui et chaque jour la pratique de la pénitence, de la mortification, de la patience, de l'humilité, de la chasteté ; donnez-nous jusqu'à la fin la lumière, le sentiment, l'intelligence et une conscience pure. Nous vous en supplions par Vous, ô Jésus, Sauveur du monde, qui vivez et régnez avec le Père et le Saint-Esprit dans les siècles des siècles. Ainsi soit-il. Que votre juste colère s'apaise, ô Seigneur Jésus-Christ, ne tenez point rigueur à la malice de votre peuple ! Vous avez joie par vous-même de lui pardonner. Dieu saint, Dieu fort, Dieu immortel, ayez pitié de nous. Amen !

Les Religieuses de Pont-à-Mousson supplièrent un jour leur *bonne Révérende Mère la Royne* de leur écrire quelques mots de sa main sur ce livre précieux. Philippa ne savait rien refuser à ses Sœurs ; elle accéda donc gracieusement à leur demande et, sur la seconde colonne du recto du dernier feuillet, sa plume laissa tomber ces mots d'humble et religieux souvenir : « Je voy prie, mes bonnes Mères et Sœurs, de ne james oublieiz en voy dévotes prières sete pouer peschéres devaut noter bon Dieu, quy pour elle a soufert dure mort et passyon dont en ce liver et fet mensyon, lequel, par obédience, donne à la sant et dévote commenauté la pouer et indine religieuse seur pe de Gheldres » (1).

(1) M. l'abbé Guillaume, dans le xxxvi° chapitre de son *Histoire de Philippa de Gueldre*, donne de ravissants détails sur

Au-dessous de cet acte d'humble donation est écrit d'une autre main :

« Nostre sainte Mère, la bonne Reine de Cicille a écris ce que dessus de ses propres mains. Sa esté elle qui a institué de dire la Passion de Notre Seigneur tout les vendredy après complie, car elle y estoit extrêmement dévote. Elle a encore prié que, pour la mémoire d'icelle Passion, l'on die tous les jours en la communauté bien dévotement ces dévots vers :

O Crux, ave, spes unica et
Te summa Deus Trinitas...

....

Telles étaient les principales sources auxquelles puisait l'âme de la Bienheureuse dans ses lectures sacrées... elle prêtait l'oreille à toutes les paroles qui s'en échappaient et c'est ainsi que Dieu se cachant, elle apprenait encore les secrets du Ciel, non pas, il vrai, de la bouche même du Bien-Aimé, et dans les lumières de l'extase ; mais *en veillant, en priant,* en méditant la *parole qui ne passe pas,* en recherchant « la clef des idiomes ineffables ! » Elle traversait des ombres, mais des ombres qui n'étaient pas la nuit, car nous, les fils du Christ, nous ne sommes point *enfants des ténèbres...* Jésus est notre soleil et ce soleil ne se couche point ; parfois le nuage de l'épreuve le voile à nos regards, mais qu'est-ce qu'un nuage pour

---

les divers volumes qui ont formé la bibliothèque de la Reine de Sicile. C'est grâce à ses savantes et intéressantes recherches que nous avons pu parler des ouvrages ascétiques à l'usage de la bonne Duchesse, et que nous avons le bonheur de savoir qu'un grand nombre de ces chers souvenirs se sont conservés jusqu'à nos jours.

l'âme qui croit, qui espère et qui aime ?... La foi de Philippa aimait presque ce nuage, son espérance le rendait parfois transparent... son amour le déchirait souvent, et alors faut-il s'étonner si on l'entendait s'écrier avec une sorte de délire : *Non, je ne tiens pas à être consolée !* et elle pouvait ajouter avec un pieux auteur de nos jours : « Je trouve meilleur et plus juste, et plus doux de n'être pas consolée en un lieu où mon Maître n'a voulu savourer que la peine. Donc, ô mon Dieu ! non pas la joie, mais la justice et la sainteté. Plus tard la joie, plus tard quand je serai là où vous êtes, dans le pays des choses qui ne finissent jamais... J'entends n'être *rassasié que quand apparaîtra votre gloire* (1) ! »

La Croix sur le cœur, l'Hostie sur les lèvres, le saint Evangile entre les mains : voilà comment la Bienheureuse Philippa bravait l'épreuve ; faut-il s'étonner si elle remporta toujours la victoire ?...

Nous avons vu comment elle méditait la Passion, comment elle adorait l'Eucharistie, et avec quelles délices elle se plongeait dans les saintes lectures... ajoutons qu'elle pouvait dire avec le Roi-Prophète : *Votre Parole m'est une lampe,* un flambeau dont j'éclaire ma route...

« Elle vivoit dedans les flammes » ; et, sans parler des rayons divins qu'elle voyait jaillir de la Croix et de l'Hostie, que dire des flammes qui s'échappaient des pages sacrées qu'elle dévorait... Aussi la voyait-on se consumer dans ses lectures, ses chères et divines lectures... Le goût de cette manne céleste que renferment les saints Livres avait toujours excité ses dé-

(1) M⁰ʳ Gay, *De l'Espérance chrétienne.*

sirs. On se souvient des douces heures qu'elle y consacrait dès sa jeunesse, de cette ardeur avec laquelle elle s'y adonna, surtout à la campagne solitaire de Lunéville, en compagnie de Marguerite de Lorraine, son admiratrice et son émule. Aujourd'hui, nous y retrouvons notre chère Bienheureuse, plus assidue que jamais. Si la méditation était, pour la royale Clarisse, le pain qui nourrissait incessamment son âme, la lecture spirituelle était le champ dans lequel elle recueillait le grain qui lui donnait ce pain mystique et la consolait de ne pas nourrir chaque jour son cœur du Pain des Anges... » Si ce cœur distillait sans cesse le miel de la douce oraison, c'est sur les fleurs des saintes pensées qu'elle en puisait la substance ; jamais elle ne se lassait de butiner dans leur calice, de moissonner de nouvelles gerbes, et, pourvue de cette précieuse récolte, on la voyait ensuite insatiable d'oraison, infatigable de dévouement, avide de souffrances...

N'est-ce pas aussi la lecture spirituelle, cette solide nourriture, qui contribua à donner à Philippa de Gueldre cette trempe d'âme vigoureuse dont nous avons déjà admiré en maintes circonstances le mâle courage et l'étonnante énergie?... Et si toujours elle tira de la lecture ce merveilleux profit, c'est parce qu'elle la fit avec *humilité*, avec *simplicité* et avec *foi*, selon que le recommande l'auteur de l'Imitation... avec de tels sentiments, que de progrès fit cette grande servante de Jésus, dans l'étude de sa Loi divine !... que belle fut sa vie entre la Croix et l'Eucharistie, et sous le regard de la Vierge ; car Marie, Marie, Mère de Dieu, couvre de son manteau d'azur la famille séraphique ; et Philippa, lui offrant les *fleurs* de son amour, reçut, en retour, les célestes sourires de la *Mère tout aimable*... Nous allons voir quel tribut d'amoureuses louanges la sainte Clarisse de Pont-à-Mousson offrait à notre Dame dans son béni sanctuaire de l'*Ave-Maria*...

CHAPITRE XXIII

La Très Sainte Vierge, Reine de l'Ave-Maria. — Du grand amour de la Bienheureuse Philippa pour Notre Dame.

> Aussi elle avait une merveilleuse dévotion à la benoiste et très digne Mère de Dieu : de laquelle elle parloit souvent et l'honoroit de toute sa puissance.
> (*Tradition des Clarisses.*)

La très douce, la très pure, l'incomparable Vierge Marie était Reine de l'Ave-Maria : elle y régnait sur tous les cœurs. Sa statue virginale s'élevait au-dessus de la chaire abbatiale, et, au pied de cette statue, Méline de Sourxe, Colette Purecette, Jeanne Labeur, Elizabeth de Halmastac, Jeanne d'Apremont et Agnès de Mousson y avaient successivement déposé les clés du Monastère, reconnaissant solennellement Marie pour première et perpétuelle Abbesse de leur communauté, lui confiant les soucis de leur lourde charge, et recourant à Elle dans tous leurs besoins spirituels et temporels.

Mais ce n'était pas seulement au chœur que se voyait la douce image de la Reine des Vierges : partout, elle apparaissait souriante et « pleine de grâces. » Dans le cloître, au chapitre, dans la salle de communauté, dans les dortoirs, au jardin, partout, Marie avait un petit oratoire; partout elle présidait aux exercices conventuels. On ne pouvait faire un pas sans rencontrer la Mère de Jésus : on vivait sous son ombre protectrice et dans la lumière de son amour... Le nom d'*Ave-Maria* que portait le monastère du Pont, comme tous ceux de la Réforme, était un titre de plus à la protection de Marie, et souvent, d'une manière miraculeuse, la Sainte Vierge en témoigna sa douce satisfaction.

Philippa, dans son ardent amour pour la Mère de Notre-Seigneur, avait été heureuse d'entrer dans un Ordre célèbre par sa dévotion à la Vierge. Un sanctuaire de Marie, « dont le nom est d'une douceur infinie, » dit le Révérend Père Giraud, *Notre-Dame de la Portioncule* ou *Notre-Dame des Anges*, fut le berceau de l'Ordre séraphique, et quel berceau !...

Ce n'étaient pas le château fort de Gueldre, aux antiques souvenirs, ni le palais de Nancy, de douce mémoire, pas même la chère solitude de Lunéville, ou le château du Pont, la dernière demeure royale qu'avait habitée Philippa, qui revenaient maintenant à sa pensée et charmaient ses heures de pieuse rêverie : c'était Assise ! c'était saint Damien ! c'était surtout la Portioncule, qui occupaient délicieusement cette descendante de François et de Claire. Que de fois, en récréation ou pendant la conférence, on l'entendait parler de Notre-Dame des Anges et des prodiges opérés dans son sanctuaire.

Lorsque ses fils partaient pour l'Italie, elle les conjurait d'aller, de sa part, saluer Notre-Dame de la Portioncule, et elle leur racontait la *veillée d'armes de François de l'amour céleste*, dans ce lieu séraphique. « Ah ! qu'elles furent douces, les émotions qui firent battre le cœur de notre Père, lorsqu'il prit possession, au nom de la Reine du Ciel, de ce petit coin de terre trois fois béni! Qu'ils furent brûlants, les accents de gratitude qui montèrent alors de cette chapelle vers le trône de la Vierge Immaculée!

Que ne nous a-t-il été donné de recueillir ces premiers soupirs de l'amour! Le choix même du lieu rappelait tant de souvenirs! excitait tant d'espérances dans le cœur du serviteur de Dieu! C'était là que Pica l'avait consacré d'avance à Marie! c'était là qu'il avait fait ses premières armes dans les rudes combats de la pénitence, et que son œuvre était née d'un sourire de Marie! c'était de là qu'il était parti pour aller se prosterner aux pieds du Vicaire de Jésus-Christ! Tant de bienfaits ne proclamaient-ils pas assez haut que Marie entendait rester la patronne de son Ordre, après en avoir été la Mère? N'était-ce pas à son ombre, et sous son manteau d'azur, que ce même Ordre devait croître et prospérer? Telles étaient les pensées qui roulaient dans son esprit. Pour mieux s'assurer la protection de celle qui est l'Avocate du genre humain, il voulut, dès la première heure, lui confier ses joies pour le passé, ses sollicitudes pour l'avenir; et, transportant dans la vie religieuse un des usages les plus sacrés de la chevalerie au moyen-âge, il fit sa veillée d'honneur, et passa la première nuit en prières aux pieds de sa Souveraine, comme s'il eût dû être armé chevalier de Jésus et de Marie : il le fut, en effet. L'auguste Vierge lui apparut, environnée d'une multitude d'esprits célestes, et, lui souriant avec amour, lui fit entrevoir les glorieuses destinées de cet humble sanctuaire. Au point du jour, il se leva, et s'écria, à l'exemple du patriarche Jacob : « Véritablement, c'est ici un lieu saint qui devrait être habité par des anges plutôt que par des hommes ! Tant que je le pourrai, je n'en sortirai pas. Il sera pour moi et les miens un monument éternel de la bonté divine (1). »

Philippa connaissait ces paroles de notre Séraphique Père, et, se les appropriant, elle répétait à ses sœurs et à ses enfants : « Le berceau de Notre-Dame des Anges est, pour moi et les miens, un monument éternel de la bonté divine ; tant que je le pourrai, mon cœur n'en sortira pas ! » Et, pour honorer cette veille de François d'Assise aux pieds de Marie, elle aussi passait des nuits entières devant l'image de Notre-Dame.

La veille des fêtes de la Très Sainte Vierge, elle sollicitait avec tant d'ardeur la permission « de veiller », qu'on ne pouvait la lui refuser. Les anges du sanctuaire ont gardé le secret de ces nuits mystérieuses ; tout ce que nous en savons, c'est la Bienheureuse elle-même qui nous l'apprend, lorsqu'elle s'écrie : « Les veilles sont changées pour nous en un beau jour sans nuit ! » et pouvait-il en être autrement, puisque Celle aux pieds de laquelle elle veillait, est *belle comme l'aurore !*

La bonne Mère Philippa aimait à révéler Marie, Marie, Reine des Vierges, aux jeunes filles qui, franchissant le seuil du cloître, venaient s'unir à Jésus dans la douce solitude de l'Ave-Maria. Elle réclamait le privilège de leur raconter les délicieuses légendes qui la ravissaient elle-même, et qu'elle nommait : les *petites fleurs de la Vierge.*

La Mère Maîtresse confiait avec joie ses chères novices à la bonne Mère Philippa, et celle-ci, les con-

---

(1) R. P. de Chérancé. *Vie de saint François d'Assise*, p. 96 et 97.

duisant dans un oratoire solitaire dédié à la Vierge, leur racontait comment notre séraphique Père avait demandé à Notre-Dame d'être la Patronne de son Ordre, et par quels miracles la Mère de Jésus répondait au filial amour des enfants de saint François.

Des traits charmants se plaçaient alors sur ses lèvres, et, sous leurs voiles blancs, les jeunes vierges souriaient d'amour ou pleuraient d'attendrissement.

Parmi ces légendes racontées aux pieds de Marie, il en était une que les novices ne se lassaient pas d'entendre, et dont elles réclamaient souvent le récit à la Révérende Mère Philippa : c'était la légende de la Couronne... La Bienheureuse ne se faisait pas prier, et, groupant autour d'elle l'essaim des jeunes novices, elle disait d'abord : *Ave Maria!* puis, s'asseyant par terre, elle commençait sa séraphique narration.

Avec les jeunes religieuses, faisons aussi halte aux pieds de l'Immaculée, et nous apprendrons « comme la dévotion de la Couronne ou chappelet de Notre Dame commença en la religion et des miracles qui s'ensuivirent... Au commencement de la Réforme de l'Ordre, faite par les religieux de l'Observance, advint (comme plusieurs fois le sainct religieux frère Jean Capistran raconta) qu'un jeune enfant print l'habit de l'Observance, lequel estoit très dévotieux de Notre Dame, et, auparavant qu'il se rendist religieux, estoit accoustumé de faire une couronne de fleurettes et la mettre par révérence sur la teste de l'image de la Vierge sacrée. Mais après qu'il fut entré en religion, ne pouvant garder ceste façon de faire, d'autant qu'il ne pouvoit, selon son plaisir, cueillir les fleurs, estant trompé en sa dévotion, délibéra de s'en retourner au monde, et sortir de la religion.

« Estant une fois en prières et oraison, accablé de fascherie et de tristesse, Nostre Dame luy apparut et dit : Mon fils, ne te vueilles point attrister, ny penser de retourner désormais au monde, car je te monstreray en quelle façon tu pourras mieux satisfaire à ta dévotion en me faisant une guirlande plus belle et meilleure que celle des fleurs, et me la présenter. Je veux doncques que tu me fasses tous les jours une couronne de salutations, en ceste manière, Premièrement tu diras un *Pater noster*, en mémoire du plaisir que j'expérimentay lorsque je conceu Jésus-Christ, mon Fils et Seigneur ; remerciant Dieu le Père de la grâce qu'il m'a faicte me faisant Mère de son Fils unique, et du bénéfice faict à l'humaine génération avec son Incarnation ; et après le *Pater noster*, tu diras dix fois *Ave Maria;* tu en diras de rechef autant en mémoire du plaisir que j'eus allant visiter sainte Elisabeth, où l'Incarnation du Verbe divin fut révélée par le Saint Esprit. Troisièmement tu diras le mesme en mémoire de mon sacré enfantement, lorsque sans douleur et corruption j'enfantay le Sauveur du monde. Quatriesmement, tu réciteras les mesmes *Pater* et *Ave* en commémoration de ceste joye que je receu pour l'adoration des trois Roys, faicte à mon fils Jésus-Christ. Cinquiesmement avec les mêmes oraisons, tu feras mémoire du plaisir que je senty lors que je retrouvoy mon cher Fils au Temple, après l'avoir cherché trois jours. En sixiesme lieu, tu diras la mesme en mémoire du contentement que j'eu lors que mon Fils Jésus Christ, après sa Résurrection, me visita et salua. Finalement tu diras la mesme en mémoire de la gloire que je receu lorsque je fus exaltée et portée des Anges au Ciel. Que si tu dis pour moy ces oraisons tous les jours, sçache que tu me feras une guirlande très agréable et sera pour toy plus méritoire que celle de fleurs.

Et ayant dict ces choses audict novice, la Royne des Anges disparut, laissant le novice très consolé et remply d'une excessive joye, de manière qu'il ne manquoit tous les jours d'offrir à la glorieuse Vierge sacrée, avec la plus grande dévotion qu'il pouvoit, ceste belle couronne d'oraison. Il advint une fois que le novice faisant prière dans sa cellule à Nostre Dame, son Maistre par cas fortuit y alla, et, le regardant diligemment, ce qu'il faisoit, le vit en oraison, et qu'au-devant de luy il y avoit un ange très resplendissant, lequel ayant en main un filet d'or enfiloit de très belles roses, y mettant parmy ces roses un lys d'or, et voyant qu'après que le filet estoit rempli, l'Ange prenoit les deux extrémitéz du filet, et, après en avoir faict une couronne, la mettre et placer sur la teste du novice; et par après l'Ange disparut. Ce qu'ayant apperceu, le Maistre estonné d'une si glorieuse vision, commanda au novice en vertu de saincte obéissance, qu'il luy dise ce qu'il méditoit au temps de ceste vision : auquel respond le novice : Je disoy la Couronne de la Royne des Anges, et luy racontant ce qui s'estoit passé en Nostre Dame et luy, le Maistre luy dict : « Mon fils persévère en ceste tienne dévotion, car je ne doubte point que de la glorieuse Dame ne te soit préparée au Ciel une autre couronne ornée de plusieurs grâces et faveurs...

Le novice fit la Profession, et persévérant en cette dévotion, obtint plusieurs privilèges et grâces de la Royne des Anges.

Il advint une fois que passant un bois il fut prins

avec son compagnon de quelques larrons lesquels luy commancèrent à dire mal gracieusement qui estoit ceste femme qui estoit en leur compagnie : ausquels ils respondirent qu'il n'y avoit point de femme avec eux ; mais les larrons qui l'avoient veuë, avec paroles injurieuses et menace de les battre, vouloient en toute façon sçavoir qui estoit ceste femme : mais eux estans estonnez, leur asseurant qu'ils n'en sçavoient rien, estoient sur le poinct d'endurer beaucoup de tourments que les larrons s'apprestoient à leur faire patir ; mais se recommandans aux prières de Nostre Dame, l'appelans à leur secours, leur apparut dès aussitost en l'air, environnée d'une grande multitude d'anges et avec une voix haute et effroyable reprint et tansa très rudement les larrons qui vouloient tourmenter les deux pauvres religieux, à elle très affectionnez et dévotieux, qui prindrent une si grande espouvante de ces paroles qu'ils tombèrent tous étourdis en terre demandant pardon aux religieux de leur faute, et de la fascherie qu'ils leur avoient donnée. Alors, dit ce bon Religieux qui estoit si dévotieux à la Vierge Marie, qu'il disoit sa Couronne et Chappelet, lorsqu'ils virent avec eux ceste femme qui estoit la Royne des Cieux, comme tous par après eurent ceste croyance et que par les intercessions ils avaient été délivrez des travaux et tourments qu'ils eussent endurés des larrons sans ceste vision si admirable, laquelle eut si grande force en leur endroit, que recognoissans leur mauvaise vie et se repentans de leurs péchez et erreurs, laissèrent non seulement la mauvaise vie qu'ils menoient, mais du tout encore le monde, se rendant religieux de l'observance.

La renommée de ce miracle estant esparse, les frères de l'Observance, commancèrent à réciter dévotement la couronne ou chappelet, exhortans les peuples en leurs prédications à ceste dévotion, de manière que, par la grâce de Dieu, par toute l'Italie, voire par toute la Chrétienté, fut publiée et reçeue ceste Couronne, attendu qu'avec icelle on honoroit et révéroit la glorieuse Dame, laquelle dévotion accreut par les indulgences qui furent par après octroyées à tous ceux qui la diroient dévotieusement.

Et le Religieux qui avoit commancé à la réciter persévérant en ceste ferveur, peu de jours après vint malade lequel estant bien disposé et armé des saints Sacrements de l'Eglise, passa heureusement de ce monde en l'autre, pour recevoir là haut la couronne de la gloire céleste, comme il avoit esté dévotieux çà bas à dire la Couronne de la glorieuse Vierge Marie, à laquelle soit honneur et gloire. Ainsi soit-il (1). »

On se figure aisément l'enthousiasme des jeunes novices pendant ce gracieux récit; dès que la bonne Mère avait fini de parler, toutes se mettaient à genoux, et, jalouses de couronner, elles aussi, la Mère Incomparable, elles redisaient en chœur : *Ave Maria !* Philippa était rayonnante, car, pour faire honorer la Vierge, n'eût-ce été que par un *Ave Maria* bien dit, elle eût volontiers donné sa vie, disait-elle souvent...

Elle recommandait aux novices, dans leurs moments de défaillance, de tentations, de baiser le long rosaire qu'elles portaient à leur ceinture, et elle leur assurait qu'aussitôt elles se sentiraient réconfortées, et que, dans ce baiser pieux, elles retrouveraient la joie et le courage.

(1) *Chroniques des Frères Mineurs.* — 3ᵉ partie, Livre I, Chapitre xxxv.

Lorsqu'elle rencontrait une jeune religieuse dont les larmes trahissaient les peines et les luttes, elle la prenait amicalement par la main, et la conduisait à l'Oratoire où la Vierge, Mère de douleurs, était représentée rencontrant son Fils Jésus sur la route du Calvaire... Là, elle pressait la pauvre novice découragée de se présenter à Marie chargée de sa Croix, et, au nom de ce que cette Mère désolée avait souffert dans la rencontre de son Fils portant l'Instrument de son divin supplice, elle demandait à Notre Dame de regarder d'un œil miséricordieux cette âme qui suivait l'Epoux crucifié dans le sentier de l'épreuve. Puis elle racontait à sa « petite sœur » les grâces signalées qu'elle avait reçues de sa Mère du Ciel, cette Mère incomparable à laquelle elle s'était consacrée, alors que, toute jeune, Dieu avait rappelé à Lui sa mère de la terre......

La novice, toute réconfortée, allait trouver sa Maîtresse la joie dans le cœur et l'*Ave Maria* sur les lèvres : le nom seul de Marie avait dissipé sa tristesse; ses larmes étaient séchées, car les yeux qui se lèvent vers la *Cause de notre joie* cessent de se mouiller de larmes dès qu'ils rencontrent le regard de la *Consolatrice des affligés !*... Marie! n'est-elle pas la plus douce consolation dans nos sacrifices : *Vita! Dulcedo!* Oui, c'est bien Elle qui est la Mère Incomparable ! Philippa le savait, et c'est pour cela qu'aux jours tristes, aux moments de défaillance, elle réussissait toujours à consoler les novices, ces chères âmes si frêles, si délicates, en les conduisant à Marie, en les consacrant au cœur de Celle qui n'est qu'amour et compassion, et qu'on *n'invoque jamais en vain.*

Le samedi était pour la Bienheureuse un jour d'incomparables délices : sur son lit de mort, nous l'entendrons dire à ses chères compagnes : « que tout le bon-heur qu'elle avoit eu en ce monde luy estoit venu au samedy, disant : J'espousoy le feu bon Roy René par un samedi; aussi je fis mon entrée au pays le samedy, et fus professe en la saincte Religion au Samedi : et au jour du Samedy je m'en iray en Paradis. Laquelle chose advint comme elle l'avoit prédicte (1). »

La Mère Philippa de Gueldre passait cette journée consacrée à la Vierge dans une oraison continuelle : il lui semblait que c'était un jour du Ciel, et, pour mieux se préparer à le célébrer, elle composait pendant la semaine un bouquet d'actes de vertus, des vertus qu'elle savait devoir plaire tout particulièrement à la très sainte Vierge, et elle le lui offrait avec une douce confiance dès l'aurore du jour qui lui est consacré. C'était pendant l'oraison de Matines, que Philippa passait toujours aux pieds de Marie, que cette glorieuse Reine des Anges recevait la gracieuse offrande de sa fidèle servante.

Le cœur de Philippa se brisait, lorsqu'elle avait connaissance des outrages sacrilèges des Luthériens contre la Mère de Dieu; une seule chose adoucissait un peu l'amertume de ses pleurs : c'était lorsqu'elle apprenait qu'une réparation publique et éclatante suivait le sacrilège, et qu'ainsi la colère du Seigneur était apaisée par l'amour réparateur des fidèles.....

En 1528, elle eut une grande douleur et une grande consolation : la Vierge et son divin Fils furent indignement outragés au pays des rois très chrétiens :

(1 Tradition des Clarisses.

grande fut la tristesse de ses filles de l'Ave-Maria du Pont, au récit de cet affreux sacrilège; grande aussi fut leur consolation en apprenant de quelle manière celui qui appelait Philippa *sa bonne cousine*, François Ier, répara ces horribles profanations. L'histoire a conservé la mémoire de ces événements, et voici comment elle les raconte :

« La nuit du dimanche de la Pentecôte 1528 (à Paris), quelques luthériens iconoclastes abattirent la tête d'une statue de la Vierge, qui était dans le mur d'une maison, au quartier de Saint-Antoine; ils rompirent de même la tête de l'Enfant Jésus, et ils donnèrent quelques coups de poignard à ces saintes images. Le bruit d'un tel attentat mit toute la ville en rumeur. Le roi ordonna qu'on en fît une justice exemplaire. Il promit la somme de mille écus à qui découvrirait les auteurs du crime, et, pour réparer l'injure faite à Dieu et à la Sainte Vierge, il fit faire une statue d'argent, de la hauteur de celle qui avait été profanée, avec un treillis de fer, pour mettre en sûreté ce dépôt précieux.

Cependant, tous les corps ecclésiastiques de la ville firent des processions pour satisfaire à la justice divine. L'Université se rendit au lieu où le crime avait été commis, et cinq cents écoliers présentèrent chacun un cierge devant la statue mutilée. Mais l'action la plus solennelle se passa le 11 juin, fête du Saint-Sacrement. C'était le jour que le roi avait fixé pour placer lui-même la statue d'argent. Tous les religieux et tous les chapitres de Paris se rendirent à l'église de la Couture-Sainte-Catherine. L'évêque y célébra la Messe, à laquelle assistèrent le Parlement, la chambre des comptes, le corps de ville, les ambassadeurs des princes, tous les grands officiers de la couronne, les princes du sang et le roi même. On y vit de plus six évêques.

Après la Messe, toute cette procession s'avança vers la rue des Rosiers, car la maison où avait été la statue de la Vierge faisait le coin de cette rue avec celle des Juifs. L'évêque de Lisieux, revêtu d'habits pontificaux, portait la nouvelle statue. Le roi suivait, tenant un grand cierge à la main. Quand on fut arrivé au terme, l'évêque déposa l'image sur un autel; le roi se mit à genoux avec tout son cortège; les musiciens de sa chapelle chantèrent l'antienne *Ave Regina cœlorum*; le grand aumônier, dit l'oraison, après laquelle le roi se leva, et, prenant la statue, il monta sur une haute estrade, d'où il pouvait atteindre à une niche taillée dans un pilier fait exprès, et ce fut dans cette niche qu'il plaça la sainte image après l'avoir baisée respectueusement. Ensuite, il ferma lui-même le treillis de fer qui devait la garantir des insultes, il se remit à genoux, il pria encore quelque temps, et, durant toute la cérémonie, on le vit verser des larmes (1). »

Les Clarisses de Pont-à-Mousson, averties par le roi et les princes de ces manifestations touchantes des catholiques, s'y associèrent de toute leur âme. Elles aussi firent des processions réparatrices, et de leur voix pure chantèrent l'*Ave Regina cœlorum*; elles firent plus encore, car les épouses du Dieu outragé non seulement pleurent sur les crimes du monde et prient pour ce monde coupable, mais à ces larmes et à ces prières elles ajoutent les mystérieuses immolations de leur vie de victime, et cela elles l'offrent pour leurs frères dans le sentiment d'un amour répa-

(1) *Histoire de l'Eglise gallic.*, t. 52, cité par Rohrbacher.

rateur dont la générosité ne connaît point de bornes. Prier en union avec les justes, s'immoler pour les pécheurs, payer pour eux le tribut que réclame la Justice divine : Voilà ce que font les habitantes du cloître, et c'est pourquoi elles disent *que leur part est bien belle*.

Entre les statues de Marie dont était orné le monastère du Pont, et aux pieds desquelles tombaient les larmes de réparation et d'amour des anges du cloître, il en était une que les bonnes religieuses chérissaient particulièrement, et qui, à leurs yeux, méritaient les hommages d'un culte doublement sacré. C'était une statue en terre cuite de moyenne grandeur, « *représentant la benoiste et très digne Mère de Dieu,* » disent naïvement les Chroniques, et placée dans un ravissant oratoire orné avec soin. Les pieuses cénobites de l'*Ave-Maria* l'avaient toujours regardée comme l'Etoile lumineuse qui les avait conduites à la Crèche de leur bénie fondation, cette fondation si visiblement protégée par la Reine des Vierges. Véritable Etoile du matin, Marie semblait se trouver là mieux présente que partout ailleurs, et un instinct irrésistible, ou plutôt un attrait divin, amenait tour à tour à ses pieds chacune de ses fidèles servantes. L'Abbesse aimait à venir lui confier ses soucis, les officières le soin de leurs emplois, les novices leur avenir religieux, toutes, le soin de leur perfection personnelle : toujours, aux pieds de cette Madone chérie, chaque âme avait trouvé les grâces réclamées pour elle-même ou pour les autres.

C'est cette statue si aimable et si aimée qui avait accompagné la petite colonie des vierges Clarisses, lorsque de Belgique elles vinrent au pays de Lorraine pour y arborer l'étendard de la pénitence et de la pauvreté séraphique. La première, elle avait franchi le seuil du monastère, et la dernière aussi elle devait le quitter. La Vierge elle-même semble toujours se complaire dans les droits que lui conféra son glorieux avènement à l'*Ave-Maria*, si bien que, consentant à accepter le langage que lui ont prêté les pieuses moniales et ses nouveaux possesseurs, l'aimable statue se présente aujourd'hui à notre vénération par ces quelques mots écrits au bas du piédestal :

JESUS-MARIA-FRANCISCUS-CLARA

« J'ai été apportée de Gand par les vénérables
« Mères qui sont venues fonder la Maison des Sœurs
« Claire de Pont-à-Mousson, le 21 septembre 1447,
« et qui n'a existé que 345 ans, par malheur pour les
« dernières, qui ont été obligées d'en sortir le 30 sep-
« tembre 1792.

« M. Maire (François-Nicolas), a acheté cette vierge
« et l'a donné à l'église de Maidières, le 1er Mai 1847,
« pour faire le Mois de Marie, M. l'abbé Lenternier
« étant curé. »

La bien-aimée statue de Gand conserva toujours, à l'*Ave-Maria* de Pont-à-Mousson, son double titre de Mère et de Fondatrice et se plut à le vérifier en maintes rencontres. De son côté, le monastère se signala toujours envers elle par une tendre dévotion qui se transmit d'âge en âge aux générations qui s'y succédèrent: et cette chère Madone, devant laquelle Philippa et ses sœurs aimaient tant à venir prier, demeura comme vivante dans leur pieux asile, jusqu'au jour où des mesures impies, ne permirent plus aux cloîtres d'abriter l'existence des images protectrices de leurs saints. Jours néfastes et trois fois malheureux où les Clarisses se virent contraintes d'abandonner leur chère solitude, ce cloître béni où elles laissaient tant et de si doux souvenirs ! Toutefois les bonnes religieuses ne purent se résoudre à quitter la chère statue... l'idée de s'en séparer accroissait leur douleur, et elles voulurent l'emporter à tout prix. Depuis plus de trois siècles, la Vierge de Gand avait été au monastère du Pont la « Cause de toute Joie »... Ne fallait-il pas que ces vierges persécutées l'eussent encore à l'heure des grandes tristesses pour être leur Consolation, la céleste *Consolatrice* de leurs âmes affligées ? *Consolatrix afflictorum !*

Les Pauvres-Clarisses, hors de leur couvent, ne purent longtemps rester réunies. L'orage révolutionnaire les dissémina çà et là en Lorraine; mais la Vierge de Gand, gardée soigneusement par la Mère Marie Barbel, dernière abbesse du monastère, put traverser saine et sauve les jours désastreux où tant d'autres saintes images furent profanées et détruites.

Aujourd'hui nous avons le bonheur de retrouver l'antique statue dans l'église paroissiale de Maidières ! Il nous a été doux d'apprendre qu'elle a été conservée, bien doux de savoir qu'elle reçoit, au milieu d'une population chrétienne, les hommages de la plus tendre dévotion, et il nous est plus doux encore d'espérer que si jamais un nouvel essaim séraphique venait s'établir dans la pieuse ville du Pont, la Vierge de Gand, reviendrait, elle aussi, guider le vol de ses colombes, à travers les ruines glorieuses de l'ancien couvent, et recevoir, dans un nouveau monastère de l'*Ave-Maria*, des hommages non moins tendres et non moins ardents que ceux qu'elle reçut jadis de nos anciennes Mères. De ce sanctuaire nouveau, qui s'élèvera au jour voulu de Dieu, l'antique statue saurait veiller encore sur la paroisse hospitalière qui l'abrite depuis 1847, et la bénir toujours. Puisse ce vœu ardent être entendu par la Vierge ! Puissent des filles de François et de Claire revenir encore chanter le *Salve Regina* dans ces lieux sanctifiés par tant de prodiges et y ramener en triomphe *Notre-Dame de l'Ave-Maria !*

Parmi les hymnes à Marie, il en est une d'une beauté ineffable, que nous venons de nommer, et dont retentissent chaque soir les voûtes séraphiques : c'est le *Salve Regina !* Après la psalmodie des Complies, l'autel de la Vierge s'illumine ; un coup de cloche, un seul, mais dont le son prolongé ressemble à un soupir d'amour, retentit mystérieusement et appelle aux pieds de Marie les sœurs tourières et les sœurs du voile blanc, qui viennent se joindre aux religieuses de chœur, afin que toutes les voix s'unissent pour chanter notre auguste Reine...

La Bienheureuse Philippa de Gueldre disait comme ses sœurs que ce moment est vraiment un des plus solennels, comme un des plus délicieux de la journée d'une Clarisse. Jusqu'au complet épuisement de ses forces, elle paya chaque jour à Notre Dame ce tribut d'amoureuse louange ; sur la fin de sa vie, trop malade pour assister à l'office des Complies, elle se faisait du moins porter au chœur, ou à l'avant-chœur, dès qu'elle entendait le *coup de cloche du Salve*, et sa voix défaillante semblait retrouver des accents nouveaux pour redire : *Salve Regina !* Qu'il était beau ce salut d'une reine de la terre à l'incomparable Reine des Cieux ! Qu'elle était touchante l'attitude de cette sainte religieuse durant ces instants bénis ! Ses yeux fixés sur la Mère admirable, la contemplaient avec une joie indéfinissable ; on eût dit que son regard, s'élevant au dessus de cette vallée de larmes, *lacrymarum valle !* entrevoyait déjà quelque chose des beautés éternelles !... Sa douce voix, ou pour mieux dire son tendre cœur, tremblait d'espérance et d'amour en répétant au soir de sa vie ce cri ému, qu'un jour, dans sa petite enfance, elle avait poussé vers la Consolatrice des affligées, en la suppliant de l'adopter pour sa fille, elle, pauvre enfant orpheline : *Vita dulcedo et spes nostra salve !*

En sortant du berceau, Philippa avait salué Marie, et l'avait reconnue pour sa Mère ; au moment de descendre dans la tombe, ou, plutôt, sur le point de s'envoler vers les rives éternelles, quelle prière pouvait lui être plus douce que celle par laquelle elle suppliait la Vierge de devenir son *Avocate* à l'heure suprême, et de lui *faire voir Jésus après la fin de son exil ?* (1)

Oui, elles étaient bien douces les émotions de notre Mère Philippa, pendant le chant poétique et sacré du *Salve Regina*. Tout enfant de Marie, qui, dans une chapelle solitaire de l'Ordre de Saint François, ou dans l'église d'une abbaye cistercienne, a entendu les accents de voix pures et saintes, chanter cette hymne à la Vierge, comprendra quelque chose de l'enthousiasme de la Bienheureuse, et pourra dire avec un illustre visiteur de la Trappe : « Ces voix consacrées au silence, et qui ne se font entendre qu'au pied de

---

(1) La Vierge entendait ce cri d'amour, que chaque soir Philippa répétait et du cœur et des lèvres. Ainsi que nous aurons l'occasion de le redire, ce fut pendant que l'on récitait le *Salve Regina* que l'âme de Philippa prit son essor vers le Ciel de Jésus.

l'autel, ont une puissance qui étonne et pénètre jusqu'au fond de l'âme!... Le musicien ne trouvera point l'art dans ce chant simple et tout à l'unisson; mais le chrétien y reconnaîtra le cri des enfants d'Eve, exilés et gémissants dans cette vallée de larmes : *Exules filii Evæ, gementes et flentes, in hac lacrymarum valle!* Ces éclats qui montent vers le Ciel, et qui semblent ébranler les voûtes de l'église, ces pauses, ces silences, où l'on n'entend plus que le bruit que font les robes des religieux, quand ils se prosternent et se relèvent, ces nouveaux gémissements qui succèdent au silence, et qui sont adressés à la Vierge de douceur, de piété et de clémence, *O clemens! O pia! O dulcis Virgo Maria!* Tout cela produit un effet qui agit fortement sur l'âme que le monde n'a point encore desséchée. Je plains du fond du cœur celui qui resterait froid en entendant cette prière ; je n'en voudrais pas pour ami. (1)

L'Abbé Guillaume, parlant de la tendre dévotion de Philippa de Gueldre à l'auguste Mère de Dieu, nous dit que « si elle ne l'eût suffisamment aimée et révérée en ces jeunes années, elle eût appris à la révérer et à l'aimer à la cour de Lorraine! Car, il ne faut pas se lasser de le dire, de tout temps les princes et les princesses de la maison de Lorraine, ont eu, pour la très sainte Vierge, la piété la plus affectueuse, le respect le plus profond! Et, sans parler des nombreux sanctuaires qu'ils ont élevés en son honneur, à différentes époques et sur divers points de leurs Etats, rappelons que c'est aux pieds de l'image de Notre-Dame de Lorette, que reposent, dans les caveaux

---

(1) Vicomte de Walsh.

de la Chapelle ducale de Nancy, les restes mortels de près de quatre-vingt membres de cette auguste famille, sous le régime tutélaire de laquelle nos pères vécurent heureux !

« L'épouse du prince victorieux qui portait sur son drapeau l'Annonciation de Marie, aimait à parler fréquemment de la Vierge sans tache, et à l'honorer d'un culte particulier. Elle fit construire en l'église de son monastère une élégante chapelle qu'elle dédia à Notre Dame de la Conception (1).

« Cette chapelle, dit M. l'abbé Hyver, était soutenue par dix-huit piliers de cuivre, et ce fut la consolation de la reine, devenue religieuse, de l'orner et de l'enrichir des précieuses reliques qu'on lui envoyait, pour satisfaire son ardente piété. C'est ainsi que François Ier, qui avait la reine en grande vénération, lui envoya, disent les chroniques du couvent : « de toutes les sortes de précieuses reliques, qui sont à la Sainte-Chapelle, à Paris, enchassées en un beau et riche reliquaire, assis sur une fleur de lys, et deux anges qui les portent. C'était pour mettre en la chapelle que ladite bonne dame a fait bastir, car il savait bien qu'elle y prenait grand plaisir et consolation. » Cette chapelle, commencée en 1520, ne fut consacrée que quelques années après, et fut enrichie d'une indulgence plénière par le pape Clément VII (2), et d'indulgences particulières par le cardinal Jean, fils de la duchesse et reine.

---

(1) L'Abbé Guillaume.
(2) Bref du 22 février 1532, le pape Clément VII voulut bien accorder à *sa bien-aimée fille Philippa une indulgence plénière en sa chapelle de la Conception, le jour que ce sanctuaire pieux aura été consacré.*

Ce dernier venait souvent se recueillir dans la chapelle de la Conception ; il y priait sa Mère du ciel pour sa mère de la terre ! L'illustre évêque aimait à parler de la dévotion de Philippa pour la Reine des Cieux, et on l'entendait raconter avec attendrissement les actes d'amour filial par lesquels cette grande servante de Marie honorait les augustes prérogatives de sa glorieuse Conception. N'était-ce pas sous le patronage de Notre Dame de la Conception que la Bienheureuse avait revêtu les Livrées Séraphiques ?... C'était encore le 8 décembre qu'elle avait reçu le voile noir des épouses du Christ, et qu'aux pieds de la Vierge, elle avait fait à Jésus des serments éternels... Sous l'impression de ces grands souvenirs si chers à son cœur, et dans l'élan de son ardent amour pour Notre Dame, le cardinal Jean de Lorraine, par mandement donné à Toul, l'an 1535, voulut, comme nous l'avons déjà dit, enrichir de faveurs spirituelles le pieux sanctuaire élevé par sa mère à la gloire de celle que la sainte Église a proclamée depuis quelques années la *Vierge conçue sans la tache du péché originel.*

« Désirant, dit-il, que la chapelle qui existe en l'honneur de la Conception de la Vierge Marie, dans l'église des Sœurs Clarisses de Pont-à-Mousson, et dont la fondation et la construction sont l'ouvrage de la très honorée dame Philippa de Gueldre, reine de Sicile, de Jérusalem, etc., religieuse de la même communauté, notre très chère et très respectable mère, désirant que cette chapelle soit conservée à jamais, qu'elle reçoive des honneurs toujours nouveaux, pour la propagation du culte divin, que les chrétiens y accourent avec d'autant plus de confiance, et qu'ils portent d'autant plus volontiers leurs soins à sa tenue et aux réparations nécessaires ; disposé d'ailleurs à satisfaire à la demande de ladite dame, Nous, Jean, par la grâce de Dieu, diacre de la sainte Eglise romaine, cardinal de Lorraine, administrateur des évêchés de Metz, Toul et Verdun, etc., à tous et à chaque fidèle vraiment pénitent et confessé, qui aura visité la chapelle dont il s'agit, à toutes les fêtes de la Mère de Dieu, avouées par l'Eglise, depuis les premières Vêpres jusqu'aux secondes inclusivement, du jour solennisé ; qui aura, en outre, récité cinq fois, devant son image, la *Salutation angélique*; et non moins, à ceux qui, par dévotion, auront reçu le Rosaire ou le Chapelet des mains de la dame religieuse Philippa de Gueldre, ou, en ce moment et pour jamais, de l'Abbesse dudit couvent, et qui l'auront récité dévotement, espérant miséricordieusement en Dieu, en vertu de l'autorité apostolique dont Nous jouissons, Nous octroyons cent jours d'indulgence pour tous, et chaque jour des solennités de la Sainte Vierge, et quarante jours pour chaque récitation pieuse dudit chapelet. »

Les fidèles profitèrent des richesses spirituelles mises à leur disposition, et la *chapelle de la Conception* acquit bientôt une pieuse célébrité, célébrité qui s'accrut encore lorsqu'à la mort de la Bienheureuse Philippa, elle reçut son corps en précieux dépôt... L'humble religieuse ne s'était pas douté qu'en élevant cette magnifique chapelle à Marie, elle construisait elle-même la chapelle de son tombeau...

Aux pieds de la Vierge, Philippa vécut, aux pieds de Marie, elle mourut, un samedi, selon qu'elle l'avait elle-même prophétisé ; aux pieds de Notre-Dame, enfin, les restes mortels de la royale Clarisse devaient reposer ici-bas, tandis que son âme immortelle s'élevait vers le Ciel, et que les anges, l'introduisant dans la gloire, pouvaient se dire les uns aux autres : A la suite de Marie, notre Reine, beaucoup d'âmes belles et saintes seront amenées au Roi !...

« Ce n'était pas le vœu de la princesse de reposer dans cette chapelle, qu'elle avait fait construire, et qu'elle s'était plu à orner des reliques les plus précieuses. Son désir était d'être enterrée avec ses sœurs, dans le cimetière qu'entourait le cloître. Elle avait obtenu de ses enfants, pour ce dessein, de faire élever, au milieu du cimetière commun, un grand crucifix de pierre. C'était là qu'elle souhaitait d'être enterrée, aux pieds du divin Crucifié qu'elle avait tant aimé. D'avance elle fit graver cette double inscription sur deux côtés du piédestal de la croix. La première était son épitaphe, et la seconde une prière : (1)

Cy gist un ver tout en pourriture
Rendant à mort le tribut de nature.
Sœur Phelippes de Gueldres fut reine du passé;
Terre son lot pour toute couverture.
Sœurs, dites luy un *requiescat in pace.*

O Rédempteur benoist, crucifié,
A qui mon cœur jamais n'a défié
Mais espéré, à la Croix je m'accorde,
Comme à celle qui a vivifié
Le genre humain du jour moult rude,
Mon âme priant à ta miséricorde.

Mais la piété de ses enfants, continue l'abbé Hyver, éleva à la duchesse et reine un tombeau plus digne de son nom. Ils firent pratiquer un caveau en pierres de taille sous le mur qui séparait la chapelle de la Conception du cloître. Au dessus, sur une espèce de

---

(1) M. l'Abbé Hyver. — *Eglise des Clarisses de Pont-à-Mousson.*

tombeau ou d'autel, était étendue là la statue de la princesse de grandeur naturelle, et vêtue de l'habit des pauvres filles de Sainte-Claire. A ses pieds, se trouvait une petite statuette, représentant une religieuse agenouillée, tenant la couronne que la reine avait méprisée. C'était l'œuvre de l'habile ciseau de Ligier Richier. On grava cette épitaphe au-dessus de la princesse :

> Le corps enclos soub ceste sépulture
> Fust d'une Royne : en laquelle nature
> N'oublia rien. Philippe estoit son nom,
> Du sang gueldrois portant arme et surnom,
> Laquelle fut en vertu tant civile,
> Qu'elle espousa Réné, roy de Sicile,
> Duquel elle eust cinq magnanimes princes,
> Vrays héritiers de royales provinces.
> Puis le Roy mort, cherchant la vie heureuse,
> Si fist foy vestir Religieuse
> De Sainte-Claire : en l'an vingt et septiesme,
> Qu'elle eust l'habit, par maladie extrême
> Mort la surprint, à quatre-vingt cinq ans.
> Son esprit soit ès hoults cieux triumphant.
>   *Amen. Jhésus.*

Philippa reposa donc dans cette église qu'elle s'était plu à embellir; dans ce sanctuaire où elle s'était offerte en victime joyeuse, près de ce Jésus-Hostie qu'elle avait tant honoré par vingt-sept ans d'une vie angélique, dont le cloître n'a pas fini de révéler tous les secrets... Elle dormit aux pieds de Marie, dans cette ravissante chapelle de la Conception, non loin de cette grille qu'elle inondait de ses larmes aux jours de ses communions ; à l'ombre de ces murs trois fois bénis, qui semblaient retentir encore de ses vœux solennels... Et, ô souvenir touchant ! non loin du cœur glacé de cette chaste veuve, reposa, dans ce même sanctuaire, un autre cœur, un cœur, nous l'avons déjà dit, qui, en cessant de battre, avait failli conduire à l'agonie celui de Philippa : le cœur de Louis de Vaudemont. Par une de ces délicates attentions de sa Providence, Dieu se plut à réunir, près de son Tabernacle, les cœurs de la mère et du fils, tout comme nous l'espérons il a dû réunir leurs âmes là-haut, dans ses éternels parvis...

CHAPITRE XXIV

De la dévotion de la Mère Philippa à ses saints Protecteurs. — Elle sanctifie ses nuits et ses jours par le chant des louanges divines.

> « Admirez son grand amour envers Dieu
> et envers les hommes ! »
> (R. Père Balthazard.)

Nous n'entreprendrons pas de décrire la dévotion de Philippa envers notre glorieux Père saint Joseph. L'ardent amour qu'elle avait voué à Marie donne facilement une idée de celui qu'elle avait voué à son saint Époux, car peut-on aimer beaucoup Notre Dame sans aimer beaucoup saint Joseph ?...

Dans le monde, la Duchesse de Lorraine l'avait établi protecteur de sa chère famille, intendant de ses biens ; et c'est pour cela que, fidèle aux inspirations de ce grand Saint, elle avait élevé si chrétiennement ses enfants bien-aimés, et versé dans le sein des pauvres tant de charitables aumônes.

Dans le cloître, Philippa choisit saint Joseph comme patron de sa vie intérieure ; elle le suppliait de l'initier aux mystères adorables de Nazareth en lui faisant comprendre les anéantissements de l'Homme-Dieu, les merveilles de sa vie cachée, pauvre et obéissante. Elle le priait dans tous les besoins spirituels et temporels de la Communauté. Lorsque le pain manquait au réfectoire du pauvre Couvent, lorsque la pauvreté, sous une forme ou sous une autre, imposait aux filles de saint François quelques rudes mortifications, la Mère Philippa, émue de compassion pour les souffrances de ses chères Sœurs, allait se jeter aux pieds de saint Joseph, qu'on appelait gracieusement le *grand Pourvoyeur*, et le cher Saint, toujours aussi bon que puissant, secourait aussitôt les épouses de Jésus.

De nos jours, les soins paternels de saint Joseph pour les filles de François et de Claire sont aussi tendres, aussi miraculeux que par le passé, et il nous faudrait des volumes pour exprimer ce que notre Ordre doit de reconnaissance à l'Epoux de Marie pour la protection miraculeuse qu'il ne cesse de nous accorder.

Les Clarisses contemporaines de Philippa, après avoir parlé de la « merveilleuse dévotion » que leur sainte compagne avait pour la Très Sainte Vierge, ajoutent gracieusement : « Pareille révérence portoit-elle à nostre glorieux Père, Monsieur Sainct François, et à nostre glorieuse Mère Madame Saincte Claire, et Saincte Colette. » Les chroniques nous révèlent encore de quel amour elle chérissait Saint Antoine de Padoue, ce jeune Saint « d'une sainteté presque égale à celle de François d'Assise, » une des gloires les plus pures de l'Ordre séraphique, lis de chasteté dont les parfums exquis réjouissaient et attiraient le Fils de Marie jusque dans les bras de son serviteur. Qui ne sait que l'Enfant Jésus venait se poser sur le bréviaire d'Antoine de Padoue, jouer dans ses bras et le combler de ses divines caresses?...

Philippa avait nommé Antoine son troisième fils,

en témoignage de l'ardente dévotion qu'elle et René avaient pour le glorieux thaumaturge ; son second fils, mort au berceau, et son douzième enfant, le comte de Lambescq, avaient reçu tous deux le nom de François, et qui dira avec quelle joie et quelle confiance la pieuse mère avait consacré à Saint François d'Assise et à Saint Antoine de Padoue ses fils chéris.

Nous verrons par quel miracle éclatant le Séraphin d'Assise et le Saint de Padoue témoignèrent, à la mort de la Bienheureuse, leur céleste reconnaissance pour la dévotion extraordinaire qu'elle avait toujours eue pour eux !

Nous nous rappelons la confiance de Philippa envers Saint Nicolas, le patron de la Lorraine, et Saint Claude par l'intercession duquel le roi René avait été miraculeusement guéri ; nous savons quelles royales offrandes elle avait déposées près des reliques de ces Saints, et par quelles preuves publiques de profonde vénération elle les sut honorer... Nous savons encore que deux de ses fils reçurent au baptême les noms de Nicolas et de Claude et que, soit à ses enfants, soit à son peuple, la Duchesse de Lorraine inspira, par son pieux exemple, autant d'amour que de respect pour ces deux grands Saints.

Ajoutons qu'elle invoquait tous les jours « Monsieur Saint Philippe, » son glorieux patron, et qu'elle solennisait sa fête avec une dévotion extraordinaire.

C'était à ce saint Apôtre que les mussipontains adressaient de préférence leurs ferventes prières pour obtenir la prolongation des jours de la royale Clarisse. Ecoutons ce que dit à ce sujet un historien de la Bienheureuse :

« Pendant la vie de la vénérable religieuse, à la fête de Saint Philippe, son patron, les habitants de Pont-à-Mousson venaient processionnellement de la paroisse Saint-Laurent dans l'église du couvent pour demander la prolongation des jours de la Sainte. A cette époque de foi, on comprenait qu'on possédait en elle un trésor de grand prix ; et, malgré son dépouillement absolu des biens terrestres, on la considérait toujours comme le refuge des pauvres, l'exemple des riches, la consolation des affligés ; chacun s'associait à cette pieuse cérémonie, parce que chacun connaissait le bienfait de sa présence. Après sa mort, la procession ne fut pas interrompue, le pèlerinage se continua ; on invoqua la sainte et on fut exaucé. »

Il ne se passait pas de jour que Philippa ne lût quelques passages de la Vie des Saints, pas de jour qu'elle ne s'efforçât de les imiter par des actes de vertu héroïque, et, en cela, elle faisait voir l'amour qu'elle avait pour eux, car, dit un pieux auteur : « connaître les Saints, c'est le fondement de l'amour qu'on leur doit porter, les imiter, c'en est le comble ! »

C'était surtout dans l'amour du Dieu crucifié, du Dieu eucharistique, de Notre Dame, dans l'exercice de la prière, de l'humilité, de la pauvreté, de l'obéissance, de la charité, de l'observation parfaite de sa Règle, dans une mortification de tous les instants, que Philippa imitait amoureusement ses amis célestes, et dans cette imitation elle goûtait une ivresse infinie, en même temps qu'elle se préparait les récompenses de l'éternelle vie.

Nous avons essayé de dire comment la fille du

Crucifié de l'Alverne s'unissait aux souffrances de l'Homme des douleurs, comment elle savait adorer, aimer, consoler Jésus-Hostie, et jusqu'où allait son filial amour pour Marie, Patronne de l'Ordre séraphique, mais nous n'avons encore rien dit de ses doux transports, de son angélique piété pendant la récitation du Saint Office ; nous avons à peine laissé entrevoir quelque chose de ces magnifiques vertus du cloître, qu'elle possédait à un si haut degré et qui revêtaient son âme d'une beauté surhumaine. Comment passer sous silence ces actes héroïques par lesquels elle satisfaisait ses ardeurs séraphiques ? comment ne pas rapporter ses paroles embrasées qui, jaillissant de son cœur à ses lèvres, trahissaient sa soif d'humilité et de pauvreté, son amour de la sainte obéissance, ses élans de charité, son inviolable fidélité à la sainte Règle, ses incroyables mortifications ? Non, nous ne pouvons taire tant de merveilles cachées ; nous voulons, au contraire, les arracher à l'obscurité du cloître, les ajouter à celles que d'autres, avant nous, ont déjà mises en pleine lumière, afin que notre chère Bienheureuse soit de plus en plus connue, Dieu de plus en plus glorifié, car c'est Lui, notre Dieu, *qui est admirable dans ses Saints!*

Et tout d'abord, voyons comment la royale Clarisse sanctifiait ses nuits et ses jours par le chant des hymnes sacrées, par sa continuelle union au Cœur de l'Epoux divin.

Ses nuits ! les belles nuits du cloître, qui en dira les ravissantes splendeurs ?... Dans la vie de Saint Benoît, écrite par Saint Grégoire le Grand, historien digne de son héros, il est rapporté qu'une nuit, devançant l'heure de ces hymnes sacrées, qui s'exhalent du cloître au milieu du silence et de l'obscurité, le Patriarche des Moines d'Occident contemplait le Ciel par les fenêtres de sa cellule. Une lumière mystérieuse se fit à ses yeux, et le monde entier fut amené devant lui et comme ramassé dans un rayon de soleil. Il le vit, dit l'inscription qu'on lit encore aujourd'hui dans la tour qu'il habitait au mont Cassin ; il le vit, ce monde que le Sauveur a chargé de sa malédiction — *Væ mundo* — et le dédaigna...

Philippa faisait comme Saint Benoît ; souvent elle se levait avant l'heure fixée pour le chant des Matines, et, s'approchant de sa petite fenêtre grillée, qui ne lui laissait voir que les beautés du firmament, elle contemplait les voûtes éternelles dans une sorte de ravissement ; elle ne regardait plus le monde que dans le rayonnement de l'amour divin ; elle ne pensait à lui qu'afin de prier pour ces pauvres âmes que le plaisir et ses mille bagatelles, comme disait Saint Augustin, détournent de la voie que Dieu leur a tracée...

Cœli enarrant gloriam Dei : les Cieux lui racontaient la gloire du Seigneur, et c'est pour cela que cette grande contemplative, affamée de contempler la grandeur de son Dieu, consultait du regard les horizons célestes et ouvrait ainsi son âme aux rosées de la grâce. Le scintillement de l'étoile, la pâle lueur de la lune parlaient à son cœur aussi bien que l'éclair et la foudre, et je ne m'étonne pas que la Bienheureuse, lasse de l'exil, portât toujours en haut les regards de sa foi, de son amour et de son espérance. Comme les âmes consacrées, elle vivait « entre les pures et chaudes clartés du firmament, et les ombres tristes et glaciales de la vallée terrestre. »

Elle avait entendu Jésus lui dire qu'*Il lui préparait une place dans le royaume de son Père*, et c'est pour cela que l'œil de son amoureuse confiance demeurait fixé aux voûtes célestes, à ces voûtes qui semblent laisser transpirer quelque chose de la paix et des mystères de l'éternité... Son âme eût voulu les traverser et, dans son élan d'amour, arriver jusqu'au Seigneur dans le Ciel des élus. Elle se rappelait les paroles du psalmiste : « Il s'est dressé comme un géant pour courir dans la voie; et son point de départ ç'a été le sommet des Cieux (1). » Et de même que l'amour de Dieu pour sa créature l'avait fait descendre de ce *sommet des Cieux* jusque sur notre terre, ainsi l'amour de Philippa pour son Epoux adoré élevait sa belle âme de la vallée des ombres jusqu'aux cimes célestes !...

Le Ciel! le Ciel! n'a-t-on pas dit qu'il était tout ensemble « un centre qui nous attire, et une cime très ardue qu'il faut escalader? » Ne nous étonnons donc point si la Bienheureuse passait une partie de ses nuits à contempler les Cieux et à en interroger les mystères... Haletante d'amour, sa belle âme s'élevait du ciel visible au Ciel invisible, et semblait s'y épanouir avant l'aurore de son éternité.

Que de fois le premier coup de Matines surprit Philippa dans cet état de céleste quiétude, d'inénarrable ravissement! Avant ses Sœurs, elle avait déjà chanté : *Deus, Deus meus ad te de luce vigilo ;* Dieu, mon Dieu, je vous cherche avant l'aurore! Elle allait maintenant se joindre à elles dans de nouveaux transports : toutes, d'une commune voix, allaient louer

---

(1) Ps. xviii, 7.

l'Epoux divin, l'Epoux qui venait Lui-même au-devant de leurs âmes...

Lorsque, dans le silence de la nuit, Philippa entendait retentir par deux fois la cloche du monastère, elle croyait entendre la Voix de l'Epoux adoré. Et, en vérité, n'était-ce pas Lui qui, de sa solitude eucharistique, impatient d'amour, réitérait son tendre appel?... C'était bien Lui... *Ecce, ecce Sponsus!* Il conviait ses épouses au *divin office*, Il réclamait leurs louanges au milieu du silence solennel de la nuit : *media nocte!* Alors que tous dormaient dans la cité, Il voulait, ce Dieu du saint Amour, que ses vierges veillassent avec ses anges, et de son Tabernacle son Cœur criait à leurs cœurs : *Veni! veni!*

Au second coup des Matines les portes des cellules s'ouvraient avec une céleste douceur et les chastes colombes prenaient leur vol vers le Bien-Aimé.

La Mère Philippa arrivait toujours au chœur une des premières.

Pendant le quart d'heure de préparation à l'office, elle demeurait la face prosternée contre terre. Elle continuait sans doute la méditation commencée à la petite fenêtre de sa cellule. Plongée dans ses réflexions, elle laissait son âme s'élever d'un doux essor vers le Dieu tout bon qu'elle aspirait à contempler éternellement; son esprit se taisait, laissant le trop plein de son cœur parler et aimer pour lui... Cette pénombre qui règne alors et qui invite tant au recueillement, l'immobilité de l'assemblée, le frôlement des pas des dernières arrivantes plongeaient insensiblement notre Bienheureuse Sœur dans le royaume des morts... *Evolant anni!* Elle croyait entendre les hymnes que chantèrent tant de voix oubliées; elle pensait à toutes les créatures pures et saintes, qui avaient prié à la place qu'elle occupait, et avec lesquelles sa poussière serait bientôt confondue ; elle voyait le temps qui nous presse, dénouant de son souffle continu les liens de ses affections. Cette vie terrestre lui paraissait être une heure de l'éternité dans laquelle elle passait avec rapidité.

Bientôt la psalmodie sacrée commençait, et Philippa, ravie, donnait à ses accents d'amoureuses louanges quelque chose de cette ineffable suavité dont débordait son cœur.

Les Clarisses réformées n'avaient pas adopté le chant ecclésiastique : elles récitaient l'office sur le ton grave et uniforme de la psalmodie. Le Ciel lui-même leur avait indiqué la manière dont elles devaient chanter l'office canonial : On raconte que sainte Colette et le Père Henri de la Balme, délibérant un jour sur cette grave question, hésitaient incertains ; tout à coup, ils entendent un chant uniforme, mais harmonieux, accordant peu au sens de l'ouïe, mais laissant plus de liberté à l'esprit intérieur pour agir. C'étaient des anges qui portaient l'antienne aux filles de sainte Claire, anges terrestres, qui répondent aujourd'hui encore sur le même ton fidèlement conservé (1).

Philippa se rappelait les nuits divines du Christ, ces nuits qu'il consacrait à la prière, à la récitation des psaumes, et, unie au doux Sauveur, elle aussi portait jusqu'au Ciel les accents du Roi-Prophète, ces hymnes sacrées que le Christ-Roi avait pour ainsi dire divinisées en les faisant passer par son Cœur tout divin et ses lèvres adorables. Son âme, transformée en

(1) *Vie de sainte Colette*, par M. l'abbé Douillet, p. 86.

une lyre vivante, chantait et comprenait la signification mystérieuse des psaumes, et du texte sacré jaillissaient pour elle des enseignements toujours nouveaux, des révélations toujours anciennes et toujours nouvelles.

Après Matines, suivaient les Laudes, ce chant des admirables louanges et des saintes allégresses qui devance l'aurore ; notre Bienheureuse retrouvait des forces miraculeuses pour en redire les sublimes cantiques. On s'étonnait de voir cette chaste veuve pâle de jeûnes, épuisée de maladies et d'intimes douleurs, soutenir la fatigue des longues veilles, et chanter d'une voix puissante et harmonieuse... Ah! c'est qu'elle aimait, et que ne peut l'amour?... Cet amour forçait Dieu à lui donner des forces extraordinaires, miraculeuses, redisons-le, et *elle pouvait tout en Celui qui la fortifiait !*

A l'office de nuit succédait l'oraison. Qui dira alors ce qui se passait entre Dieu et sa servante? C'étaient de nouvelles lumières qui inondaient cette âme toute plongée dans l'amour; c'étaient de nouvelles ascensions qui l'élevaient jusqu'au Ciel, jusqu'au Seigneur Lui-même... A deux heures, les religieuses se retiraient dans leurs cellules; mais, le plus souvent, Philippa n'entendait pas le signal du départ. Ravie en extase, elle était à sa place, immobile comme une statue, à genoux, les bras en croix ou prosternée la face contre terre. Que faisait-elle? que voyait-elle alors?... Ce qu'elle faisait, ce qu'elle voyait, sa sainte Abbesse en savait quelque chose, et, respectant le vouloir adoré de Jésus, qui retenait cette âme à ses pieds, elle ne se permettait pas de la faire redescendre du ciel sur la terre. On laissait donc cette heureuse bien-aimée; elle paraissait seule, dans le silence du chœur et l'obscurité de la nuit; mais on savait que Dieu et ses anges lui tenaient compagnie et que quelques rayons de l'aurore éternelle brillaient déjà sur elle : « Mes veilles sont changées en un beau jour sans nuit », disait-elle au sortir de ces extases sublimes, pendant lesquelles, agenouillée devant Dieu, elle contemplait la grandeur de ses œuvres et la petitesse des hommes; elle priait pour ses frères, pour ceux qui se consument à poursuivre de vaines ombres, pour les riches et pour les pauvres, pour les défunts, pour les vivants, elle, déjà entrée à demi dans la sainte congrégation des morts ! Et lorsqu'elle se remémorait les heures passées au milieu du monde, c'était comme une lointaine apparition, le ressouvenir d'un autre monde dont elle revoyait les tremblantes images. Elle pleurait en silence, mais ses larmes étaient d'éloquentes prières et son silence résonnait jusque dans les Cieux.

Longtemps avant l'aube, quand la terre était encore plongée dans la vapeur nocturne, elle s'était levée de sa couche de paille pour adorer Dieu et chanter ses louanges : le soleil la surprenait encore en oraison. Le temps marchait : *fugit tempus !* la journée devait être bientôt remplie et le soir, descendant sur ce nouveau jour, qui pour Philippa s'évanouissait dans de suaves méditations, trouvait son âme pleine de graves pensées. Ainsi, pendant des semaines, des mois, des années d'hiver et d'été, qu'elle ne comptait plus et dont la dernière heure devait être saluée avec une douce confiance, Philippa servait son Jésus sur la terre comme les anges le servent dans le Ciel...

Après avoir religieusement porté vers ce beau Ciel

l'encens de sa prière et la vapeur de ses larmes, la Bienheureuse, endormie dans les douceurs de l'extase, se réveillait au chant de Prime, et, fervente à l'office du jour comme elle était ardente à celui de la nuit, elle recommençait à chanter, profitant souvent des pauses pour baiser avec respect et amour les feuillets de son bréviaire.

Ce manuscrit, dont chaque page a reçu ses baisers et ses larmes, était pour la princesse un merveilleux trésor; nous jugeons de ce qu'il était pour notre pieuse Mère, en pensant à ce qu'est pour toute Clarisse le livre sacré du Bréviaire. En effet, « les psaumes, ces chants admirables qui ne sont qu'à nous, et auxquels nulle littérature n'a rien de comparable, ces hymnes où David a versé toutes ses joies, toutes ses larmes, tous ses soupirs, tous ses enthousiasmes sacrés, qui prêtent une voix à tous les sentiments du cœur humain, et qu'on peut appeler l'éternelle poésie et l'éternelle prière de l'âme, c'était le livre que Jérôme recommandait avant tous les autres. « Notre Simonide, disait-il, notre Pindare, notre Alcée, notre Catulle, notre Horace, c'est David. Et ce que David chante sur son psaltérion à dix cordes, c'est le Christ (1)! »

Aussi notre Sainte Règle, inspirée par Dieu même, nous place-t-elle jour et nuit entre les mains le saint Bréviaire. Au jour de son alliance avec l'Agneau, la Clarisse trouve dans sa corbeille de noces ce livre immortel aux pages étincelantes, inspirées par Celui qui est la « Lumière originelle et incréée »; dont les pensées sont les pensées même de la Sagesse divine.

(1) *Vie de sainte Paule*, par M. l'abbé Legrange, chap. III.

Oh! qui redira les ravissantes émotions des vierges et des veuves, lorsque, dans le secret des cloîtres, elles sont introduites par le Saint Esprit Lui-même dans le vaste champ des Saintes Ecritures, et que, sous les chauds rayons qui s'échappent de chaque page, de chaque ligne, de chaque mot des Livres Saints, elles moissonnent la Lumière et l'Amour.

A l'exemple du Roi-Prophète, sept fois le jour la reine de Jérusalem faisait retentir les voûtes sacrées des ineffables accents de la divine psalmodie, et, jusque dans les profondeurs du Tabernacle, jusque dans le mystérieux Ciboire, jusqu'au Cœur de l'Hostie, les anges, s'associant à ce merveilleux concert, portaient l'écho de ses sublimes louanges.

Philippa de Gueldre, au chœur, comme partout ailleurs, était pour ses sœurs un modèle achevé. Toujours exacte à s'y rendre au premier coup de cloche, elle y observait les moindres cérémonies avec un zèle digne de sa ferveur. On la voyait si humble de corps, on la savait si humble d'âme en présence du Dieu vivant, que les bonnes sœurs n'avaient qu'à jeter les yeux sur leur fervente Mère pour sentir aussitôt redoubler leur dévotion.

Sa stalle était une chaire d'où elle prêchait le respect, la foi, l'amour, la ferveur, en un mot les dispositions célestes avec lesquelles une religieuse, digne de son nom, doit s'associer à l'office des anges : à l'*Office divin*.

Pendant la récitation des heures canoniales ou pendant l'oraison, les Mères Portières étaient quelquefois appelées en grande hâte au tour : c'étaient les Princes qui arrivaient saluer leur bonne Mère, ou quelque grand Seigneur envoyé de leur part, ou quelque illustre personnage en faveur desquels la Révérende Mère Abbesse accordait aussitôt aux assistantes la permission d'aller chercher au chœur la duchesse de Lorraine. Mais celle-ci ne profitait pas de la liberté qu'on lui donnait de laisser l'adorable Majesté de Dieu, la conversation du Ciel, pour aller converser avec quelque grand de la terre... Non, elle ne s'y pouvait résoudre!.. c'était l'heure trois fois sainte du concert des vierges et des anges ; c'était l'heure du festin de l'oraison : elle y restait toute cachée et perdue en Jésus. « On avoit beau luy dire : voicy un courrier avec des paquets du Roy de France, un gentil-homme de son Altesse vostre fils qui est bien pressé, un messager de Monsieur le Cardinal qui crie alarme et perd patience. Jamais elle ne quittoit pour cela Dieu pour les hommes, jamais elle n'abrégeoit d'un moment ses méditations, jamais elle ne retranchoit une syllabe de ses prières vocales ; seulement du bout du doigt monstroit où elle en estoit, et puis, patience s'il vous plaist, il falloit attendre (1). »

Ses compagnes admiraient tant de vertus, tant de perfection, et elles rendaient grâce à Dieu des merveilles qu'il opérait dans cette âme, cette âme qu'elles voyaient se consumer « dedans des flammes ».

« Elle estoit toujours la première à l'église et la dernière ; elle a toujours suivy l'office, la communauté tant qu'elle a peu, » écrivirent-elles plus tard... Puis dans un autre passage de leur narration naïve, elles reviennent encore sur la fidélité, l'exactitude, le zèle par lesquels la Bienheureuse Philippa glorifiait Dieu dans la récitation du Saint Office. « Elle a esté lon-

(1) Mérigot.

guement ayant chaire au chœur comme les aultres. Et dévotement faisoient toutes les cérémonies qui appartiennent à l'Office divin. Tousjours elle disoit son Office dévotement et révèrement. Jamais depuis sa Profession qu'elle y fut obligée ne le laissa un seul jour. Et quand elle ne pouvoit aller en l'église, elle le disoit en sa chambre. Et jamais ne l'eût voulu interrompre pour chose quelconque qui advînt. Aucunes fois venoient des messagers de Messeigneurs ses enfants qui quelquefois estoient pressez de retourner. Mais j'a pour cela ne quittoit-elle l'office commencé. Seulement monstroit par signe où elle en estoit. Et falloit attendre qu'elle l'eût parachevé. Quand elle estoit bien malade, de peur qu'elle ne se grávast trop, on la faisoit ayder par une religieuse qui le disoit tout hault devant elle. Incontinent qu'elle commençoit à se bien porter elle le disoit toute seule ».

Lorsque cette sainte religieuse était au parloir jouissant des doux entretiens des princes ses enfants et des royales visites qu'ils lui amenaient, aussitôt qu'elle entendait le son de cloche appelant au chœur la Communauté elle cessait brusquement la conversation, quelque intéressante, quelque animée qu'elle fût alors, et elle s'esquivait sans se laisser émouvoir par les sollicitations, les doux reproches des siens : « *Rois, écoutez, princes, prêtez l'oreille,* eût-elle pu s'écrier; *moi, moi, je chanterai le Dieu d'Israël !!* (1) » Mais non, la cloche avait parlé : elle se taisait !! Elle se fût reproché de laisser passer au travers des barrières de son cloître une seule parole, tant sacrée fût-elle, alors que l'appel divin avait retenti, et que, selon la coutume,

(1) Judic. V. 3.

toute conversation avec le monde doit cesser afin de mieux se préparer à la conversation divine. Joyeuse, elle arrivait au chœur, et alors, « *son cœur ne contenant plus la bonne parole* (1), » elle en répandait les parfums devant le Seigneur et, reprenant ses colloques divins, elle se laissait aller à des paroles embrasées que ses sœurs recueillaient à l'envi.

Quant aux Princes, moins pressés que leur bonne Mère de quitter le parloir de l'*Ave-Maria*, ils ne s'éloignaient que tristement, fort à regret, de ces grilles silencieuses, lesquelles, quelques instants auparavant, laissaient passer des paroles pour eux si consolantes, si maternelles, et qui, maintenant, leur semblaient plus froides, plus cruelles que jamais. Ils allaient alors dans la chapelle extérieure, cherchant à se consoler un peu en distinguant parmi tant de voix saintes celle de leur royale Mère, et ils sentaient leurs cœurs s'apaiser en pensant que cette Mère toujours aimante ne les avait quittés que pour mieux trouver Dieu.

Lorsque le soir arrivait, et que les sœurs réunies au chœur, saluaient les premières ombres de la nuit par le chant grave et solennel des Complies, Philippa, tout enivrée d'amour, donnait aux hymnes mélancoliques de ce dernier office je ne sais quels accents de divin espoir qui faisaient tressaillir ses compagnes. Le *Nunc dimittis* passant par ses lèvres octogénaires était comme le cri sublime de l'amoureuse impatience de cette chaste veuve. Dans ce chant, semblait passer son ardent désir de s'endormir dans la paix de l'Eternité, et, chaque fois que la Princesse faisait monter vers le Ciel ce soupir brûlant, ses compagnes crai-

---

(1) Cant. IV. 3.

gnaient que sa belle âme, brisant les faibles liens qui la retenaient dans l'exil, n'allât achever dans les Cieux l'hymne commencée sur la terre, cette terre qu'elle avait prise à dégoût!!...

Et, après ce dernier office du jour, Philippa rentrait dans sa pauvre cellule : elle ne chantait plus; mais l'*alleluia* ou l'*amen* vibraient encore dans son cœur, et son âme priait toujours. Elle emportait avec elle son bréviaire et son Vade-Mecum, et, comme elle avait une connaissance parfaite de la langue latine, elle relisait en les savourant à nouveau, les pages inspirées qu'elle avait chantées et déjà méditées et par lesquelles l'Eglise solennisait la fête du jour !

C'était dans ces sentiments qu'elle s'endormait sur sa pauvre couche de paille, ou plutôt sur le rude cilice qui lui servait de lit. Elle dormait, mais son cœur veillait, et bientôt, ressaisie par l'amour, ses oraisons merveilleuses recommençaient.

De leurs cellules ses compagnes entendaient ses tendres gémissements, ses colloques enflammés avec Dieu, Notre Dame et les saints Anges. Parfois elles l'entendaient s'offrir en victime à la Justice divine pour les pécheurs dont les crimes lui étaient révélés, et, à de telles supplications, à de telles prières pour le monde coupable, elle mêlait des sanglots et des cris de douleur. La Bienheureuse avait reçu le don des larmes, et, comme le Psalmiste, elle pouvait dire : « Je baignerai chaque jour mon lit de mes larmes, j'arroserai ma couche de mes pleurs : *Lavabo per singulas noctes lectum meum, lacrymis meis stratum meum rigabo...*

Telle était la ferveur de cette sainte religieuse ! Je ne m'étonne pas qu'un de ses biographes ait écrit ces lignes à sa louange :

« A mesure qu'elle avançait en âge, Philippa progressait dans la perfection. Sa piété, suivant la parole de l'Ecriture, fleurissait comme le palmier, et croissait comme le cèdre du Liban. Parvenue à cette extrême vieillesse, où on est trop souvent à charge aux autres et à soi-même, ayant dépassé sa quatre-vingtième année, elle était encore l'exemple et l'édification de la Communauté. Toujours en la présence de Dieu, elle avait adopté comme devise : *Tout pour plaire à Jésus-Christ.* Ses communions étaient très fréquentes, et ses méditations occupaient une grande place dans ses journées. Elle regardait l'oraison comme la *clef du Ciel, la porte de bénédiction, l'ambassadrice des hommes près de Dieu...* Elle entendait distinctement la voix de Dieu, parce qu'elle avait su imposer silence à tous les intérêts humains ».

Oh ! comme l'amour de Dieu a des douceurs inexprimables ! notre pauvre cœur est impuissant à les redire, car elles dépassent tout ce qu'on peut imaginer ; mais les saints les ont éprouvées, ils les proclament et cela suffit.

Philippa les goûta ces chastes délices, et, chose étrange, de la douceur, de la vivacité de son amour pour Jésus, naissaient des tourments aussi inexprimables que ses joies. Elle essayait néanmoins d'en décrire quelque chose lorsqu'elle disait qu'entre toutes les douleurs de l'amour, il en est une inconsolable, du moins pour ceux qui habitent encore cette vallée de larmes ; et la plaie qu'elle faisait à son cœur était d'autant plus profonde que la grandeur et la puissance de son amour ne servaient qu'à l'augmenter. Cette douleur, cette plaie qu'elle ressentait pendant les jours et les heures de calme qui composaient sa vie religieuse, c'était l'impuissance d'aimer assez. Dieu est infini, pensait-elle, la créature est bornée, sa justice et sa miséricorde sont sans mesure; ses attributs sont sans nombre ; sa vie féconde et intarissable dit et opère des merveilles dont nous n'avons aucun soupçon, et, devant Lui, nous sommes réduits au silence et à l'impuissance absolue. Non, non, nous ne pouvons l'aimer autant qu'il est aimable. Oh! que c'était pour le cœur aimant de la Bienheureuse une plaie, et une plaie cruelle!...

« Admirez le grand amour de Philippa, s'écrie Balthazard, admirez son grand amour envers son Dieu et envers les hommes ! Elle y rapporta toutes ses pensées et toutes ses œuvres. Que ne fit-elle point pour porter tout le monde à aimer souverainement ce grand Dieu si digne d'être aimé ! Qui de nous satisfait pleinement à ces deux préceptes, d'où dépendent la Loy et les Prophètes ?... Voyez combien elle a souffert, par la force de son amour sans se plaindre, sinon des trop grandes consolations, dont Dieu combloit son âme, même dans l'excez de ses douleurs et de ses maladies... Quelle plus grande confiance en Dieu ? Quel zèle plus pur pour la Catholicité ?... »

Et dans un autre chapitre qu'il consacre *à l'amour de Philippa envers Dieu, et à sa charité pour les hommes*, le même auteur, remontant aux années que Philippa avait passées dans le monde, écrit cette belle page à la louange de la Princesse :

« Dieu a tellement aimé les hommes qu'il leur a donné son propre Fils, et qu'il l'a livré à la mort pour eux tous. La charitable Philippa, méditant cette vérité, aussitôt que la raison eut dissipé en elle les nuages de l'enfance, s'enflamma de telle sorte en l'amour de son Dieu, qui a fait un si grand don aux hommes, qu'elle ne cessa, dans tous les différents états de la vie, de l'en remercier et de luy être intimement unie par la Charité, cette reine des vertus que le Saint-Esprit répand dans nos cœurs, par l'effusion de sa grâce.

« Sachant qu'elle n'avoit rien qui plût tant à ce divin Epoux des âmes que son cœur, elle le luy donna sans réserve, aussi-tost qu'elle fut capable de le connoître, et le moins qu'elle crut faire, fut de donner amour pour amour. Elle ne s'en tint point à de tendres affections, sa charité fut agissante : tout ce qu'elle fit, tout ce qu'elle souffrit, pendant 85 années de vie, en fait assez voir et la force et la constance.

« A peine eut-elle commencé d'aimer ce divin Objet, ce Dieu trois fois saint, qu'elle y tourna toutes les pensées de son esprit, et tous les désirs de son cœur ; pénétrée de sa divine présence, elle s'entretenoit fréquamment de ses amabilités ; et l'amour la faisant opérer, elle recherchoit en toutes choses son Bien-Aimé ; racontoit à tout le monde, comme l'Epouse des Cantiques, ses divines perfections. Elle porta les Cours où elle parut, ses enfants, ses sujets, à craindre, à aimer et à servir le Seigneur en esprit et en vérité.

« Ses mains, aussi-tost qu'elles purent agir, furent occupées à faire des ornements aux saints autels, et à distribuer des aumônes aux pauvres, trouvant lieu, par là, de les porter à l'amour de son Dieu, par des paroles toutes embrasées de ce feu divin, qui bruloit son cœur sans le consumer.

« Son amour, croissant dans tous les temps, ne changea point d'objet : l'état du mariage où elle se trouva engagée, la possession d'un aimable époux, d'une belle et nombreuse famille, ne diminuèrent rien de l'amour de son Dieu. Elle les aima (il est vray), mais en Dieu et pour Luy. Son unique peine étoit de ce que Dieu fût si peu aimé dans le monde, elle eût voulu que tous les hommes fussent pénétrés des ardeurs de ce Soleil de Justice, qui luit sur les méchants comme sur les bons. Les monastères, les lieux de piété qu'elle fonda ou rétablit, les prêtres zélés et les ouvriers apostoliques qu'elle entretint toujours, furent les instruments dont elle se servit pour porter ce feu sacré dans tous les cœurs.

« Elle crut ne devoir pas moins travailler pour rendre ses sujets heureux dans l'Eternité que dans le temps ; c'est pourquoy elle n'obmit rien, pour leur procurer l'un et l'autre bonheur ; par les saintes et fréquentes instructions qu'elle faisoit elle-même, et qu'elle faisoit faire par les ministres des Saints-Autels, elle procura le salut d'un grand nombre d'âmes, dont la perte était toute assurée, si elles n'eussent été soutenues de sa charité.

« Craignant d'apporter quelque retard aux grâces et à l'amour de son Dieu, elle était attentive à tout ce qui pouvait les augmenter : les saintes pratiques de dévotion qui furent établies par ses soins, et qu'elle exerçoit la première, ne contribuèrent pas peu à porter les hommes à cet amour surnaturel des choses divines.

« Secondant avec une entière fidélité les desseins de ce Dieu de charité, elle écoutoit avec un respectueux silence ce qu'Il voudroit bien luy inspirer pour cette grande œuvre. Il luy fit en effet comprendre que son zèle, pour le faire aimer des hommes, luy étoit agréable, et que, s'ils ne satisfaisoient pas à ce grand précepte, elle n'auroit rien à se reprocher, ni eux point d'excuses à alléguer au dernier jour, mais qu'il la mettroit dans un état, où rien ne troubleroit son amour pour luy. »

Voilà ce que la Bienheureuse Philippa était dans le monde : tout amour pour Dieu et les hommes ! Faut-il s'étonner de ce qu'elle fut dans le cloître, où les jours et les nuits ne lui suffisaient point pour louer le Seigneur et Le prier pour ses frères. Heureuses les âmes dont la vie dans le siècle a été un magnifique prélude à la vie du cloître ! A celles-là, l'Epoux sacré leur crie chaque jour : *ascende, ascende superius, amica mea.* Et chaque jour, elles montent un échelon de cette échelle d'or, qui, posée sur la terre, s'appuie au Ciel sur le sein de l'Eternel : c'est l'échelle de l'immortelle Charité !

Heureux ceux qui, aux heures de leur jeunesse, ont rêvé pour eux-mêmes une de ces vies contemplatives et de réparation, dont tous les instants se passent à se complaire en Dieu, idéal de vertu et de beauté. Noble ivresse de l'âme que l'on goûte aux années de la jeunesse, où le dévouement surabonde, comme aux jours de la vieillesse, où l'amour divin, devenu en quelque sorte le Maître impérieux des cœurs qu'il a conquis et formés, commande aux justes de rendre leurs corps à la terre, et leurs âmes à l'éternité de l'amour !

C'est pour cela que Philippa de Gueldre, trouvait si doux, de vivre, à *l'ombre de Celui qu'elle aimait,* c'est pour cela qu'elle s'endormit dans un sourire d'amour.

Ah ! ils ne connaissent pas les moines, ceux qui les représentent, s'enfermant dans leurs cellules où la ils sont livrés aux terreurs de la mort, pour de là errer pensifs sous les lourdes arcades de leurs promenoirs de pierres... Qu'il y a loin de cette peinture à la réalité !...

Les moines, comme toutes les âmes que renferme le cloître, prient, travaillent, se mortifient et contemplent Dieu, centre de leur âme, pour s'endormir ensuite, et se confier en son amour, tels que des oiseaux, qui, aux heures des ténèbres, replient le col sur leur poitrine, où ils n'entendent plus que les légers battements de leur cœur. Au cloître, nul bruit, nulle agitation, nulle ambition. Rien que la grande paix et le grand amour de Dieu. Vie angélique de nos monastères, qui dira vos ineffables délices ? . . . . .

. . . .

CHAPITRE XXV

Humilité et Pauvreté.

> « Surtout, mes filles, soyez humbles, car il n'y a de véritable paix en ce monde et d'heureux avenir en l'autre que par la pratique de l'humilité. »
>
> (*Paroles de Marguerite de Lorraine sur son lit de mort.*)

Méditer, prier aux pieds de notre Sauveur, l'adorer dans le silence, le bénir par ses chants; l'aimer, l'aimer surtout d'un amour qui la dévorait et l'embrasait du désir de l'adorer, de le bénir et de l'aimer plus ardemment encore, voilà ce que faisait notre Bienheureuse Sœur durant les nuits et les jours de son exil... Etait-ce tout ? Oh ! non, à l'exercice de la louange divine, elle joignait la pratique d'autres vertus sublimes, et son grand cœur ne se fût pas contenté de dire à Jésus: *Je vous aime!* sans Lui en donner des preuves.

L'amour des Saints est ainsi fait : il ne se croirait pas amour s'il ne se traduisait que par le sentiment et la parole : il veut se prouver par des actes héroïques, et Dieu sait quels prodiges s'opèrent alors... Au Ciel, nous saurons un jour parfaitement tout ce qu'ont fait sur la terre les âmes dévorées du désir de souffrir, de mourir et d'aimer !

« Entre Dieu et la créature, aucune relation régulière, et surtout amie, n'est possible sans l'humilité (1). » Elle devait donc être bien humble Philippa de Gueldre, cette épouse privilégiée du Seigneur Jésus, qui jouissait de ses familiarités divines et recevait de son Cœur sacré tant d'ineffables communications ? Oui, elle était humble, et nous pouvons dire que l'humilité, cette ravissante humilité, qu'on a appelée le « sens pratique du divin, » était un des traits saillants du grand caractère de notre héroïne. La fleur de l'humilité ! nous la voyons dans Philippa s'épanouir sous toutes les formes, et son parfum exquis s'exhale de toutes ses pensées, de toutes ses actions. L'humilité ! c'est le fondement qu'elle avait donné à l'édifice spirituel de sa perfection : c'était sa vertu favorite; ajoutons que c'était aussi la vertu de prédilection de ses saintes compagnes.

C'était merveille de voir à quels pieux excès d'humilité et d'humiliation se portaient ces grandes religieuses du Monastère de Pont-à-Mousson. La plupart de naissance illustre, souvent princière, elles étaient venues dans cette austère solitude fouler l'orgueil sous leurs pieds nus, et redire en toute vérité ce verset du Psalmiste : « J'ai choisi d'être humiliée et abaissée dans la maison de mon Dieu. » Voilà leur part ! et, plus elles sacrifiaient l'amour propre, plus elles le flagellaient par la verge d'or de l'humilité, plus aussi elles se sentaient dévorées du désir et de l'amour des humiliations, et c'était toujours entre elles une lutte admirable, à qui serait la plus grande devant Dieu, en se faisant la plus petite et la servante de toutes.

(1) M⁰ Guy.

A un tel spectacle, si le Ciel se réjouissait, l'enfer frémissait, et sa rage fut telle que les démons, en fureur, apparaissaient sous des formes visibles à ces anges de la terre, et, les accablant de leurs injures et de leurs coups, leur faisaient subir des tourments épouvantables. Qu'on essaie de se représenter ce qu'était ce combat : les épouses très pures de l'Agneau immaculé luttant corps à corps avec Satan, l'affreux Satan... les filles de la Lumière subissant les attaques furieuses du Prince des ténèbres, les colombes de Jésus dans les griffes du monstre infernal ! Qui peut penser à cela sans en frémir d'horreur?

Mais tandis que la bouche de feu des démons vomissait les imprécations et les blasphèmes, les lèvres pures des saintes religieuses ne laissaient entendre que des appels confiants à Jésus, Notre Seigneur, à Notre Dame, aux Saints Anges et à leurs Saints Protecteurs. La victoire leur restait toujours, et les démons, honteux, s'enfuyaient en poussant des hurlements effroyables... « *Fuyons, c'est ici vraiment le camp du Seigneur* (1) » se disaient entre elles les légions infernales, et, abandonnant les cloîtres de l'Ave-Maria, elles rentraient dans leurs abîmes.

Le Seigneur alors, Celui qui est assis sur les Chérubins, descendait jusqu'à ces saintes victimes ; Lui-même Il venait les consoler par des faveurs extraordinaires, des révélations éclatantes, et ce Maître adoré les laissait merveilleusement fortifiées pour de nouveaux combats qui leur préparaient de nouveaux triomphes.

L'humilité de nos anciennes mères eût voulu en-

(1) Genèse, XXXII, 2.

sevelir dans un éternel oubli le secret de tant de
choses extraordinaires qui se passaient à l'ombre de
leurs murs bénis ; les Révérends Pères Confesseurs
et Visiteurs n'en pensèrent pas ainsi, et ordre fut
donné aux Clarisses de Pont-à-Mousson de mettre
par écrit le récit des attaques dirigées contre elles
par l'enfer, et celui des visions, extases et délices
dont les gratifiait le Ciel. Obéissantes comme elles
l'étaient toujours, nos Mères se soumirent, mais qu'il
en coûta à leur humilité !...

Le Révérend Père Guinet eut le bonheur de parcourir quelques pages des *mémoires secrets* des archives de Pont-à-Mousson. Cette lecture le ravissait,
écoutons ce qu'il en dit :

« Lorsque la sainte Reine mourut, ses compagnes,
se voyant absolument obligées d'en faire des remarques, et sans doute même qu'elles y furent pres-
sées par leurs Supérieurs et Directeurs, elles commencèrent par les choses dont elles purent se
souvenir à nous marquer naïvement et sans fard les
merveilles que Dieu a opérées en ces saintes âmes,
par les exemples d'humilité, de charité, de veilles,
d'oraisons continuelles, des souffrances par elles
obtenues de Dieu pour satisfaire plus pleinement à
la Justice à laquelle elles s'offraient. Aussi lisons-nous
dans leurs Mémoires secrets des faveurs extraordinaires qui sont toutefois fort croyables, veu l'austérité
de vie qu'elles ont toujours gardée ; des victoires
dans *les combats visibles contre le démon*, des pré-
dictions évidentes de leur mort, des entretiens fréquens
avec les âmes du Purgatoire, etc., etc. Ce n'est pas que
nous nous arrêtions précisément à ces choses, nous
nous attachons inviolablement à leurs vertus héroïques

et à leur admirable observance d'une Reigle si austère jointe à la délicatesse de leur sexe et de leur extraction. »

Dans un autre passage de ses écrits, le même auteur, après avoir cité un admirable trait de vertu d'une de ces saintes religieuses, ajoute les lignes suivantes :

« Cela fait connaître un extrême mépris du monde et une haute perfection, et si elles ont fait quelques remarques plus étendues dans ce siècle touchant les vertus de leurs Mères décédée, nous pouvons assurer que ce n'a été par aucun faste, mais pour la seule édification de leur Maison : ce qui est si constant que, nous étant absolument nécessaire d'en avoir communication pour établir les preuves que les personnes du premier rang ont souhaitées, nous fûmes obligez d'aller cinq ou six fois de notre Abbaye de Sainte Marie au couvent de ces bonnes religi...es, et, pour ainsi dire, d'extorquer de leurs mair...us les Mémoires, sans lesquels et Nous et le Public nous serions privez des connoissances infiniment précieuses et édifiantes que nous en avons tirées. Il fallut même en venir jusqu'à quelque sorte de reproche envers la Révérende Mère Abbesse de ce qu'elle ne nous fournissoit pas assez de lumières avec lesquelles nous avions besoin de travailler pour appuyer solidement nos preuves.

« Notre Illustre Reine Duchesse a été dans les mêmes sentiments que les autres ; elle ne s'est produite que le moins qu'elle a pu, elle qui avoit été élevée dans la Cour de France, qui étoit du sang royal de Bourbon du côté de sa Mère, s'est habituée à cette grossièreté de langage, aux manières de parler, d'agir, de s'exprimer que ces servantes de Dieu ont entr'elles : ce qui paroît en tout ce que l'on rapporte de ses paroles en sa vie, et jusques à ses lettres, qu'elle envoyoit aux Grands de la terre; elle en a banni toute sorte de fard et de compliment; elles sont d'un style très simple, mais au travers duquel on reconnoit la vivacité de son esprit, la piété de son cœur et l'ardeur de son zèle. Car si on fait réflexion sérieuse et dévote sur les vers et sur les rimes de dévotion qu'elle a composez sans nul dessein de les rendre publics, comme nous l'apprend la dernière stance, et sur les autres maximes et sentences qu'elle a données à ses très chères Sœurs, on y remarquera, dans des termes très naïfs, une excellente expression des trois états de la vie spirituelle ; de la purgative, car elle y parle des péchez avec horreur; de l'illuminative, elle y découvre avec pénétration l'éclat des vertus ; et de l'unitive enfin, car elle y porte à l'union de Dieu avec des traits d'amour presque inévitables. Les paroles en sont simples, mais la mysticité y est très élevée. »

Ecoutons maintenant le témoignage que nos vénérables Mères rendirent à l'humilité de la Bienheureuse Philippa : qu'il est simple, qu'il est gracieux, qu'il est aimable !

« Elle ne desprisoit personne tant pauvre que ce fût. Elle parloit à chascun gratieusement et amiablement jusqu'aux petits enfans : de sorte qu'elle donnoit édification à tout le monde, se tenans tous bienheureux de parler à elle, et en rapportoient grand contentement. Car c'estoit un miroir d'humilité et de toute vertu. S'il y avoit quelque séculier qui eût quelque désolation, tristesse ou fascherie quelquonque, pour pauvre personne que ce fût, elle le consoloit et réconfortoit de ses bonnes et salutaires parolles, les admonestans d'avoir patience pour l'amour de Dieu. Et se trouvoient tous consolez et allégez de ses bons conseils...

« On luy présenta plusieurs fois d'être Abbesse. Mais jamais elle ne le voulut accepter, disant qu'elle s'estoit mise en religion pour obéyr et non pour présider ou commander.

« Elle portoit grand honneur à ses Prélats et Supérieurs. Et quand elle leur escrivoit, elle se nommoit au dessoubz de ses lettres : Vostre humble et pauvre fille et subjecte Sœur Philippa de Gueldre. Et quand elle escrivoit à aultre personne, au dessoubz elle mettoit humblement et simplement : Sœur Philippa de Gueldres, pauvre ver de terre...

« Quand elle demandoit quelque chose à Messieurs ses enfans ou à aultres, toujours disoit : Je vous demande l'aumosne d'une telle chose pour l'amour de Dieu.

« Quand on lui apportoit quelques petitz présents comme des fruitz, de beurre, ou d'œuf, ou d'autres semblables choses, elle les avoit bien aggréables, et les remercioyt fort gratieusement, et amiablement, aultant aux pauvres comme aux riches. Et parloit aussi bien à eux qu'à des bien grands Seigneurs.

« Elle avoit tellement mesprisé et contemné le monde et ses pompes et honneurs, qu'elle l'avoit du tout mis dessous les piedz. »

« Elle venoit tous les vendredis au chapitre ; et n'en demeuroit point sans licence. Et si elle se trouvoit un peu mal, elle disoit à la Mère Abbesse : « Ma Mère, vous plait-il bien que je demeure aujourd'huy de chapitre ?

« Quelque labeur qu'elle eût faict, jamais n'en faisoit mention, en présentant les labeurs (1). Mais disoit tant seulement : Ma Mère je présente à Nostre Seigneur et à vous le peu ou rien que j'ay faict.

« Elle disoit sa coulpe à deux genoux les deux bras et la face en terre, comme on a accoustumé, recevant la pénitence humblement comme les aultres. Et puis elle baisoit la terre : qui estoit une chose merveilleuse et de grande humilité pour une telle et si noble Princesse. Car elle n'eût pas faict tout cela si elle n'eût voulu.

« Elle employoit très bien le sainct temps de Nostre Seigneur, spirituellement et corporellement. Jamais n'estoit oysifve, et occupoit la plupart de son temps à prier Dieu, à contempler et lire. Et au demeurant elle faisoit des petitz ouvrages pour l'Eglise et pour son petit Oratoire.

« Elle filloit du lin pour faire des corporaux pour l'Eglise. Elle cousoit et luy seoit fort bien. Plusieurs fois elle portoit du bois avec les Sœurs et mettoit les tables de la Communauté : et lavoit les escuelles : eslisoit les herbes pour le potage : estendoit et plioit les nappes et le linge après la buée faicte. Semoit le jardin et se faisoit appeler jardinière. Et celles qui avoient soing du jardin, elle les appeloit ses compagnes et Sœurs. Et vouloit tout faire, qui luy eût souffert. Mais quand la Révérende Mère Abbesse luy disoit:

---

(1) La coutume de l'Ordre est que, tous les vendredis avant le chapitre des coulpes, les Religieuses présentent le travail de la semaine à la Révérende Mère Abbesse en lui disant : « Ma Révérende Mère, le labeur de cette semaine, je le présente à Notre-Seigneur Jésus-Christ et à vous.

« Je ne veux pas que vous le faictes, elle obéissoit humblement (1). »

Dans le chapitre vii de son ouvrage, le R. Père Mérigot, parlant de l'humilité de notre Bienheureuse, écrit ces pages charmantes :

« Ayant ainsi par une guerre continuelle pris un grand ascendant sur son corps, elle tascha de disposer son âme à recevoir les grandes vertus, desquelles la divine Majesté la vouloit embellir. Et sur tout elle luy fit apprendre l'art d'oubliance, bannissant loing de soy toute la souvenance des grandeurs passées, estouffant courageusement tous les fantosmes qui luy représentoient à l'imagination ce qu'autrefois elle avoit esté. Son parler, son port, ses actions, estoient remplies d'une singulière modestie, qu'elle monstroit bien par la douceur et simplicité de sa conversation, le peu d'estat qu'elle faisoit de soy-mesme en son âme.

« Jamais ne partit de sa bouche aucune parole impérieuse, altière ou ressentante la souveraineté. Elle ne mettoit jamais en avant aucun discours de ses Majeurs, de ses enfants, de ses biens ou domaines, faisant profession ouverte d'avoir enterré avec Jacob, au pied du Térébinthe, toutes ces idoles de vanité que la folie du monde adore avec tant de passion. Ce qu'elle fit bien entendre à un bon Religieux lequel estoit venu de la part des Sœurs Urbanistes de Saint François pour la supplier qu'elle leur envoyast ses armes pour estre posées en leur église. On n'eust pas peu de peine pour luy bien dorer ceste pilulle, tant ce luy estoit chose fascheuse et difficile de repenser au passé. On luy disoit que c'estoit pour avoir souvenance d'elle en leurs

---

(1) Tradition des Clarisses.

prières ; que ses armes, posées en ceste église, la protégeroient contre l'insolence de ceux qui font bien souvent plus d'estat de la grandeur du monde que de Dieu ; que si c'estoit un acte d'humilité de vouloir demeurer incognuë, ce seroit un acte de grande et insigne charité d'assister et protéger ainsi ces bonnes Religieuses... Mais un commandement fit plus que toutes ces considérations : la Révérende Mère luy commanda absolument de les donner, ce qu'elle fit avec son humilité accoustumée.

« Le Religieux, passant encore plus outre, la conjura de luy vouloir expliquer le blason de ses armes, à quoy la bonne Philippa respondant modestement luy dict :

« Mon bon Père, quand j'estois séculière au monde, je le sçavois bien, mais depuis que je suis Religieuse, j'ay pris les benoistes armes de la Croix et la Passion de Nostre Seigneur, et vous asseure que je ne vous sçaurois plus dire un mot, touchant l'explication et deschifrement de mes armoiries. Je n'y pense plus, mon Père, et n'y veux plus penser (1).......

« La dévote Philippa amassoit des grandes vertus, mais d'autant que c'est porter de la pouldre au vent, si elles ne sont bien couvertes, son plus grand soing estoit de les mettre hors de danger. Elle avoit tousjours en bouche ce beau mot de son doux Jésus : Qui s'humilie sera exalté ! et comme c'est fort peu d'avoir des sentences dorées de ceste haute vertu, si les actions ne correspondent aux paroles, elle se comportoit d'une telle façon en toutes ses actions qu'on pou-

---

(1) La même anecdote est rapportée dans les Mémoires des Clarisses.

voit véritablement appeler toute sa vie une humiliation continuelle. Si quelquefois les Religieuses, se ressouvenant de ce qu'elle avoit esté, et de ce qu'elle estoit pour lors, c'est-à-dire comme de grande et puissante Princesse, elle estoit devenuë une très grande mais très humble servante de Dieu ; si quelquefois, dis-je, ces bonnes filles se laissoient emporter, par une surabondance d'amour et de respect, à luy faire la révérence et luy mettre les genoux en terre, elle les relevoit toute honteuse de cest excès, les advertissant humblement de n'y plus faire, adjoustant : « que c'estoit à Dieu seul qu'on debvoit faire cest honneur ; » que si quelquefois le mot de Madame eschappoit à quelqu'une, aussi-tost la honte et la modestie s'emparoient de son visage, « *Et bon Dieu, disoit-elle, quittés moy ces mots de vanités, mes Sœurs, et ne me faictes pas ressouvenir de ma pauvre vie passée, hé ! je n'ay que trop esté Madame, et que j'eusse esté heureuse si j'eusse recogneu plus-tost ce que j'estois et ce que je pouvois estre !*

« On ne luy pouvoit faire plus grand plaisir que de l'occuper et employer aux exercices et offices de la maison. La Mère Portière tomba malade ; la Supérieure luy commanda de prendre les clefs, et de faire son office, elle le fit un an tout entier, avec une modestie incroyable, recevant amiablement, et respondant si humblement à ceux qui se présentoient, que personne ne s'en retournoit sans grande édification, et sans donner louange à Dieu de voir les hautes et sourcilleuses montagnes ainsi bien aplanies.

« Les roys de Perse estoient aussi jardiniers, mais leur travail n'estoit qu'à l'entour des palmes, arbres royalles et faictes pour les victoires et triomphes : Philippa fut faicte jardinière de son Monastère; elle receut ceste obédience d'un cœur vrayment religieux. Tout son contentement estoit de se trouver à l'heure du travail; vous l'eussiez veu bescher, sarcler, semer, nettoyer son jardin avec autant d'addresse que si elle n'eust faict autre chose toute sa vie.

« Que si la terre par autre-fois prenoit un plaisir singulier d'estre labourée avec des charuës chargées de lauriers, rapportant avec très-grand profit ce qu'elle recevoit par les mains d'un Dictateur triomphant, je croy qu'elle n'estoit pas moins joyeuse d'estre travaillée des mains d'une si grande Princesse luy rendant au centuple ce qu'elle recevoit de ses labeurs innocents.

« Qui la vouloit sensiblement resjouir, il ne la falloit qu'appeler *la Sœur jardinière*; aussi appeloit-elle les Sœurs qui estoient pour l'aider à cest office *ses chères compagnes de travail*... Que si on l'appeloit du jardin pour passer à d'autres offices, comme pour filer ou servir à la cousturerie, elle s'y transportoit à la bonne heure, et la chronique dit : *qu'il luy seoit fort bien*. L'humilité a cela de propre qu'elle entre en tous offices, et fait fort bien en tous offices; qui enseigne en peu de temps beaucoup de choses : pourveu que ses eschollers disent le mot elle les passe aussi-tost maistres. L'empereur Lothaire, qui changea le nom d'Austrasie en celuy de Lorraine, poussé de l'esprit de Dieu, quitta le sceptre le diadême et le pourpre, et entra dedans un cloître. Et aussi-tost, avec l'admiration de tout le monde, on le vit portier, on le vit cuisinier, on le vit pastre, on le vit passer par toutes les classes d'humilité, avec les livrées d'humilité : deschiré, descousu, deslabré; on eust assuré que jamais il n'avoit été sur un throsne impérial, et que d'estre pauvre et mendiant c'estoit son premier mestier.

« Il n'y a rien de plus vil aux maisons des Grands que d'estre soüillon de cuisine, de laver et nettoyer les pots et autres ustensilles, de ballier, de laver et porter les ordures dedans une cloaque. Mais aux maisons de Dieu où l'humilité règne, ce sont les offices les plus brigués et recherchés. Quand l'humble Philippa pouvoit obtenir licence de s'exercer en ces offices de cuisine, c'estoit pour lors qu'elle estoit bien glorieuse de se voir ainsi dedans les salles d'honneur du Louvre de Jésus Christ son Maistre. Elle lavoit les escuelles, eslisoit les herbes pour le potage, mettoit la table, faisoit la lexive, ballioit, portoit les ordures... Bon Dieu! si un superbe mondain l'eust veu, les manches retroussées, avec un devantier ord et sale, au coing d'une cuisine, récurer une marmite pour qui l'eust-il pris?...

« Sainct Jérôme dit de saincte Paule qu'elle s'estoit tellement exercée en l'humilité, première vertu des chrétiens, que si quelqu'un esmeu de sa grande renommée, eust désiré de la voir, il ne l'eust jamais pris pour ceste Princesse issuë de la race des Agamemnons, mais pour la dernière de toutes les servantes de la maison. Et eût-on pris, je vous prie, nostre Philippa pour une Royne de Sicile, pour une Duchesse de Lorraine, ou plustôt pour une pauvre chambrière sortie de quelque grotte ou chaume de village?...

« L'or ouvragé perd bien sa façon quand il est jetté dedans la fournaise, mais il ne perd rien de son poids, rien de sa valeur, rien de sa beauté... »

C'est ainsi que l'auguste princesse, qui avait refusé avec une énergie admirable la charge d'Abesse, acceptait avec une sainte joie les emplois les plus humbles. Elle conversait a...*tablement* avec les mendiants qui venaient frapper à la porte du monastère; aux bons paysans qui venaient apporter aux filles de la pauvreté l'obole du pauvre, elle savait adresser des remerciments si gracieux, que la légende dit qu'elle *parlait à eux aussi bien qu'à des bien grands seigneurs...*

Elle aimait ce qui était pauvre, petit, simple. Tout ce qui était peine, corvée, bas et humiliant lui semblait être son lot, et elle, qui était d'ordinaire si réservée, se mettait toujours en avant lorsqu'il s'agissait de revendiquer quelque travail humiliant et pénible. Ce devait être, disait-elle, la part de la *chétive pécheresse*, de la *pauvrette*, de la *misérable*, du *petit ver de terre*, car c'était ainsi qu'elle se nommait, se trouvant indigne de porter le nom de servante de Dieu.

Le dévouement la conduisait à la pratique d'actes héroïques de l'humilité, ou plutôt, l'humilité lui faisait faire des actes héroïques de charité.

« Cette humilité brillait dans toutes ses actions : au Chœur, au Chapitre, au Réfectoire et partout ailleurs, elle tint toujours la dernière place : elle ne pouvoit se rassasier d'humiliations » (1). Sublimes appétits de l'anéantissement et de l'humiliation, qu'ils sont heureux et bénis pour l'éternité les cœurs que vous avez gagnés ! O humilité ! humilité ! tu es le trésor caché que l'Ecriture nous découvre lorsqu'elle nous dit : « Humiliez-vous en toutes choses, et vous trouverez grâce devant Dieu ; car la puissance appar-

(1) Bolthazard.

tient à Dieu seul, et ce sont les humbles qui l'honorent (1). »

Oh! qu'elle honora le Seigneur notre Bienheureuse Sœur par sa profonde humilité! Elle avait appris de Jésus son Modèle adoré qu'il était humble de cœur, et c'est pour cela *qu'elle ne pouvoit pas se rassasier d'humiliations!*

Aussi, ne perdait-elle aucune occasion de s'humilier, et il n'était pas de semaine qu'elle ne s'imposât quelques pénitences publiques comme cela est en usage dans nos cloîtres : Elle prenait ses repas à terre au milieu du réfectoire, la corde au cou et la couronne d'épines sur son front royal; elle s'étendait de tout son long au travers de la porte du réfectoire, et lorsque ses Sœurs se rendaient au chœur pour dire les grâces, elles les forçait à lui passer dessus, afin, disait-elle, de fouler son orgueil sous leurs pieds. Ses saintes compagnes, les larmes aux yeux, disaient que la plus grande humiliation était pour elles !...

Une autre fois à genoux, le visage baigné de pleurs, la Bienheureuse disait à haute voix ses *imperfections*, et priait ses Sœurs de demander à Dieu qu'il lui fasse miséricorde; ou bien elle se faisait conduire par le réfectoire la corde au cou, et, pendant ce temps, elle demandait à ses Sœurs de réciter pour elle le *Miserere*. Une humiliation à laquelle elle se soumettait avec une prédilection marquée, était celle de demander l'aumône pour son dîner. Lorsque la Communauté était assemblée au réfectoire, elle prenait sa serviette devant elle, la tenait par les deux bouts,

---

(1) Eccl. III, 20.

ouverte à moitié, et faisait ainsi le tour des tables, disant à chaque Religieuse, en commençant par l'Abbesse : *Quelque chose pour l'amour de Dieu, s'il vous plaît!* Quand elle avait fait ainsi le tour du réfectoire, elle revenait devant la Révérende Mère et lui demandait humblement la permission de dîner à terre; et jamais aliments ne lui paraissaient plus savoureux que ceux qu'elle avait ainsi reçus de la charité du Ciel d'abord, puis de celle de ses compagnes. Après le repas, elle en distribuait le reste aux pauvres avec une sainte joie. Souvent elle se prosternait aux pieds de ses Sœurs, les leur baisant avec une humilité ravissante, et les suppliant d'offrir pour elle à Dieu quelque chose du mérite de leurs saintes prières et oraisons.

Nous n'en finirions pas assurément si nous voulions raconter toutes les pratiques humiliantes auxquelles se livrait notre Bienheureuse Philippa ; celles que nous venons de citer sont des traits pris entre cent ; mais elles donneront une idée de l'amour de cette sainte Religieuse pour la grande vertu d'humilité. Il nous semble en avoir laissé entrevoir quelque chose de ce magnifique amour de la Bienheureuse, en disant qu'elle était humble avec Dieu, humble avec ses supérieurs, humble avec ses Sœurs, humble dans l'oraison, humble dans l'exercice des plus sublimes vertus ; humble avec ses enfants auxquels elle ne rougissait pas de tendre la main, leur demandant l'*aumône pour l'amour de Dieu* ; humble avec ceux qui venaient jusqu'au parloir du pauvre monastère, voir jusqu'où la passion sublime de l'humilité avait conduit leur *bonne Royne, leur Mère* ; c'est ainsi que l'appelèrent toujours les Lorrains... humble, enfin, avec les pauvres, les petits, les simples, les enfants, car « *elle ne desprisoit personne.* »

Tant de vertu nous rappelle celle de notre tout aimable Sœur, Louise de Savoie, cette gracieuse sainte contemporaine de Philippa de Gueldre, qui elle aussi versa dans nos cloîtres les parfums de son humilité. De Philippa comme de Louise, on peut dire que « désirant *moult être inconnue de tous*, elle ne pouvait souffrir que les *Sœurs de M*^{me} *Sainte-Claire parlassent de ce qu'elle avoit faict pour leur maison et de ses fondations;* elle ne voulait pas non plus qu'on fît aucune remarque sur les faveurs signalées qu'elle recevait du Ciel, *se tenant comme petit enfantelet en douce simplicité devant Dieu sans point s'élever* (1). »

Terminons en disant de la Bienheureuse Philippa ce qui a été dit d'une autre de ses contemporaines, la grande sainte Thérèse : « Il était moins difficile à une noble nature, telle que la sienne, de s'abaisser sous le fardeau de l'honneur que sous le poids des humiliations, et c'était surtout devant ces humiliations que son humilité devenait admirable... Ce qui achevait de rendre cette humilité ravissante, c'était l'amabilité qui lui servait de voile. Elle était si bien persuadée de son néant et de sa misère que les plus profonds abaissements lui semblaient tout naturels; elle s'y jetait le cœur joyeux comme dans son élément (2).

C'étaient l'amour et l'humilité qui avaient fait de-

---

(1) *Vie de la Bienheureuse Louise de Savoie*, par M. l'abbé Jeunet.
(2) *Vie de sainte Thérèse*, publiée en 1882.

cendre du trône la fille de Catherine de Bourbon, l'illustre veuve de René le Victorieux, ce fut sa noble passion pour la très sainte pauvreté qui lui ouvrit les portes du pauvre monastère de Pont-à-Mousson. Elle entra joyeuse dans ce paisible royaume de la pauvreté volontaire, et, se trouvant assez riche de posséder l'amour du Sauveur Jésus, elle prononça son vœu solennel de pauvreté, ne se réservant rien, rien que la joie de tout sacrifier.

Sans doute, comme à sainte Catherine de Sienne, le Seigneur avait dû dire à sa fidèle servante : Sache, ma fille, que tout bien, toute paix, tout repos naît de la pauvreté. Contemple mes chers pauvres et admire dans quelle joie sainte ils passent leurs jours. Jamais ils ne sont tristes que des offenses qui me sont faites; et cette tristesse au lieu de les affliger nourrit leur âme. Ils ont, par la pauvreté, trouvé la souveraine richesse, ils ont quitté d'épaisses ténèbres pour la lumière parfaite. Leurs rapports avec les créatures raisonnables sont pleins d'amour, et ils ne font acception de personne... C'est une reine que cette pauvreté : elle a un royaume que rien ne peut troubler. La paix y réside, la justice y abonde, parce que tout ce qui cause l'injustice en est banni. Les murailles de sa cité sont puissantes, parce qu'elles ne sont pas faites de terre molle, ni bâties sur le sable de manière à être renversées par le moindre vent. Elles sont appuyées sur la pierre inébranlable qui est Jésus-Christ mon Fils. Le jour y est sans nuit, l'été sans hiver, parce que la mère de cette grande reine est la charité infinie (1).

(1) *Dialogues*, c. I.

Et, sous l'impression des révélations merveilleuses dont Dieu honore ceux qu'Il appelle à la gloire de la *vie de ses pauvres*, Philippa avait cherché l'Ordre de la plus austère pauvreté. Le nom des *Pauvres-Dames* lui plut ; leur vie, la vie des filles du Patriarche des pauvres et de la Duchesse des humbles, lui plaisait encore davantage. Personne n'avait poussé plus loin les excès du ravissant amour de la sainte Pauvreté que François d'Assise, sainte Claire, sainte Colette : elle n'hésita pas à devenir leur fille, et, comme elle ne faisait rien à demi, elle fut une véritable pauvre, une sainte pauvre, une admirable pauvre...

Sa pauvre cellule portait le nom de *Crèche de Bethléem*, et nous nous rappelons quelle inscription elle avait fait graver au-dessus de la porte de cette humble solitude :

Doux Jésus, faites-nous la grâce de mespriser de cœur et d'affection les biens temporels.

Ce lieu était bien nommé, car dans la cellule de la reine de Jérusalem tout était à l'unisson de la pauvreté de Bethléem, et Dieu sait la douleur de la princesse lorsqu'on voulait essayer d'adoucir en quelque chose la rigueur de son dénuement. Le trait suivant en est un exemple bien touchant ; nous allons entendre le Père Mérigot nous le raconter avec sa naïveté habituelle.

« Sa couche consistoit en une chétive paillasse et quelques couvertures de drap, point de matelas, point de coultre de plumes, point de linge, point de courtines. Le Cardinal de Lorraine, son fils, sachant comme elle se traittoit mal, s'en estonna grandement, et esmeu de compassion, et de l'amour qu'il portoit à sa bonne mère, luy fit faire secrettement un pavil-

lon de sarge blanche, et le luy porta luy-même. Ce fut une chose bien aggréable et de bonne édification que de voir la constance de la mère à refuser, et la piété du fils à présenter : « Voicy, luy dit-il, un petit
« pavillon que je vous ai faict faire, avec la permis-
« sion et bonne grâce de vostre Révérende Mère
« Abbesse ; je vous prie, Madame, me faire ceste
« grâce que de le recevoir de la main de celuy que
« vous avés autre-fois tant aymé, et de permettre
« qu'il soit mis sur vostre lict. Vostre aage, vos ma-
« ladies, vostre condition, méritent bien ce petit
« passe-droict, veu mesme que Sa Saincteté vous a
« dispensée, à ma requeste, de toutes ces rigueurs
« de religion.

« Ces belles et courtoises parolles n'eurent qu'un refus, il la presse, il la prie, il la conjure d'avoir pitié de soy-mesme, de ne point haster ses jours, de se conserver pour ses bonnes Sœurs Religieuses, pour ses enfants, pour la Lorraine, pour la gloire de Dieu. Non, elle n'en fera rien, et je ne sçay si ce bon Cardinal n'en vint point jusques aux larmes ; bien trouvé-je que Philippa fut contraincte de céder à la piété de son fils ; mais ce fut avec un exemple mémorable de vray mortification.

« Elle fit pendre le pavillon sur sa couche, mais une nuict tant seulement, et dès le lendemain le fit replier, et le rendit au Cardinal, avec ces parolles du tout riches et très dignes d'estre escrittes en lettres d'or au temple de l'Eternité :

« Tenez, Monsieur le Cardinal, Tenez. Voilà vostre pavillon ; pour vostre respect je l'ay retenu ceste nuict. Mais soyez asseuré, mon fils, que pour tout l'or du monde je ne permettrois que mon lict fut orné autrement que celuy de mes Sœurs. J'ay choisy cest estat de bon cœur, pour l'amour de mon Dieu, c'est pourquoy je le veux garder et observer toute ma vie (1). »

Emu jusqu'aux larmes de ce parfait amour de la pauvreté, le Cardinal reprit le pavillon, et lui et sa suite louèrent Dieu des admirables vertus dont Il avait orné la belle âme de l'humble habitante de la *cellule de Bethléem*. Philippa, triomphante, rentra dans ce cher sanctuaire du dénûment absolu, et, se jetant aux pieds de son crucifix, elle renouvela son vœu de pauvreté avec des transports de joie inénarrable.

« L'humble Philippa aymoit tant ceste riche et précieuse pauvreté, nous dit encore son pieux historien, qu'elle voulut vivre avec elle et mourir entre ses bras. Après qu'elle eut généreusement quitté le monde, jamais elle ne voulut entendre parler de recevoir aucun présent des mondains pour ses usages. Le monde est plus à craindre qnand il nous flatte par ses présents que quand il menace. Les menaces font roidir un grand courage, et bien souvent un petit présent le met en pièces. Que si la nécessité grande de la maison la réduisoit à demander quelque chose pour la Communauté aux Princes ses enfants, c'estoit toujours avec ces paroles de pauvreté : *Mes enfants, je vous demande, pour l'amour de Dieu, l'aumosne pour nostre pauvre communauté.*

« Ses voiles, ses couvre-chefs estoient les plus pauvres de la maison. On luy avoit fait à son insceu

---

(1) Mérigot. — Balthazard rapporte que la Reine « assura en outre au Cardinal qu'elle n'avoit point eu de repos cette nuit-là, se trouvant mieux accommodée que ses Sœurs. » P. 57.

un voile de toile de Hollande pour le jour de sa profession : la difficulté fut de le luy faire prendre.

« Et, bon Dieu, ma Mère, (disoit-elle) qu'est ceci ? Je m'en vais faire profession de pauvreté, et vous me parés icy en espousée ; non jamais je ne le porteray ; donnés m'en un pour l'amour de Dieu, comme mes autres Sœurs : Ah ! Jésus ! je n'ay eu que trop d'aise au monde, il est temps désormais de souffrir quelque petite nécessité, pour l'amour de mon Dieu et le salut de mon âme. »

Et l'Abbesse dut replier le beau voile et en donner un de toile grossière à cette chère Amante de la pauvreté. Ce n'était ni le premier ni le dernier exemple qu'elle devait donner à ses Sœurs de cette admirable vertu. Aussi ces saintes religieuses écrivirent-elles plus tard :

« Touchant saincte pauvreté, elle la gardoit très estroictement, et ne fut jamais à la puissance de personne de luy faire prendre plus hault de six ou sept couvre-chefz et deux voiles, l'un pour les jours fériaux, l'autre pour les festes. Et de toutes choses ne vouloit avoir sinon sa petite nécessité, encor bien à l'estroit, disant qu'elle avoit eu au monde tant de bien et d'ayse, et qu'il estoit temps qu'elle souffrit quelque nécessité pour l'amour de Dieu et de son salut (1). »

« S'il y avoit quelque robe deschirée et *rappetassée*, c'estoit celle qu'elle vouloit avoir. François I*er*, Prince incomparablement débonnaire, l'aimoit uniquement : or, estant sur la frontière du royaume, il monstra vouloir passer jusques en Lorraine pour la

(1) Tradition des Clarisses.

voir. Le bruit en fut grand dedans le monastère, et on luy demandoit comment elle se trouveroit devant la Majesté d'un si grand Roy avec cest habit vil, frippé, deslabré.

« Non, répondit-elle, je ne seray non plus honteuse devant luy avec ceste robe toute usée et demy pourrie, que j'estois autrefois revestue de brocador, et brillante de pierreries... et pourquoy serois-je honteuse, portant les livrées de Jésus? »

« La vertu n'est pas avilie pour estre dedans des haillons ; elle est comme le soleil, lequel semble souvent plus beau au travers d'une nuée que quand il nous crève les yeux de ses rayons.

« Mais la Révérende Mère Abbesse y avoit mis bon ordre, car sachant bien l'honneur qu'elle recevroit, recevant dedans son monastère le plus grand roy de la Chrestienté, elle avoit fait faire secrettement une robe d'estoffe un peu plus fine pour la faire prendre à Philippa à ceste entre-veüe. Dieu toutefois en disposa autrement : le voyage fut rompu; mais un bien grand différend s'esmeut sur ceste robe : l'Abbesse vouloit que Philippa la portast et l'usast, et Philippa protestoit que c'estoit contre la pauvreté ; on luy crioit obéissance, et elle d'autre part : humilité ; on luy montroit sa Supérieure, et elle luy opposoit Jésus-Christ nud en Croix. Néant-moins, comme elle estoit parfaictement obéissante, elle se laissa vaincre, elle prit ceste robe, la mit un jour, et puis, se venant jetter aux pieds de sa Mère, la harangua si puissamment de ses yeux, qu'elle fut contrainte de donner ceste robe à une aultre pour l'user (1).

(1) Il fut une fois bruict que le Roy de France la vouloit voir. — La Mère Abbesse lui fit faire un habit d'un drap de Troye

« Concluons, et disons que si c'est une marque certaine entre les sages d'une habitude entièrement acquise que de faire les actions vertueuses et héroïques avec promptitude, facilité et délectation, nous pouvons asseurer que Philippa se l'estoit acquise parfaictement ; car elle passoit par toutes les rigueurs de la pauvreté et humilité religieuse avec une telle allégresse et dilatation de cœur si sensible, que toutes les religieuses, ses Sœurs, ravies d'admiration, se la proposoient pour exemple et modèle de la plus haulte et éminente perfection (1). »

Par esprit de pauvreté, les Clarisses ne se servaient que de « vaisselle de terre ou de bois ! » « Cela sembloit bien nouveau et rude pour une princesse accoustumée à l'argenterie, remarquent ses historiens. Cependant elle ne voulut avoir autre service que celuy que la pauvreté religieuse luy permettoit.

« Et, disait-elle, mon doux Jésus mangeoit-Il dedans de l'or ? la glorieuse Vierge avoit-elle de la vaisselle d'argent ? tant de grands Saincts devant moy ne se sont-ils point contentés ou d'une escuelle de bois, ou d'un plat d'argile ? Les aliments perdent-ils leur goust pour estre mis dedans de la terre ?... Et puis la terre nous fait ressouvenir de nostre condition, de nostre bassesse, de nostre rien. »

Telle était Philippa de Gueldre dans son humilité et sa pauvreté ! On serait infini si on voulait entreprendre de détailler les actes admirables que lui inspira son amour pour ces deux vertus ; et d'ailleurs,

---

contre son gré. Et pour faire obédience, elle le vestit une fois, et puis jamais ne le voulut plus vestir. Il fallut qu'une oultre Sœur l'usast. (Mémoires des Clarisses.)

(1) Mérigot. Ch. x.

nous ne les pourrions tous rapporter, ces actes héroïques, car, combien sont demeurés ensevelis dans le secret de cette touchante humilité !... Nous ne nous en consolerions pas, si nous ne savions qu'au jour des divines manifestations, Dieu révèlera à nos âmes ravies ces délicieux mystères... En attendant, admirons l'humilité de Philippa dans la pratique de son humilité même, comme dans celle de toutes les autres vertus. A tous, il était visible qu'elle était une sainte : elle seule, non seulement l'ignore, mais ne trouve pas de mot pour exprimer son indignité. Elle ne veut point s'appeler la *servante de Dieu*; ce titre lui semble trop beau pour elle : il effraie son humilité ; elle préfère se nommer un *petit ver de terre*, la *chétive pécheresse*, la *pauvrette*, etc... et par là même, sans s'en douter, la chère Bienheureuse montre de quelle modestie parfaite, de quelles vertus magnifiques elle était revêtue et pénétrée. Les compagnes de Philippa de Gueldre savaient bien quel trésor elles possédaient dans la personne de leur vénérable mère. Aussi, après sa mort, elles écrivirent au milieu de leurs larmes ces lignes émues : « Combien que nous croyons qu'elle estoit l'une des plus sainctes âmes qui fût sur la terre, néant-moins tout le temps de sa vie, principalement depuis qu'elle estoit religieuse, elle s'est toujours tenüe et réputée une très grande pécheresse, disant souvent : qu'elle n'estoit pas digne de porter l'habit de la saincte Religion, n'y d'estre en nostre compagnie... Mais hélas! nous n'estions pas dignes d'estre en la sienne tant saincte et vertueuse (1). »

(1) Manuscrit des Clarisses.

CHAPITRE XXVI

Obéissance et Charité.

> « On ne sçauroit estimer les grandes grâces et vertus que Nostre Seigneur avait mis en elle... »
> (*Vieux Mémoires.*)

Dieu seul! Dieu tout seul! Dieu toujours tout seul! s'écriait souvent la Mère Philippa, en baisant avec amour l'humble croix de bois qui terminait son long Rosaire, ou le pauvre crucifix de cuivre qui brillait sur sa poitrine, et, dans ces accents sublimes, se trahissait le secret de son admirable vie....

Dieu seul! Dieu tout seul! Dieu toujours tout seul! Quand un cœur laisse échapper ce cri, quand une âme vit de cette unique pensée, et que tout en elle est ramené à cette fin divine, bénissons le Seigneur, rendons-lui grâces, car Il a fait de grandes choses dans ce cœur d'élu, dans cette âme sainte : un juste de plus a été donné à la terre; une nouvelle fleur s'est épanouie pour le Paradis...

Les yeux toujours fixés sur son modèle divin, le Christ Notre-Seigneur, la Bienheureuse Philippa, pour l'amour de Dieu seul, pratiquait avec une ardeur étrange le vœu de la sainte obéissance, et, comme son Jésus avait été obéissant jusqu'à la mort, elle aussi avait juré d'obéir *usque ad mortem*.

Le monde ne comprenait rien à cette divine folie, et il ne pouvait s'imaginer comment et pourquoi cette fille de roi, née, disait-il, pour commander, avait brisé son sceptre afin d'aller vivre sous le commandement d'une de ses sujettes, à laquelle elle ne parlait qu'à genoux, et entre les mains de laquelle elle avait juré une obéissance qui n'avait ni réserve, ni limite. Tous admiraient son sacrifice, mais peu le comprenaient... Qu'importait à Philippa, qu'importe à toutes les âmes consacrées le blâme ou la louange d'un monde dont elles ne sont pas ?...

Philippa, descendant les degrés de son trône pour gravir ceux du Temple, ne cessait point d'être reine : « *Servir Dieu, c'est régner, Servire Deo, regnare est!* » Elle avait considéré de haut toute chose : son diadème d'or était trop peu pour elle : elle avait senti le besoin de ceindre une couronne plus belle, et, dans sa fierté, elle n'en voulait point d'autre que celle qui avait touché le front d'un Dieu... Elle voulait revêtir son âme d'une pourpre éternelle, et se donner un sceptre que nulle puissance ne pourra jamais briser, un sceptre avec lequel elle serait reine jusque dans l'immortalité, et ce sceptre, c'était la Croix, la Croix sur laquelle elle s'était clouée par les saints Vœux, la Croix sur laquelle elle vécut et mourut en parfaite obéissante, se soumettant, *usque ad mortem, mortem autem crucis*, à tout ce que Dieu lui commanda par la voix de ses Supérieurs.

Elle avait compris que la vie, don du ciel, est chose précieuse, qu'elle ne reparaît pas deux fois parmi nous ici-bas. Aussi elle la considérait comme un trésor qui lui était confié, comme un capital sacré, et elle se disait heureuse, parce qu'il lui avait été donné de l'aliéner complètement entre les mains du doux Sauveur, afin d'en rendre chaque jour l'intérêt à Dieu. Elle le servait, ce Maître adorable; elle régnait, elle était reine, et elle pouvait dire, à ceux qui pleuraient sur elle comme sur une victime malheureuse, ce que disait un jour une âme, tout enivrée de l'amour du Christ-Époux, à ceux qui gémissaient sur son sort :

> « Gardez votre pitié, car je suis souveraine,
> « J'ai des trésors cachés que vous ne savez pas.
> « Tous vos vains ornements, dans ma fierté de reine
> « Je les ai méprisés et foulés sous mes pas.
> « Ils auraient déparé la blancheur de mon trône,
> « A leur côté mon sceptre aurait paru moins beau,
> « Car c'est l'Humilité qui brille à ma couronne ;
> « La Pauvreté, l'Amour ont tissé mon manteau !
> « *Celui* qui me donna sa noblesse, sa gloire,
> « La moitié de son trône et l'amour de son Cœur
> « M'apprit à mépriser votre pompe illusoire
> « Pour jouir à sa cour *du véritable honneur.*
> . . . .

Or, dans la maison du Seigneur, dans nos cloîtres bénis, quel est-il ce *véritable honneur ?* est-ce celui de commander ? Non. — Est-ce celui d'obéir ? Oui.

O parfaite obéissance, tu es l'astre qui brille toujours dans le ciel sans nuage de l'heureux obéissant, tu es la fleur royale dont se parent les épouses du Grand Roi, tu es, j'ose le dire, leur breuvage et leur nourriture, puisque chaque jour nous est servi le Verbe fait chair, le Christ fait obéissant... et alors, ô vertu plus que royale, vertu divine, faut-il s'étonner si tu fais descendre de leur trône les grands de la terre, puisque c'est pour les convier à une sorte de royauté céleste, en les associant au triomphe du *Christ obéissant ?*

Ce Christ-Roi s'était fait obéissant pour nous; *pro*

nobis : Philippa se fit obéissante pour le Christ, et c'est dire, d'un seul mot, ce que fut son obéissance, obéissance merveilleuse, digne de l'amour qu'elle portait à son Dieu et du vœu qu'elle lui en avait fait.

« Je ne m'estonne plus maintenant, dit un de ses historiens, si la Bienheureuse Philippa estoit tant mortifiée, tant humble, tant pauvre d'esprit, tant patiente, tant débonnaire, puisqu'elle estoit parfaitement obéissante, et je m'asseure que qui luy eût fait la question que saint Jean Climacus fit jadis à des grands et parfaits religieux, sçavoir, qu'est-ce qu'ils avoient appris en l'estude de cinquante ans continuels en l'eschole de l'obéissance, elle respondroit comme ils firent : c'est elle qui m'a enseigné que pour estre Royne au Ciel, il falloit estre vermisseau en terre. C'est elle qui m'a asseuré que si je voulois voir et estre veuë de Dieu, il falloit que j'eusse l'âme plus pure, plus nette, plus transparente que crystal de roche. C'est elle qui me met tous les jours en besongne et fait que je recognois les volontés de mon Dieu, et les recognoissant, je les exéquute volontiers. C'est elle qui fait qu'en mes exéquutions, je suis simple ; en ma simplicité, joyeuse et contente ; en ma joye, prompte ; en ma promptitude, forte et courageuse ; en ma force, humble ; en mon humilité, constante. Constante, à la vérité, dévot lecteur, car l'espace de vingt-sept ans qu'elle a passés en Religion, elle s'est tousjours renduë si souple et subjette qu'au moindre commandement, on la faisoit passer de lieu à autre, d'office à office ; on l'exaltoit, on l'humilioit, on la faisoit la première, puis la dernière, et la plus petite de toutes. Et faut bien remercier ceste grande et admirable vertu, car, sans elle, Philippa n'eust pas si longtemps vescu en Religion comme elle fit. Elle estoit de très petite complexion, et subjecte aux maladies, et cependant sa ferveur estoit si grande, son zèle si puissant, son amour si fortement emporté vers son Dieu, qu'elle estoit tousjours en prières, en contemplation, en pénitence. Quand ses plus familières taschoient de la modérer un petit, elle les payoit de ceste repartie courageuse et constante : *Qui ne fait bien quand il peut, ne le fait pas quand il veut.* Et partant elle se laissoit emporter au courant de ses saincts désirs, qui, sans doubte, en peu de temps, l'eussent mise au Ciel, où elle avoit toutes ses plus hautes espérances et affections ; mais l'obéissance, survenant là-dessus, luy couppoit d'un petit mot ses plus grandes et amiables conférences et colloques avec les gens du Ciel, luy limitoit et retranchoit ses pénitences et mortifications, luy faisoit quitter Dieu pour Dieu.....

« De ceste grande et très intime affection que Philippa portoit à l'obéissance, naissoit le respect indicible qu'elle portoit à ses Supérieurs. Elle les regardoit et honoroit comme lieutenants de Dieu, et n'eût pas voulu recevoir ou donner la moindre chose sans leur congé exprès (1). »

Jusqu'à la fin de sa vie, c'est-à-dire jusqu'à l'âge de 83 ans, on vit cette sainte religieuse demander à genoux ses plus petites permissions ; les jeunes novices, comme les Sœurs professes, étaient émerveillées de voir cette vénérable ancienne se prosterner la face contre terre à la moindre observation de sa Supérieure et ne se relever que sur l'ordre exprès qui lui

---

(1) Mérigot.

en était donné ; elles admiraient sa joie, sa promptitude à obéir sans jamais considérer d'où venait le commandement et pourquoi il était fait ; elles se sentaient émues lorsqu'elles voyaient cette illustre reine sacrifier, sur un signe de sa Révérende Mère, ses petits goûts, ses ardents désirs, même ses heures d'oraisons, ses pénitences et jusqu'aux douceurs de l'extase ; leurs yeux se remplissaient de larmes lorsqu'elles entendaient la veuve de René le Victorieux, la mère du puissant duc Antoine, demander humblement à son Abbesse la permission de donner un morceau de pain aux pauvres mendiants qui venaient frapper à la porte du Monastère ; ou solliciter, à genoux, celle d'aller s'entretenir quelques instants avec les Princes ses enfants... Les saintes compagnes de la duchesse étaient dans un ravissement perpétuel en voyant avec quel soin jaloux leur royale Sœur donnait à tous ses actes le mérite de la sainte obéissance.

« Elle avoit grand égard à la saincte obédience, écrivirent-elles après sa mort ; et n'eût pas voulu avoir une espingle, ou autre chose tant petite fût-elle, sans licence, ny donner aucune chose sans congé, tant estoit-elle humble et obédiente. Elle n'eût jamais voulu entreprendre aucune chose sans le dire à la Mère Abbesse, disant : *Ma bonne Mère, vous platt-il que je face cecy ou cela?* Et si elle s'appercevoit que la chose ne fut pas aggréable, ou qu'elle luy dist : *ne le faictes pas,* elle s'en gardoit sans se fascher, ny récalcitrer. Et aymoit trop mieux qu'on luy commandast, que de commander à aultruy. »

La Règle séraphique veut que toute lettre qui arrive dans nos Monastères, comme toute lettre qui en part, soit attentivement lue et examinée par l'Abbesse, afin, dit le R. P. Jacques d'Embrun, « qu'il ne se passe rien en cet endroit qui puisse divertir les Sœurs du service de Dieu, leur donner sujet de distraction, ou causer des atteintes d'un amour mondain, prophane ou charnel qui doit estre entièrement banny des Monastères de nostre Mère sainte Claire, qui sont comme tout autant d'Académies de l'Amour de Dieu, et de toutes sortes de vertus chrétiennes et religieuses. »

Philippa de Gueldre se soumit joyeusement à cette pratique assujettissante et son amour de l'obéissance ne la lui fit jamais trouver ennuyeuse ou pénible. « François Ier luy faisoit cest honneur que de luy escrire souvent, et luy communiquer les affaires les plus importantes. Les ducs et duchesses de Lorraine et de Guyse, le cardinal de Lorraine, les autres Princes ses enfants, ne faisoient rien sans son advis; ce n'estoit que courriers, que messagers, que lettres. Cependant elle n'ouvrit jamais aucun paquet, jamais ne leut aucune de ces lettres que premièrement sa Supérieure ne les eust leu; jamais ne donna aucune responce sans son congé, et souvent sans son commandement très-exprès. C'est une méthode très assurée, pour ne jamais faillir, que de ne rien faire à sa teste » (1).

« Ces traits d'admirable obéissance furent imités par un arrière-petit-fils de la Princesse : le Père Charles de Lorraine, qui passa des rangs de l'épiscopat dans ceux de la Compagnie de Jésus où il mourut en odeur de sainteté.

« On avertit un jour ce grand religieux que le duc

(1) Mérigot.

de Nevers venoit le visiter, et que, curieux de sçavoir s'il étoit aussi mal logé au Collège qu'au Noviciat, il montoit à sa chambre. Le Père Charles pria aussitost un Père qui passoit de demander la permission au Père Recteur de conduire ce Duc jusques chez lui, et comme le Jésuite, surpris de son scrupule, lui eut dit qu'il ne falloit point de permission pour un Prince de ce rang là, qui étoit une exception de la Règle : Je veux le croire, répliqua le Père Charles, mais souffrez que je me repose sur vous du soin de m'acquitter de ce devoir pour plus grande sûreté.

« Un autre jour, ayant reçu par un Exprès des lettres de Madame la Grande Duchesse, sa parente, et de la Princesse, sa Mère, il les tint sans les ouvrir, et dit à un Père avec qui il s'entretenoit : Ne trouvez-vous pas que la Religion a un grand pouvoir d'empêcher que ni moi, ni aucun inférieur ne veuille s'émanciper à décacheter une lettre, parce qu'il y a une règle qui le défend, sans obliger sous peine de péché ? Que nos règles sont admirables ! Il faut les garder jusques à la moindre ! » (1)

« *Il les faut garder jusques à la moindre !* » Tel était l'enthousiasme sacré de Charles de Lorraine pour ses saintes Règles... Vraiment il était bien le digne descendant de la Bienheureuse Philippa, qui ne cessait de faire retentir les murs de son cloître de ce cri héroïque : *J'endureray plus-tost qu'on m'arrache les yeux de la teste, qu'on me coupe les membres, qu'on me mette en cent mille morceaux que de consentir à une seule bresche faite à l'institut...*

---

(1) *Vie du T. R. P. Charles de Lorraine*, par le R. Père de Laubrussel.

Souvent ses Sœurs lui demandaient de leur faire quelques conférences sur les devoirs et sur les mérites de la sainte obéissance ; elle s'y prêtait avec une grâce charmante, et alors, au sein de sa chère famille religieuse, elle laissait déborder, dans des causeries intimes, le trop plein de son cœur et disait des merveilles. Il est fort regrettable que les Mères de Pont-à-Mousson n'en aient pas écrit quelque chose ; à notre tour, nous eussions pu recueillir, pour les mettre en pratique, les conseils de la Bienheureuse.

Wadding, dans un passage intitulé : *Ce qu'elle pensait de l'obéissance*, a écrit les lignes suivantes, qui n'ont que le tort d'être trop courtes : « Dans toutes les circonstances, elle montrait un grand amour pour l'obéissance, vertu qu'elle plaçait au-dessus de toutes les autres, et souvent elle disait qu'il n'y avait rien de plus digne de blâme que le retard, et à plus forte raison l'arrogance, dans l'exécution des ordres des Supérieurs. Pour elle, elle se serait crue indigne de l'obéissance si elle ne se fût pas soumise en toute chose à ses Supérieurs légitimes et à leur volonté. »

L'Abbé Guillaume ajoute « que c'est aussi par respect pour le principe d'obéissance, et par expérience des grands biens spirituels qu'il procure à ceux qui en font la règle de leur conduite, qu'elle refusa constamment les honneurs de sa Communauté et surtout la dignité abbatiale : « Je suis venuë en religion pour « obéyr et non pour commander. » Telle était la réponse qu'elle opposait avec une inébranlable fermeté aux instances que firent plusieurs fois les religieuses pour la décider à se laisser nommer leur supérieure. »

Un des plus beaux exemples d'obéissance que Philippa donna à ses compagnes fut le sacrifice qu'elle fit, *sans mot dire*, de sa chère cellule, sa petite *Crèche de Bethléem*, où elle avait reçu tant de merveilleuses faveurs, goûté de si suaves délices en imitant le doux Sauveur par un dénûment absolu et d'incroyables mortifications.

Nous croyons que ce fut un an ou deux avant sa mort, que l'obéissance exigea d'elle cet acte héroïque. Les infirmités de la Vénérable Mère, ou plutôt les souffrances extraordinaires qui l'associaient aux douleurs de la Passion de Jésus, croissant de jour en jour, la Mère Abbesse et sa Vicaire jugèrent à propos de lui faire habiter une chambre plus commode que la cellule qu'elle occupait. Cette cellule n'était point faite pour une malade, la compassion, et « *surtout le respect que les religieuses devoient à une si sainte âme*, firent qu'on délibéra de la mettre à part. »

Les Sœurs étaient heureuses de pouvoir entretenir cette sainte Mère, lui demander ses conseils et voir de près les faveurs extraordinaires dont Dieu la comblait, or, l'entrée des cellules n'est point permise à toutes les Sœurs, et comme elles sont situées dans un lieu de grand silence, on n'y parle pas sans de graves raisons. La Communauté voulait voir de près son trésor, en jouir à son aise et lui donner de nouvelles preuves de son respect et de son affection. Toutes les Sœurs à l'envi voulaient prier et veiller près du lit de douleur de la Bienheureuse Philippa, et s'édifier de la résignation avec laquelle cette chère Victime de Jésus supportait tant de souffrances. Ces souffrances, on les voulait adoucir : il fallait plus d'air à la malade, un lit moins dur que le cilice, la planche ou la paille ; en un mot, il s'agissait de l'arracher à toutes les mortifications auxquelles elle se livrait dans son austère cellule et qui achevaient de ruiner ses forces.

Mais à ce projet, « il fallut, dit la Légende, apporter tout plein de circonspection. De faire une chambre expressément pour elle, jamais on ne gaignera tant sur son humilité, que de l'y faire demeurer! De luy donner un train de religieuses en un quartier à part, cela est contre la coustume, et aussi elle n'est pas pour l'endurer. Il y avoit une chambrette, ou pour mieux dire un petit trou, au bout du dortoir, si estroit, que la porte estant ouverte, on voyait à l'aise tout ce qui estoit dedans............. »

Ce n'était pas, on le voit, une chambre bien confortable, mais enfin ce n'était pas une cellule enclavée dans les autres : on y pourrait agir avec plus de liberté dans les soins et les petits adoucissements qu'on désirait prodiguer à la bonne Mère. Mais comment décider l'humble religieuse à y entrer ? il fallait un miracle : l'obéissance le fit.

On choisit le moment où la Mère Philippa était en oraison, « bien fermée dedans son Oratoire, » pour faire le *déménagement*, et certes, il ne fut pas long! On mit donc dans cette chambrette « tout son petit attirail, et puis, sans luy donner loisir de s'opposer à ceste nouveauté, on luy commanda absolument et sans réplique de s'y retirer. Il fallut obéir, mais ce fut avec toute la modération qu'elle peut, sans enfreindre l'obéissance qu'elle chérissoit comme la prunelle de ses yeux. Il fallut luy donner une compagne, et puis elle voulut que la porte fut ouverte et de jour et principallement de nuict, pour n'estre point séparée de ses chères Sœurs, mais plus tost pour ne se départir que le moins qu'elle pourroit des reigles et statuts de la Religion, » car nous ne devons quitter le dortoir (1) commun que dans le cas de graves maladies.

Or la sainte Clarisse ne se trouvait pas assez souffrante pour jouir du privilège accordé aux malades, et ce qui la peinait fort, c'était de penser que c'était surtout par respect pour son âge et sa condition qu'on lui donnait une cellule différente de celles de ses Sœurs.

Mais, obéissante comme elle l'était, elle ne se permit pas un seul mot d'objection ; et son obéissance lui créa dans cette nouvelle cellule *un nouveau Bethléem*.

Voilà comment Philippa savait obéir : elle était vraiment bien morte à elle-même, et, comme une morte, elle se laissait transporter « de lieu à autre, » dit la Chronique, sans gêner en rien la volonté de ceux qu'elle appelait : « les lieutenants de Dieu ! »

Son âme suivait la même marche que son corps ! Le seul mot d'obéissance la faisait redescendre des hauteurs de l'extase ; une parole de son confesseur ou de son Abbesse la faisait remonter des abîmes de la plus amère désolation, du sein des plus terribles tentations, aux régions de la paix des vrais enfants de Dieu... C'était chose admirable de voir les merveilles opérées dans cette âme par l'exercice de la sainte obéissance ; dans la lumière ou les ténèbres, dans les roses ou les épines, à la vie et à la mort,

---

(1) Dans nos monastères, on donne le nom de dortoir à un long corridor sur lequel donnent les cellules. On donne aussi ce nom à l'ensemble de toutes les cellules.

elle resta toujours une vraie fille de François et de Claire, une parfaite obéissante.

Nous aurons l'occasion de revenir sur l'amour que Philippa portait à ses Règles, et la fidélité avec laquelle elle les gardait. Bien des fois déjà nous avons parlé de son zèle pour la sainte observance, mais ce sujet est si beau que volontiers nous permettrons à de nouveaux faits de nous y ramener. Peut-on se lasser d'errer dans de tels souvenirs ?

Mais avant de recueillir une dernière fois les traits épars qui achèveront de nous donner une idée de l'héroïque régularité de la Bienheureuse Philippa, voyons ce qu'était cette sainte religieuse pour ses Sœurs bien-aimées ; quels liens unissaient son cœur à leurs cœurs, son âme à leurs âmes ; avant de parler de sa rigueur pour elle-même, parlons de sa douceur, de sa charité envers les autres ; admirons l'épanouissement de ce magnifique amour qu'elle voua au prochain, et révélons à tous qu'elle gardait un cœur de mère, un cœur d'amie, un cœur de souveraine dans son cœur de religieuse.

Ce cœur de religieuse était un foyer de charité qui laissait rayonner sur tous et toujours, Jésus vivant en lui... oh ! qu'il y avait de parfums divins dans cet amour pur que Philippa donnait si généreusement, si joyeusement à ses Sœurs, les Epouses du Christ !

Cette bonté débordante qui, du cœur de la douce Princesse, se déversait sur les âmes qui l'entouraient, était le signe sensible de sa grande sainteté : « *La vraye pierre de touche pour connoistre si vous estes de bon or*, disait un de nos Pères, *je veux dire vraye servante de Dieu et vraye fille de saincte Claire, c'est l'amour du prochain.* » Il n'y avait pas à en douter, le cœur de la Bienheureuse était de *bon or* : c'était celui *d'une vraye servante de Dieu, d'une vraye fille de Saincte Claire.*

« De la terre de Gueldres, dit un historien, Philippa fut transportée au parterre royal de Bourbon, de là au jardin verdoyant de Lorraine et de celuy-ci encor au verger florissant de l'Epoux du Ciel, Jésus-Christ. Ce fut icy qu'ayant trouvé un sol aggréable, elle estendit au large ses branches, et porta sa cime jusques au plus hault de l'air, devenant comme ces beaux pins qui, quoy que hault eslevés, ne laissent pourtant d'estre courtois aux arbres voisins, conservant soubs soy et le laurier et le myrthe. Ainsi toutes les bonnes religieuses se mettoient à l'abry de la pitoyable Philippa, vivantes sous sa protection en toutes sortes de paix et asseurance, et elle aussi les chérissoit avec un cœur de Mère et les assistoit comme ses enfants propres. Jamais, au rencontre, elle ne manquoit de les saluer amiablement, leur demandant comme elles se portoient et les excitant tousjours à la perfection, au mespris de la terre, à l'amour du Ciel et du doux Jésus.

« Ce qui faisoit que ces bonnes filles se pressoient pour la rencontrer souvent, nommément quand elle retournoit de son oratoire, car pour lors elle leur disoit des merveilles. Surtout si quelques novices ou jeunes religieuses se présentoient à elle, jamais on ne veit aigle mieux voleter autour de son aiglon pour luy apprendre le braule de l'air. Car, du premier vol, elle l'emportoit avec soy jusques dedans la sacrée humanité du Fils de Dieu avec ces amoureuses paroles :

« Eh bien, ma petite sœur, où avés-vous laissé le
« doux Jésus? quels sont les derniers discours qu'Il
« vous a tenus? quelles sont les dernières requestes
« que vous luy avez faictes? Ah! ma fille, que vous
« estes bien-heureuse d'estre au service d'un si bon
« Maistre! Ma bonne Sœur, que vostre lot est for-
« tuné d'estre tombée aux plus beaux héritages de
« Jésus! Poursuivés, ma fille, poursuivés jusques au
« bout, sans jamais poser la Croix que vous avés
« chargée sur vos espaules, jusques à tant que votre
« Espoux et Maistre vous en deschargera. »

Les novices, comme les autres Religieuses, ravies de tant de bonté, aimaient à confier à la bonne Mère Philippa « leurs petits secrets. » Toujours elle les écoutait avec le même intérêt, toujours elle les encourageait avec la même charité maternelle... Elle mêlait ses sourires à leurs sourires, et, s'il le fallait, ses larmes à leurs larmes; elle recueillait leurs confidences, elle leur ouvrait ses bras et son cœur; pour toutes, elle avait le conseil qui éclaire, le mot tendre qui ranime et console, le baume qui guérit... Sur combien de fronts baignés de larmes passa sa douce main, sur combien de cœurs meurtris se posa son cœur d'or?.. c'est le secret des heureuses privilégiées qui toutes s'unissaient ensuite pour dire que Dieu leur avait envoyé un ange de son beau Ciel dans la Mère Philippa... et, entre elles, elles se redisaient les paroles enflammées qu'elle leur avait dites, les douces consolations qu'elle leur avait données.

Et cependant, quelque tendre que fût cette maternelle affection de Philippa pour ses Sœurs, aucune puérilité féminine n'y était mêlée; au contraire, l'humain semblait avoir disparu et les caresses austères de cette sainte Religieuse passaient par Jésus et sa Croix avant d'arriver à ses jeunes compagnes. Cette main amie qu'elle leur tendait, c'était pour les attirer dans cette voie royale du sacrifice, dont elle connaissait le sanglant parcours... ces tendres paroles, pleines d'onction, qui du cœur passaient sur ses lèvres, et qui remuaient si fortement les petites novices, n'avaient qu'un but : encourager à la persévérance ces fiancées de Jésus, et, pour les novices comme pour les professes, ses conseils s'inspiraient toujours de cette pensée magnifique : « Poursuivés, mes filles, poursuivés jusques au bout sans jamais poser la Croix que vous avez chargée sur vos espaules, jusques à tant que votre Espoux et Maistre vous en déchargera. »

Mais ce n'était pas seulement les novices et les jeunes professes qui réclamaient de la Bienheureuse un sourire, une parole réconfortante, un conseil : les vénérables Mères anciennes voyaient, elles aussi, la sainteté rayonner sur le front de leur royale compagne. Elles la savaient inspirée d'en haut, et elles demandaient à son cœur de flammes le rayon qui éclaire et le feu qui réchauffe. Les Abbesses de Philippa elles-mêmes, Jeanne d'Apremont d'abord, Agnès de Mousson ensuite, choisirent la sainte princesse pour leur confidente intime, versant dans son cœur les angoisses, les amertumes qui naissaient de leur charge accablante, laissant parfois couler devant elle ces larmes secrètes qu'arrachent, à certaines heures, les douleurs de l'enfantement des âmes à la vie du sacrifice et de la perfection. Justement parce qu'elle savait combien il est doux d'obéir, Philippa comprenait combien il devait être dur de commander, aussi, qui dira avec quelle exquise délicatesse de cœur et de sentiment cette humble Religieuse consolait son Abbesse, trouvant le moyen de fortifier son âme tout en restant à ses pieds.

Cette religieuse familiarité n'altérait en rien les sentiments de respect que Philippa avait voués à sa Mère Supérieure, au contraire, ils s'en trouvaient augmentés, et l'on peut dire que, jusqu'à son dernier jour, cette admirable Religieuse fut aussi humble, aussi simple, aussi soumise qu'à l'aurore de son noviciat. Elle ne pouvait supporter de voir l'Abbesse s'occuper à des travaux bas et humiliants; si elle la surprenait balayant, portant du bois, etc, elle se précipitait vers elle, lui demandant gracieusement de lui céder son balai ou son fardeau... Une lutte charmante s'engageait alors, et les Religieuses étaient dans le ravissement de voir jusqu'où l'humilité conduisait Philippa de Gueldre et Agnès de Mousson.

« Quand, passant par les offices, la Bienheureuse trouvait ses sœurs au travail, recrues, lassées, chargées de sueur et de poussière, et quelquefois, parmi l'aspreté de l'hyver, toutes glacées et quasi mortes de froid, elle s'arrestoit doucement auprès d'elles, les plaignant, les encourageant, les servant et aydant de son pouvoir. Et comme les bons maistres d'escrime voyant leurs disciples à l'affaire les encouragent de la voix, ainsi la bonne Philippa leur enflait le courage avec des paroles de feu, des ressentiments angéliques, des exhortations toutes de Dieu :

« Bon Dieu, ma chère Sœur, que vous endurés! hé que vous avez froid, pauvre fille, et comment pouvés-vous supporter tant de fatigues, tant de peines, tant de maux? Mais courage, ma Sœur, c'est pour gaigner le Ciel, c'est pour ceste belle Hierusalem, c'est pour nostre bon Dieu.

« Le monde n'est fait que pour travailler; c'est un champ de bataille, c'est une vallée de larmes, de misères, d'afflictions : que s'il jonche son chemin de roses, c'est une piperie, ma Sœur, les espines sont au-dessous; tous les hommes en ont leur part : les plus grands saincts y ont passé, la Vierge, Jésus mesme. Ah! mon doux Jésus, nous n'approcherons jamais de vos travaux ! et cependant pour ces petits labeurs, et fatigues de ceste vie, vous nous préparés là hault, au Ciel, des délices infinies et éternelles. Belle éternité! serions-nous bien si misérables que de vous quitter pour des plaisirs si desplaisants et si légers que sont ceux que le monde nous présente ! »

« Il falloit estre de bronze pour n'estre point touchée de ces douces paroles, et bien tiède au service de Dieu pour ne point estre enflammée de ces saincts discours (1). »

Les bonnes Sœurs s'en trouvaient si merveilleusement encouragées qu'elles avouent elles-mêmes que souvent elles cherchaient à se placer sur le passage de la Mère Philippa pour être saluées et interrogées par elle : « Plusieurs fois nous prenions peine et taschions de la rencontrer pour avoir quelque salutaire parolle sortant de sa bouche! Elle nous saluoit moult amiablement, demandant comme nous nous portions, nous interrogeant familiairement de toutes noz petites affaires...

(1) *Vie abrégée.*

« Et tous ses propos et devises familières ne tendoient à aultre fin que pour nous fortifier en l'amour et crainte de Dieu, et en l'augmentation de toutes vertus... Nous estions bien heureuses quant elle estoit avec nous à la Communauté ou autre lieu, sçachant bien qu'elle ne s'en iroit pas sans nous laisser quelque bonne et salutaire parolle de doctrine et consolation spirituelle. Et signamment quant elle revenoit de faire ses dévotions et qu'elle nous rencontroit... Et cecy faisoit-elle à toutes, mais spécialement aux jeunes et novices, leur demandant ordinairement où elles avoient laissé Nostre-Seigneur, et où Il estoit à ceste heure là, quelque heure que ce fût. Et puis leur donnoit quelque bonne admonition pour *enflamber* leur jeunes cœurs à l'amour de Dieu, et les accoustumer à la dévotion et à toutes bonnes mœurs et religieuses façons de vivre.

« Elle estoit avec nous tant humaine, privée et récréative, que si nous eussions esté tristes et désolées, si eussions-nous eu joye et consolation d'estre en sa saincte compagnie. Elle se récreoit avec nous amiablement, comme la Mère avec ses enfants.

« Elle estoit aussi fort charitable aux frères. Et quand elle estoit sa sepmaine au tournoir, elle leur faisoit toutes les charitez qu'elle pouvoit. Et quand il leur falloit quelque chose, s'ilz luy venoient demander, elle en estoit la plus joyeuse du monde et se récreoit amiablement auprès d'eux. Elle a fait l'office de Mère Portière un an tout entier, pour ce que la Mère portière estoit malade en l'infirmerie. Laquelle obédience elle exerça bien religieusement et vertueusement. Et portoit les clefz du tournoir et de la porte, respondant à tout allant et survenant, comme feroit une simple Sœur (1).

« Si quelque Religieuse estoit malade, il ne falloit chercher Philippa ailleurs qu'auprès de son chevet. Elle estoit jour et nuict à la servir, à lui composer et inventer des petits remèdes, à luy apporter des douceurs que Mesdames les princesses, ses filles, luy envoyoient par aumosne » (2).

Rien ne rebutait la charité, le dévouement de la Mère Philippa : des nuits entières passées près des lits de douleur de ses compagnes malades ; les soins les plus répugnants, donnés avec ce je ne sais quoi de doux, d'affectueux, d'empressé, qui donnait à croire que la plus heureuse n'était pas celle à qui les soins étaient si affectueusement prodigués, mais celle à qui il était permis de se dépenser au service de ses sœurs, se donnant joyeusement, *héroïquement*, ajoutait-on... N'était-ce pas de l'héroïsme, en effet, de voir la royale Clarisse continuer dans le cloître ce qu'elle avait fait si souvent dans les hôpitaux ; prendre un tablier d'infirmière, retourner la couche des malades, laver leurs ulcères, et sur ces plaies dont la vue nous ferait frémir appliquer respectueusement ses lèvres ? « Que si la maladie estoit mortelle, c'estoit une chose bien aggréable que d'entendre les consolations et applaudissements qu'elle faisoit entendre à la *languissante* d'estre enfin venue si heureusement au bout de la carrière :

« Voilà tout passé, ma très chère Sœur; bénist soit le doux Jésus, il n'y a plus qu'un petit moment, et plus de maux, plus d'afflictions, plus de tourments,

(1) *Mémoire des Clarisses.*
(2) *Vie abrégée.*

mais des océans entiers de joye, des mondes de bénédictions, des éternités de bonheurs. O que bien a esté employée la vie qui a une si belle fin, une si riche récompense, un si bon Dieu pour prix! »

Et elle ne quittait pas la mourante, l'aidant, l'encourageant à ce moment suprême, et la faisant, pour ainsi dire, passer de ses bras dans ceux du Seigneur, par ses ardentes prières, et les sentiments de foi, d'espérance et d'amour dans lesquels, sur le seuil de l'éternité, elle entretenait l'âme prête à s'envoler...

Après le trépas de ses compagnes aimées, il fallait lui céder le douloureux honneur de laver leurs corps, de les ensevelir de ses mains, et de porter sur ses royales épaules ce précieux fardeau jusque dans l'humble cimetière... Sa charité pour ces chères fugitives ne s'arrêtait point à leur tombe... au cloître, on n'oublie jamais! Tous les jours Philippa se rendait « au petit jardin du cloître du couvent, » lieu de sépulture des Religieuses. Les tombes se reconnaissaient à une légère éminence encadrée par un frais gazon que cultivaient, avec une affectueuse sollicitude, les mains pieuses des moniales; une croix de bois, portant le nom et l'âge des défuntes, marquait la place de la tête, qui regardait vers l'Orient, pour épier le lever du Soleil de Justice et de son éternelle Lumière. Un sentier battu conduisait aux tombes des humbles trépassées, à travers l'herbe verte et les gracieuses bandelettes de fleurs que chaque printemps faisait renaître, et qui enlaçaient les allées du cimetière, témoignage éloquent que les habitantes du cloître gardent précieusement les souvenirs du cœur... Heureuses sont-elles les Epouses de Jésus qui s'endorment, ensevelies dans de si bons souvenirs et de si saintes prières !... Philippa rêvait aux mystères d'outre-tombe, en égrenant son chapelet des morts au travers du petit sentier qui courait dans l'herbe épaisse et les fleurs épanouies... l'hiver n'arrêtait point les visites journalières qu'elle rendait à ses chères trépassées ; la neige couvrait les tombes et le petit chemin, mais qu'importaient à Philippa et le froid, et la glace? Son cœur brûlant frayait le sentier à ses pieds glacés, et elle accomplissait son pieux pèlerinage, versant sur chacun de ces tertres aimés ses larmes et ses prières.

Elle ne quittait pas le cimetière sans avoir été s'agenouiller près du grand Crucifix de pierre au pied duquel elle avait fait promettre à ses Sœurs de l'enterrer, et elle revenait en méditant les paroles de son humble épitaphe, composée par elle, et déjà gravée sur le piédestal de cette immense Croix.

Oh ! qu'il avait été sincère ce désir que la reine de Jérusalem avait exprimé au jour de son entrée dans sa famille religieuse, lorsque, sur le seuil du cloître, elle avait imploré à genoux la *Société des Sœurs* (1) ! »

On la lui avait accordée cette douce et fraternelle société; elle sut jouir des bienfaits qu'elle procure, et, dans sa reconnaissance, fut fidèle jusque par delà la mort aux devoirs sacrés qu'elle impose.

La tendresse de Philippa pour les âmes qu'avait touchées le doigt de l'Epoux divin rayonnait à travers les grilles de son cloître : « Elle aymoit tendrement

---

(1) Ma fille, que demandez-vous, dit à la postulante la Mère Abbesse?
Ma Mère, répond la future novice, en présence du Pontife, je demande l'entrée dans cette sainte Maison, l'habit de l'Ordre et la société des Sœurs...

et d'un amour singulier, les jeunes vierges qui se venoient présenter pour entrer en la religion, et elle en avoit bien raison. Car si le corps d'une vierge à ceste grande et admirable prérogative que d'estre le temple de Dieu, que sera-ce de l'âme, nommément quand, embrasée de l'amour de Dieu, elle veut suivre l'Epoux de plus près que les autres? ne mérite-t-elle pas à bon droict d'estre plus chérie, plus caressée, plus honorée? Philippa, possédée du zèle d'Elie, les alloit trouver au parloir, et là les instruisoit, et duisoit à bien se défendre, leur faisant entendre qu'elles auroient affaire à des rudes leuriers, et que la chasse serait forte, que le monde leur seroit un Prothée à mille faces; le diable un jongleur qui tascheroit à les surprendre; la chair, ou une mégère enragée, ou une sirène dangereuse.

« Vous verrez le temps, leur disoit-elle, mes bonnes filles, qu'il vous semblera que vous estes le blanc de toutes les secousses et attaques du monde. Mais, pour Dieu, ne perdez point courage pour cela; jamais le beau soleil de religion ne luit mieux aux yeux de celles qui ont le bonheur d'y entrer, que quand ces flots impétueux, ces sifflades menaçantes, ces tempestes accompagnées d'horreur et de mort ont précédé. Vous en trouverés qui vous représenteront un monde de difficultés, vous accableront d'un million d'appréhensions, vous feront la Religion plus noire que l'enfer. Elle sera pleine de croix, pleine d'espines, pleine de larmes, pleine de sang, et vous pleureront déjà avec des larmes mensongères et de crocodile, comme si vous estiés sur le point de vous précipiter dedans un gouffre de malheurs éternels. Il est vray, le chemin de la religion est rempli de Croix, les difficultés y sont grandes, les travaux continuels ; mais, mes filles, ils ne durent pas plus que nostre vie à la fin de laquelle la Croix, qui semble aux yeux des mondains si vile, si honteuse, si mesprisée, se changera en gloire et en trophée; les espines en couronnes d'amaranthes, les veilles en un beau jour sans nuict, les jeusnes en festins nuptiaux, les disciplines, les larmes, le sang, en perles, en esmeraudes, en rubis du Paradis...

« D'autres changeront de batterie et s'esclatteront de rire aux premières propositions que vous ferés de secouer le joug, et là-dessus, se mettant à discourir à perte de veuë des religions, enfileront de suitte mille brocards et railleries en mespris de ceste auguste Profession. Ils appelleront la dévotion : bigotterie; la mortification, furie; le mespris des richesses et plaisirs, bestise et insensibilité; le cloistre, une vraye fosse; l'habit de religion, une livrée de mendiante; la fuitte et haine des parents, une manie et cruauté plus inhumaine et barbare que celle des anthropophages... Ne vous arrestez point à toutes ces vanités, mes filles : les chiens jappent bien contre la lune; elle ne laisse pourtant d'estre belle, luisante et argentine; aussi la Religion ne perd rien pour cela de son lustre; et, si je l'ose dire, elle en devient tousjours plus belle, plus forte, plus robuste, semblable à ceste semence, laquelle ne croît jamais plus heureusement que quand elle est accompagnée d'un million de malédictions ! »

« Que si, par ces exhortations ferventes, ces postulantes demeuroient constantes à la poursuitte, elle se portoit envers la communauté pour leur advocate :

« Mes bonnes Mères et Sœurs, disoit-elle, il est

désormais temps de recevoir ceste bonne fille ; il ne faut plus faire attendre, elle a eu assés de patience et de courage! »

Et aussitôt qu'on avait ouvert la porte du Monastère à l'une de ces heureuses novices, la Reine de Sicile allait gracieusement au-devant d'elle, et, l'embrassant maternellement, elle lui souhaitait la bienvenue et la sainte persévérance, puis elle allait au chœur prier Jésus pour « *sa petite Sœur* », et féliciter cet Epoux divin d'avoir attiré à son Cœur adorable le cœur d'une nouvelle épouse. Dans son humilité elle ne se doutait point de ce qu'elle avait fait pour Dieu et les âmes, mais ses Sœurs le comprenaient, et lorsqu'elles voyaient des jeunes filles « de grande extraction », venir, belles et charmantes, se sacrifier à l'ombre de l'autel, ou plutôt se consacrer aux célestes joies du seul amour de Dieu et des âmes, en s'écriant que ce qu'avait eu le courage de faire la Reine de Sicile et de Jérusalem, elles voulaient l'entreprendre, et se vouer non moins généreusement à l'adoration et à l'amour, alors, dis-je, les Clarisses ravies et émues de voir le sacrifice de la Bienheureuse en déterminer tant d'autres, se disaient entre elles :

« Après elle, voici que viennent de jeunes vierges. Elles s'offrent, pleines de joie et d'enthousiasme. Elles pénètrent dans le sanctuaire du Roi (1). »

Tels étaient les parfums que versait au dedans et au dehors « du sanctuaire du Roi » le cœur de cette sainte Religieuse : ils étaient si enivrants que les âmes couraient en foule à l'odeur de ses vertus.

(1) Ps. XLIV.

Les mortifications extraordinaires de la Duchesse, dit Wadding, lui eurent bientôt acquis une grande réputation de sainteté; on en était tellement convaincu, que des hommes et des femmes se présentaient au Monastère, afin de s'édifier de ses exemples et de recevoir ses conseils. »

Mais avant de parler des flots de charité qui s'échappaient du cœur de la souveraine pour déborder sur son peuple, disons que ce cœur fut toujours celui de la Mère la plus aimante : « Pour elle le rude sentier de la pénitence s'était transformé en un parterre émaillé de fleurs, mais sous son saint habit battait toujours un cœur de mère, qui ressentait vivement les tristesses de sa famille. »

Et ces tristesses furent nombreuses hélas! Que de tombes la mort creusa sous les yeux désolés de cette mère inconsolable! Que de craintes, que d'angoisses maternelles l'assiégeaient dans sa pauvre cellule, lorsqu'elle savait ses chers enfants et petits-enfants exposés aux horreurs de la guerre ou de la peste... Alors elle multipliait ses conseils, ses consolations; elle adoucissait tant d'épreuves par les délicatesses de son amour maternel et l'assurance de ses prières : « Prières seront festes et n'en feste doute », écrivait-elle un jour au bas d'une lettre adressée à la mère de son petit-fils Claude II de Lorraine, duc d'Aumale, et toutes ses missives sont marquées au coin de cette piété affectueuse qui charmait les princes et leur révélait l'âme aimante de celle qui, en devenant religieuse, n'avait point cessé d'être leur mère et leur avocate auprès de Dieu.

Ces précieuses lettres ont été perdues à la fin du siècle dernier; à peine en a-t-on retrouvé quelques débris, au milieu desquels nous choisissons les deux lettres suivantes, écrites par Philippa à sa chère belle-fille la duchesse de Guise. Elles sont ravissantes de dévotion, de tendresse et d'humilité :

J. H. S.   CLARA.

« Le doubs Jésus, non seulement pour nous de la benoiste Vierge humblement ne nacquit, mais aussi en l'arbre de la Croix avec aspersion de son précieux Sang crucifié, pour dévot salut et bonne estraine soit à vous! ma bonne et bien-aimée fille, à ce premier jour de l'an. Hélas! ma mye, combien pensez-vous que la consolation m'est grande de veoire qu'avez souvenance de ce pauvre rien que je suis; pour l'honneur de notre bon Dieu que....... continuellement....... pitié et compassion, crucifi....... de notre cueur que pour l'honneur de Luy pour éloigner de votre souvenir ce pauvre rien....... et de toutes celles qu'il a eues lui a pleut par un tel jour que aujourd'huy tout nud petit enfant et Dieu et Créateur de tout le monde eschauffe en la grande fournaise d'abisme de l'amour charité pour racheter nos pauvres âmes à donner....... de l'affection de son précieux Sang pour une fois les appeler....... et mérite d'iceluy. Hélas! ma mye, je croy que à ce bon jour de votre dévot cueur est produite maintes larmes de compassion et de pitié pour faire ung bain à ce beau petit et tendre poupon Jésus, pour les misères de nos péchés et pour nous donner couraige, sans crainte d'entrer en bataille pour souffrir et endurer les misères et adversités, à quoi sommes subjets tant que nous aurons la charge de ce corps mortel.

« Ma mye, jay toujours ouy dire que le plus beau métier qui soit c'est d'aymer Nostre Seigneur. Je vous prie, ma mye, de plus en plus y mettre toute votre désir et affection ; car il n'est point d'autres biens ni de commencement de Paradis.

« Je vous prie, ma mye, ne me oubliez pas en vos bonnes prières, affin que, par le mérite d'icelles, je puisse en ce monde goustier quelque chose pour à la fin en posséder la plainière finition.

« Ma mye, devant que faire fin à mes pauvres lettres, en me faisant savoir la bonne santé en quoy vous vous trouvez, en l'estat en quoy vous estes et aussi de celle de tout votre petit trouppeau. Je vous prie, ma mye, quand il plaira au bon Jésus vous délivrer de ce petit prisonnier que détenez (car j'espère que ce sera ung fils), faire part de la joie que vous aurez à la pauvre grand mère....... Je prierai au beau petit poupon Jésus, auquel ce seront tous les jours prières pour vous et pour votre petit prisonnier, afin qu'il luy plaise vous en donner la joie que désirez....... une bonne et longue vie et de tout ce que vous aimez.

« Du pauvre couvent de Sainte-Claire de Pont-à-Mousson, ce jour du nouvel an.

« Votre pauvre Mère. »

Quels souhaits ! quels conseils ! quelles demandes ! quels trésors d'affection renfermés dans ces quelques lignes ! A elle seule, cette lettre suffirait pour prouver que le cœur de Philippa gardait toutes les tendresses de la maternité. Qu'il est touchant de la voir se transporter par la pensée, de son austère cellule, près du berceau princier où reposera bientôt le cher petit être si tendrement attendu ! Elle demande à la jeune mère, aussitôt qu'elle sera délivrée de *ce petit prisonnier*, de faire part de sa joie « à la pauvre grand'mère », car cette pauvre grand'mère, après s'être penchée sur tant de tombes et avoir répandu tant de larmes, a besoin de se consoler et de se reprendre à sourire près d'un petit berceau...

Voici encore une autre lettre, témoignage non moins tendre et non moins touchant de l'amour avec lequel Philippa aimait les siens et les soutenait dans leurs rudes épreuves. Ces lignes sont adressées à la Duchesse de Guise, à l'époque néfaste où elle dut fuir devant ses ennemis, et préserver, en même temps que sa propre vie, celle de ses nombreux enfants :

J. H. S. Ma. — *A ma bonne et bien-aymée fille la Comtesse de Guise.*

JÉSUS.   MARIA.   FRANCISCUS.   CLARA.

« Ma bonne et bien-aymée fille, Celuy qui nous est exemplaire de toute pacience, et qui plus a portez de peines et de tourmentz et tristesses jusques à la mort, affin de nous ayder à porter toutes les tristesses et tribulacions, ce à quoy serons subjectz tant que nous aurons la charge de ce corps mortel. Fault que nous retournons à Iceluy qui est le piteux Crucifié Jésus-Christ. Car il est en sa puissance de remédier à tout.

Il n'est pas dit, ma fille, ma mye, que les ondes des tribulacions de la mer de ce monde ayent toujours leur cours. Jay ceste espérance qu'elles prendront fin plus tost que vous ne pensés. Nostre bon

Dieu ne permetz rien que ce ne soit pour le mieulx. Vous voyés qu'il est tant offensé et en tant de manières, qu'il ne se fault pas esbayr de plusieurs choses que vous voyés avenir, et estes pour encores en veoire d'aultres, sy la vie des créatures ne s'amende.

Ma mye, vous me faictes à souvenir de la Très Digne Mère de Dieu, quand elle print son beau petit poupon Jésus-Christ et se mit en fuyte pour la persécucion et la cruaulté d'Hérode. Ainsy avés vous faict, pour garder vos beaux petits innocents de la main de ceulx à qui il y a sy peu de raison, comme au-dessus dit.

Je vous prie ma mye, pensés une fois le jour à ce dévot et piteux mystère, et je ne faict nulle doubte que, en le contemplant en votre dévot cueur, que vous ny trouvés matière grande de bonne pacience.

Ma fille, ma mye, votre désolacion est la mesme, et si ce n'estoit que par les affaires en quoy je vous voy qui me monstres jusques évident que vous estes du nombre de celles que nostre bon Dieu ayme, elles me seroient bien dures à porter, et considérant le dessus dit, me faicte estre en espérance que le temps viendra que vous vous trouverés consolés.

Je vous prie, ma bien aymée fille, mettre toujours vostre espérance en Ntre Sgn. (Notre Seigneur), et prenés vos affaires en bonne part, et ne faictes pas tant que vous soyés malade. Il ny a encore rien de désespérez : après les ténèbres viendra lumière.

Ma Mye, vous sçavés plus du retour de vostre seur que je ne sais, car je nay eu d'elle ne de son mari. A ouyr Monseigneur de Sainct Anthoine, que est venu parler à moy, elle est retournée avecques belles paroles qui est comme vous sçavés le parement de la monnoye de court. Elle et moy avons bon besoin de retourner à Dieu en toute hmlité (humilité).

Ma Mye, par ce porter à qui comme je croy ne sera point *cerches de lres* (*lettres*), je vous escript tout *pieusement*, vous priant par lui m'escripre comment que vous vous portés, et aussi tout vostre petit mesnaige, et si vous avés point eu nouvelles de vostre mary.

Ma Mye je ne vous offre point de vous faire servier, car je nay puissance nulle de ce faire, mais pour récompance, vous suis pour advocate envers ceste saincte communauté pour prier nostre bon Dieu que à vous, ma bonne et bien aymée fille, et à vostre mary, veule donner bonne santé et longue vie et Paradis à la fin.

Du poure couvent de Saincte-Claire de Pont-à-Mousson.

Ma bonne fille, ma Mye, ma Révérende Mère Abbesse m'a chargée vous faire ses trés humbles recommandacions à vostre bonne grâce.	*Vostre pouer Mère, ver de terre, rien inutile, seur Phe. de Gheldres.*

Mais ce n'était pas seulement pour ses enfants et ses petits enfants, que la Bienheureuse Philippa trouvait des accents si doux, des paroles si consolantes : un cœur de mère semblait lui avoir été donné pour tous, et tous, disent les chroniques, « l'appeloient hautement et sans faire tort à Messieurs les Princes ses enfants : *leur bonne Mère.* »

« La renommée de sa clémence et bonté estoit si coigneuë, racontent les Vieux Mémoires, qu'on venoit à foule la trouver pour tirer d'elle quelque consolation. Les bonnes gens du Pont la venoient souvent visiter, et luy apportoient de petits présents, du beur, du laict, des œufs, des fruits ; la bonne Philippa recevoit ces petits tributs de bienveillance et d'amour avec un contentement singulier, les remerciant avec autant d'affection, comme si elle eust reçu des présents inestimables.

« Les affligés et désolés n'avoient point de port plus asseuré en leur tribulation que la grille du monastère de Sainte Claire. Les pauvres avoient aussi bien recours à elle que si elle eust été encore la plus riche et plus puissante Princesse du monde. Les riches y accouroient pour apprendre d'elle ceste leçon tant difficile que de pouvoir seurement aboutir au Ciel par le chemin doré des richesses.

« Ceste grand âme changeoit de face à tout coup, pleuroit, consoloit, enseignoit, assistoit, bref, se faisoit toute à tout le monde. Sur tout elle estoit admirable pour les affligés et pour les pauvres, car sachant très bien qu'il n'y avoit point de remèdes si puissants pour ceux qui sont pressés d'afflictions qu'un bon mot provenant d'une affection sincère, elle sucroit si bien l'absynthe, qui rendoit leur vie pleine d'amertume, avec des paroles si aimables, si pleines de miel, si compatissantes qu'elle leur faisoit enfin trouver doux le calice de Jésus.

« Quant aux pauvres, elle entendoit leurs plaintes avec tant de tendresse, que c'estoit à moitié les assister que de les escouter ainsi ; elle leur procuroit des aumosnes, recommandant aux riches de les assister, s'ils vouloient trouver l'entrée du Paradis, la porte duquel s'ouvre rarement pour eux sinon à grands coups de pistoles. Et bien souvent elle mesme leur partageoit les biens qu'on lui faisoit : que si, outre les aumosnes, ils imploroient son crédit et authorité envers ceux du monde, elle leur accordoit entièrement. On voit encore aujourd'huy des lettres qu'elle escrivoit aux officiers des Princes en faveur des pauvres gens, qui debvoient passer par leurs tribunaulx, demandant grâce pour l'amour de Dieu, et rémission des amandes qu'on leur demandoit pour avoir délinqué contre les loix et ordonnances des Princes, asseurant que ses enfants n'en seroient pas marris.

« Elle avoit bien bonne raison d'adjouster céste clausule à ses requestes, car ayant tousjours aimé et chéri ceste royalle vertu de clémence, elle l'avoit si bien imprimée en l'âme de tous les Princes, et nommément du Sérénissime *Antoine le Bon*, son fils, qu'on peut dire véritablement de luy ce que Saint Ambroise disoit jadis du grand Théodose ; *C'estoit l'obliger que de luy demander pardon.* »

Wadding confirme ces touchants témoignages : « ceux qui étaient découragés, dit-il, trouvaient toujours en elle, la force et le courage, ceux qui étaient dans le doute une détermination ; et ceux qui étaient dans la douleur et dans les larmes, une consolation.

« Mais ce qui est le couronnement de la perfection, et qui prenait sa source dans la charité chrétienne, c'est le soin qu'elle déploya par ses conseils, pour que les riches se fissent les soutiens du pauvre, que les juges, les rapporteurs, les scribes et tous les autres fonctionnaires ne fissent rien de contraire à la justice et à l'équité. Il reste encore des lettres qu'elle leur envoyait et par lesquelles elle les presse de traiter les pauvres avec bonté et d'implorer pour eux la clémence de ses fils. »

Voilà ce que faisait Philippa pour son peuple, pour ses heureux sujets qu'elle appelait ses *enfants!* ceux-ci avaient bien raison de l'appeler la *bonne Royne,* la *Mère de la Patrie,* « *la Sainte!* » On ne sait vraiment ce qu'il faut le plus admirer en elle : ou de son cœur de religieuse, ou de son cœur de mère, ou de son cœur de reine! Un si grand amour, renfermé dans une seule âme pour tant d'autres, nous paraîtrait incroyable si nous ne nous rappelions ce mot d'un de ses plus célèbres historiens, mot d'un sens tout divin : « Sa charité pour les hommes découlait de son grand amour pour Dieu! » (1).

(1) Wadding.

CHAPITRE XXVII

Amour des saintes Règles. — Mortification continuelle.

> « Les murs du cloître s'étonnèrent de voir tant de grandeur humaine éprise de tant d'austérités. »
> (*Vie abrégée.*)

Parler de l'enthousiasme de Philippa de Gueldre pour la Règle séraphique, de son attachement aux plus grandes comme aux plus petites observances de cette Règle bénie, c'est esquisser quelque chose de ses prodigieuses mortifications, c'est laisser entrevoir jusqu'où elle porta l'ardeur du sacrifice, et avec quelle joie, quelle persévérance, elle se livra à cette immolation qu'on appelle si justement « la moitié généreuse de l'amour. »

Hâtons-nous de le redire, le Monastère de Pont-à-Mousson était digne du trésor qu'il possédait : nulle maison de l'Ordre n'était plus fervente ni plus régulière que ce petit couvent, dont la fondation se reliait aux origines de la Réforme, et qui avait reçu la dernière bénédiction de sainte Colette. Toujours il demeura célèbre par son zèle pour la stricte observance, et déjà nous avons marqué d'un trait l'austère physionomie des Clarisses du Pont, en racontant les longs débats qui précédèrent la prise d'habit de la Duchesse de Lorraine. Nous nous rappelons l'héroïque fermeté de Jeanne d'Apremont, qui préférait fermer la porte du monastère à sa souveraine que de l'ouvrir au moindre relâchement!... Alors, elle ne se doutait pas de la rare merveille de grâce que le Seigneur Jésus allait offrir à l'Ordre, dans la personne de celle qu'on devait appeler un jour une seconde Colette.

« Nous ne sçavons icy lequel admirer davantage, dit un historien, ou l'exemple des vertus de ces bonnes Mères, ou l'imitation de cette sainte Princesse : faisons mieux, admirons dans l'une et dans les autres l'ineffable conduite de Dieu et les effets merveilleux de ses saintes grâces. La Souveraine se prosterne devant ses sujettes, et demande l'entrée à mains jointes. Voylà qui est infiniment charmant! Où est le couvent qui ne seroit pas ravi d'un pareil avantage, et qui, au lieu d'y former des obstacles, n'y apporteroit pas toutes sortes d'adoucissements et de conjouïssance? Rien de tout cela! au contraire, ces vénérables Mères opposent à la Princesse la rigueur, l'austérité et l'impossibilité morale d'y satisfaire ; et la Princesse, qui entend bien ce qu'elles veulent dire, leur répond d'une manière si généreuse et si touchante, que j'ay cru être obligé de tirer cet oracle de sa vie pour le répéter icy en ses propres termes :

« Ne craignez pas, mes filles, de m'accorder ma pétition, et n'ayez pas peur que, pour mon entrée, vostre estat doive estre eslargi en rien ; mon intention est de le garder entièrement, moyennant la grâce de Nostre Seigneur... »

Les vieux Mémoires, parlant de *cest estat sublime où a vécu cette grande âme*, ne trouvent pas de termes assez magnifiques pour la louer et l'exalter.

Le docte Abbé de Sainte-Marie déclare « qu'il ne peut assez l'appeler la religieuse parfaite, la colonne de la religion, le prodige de son siècle, la bien-aimée de l'Epoux céleste, et l'incomparable en ses qualitez d'élévation et d'abaissement; d'élévation dans les dignitez où elle a vécu avec une modestie et une piété autant rare qu'édifiante dans une personne de ce rang; d'abaissement volontaire dans le cloître où elle s'est rendue un exemplaire de vertu, suivant même le témoignage du Saint-Siège apostolique. »

Avant lui, les Clarisses avaient écrit que « leur Révérende Mère la Royne estoit une parfaicte zélateresse de son sainct état, et eût mieux aymé mourir que pour elle ny pour son occasion, on eust faict quelque chose contre la reigle, ny contre les bonnes anciennes coustumes... Elle nous a tousjours bien soustenues et défendues contre tous ceux qui nous ont voulu molester, non pas nous tant seulement, mais tous les couvents de la Province. »

Leur gracieuse biographie était terminée par ces mots qui, à eux seuls, suffiraient à faire l'éternel éloge de la Bienheureuse : Si nous voulions réciter toutes les bonnes et vertueuses œuvres que nous luy avons veu faire, elles seroient trop longues à racompter. Dieu nous fasse la grâce de bien retenir et mettre en pratique les bons et saints exemples qu'elle nous a monstrés. Amen ! »

L'humilité égarait les chères écrivaines, lorsqu'elles dirent dans leur Mémoire « qu'hélas ! elles n'estoient pas dignes d'estre en la compagnie tant saincte et vertueuse de leur bonne Mère Philippa. » Ces austères compagnes de la Bienheureuse étaient ses émules : Toutes ardentes, généreuses comme leur sainte Sœur, elles poussaient l'amour des règles jusqu'au degré de l'héroïsme le plus incroyable. C'était avec une sorte d'enthousiasme sacré qu'elles se jetaient dans les rigueurs effrayantes d'une pénitence, d'une mortification continuelle.

« Au jugement des hommes, cette austérité de vie qui sembloit insupportable aux personnes les plus robustes, et qui sembloit devoir rebuter les plus délicats, a été ce qui les a le plus édifiées et attirées par la très puissante grâce du Saint Esprit. On appelle le Monastère de Sainte-Claire du Pont-à-Mousson, le Monastère des Pauvres-Dames. J'avoue que la noblesse de la terre ne fait précisément rien de soy pour mériter le Ciel ; mais je trouve deux grands avantages dans les personnes nobles qui sont fidèles à Dieu : le premier, c'est que le mépris du monde en est plus généreux et plus héroïque ; le second, c'est que l'honnêteté de leur éducation et la vivacité de leur esprit, qui est généralement plus grande, ne contribuent pas peu à la pratique de la vertu.

« Or, sans parler de notre illustre Reine, la plupart de ces généreuses filles ont été de grande extraction. On y en a vu qui étoient descendues des maisons d'Anjou et de Joyeuse ; les autres étoient des premières noblesses de l'ancienne Chevalerie, sçavoir : de Bassompière, d'Apremont, de Desarmoises, de Brienne, de Malorty, de Saint Blin, de Condé, de Clevant, de Mousson, de Harancourt, de Chatenois, de Sauvigny, de Savonnières, de Gourcy, de Guy et autres : les troisièmes étoient des principales et nobles familles du Pont et autres villes voisines, sçavoir des Mauljean, des Richards, du Lys, de Bournon, Aubertin, Nottaire, Mengin, Maréchal, Modo, Vatronville,

Bardin, Charbonnier, Haquinier, Jaquesse et autres (1). »

Précisément, parce que ces saintes religieuses appartenaient à de grandes familles, et qu'elles avaient connu les joies et les honneurs du monde, elles recherchaient la vie humble, pauvre et mortifiée de nos cloîtres; elles s'y jetaient au prix des plus grands sacrifices; elles voulaient montrer à Jésus quel divin amour les dévorait, et, mille fois le jour et mille fois la nuit, elles renouvelaient, joyeuses, les vœux solennels qui les avaient livrées à toutes les austérités de la Règle de Sainte Claire et des Constitutions de Sainte Colette.

Il a été dit de la royale Clarisse de Pont-à-Mousson *qu'elle n'avait de femme que le corps!...* et vraiment cette exclamation n'est point exagérée lorsque l'on voit de quelle trempe de caractère était cette sainte moniale, et avec quelle énergie toute virile elle s'était déclaré une guerre à outrance. « Aussitôt que la mortifiée Philippa se fut donnée sans réserve à son Dieu, elle ne voulut plus vivre que pour luy; elle embrassa la vie de Jésus-Christ, son aimable Rédempteur; elle prit en main sans hésiter le glaive de la mortification, et, d'un seul coup, retrancha d'elle ce qui pouvoit y rester du vieil homme.

« Pleinement persuadée qu'on ne peut posséder Dieu sans se conformer au Fils de Dieu, le Chef des prédestinés, elle résolut sincèrement de suivre partout cet innocent Agneau immolé pour les péchés du monde. Elle savoit que la vie du chrétien est une guerre continuelle sur la terre. Que pour arriver au

(1) Annotations, pages 15 et 16.

royaume de Jésus-Christ, il faut se faire une continuelle violence, qu'il fallut qu'Il souffrit luy-même pour entrer en sa gloire. Philippa, à son imitation, voulut porter dans son corps la mortification de son cher Maître et suppléer par là à ce qui pouvoit manquer à sa Passion. Elle n'ignorait pas que si l'on veut suivre l'Homme-Dieu, il faut renoncer absolument à soy, et porter la Croix tous les jours de sa vie : *Elle mourut à soy-même et à toutes choses, porta chaque jour la Croix des mortifications religieuses et ne la quitta qu'en cessant de vivre* (1).

Qu'est-ce qui élevait ainsi Philippa au-dessus de toutes les défaillances de la nature, et la faisait mourir à elle-même et à toutes choses?... Ah! c'est qu'un jour, du sommet de son Calvaire, le crucifié de l'Alverne avait tracé aux séraphiques, de sa main stigmatisée, la voie royale de l'amour pénitent. Et, dans ce long chemin de croix qui conduit au Golgotha et de là au Ciel, la Règle, la grande Règle des enfants de saint François guidait leurs pas et les conduisait sûrement au but éternel... Voilà pourquoi la séraphique Philippa chérissait cette Règle *d'institution divine*, voilà pourquoi elle ne la lisait qu'à genoux, baisant chaque feuillet, ou plutôt chaque ligne, avec une émotion impossible à décrire; voilà encore pourquoi elle paraissait « enflammée, » et trouvait « des paroles du Ciel » lorsque, dans des conférences intimes, elle parlait avec ses sœurs de l'excellence de la sainte Règle.

« Quand on tomboit en discours des anciennes coustumes, ou de la première rigueur et ferveur de

---

(1) Balthazard.

la religion, c'estoit pour lors que Philippa estoit bien parlante, et qu'avec une éloquence du Ciel, elle encourageoit toutes ses Sœurs à les bien garder. Voicy un de ses discours sur ce subject, tiré de la Légende.

« Mes enfants, et bon Dieu ! les belles reigles que nous avons, et que sainctes et aggréables à Dieu ont esté celles qui les ont faictes et gardées si religieusement devant nous. Marchons, je vous en conjure de tout mon cœur, marchons, mes filles, sur les pas de nos Mères, gardons fidèlement nos reigles et elles nous garderont ; aymons-les, et nous serons chéries de Dieu ; faisons exactement ce qu'elles nous ordonnent, si nous les voulons laisser à celles qui viendront après nous en la perfection, vigueur et beauté que nous les avons receues. Il va de mesmes des reigles et bonnes coustumes, comme des cercles qui encernent les tonneaux ; si les osiers sont bien entretenus, le cercle tient ferme, le tonneau se conserve, la liqueur est hors de danger ; que si elles sont négligées, adieu le tout : les cercles esclattent, le tonneau s'entr'ouvre, la liqueur s'esvente, s'esvapore peu à peu, et enfin se perd. Ainsi des reigles, ainsi des bonnes coustumes, si elles sont mesprisées ; en peu de temps, et comme insensiblement, les gros cercles, qui sont les vœux, se relaschants, donnent le commencement à une perte qui ne sçauroit jamais assez estre pleurée. Ah ! que nous n'en avons que trop d'exemples devant les yeux ; si nous vivons comme les autres, mes bonnes Sœurs, nous deviendrons comme les autres, nous n'aurons que le nom et l'habit de la religion ; point d'esprit, point de vigueur, point de vie, point de commerce avec le Ciel : nous serons comme l'autruche : elle a bien les plumes semblables à celles du héron et de l'éprevier ; mais elle n'en a pas le vol et ne prend jamais l'essor vers ces belles et célestes contrées ! »

Voilà comment Philippa encourageait ses Sœurs, voilà de quels sentiments elle était animée lorsque elle ne cessait de répéter que mieux valait mille morts que la violation d'un seul point de règle ; voilà pourquoi elle porta sa plainte jusqu'aux pieds du Vicaire de Jésus-Christ, lorsqu'il fut question de « nouveautés, de changements » dans la Réforme.

Grâce à une telle énergie, l'héritage de sainte Colette fut conservé à ses filles, et, lorsque quelque 140 ans après la mort de Philippa, l'abbé de Sainte-Marie allait s'édifier, aux grilles de Sainte-Claire de Pont-à-Mousson, des vertus héroïques de nos Mères, il en revenait profondément ému ; et, ravi d'admiration, il écrivait à la louange de ces saintes Religieuses des pages qui nous ont été heureusement conservées, et dans lesquelles nous puisons les remarques suivantes :

« Elles ont eu singulière recommandation tous les usages, coutumes et saintes pratiques que les anciennes Mères se sont transmises les unes aux autres successivement jusques à toutes celles qui sont aujourd'huy, par une tradition qui est aussi inviolable que leurs vœux solennels. Cela se voit et se connoît par leurs propres paroles dans les saints entretiens que l'on a avec elles ; par leurs visiteurs, confesseurs, directeurs de conscience, par les médecins, chirurgiens, apoticaires et autres personnes qui les servent chacun selon son art, et par la voix de tout le peuple, aussi bien que par la sainte croyance et par la bonne opinion que l'odeur de leurs vertus a répandues dans toutes les familles de la ville. De sorte que nous, Abbé susdit, qui en sommes natif d'agez de 70 ans, du plus loin que nous puissions nous souvenir, pouvons jurer que dès notre bas âge nous avons toujours ouï ainsi parler nos parents et nos majeurs.......

« Elles ont si fort révéré de tout temps la tradition des Anciennes, qu'elles avoient scrupule de corriger la corruption du langage, de peur de donner atteinte à l'exemple des vertus qu'elles leur ont laissé. La Mère Claire Thomas, Mère Vicaire, qui mourut l'an 1629, ne pouvoit souffrir que l'on fît le moindre compliment, ny que l'on parlât tant soit peu à la mode du temps, ainsi de toutes les autres. La Mère Abbesse moderne dira et rendra témoignage qu'autrefois elles récitoient le divin Office avec la prononciation corrompue de plusieurs mots latins : au lieu de *mihi*, elles disoient *michi* ; au lieu de *brachio*, que nous prononçons comme *brakio*, elles prononçoient le *c* et *h* de même que *michi* et autres mots semblables. Quand leurs Révérends Pères Visiteurs trouvèrent à propos de les leur faire prononcer comme on fait aux autres églises, il y avoit une bonne Ancienne qui, nonobstant toute sa soumission, témoignoit être sensiblement touchée au cœur de cette nouveauté, comme si elle alloit altérer leur Institut et renverser leurs bonnes et anciennes coutumes, à quoy elles sont étroitement attachées (1). »

Parmi les austérités dont font profession les Clarisses Colettines, la privation de linge, l'obligation de ne jamais quitter le saint habit de bure, pas même

---

(1) *Annotations*, pages 18 et 33.

dans les plus grandes maladies, la nudité des pieds, le jeûne rigoureux et continuel, l'abstinence perpétuelle, le lever de la nuit, etc., paraissent difficiles à la nature... Philippa de Gueldre ne les redouta jamais; ses ardeurs, au contraire, l'emportèrent toujours au-delà des mortifications prescrites et lui firent refuser la plupart des adoucissements possibles. C'est ainsi que, dans ses grandes maladies, elle refusa constamment de se servir de linge ou de revêtir un habit plus fin, plus léger. « Jamais, disent les Chroniques, elle ne peut estre persuadée de se servir de linge; elle porta sur sa chair tendre et délicate ce gros habit de drap, et le porta l'espace de vingt-sept ans trois mois, sans jamais le mettre bas, voire aux plus grandes chaleurs et maladies. »

Les princes étaient émus de compassion lorsqu'ils pensaient à leur bonne Mère couverte des livrées de la pénitence, et qu'eux ils se voyaient vêtus de pourpre, d'or et de soie. Ils la suppliaient de se relâcher un peu de ses austérités excessives. Le Cardinal surtout ne cessait de représenter à sa mère que le Souverain Pontife l'avait dispensée de *toutes ces rigueurs et apretés de religion* et il essayait de la persuader de *moins se maltraiter*. Mais nous nous rappelons comment Philippa recevait ces propositions, et avec quelle fermeté mêlée de douceur, elle lui savait répondre : « Monsieur le Cardinal, j'ay choisy cest estat de bon cœur, pour l'amour de mon Dieu, c'est pourquoy je le veux garder et observer toute ma vie... »

Monseigneur de Lorraine comprenait qu'il ne fallait point insister; il se retirait, ravi jusqu'au fond de l'âme de la sainteté de sa Mère, peiné jusqu'au fond du cœur des souffrances, des mortifications effrayantes qu'elle s'imposait sans trêve ni relâche.

Durant un hiver excessivement rigoureux, la bonne Reine dut cependant accepter de se servir parfois de petits souliers de drap... Ce fut pour elle une sorte de martyre, mais comme il s'agissait d'une pratique de l'obéissance, elle trouva dans l'exercice de cette vertu une certaine compensation à sa peine, et fit joyeusement ce qu'elle appelait *le sacrifice de ses sacrifices*... Voilà en quels termes les historiens se sont plu à raconter cet acte de soumission de la duchesse de Lorraine :

« Ses Supérieurs luy avoient commandé de se servir de quelques petits chaussons de laine pendant les grandes froidures de l'hyver. L'obéissance luy estoit en singulière recommandation, mais, en ce qui concernoit les aises et commodités, elle désiroit estre traitée comme les autres, faisant grand scrupule de caresser ainsi son corps. C'est pourquoy quand les grandes froydures estoient aulcunement passées, elle mettoit bas ses chaussons, marchoit pieds nus, comme ses Sœurs, et ne les reprenoit jamais que pressée par les exprès commandements de celles qu'elle recognoissoit et honoroit en la place de Jésus-Christ (1). »

Bienheureuse était-elle cette reine vêtue des haillons de la Pauvreté, et dévorée du désir des saintes rigueurs de la mortification : « Le royaume des Cieux était à elle! » Oui, à elle, comme autrefois aux Lévites, le Seigneur avait fait entendre ces paroles mystérieuses : « Vous n'aurez pas, comme les autres,

---

(1) *Vie abrégée.*

d'héritage en Israël : votre héritage, à vous, c'est moi ! (1) » Et, après la mort de la vénérable Mère, Dieu, dans sa bonté divine, fit voir à l'une de ses compagnes « que l'héritage qui lui était échu était vraiment magnifique ! (2) »

O miracle ! un jour, peu après le décès de la Bienheureuse, dans ce même cloître que cette sublime pauvre, aux pieds nus et à la robe de bure, avait traversé comme un ange dans une chair mortelle, Dieu se plut à manifester la gloire de sa servante. Cette céleste vision dont fut favorisée une religieuse de Pont-à-Mousson, la chère confidente et secrétaire de Philippa est demeurée célèbre, malgré tous les efforts tentés par l'humble visionnaire pour que personne, à l'exception de ses supérieurs, n'en eût jamais connaissance.

Cette Sœur Claude fut la première *historienne* de Philippa ; elle écrivit beaucoup de choses à la louange de sa « bonne Mère la Royne, » mais, dans sa profonde humilité, elle ne voulut point permettre à sa plume de trahir le secret de la faveur extraordinaire que le Ciel lui accorda à elle-même, lorsqu'un jour, dans son humble cellule, elle vit apparaître « la glorieuse Mère Philippa, » transfigurée dans la gloire. Fort heureusement pour nous, ses Supérieurs furent moins discrets, et un jour ils révélèrent à un Père de la Compagnie de Jésus les choses merveilleuses qui s'étaient passées dans la cellule de la Sœur Claude. Le fils de Saint Ignace ne garda pas pour lui seul ces intimes communications ; à son tour, il crut de-

---

(1) Ezech. xliv, 28.
(2) Ps. xv, 6.

voir les publier, et nous, avec une joie non moins vive que la sienne, nous allons laisser ce pieux narrateur nous raconter l'extase de « la dévote et vénérable Sœur Claude, issue de la maison très honorable des Maujans du Pont-à-Mousson. »

« Ceste bonne Mère avoit demeuré longtemps avec la Bienheureuse : c'estoit sa confidente, sa secrétaire, son tout. Nous devons à ses labeurs tout ce que nous avons de plus beau de la vie de ceste admirable servante de Dieu. Et moy je doibs icy un tesmoignage public à son humilité. Après la mort de la Bienheureuse Philippa, on commanda à la bonne Sœur Claude de dresser un narré de toutes les plus belles et remarquables actions de la vie de la saincte défuncte. Il ne la fallut pas beaucoup presser pour obéir, elle honoroit trop la mémoire de celle de laquelle on la faisoit historienne ; elle obéit donc promptement, et, comme elle avoit l'esprit bon, coucha nettement et briefvement par escrit tout ce qu'elle en avoit veu, hormis néantmoins une circonstance mémorable, qui pouvoit grandement relever l'esprit de la Bienheureuse. Mais le fait la touchoit, et elle, estant vrayment humble de cœur, ayma mieux remettre le tout à la sage Providence de Dieu, que de courir risque et s'exposer à la vanité, laquelle se jette tousjours sur les actions les plus hautes, héroïques et vertueuses, comme les mouches cantharides sur les roses les plus belles et les plus vermeilles. La chose est telle. Pendant qu'elle escrivoit la vie de sa bonne Mère et très honorée Maistresse, et que, par prières ferventes, elle la pressoit de l'assister de ses faveurs, voilà qu'elle se sentit saisie d'une joye et dilatation de cœur extraordinaire accompagnée de respect et vénération, et en mesme temps veit paroistre devant soy la glorieuse Mère Philippa, rayonnante comme un Soleil. Ce n'estoit plus celle, laquelle soubs un pauvre habit de drap tout frippé et délabré, sembloit plustost la dernière de toute la maison qu'une grande Princesse. Le mespris estoit changé en gloire, l'humilité en majesté, la pauvreté en pompe, la bure en escarlatte greslée de fins diamants; le voile noir en diadème précieux. Jamais le feu Saint Elme ne fut plus aggréable au nautonnier que les bourrasques d'une tempeste furieuse conduisoit au débris, que ceste Princesse du Ciel parut belle aux yeux de sa chère historienne, laquelle demeura puissamment consolée de ceste douce visite, et bien confirmée en la leçon qu'elle avoit souvent apprit de la Saincte : que les maux de ceste vie sont passagers, mais que la gloire du Ciel est immuable (1). »

...Voilà ce qui se passa dans l'humble cellule de la Sœur Claude, et comment Dieu se plut à bénir, par un miracle éclatant, les premières pages consacrées à la mémoire de sa fidèle servante... mais laissons les lumières de cette céleste vision s'évanouir doucement, cessons de contempler la *Princesse du Ciel*, revenons à la *Pauvre de Jésus*, et voyons par quelles nouvelles austérités elle faisait de chacun de ses jours la vigile de sa Pâque éternelle.

La tradition rapporte que l'esprit de la Réforme s'était si bien imprimé dans l'âme des Clarisses de Pont-à-Mousson, que jamais elles ne *se seroient départies* un instant des moindres règles tracées par

(1) Mérigot.

leurs Saints Fondateurs : « Elles seroient mortes plustost mille fois que de s'en dispenser une seule fois quand il n'y auroit fallu employer que le gros d'un poix de viande ou une cuillerée de bouillon gras. C'est la protestation qu'elles font non seulement de n'en venir jamais à l'effet, mais de n'en avoir pas même la pensée ny la moindre tentation. Il en est de même de toutes les autres austéritez (1) »

Ne nous étonnons point si les anciens auteurs ont tous admiré Philippa dans la générosité avec laquelle, à son âge, elle s'était engagée à l'abstinence perpétuelle de tout aliment gras, qui est un des signes distinctifs de la mortification des Clarisses-Colettines. Même en cas de maladies, et de maladies mortelles (2), les Clarisses de l'étroite observance ne se

---

(1) Annotations.
(2) Attestation de Monsieur le Doyen en la Faculté de médecine. Medecin ordinaire du Couvent de Sainte-Claire du Pont-à-Mousson. — Je soussigné, Christophe P ·lement, âgé de 70 ans, Docteur, Professeur et Doyen de la Faculté de Médecine en l'Université du Pont-à-Mousson, Conseiller pour la noblesse en l'Hôtel de Ville et Médecin ordinaire des Pauvres Dames de Sainte-Claire de laditte ville depuis trente années, sans discontinuation, certifie avoir lu attentivement les motifs, raisonnements et remarques cy devant écrits par Monsieur le R. Père Abbé de Sainte-Marie, Ordre de Prémontré de cette ville, sur l'histoire de la vie de la vertueuse Reine Sœur Philippa de Gueldre, religieuse dans ledit couvent, particulièrement en ce qui regarde l'austérité, la simplicité et la sainteté de vie des Dames religieuses dudit couvent, j'assure et suis prest de le confirmer par serment, que ce que Monsieur le R. P. Abbé en a écrit cy-dessus est bien au-dessous de ce que nous en avons appris des anciens et majeurs de cette ville, et notamment de ce que nous en avons vu et reconnu depuis trente ans par les visites fréquentes qu'il a fallu faire pour le soulagement des malades dudit couvent : et je puis dire, sans les flatter, qu'elles mènent une vie plus angélique qu'humaine, et que Dieu leur conserve et leur rend la santé, plutôt par une espèce de miracle et de providence particulière que par la vertu naturelle des remèdes, vu la grande et l'extrême austérité où elles vivent, saines et malades, sans qu'il y paroisse le moindre chagrin

permettent l'usage d'aliments gras ; cette pénitence aurait pu paraître bien dure à une princesse nourrie à la table des rois ; cependant elle n'effraya point son courage, et, pendant toute sa vie religieuse, elle protesta comme ses Sœurs « qu'elle mourroit plustot mille fois que de s'en dispenser d'une seule fois, quand il n'y aurait fallu employer que le gros d'un poix de viande ou une cuillerée de bouillon gras. »

« Elle se nourrissoit du pain d'amertume et s'abreuvoit de l'eau de componction, semblable à ces braves lutteurs, lesquels, pour se rendre plus fermes à la lutte, se privent de toutes sortes de mets et aliments délicats. Son jeusne estoit très rigoureux et sa table si médiocre, qu'il n'y avoit que pour subvenir bien petitement à la nécessité ; elle se contentoit du pain de la Communauté, d'un peu de harang ou de quelque petit poisson de rivière, comme la plus simple religieuse. Et quand la pauvreté du monastère la privoit encore de ces mets, la laissant au pain sec, c'estoit pour lors qu'elle bénissoit Dieu de bon cœur, et qu'elle s'estimoit véritablement religieuse. Que si en maladie, la charité de ses bonnes Sœurs luy trouvoit quelque chose un peu plus délicat pour la mieux nourrir que de coustume, elle s'en plaignoit et affligeoit grandement, disant *qu'il falloit faire grande conscience de la mieux nourrir que le reste de la saincte Communauté* (1). »

dans leurs conversations, dans lesquelles, au contraire, on voit reluire la sérénité, l'humilité, la simplicité, une quiétude intérieure et une joye d'esprit ; témoignant toutes d'aimer mieux mourir que de se relâcher dans leurs maladies par un seul bouillon à la viande, quand elles seroient mêmes assurées de recouvrer par là leur santé... 22 novembre 1699.

(1) Vie abrégée.

Et cependant, par un contraste singulier, mais qu'on remarque toujours chez les Saints, autant Philippa était austère pour elle-même, autant elle était bonne et prévenante envers ses Sœurs : « Elle estoit fort étroicte et austère à elle-même, mais tant douce et charitable à la saincte Communauté, dit la Sœur Claude, que nous n'eussions sceu assez avoir à son gré. Et quant on luy donnoit quelque petite douceur pour elle, elle nous l'apportoit et nous faisoit toutes les gratieusetez qu'il lui estoit possible. »

Les filles de Claire et de Colette savaient combien Dieu bénissait la frugalité de leur pauvre table; et combien, au contraire, il s'irritait contre ces religieux indignes, bien rares par bonheur, qui oublient la large part faite dans notre Sainte Règle au jeûne et à l'abstinence.

L'Ordre séraphique tremblait encore au souvenir « d'un cas estrange survenu à frère Ipolite, homme fort délicat et délicieux, » et il n'était pas de monastère où l'on ne racontât avec terreur aux jeunes novices la punition horrible que s'attira ce religieux infidèle. De notre temps encore cette histoire nous fait frémir; la voicy telle que la Légende nous la rapporte :

« Ne nous estant moins profitable de sçavoir le chastiment de ceux qui ont failli de garder ce qu'ils ont promis à Dieu, que la récompense et la gloire des diligens et fidèles serviteurs de Dieu, nous sommes icy pour vous raconter quelques cas survenus pour advertissement des tièdes qui ne se souviennent plus de la première ferveur qui les accompagna en Religion, et du bon propos qu'ils avoient se revestans de l'habit de l'Ordre pour faire pénitence, et vivre avec mortification de la chair, et pour servir à Dieu avec édification du prochain, pensant au salut de leurs âmes.

« En la province de la Marque, il y avoit un frère de l'Observance, confesseur des séculiers, lequel, dès sa jeunesse, jusques à sa vieillesse, feignoit d'estre toujours malade pour pouvoir manger et boire du meilleur qu'il pouvoit avoir; ce qu'il procuroit en toute diligence. Et survenant le temps des Advents, auquel temps les Frères, selon leur Reigle, sont obligez de jeusner, Frère Ipolite, car c'est ainsi qu'il se nommoit, alla au Père Gardien, et, selon sa coutume, il luy dit : « Mon Père, sçachez que je ne puis jeusner; » auquel il fut répondu : Puisque vous dictes de ne pouvoir jeusner, je ne vous veux point forcer, mais j'en laisse la charge à vostre conscience, avec ceste condition que vous vous contentiez de manger ce que les autres mangeront en ce temps. Mais luy, repartissant qu'il avoit besoin de manger de la chair, le Gardien luy dit que, sans l'opinion et licence du médecin, il ne luy octroyeroit tel congé, ignorant sa maladie et nécessité. Et sçachant que ce Frère Ipolite estoit résolu d'en manger sans grande maladie et telle qu'il disait avoir, il commanda aux Pères Confesseurs que, s'il en mangeoit secrettement, ne luy en donner point l'absolution. Ce pauvre religieux, sans aucune crainte de Dieu, ny des hommes, vaincu du vice de gourmandise, fit provision de chair cuitte parmi les séculiers et entre ses parents.

Advint que l'heureux frère Jean de Capistran vint à ce monastère, qui estoit vicaire général, et d'autant qu'il arriva bien tard on luy donna la collation avec ses compagnons au réfectoir... Frère Ipolite, allant selon la coustume de la Religion à prendre la bénédiction du bon Père, et s'estant mis à discourir avec un des compagnons du Saint, luy demande comment s'estoit-il porté en ce voyage. Auquel respondit le Religieux qu'il estoit seulement harassé et las du chemin, et pour le jeusne qu'il gardoit un peu foible. Alors frère Ipolite adjousta et luy dit : ne suis pas moy, voire je me trouve fort gaillard, ayant soupé ce soir avec un bon quartier de faisand très bien accomodé. Ce qu'ayant entendu, le compagnon du Vicaire général luy dit : O frère, tu n'en as pas fait encore la digestion, tu verras comme tu te trouveras...

L'heure estant venuë, un chacun se retira pour dormir et reposer; mais en ce malheureux et infortuné, s'accomplit ce qu'on trouve escrit des Juifs : ils avaient le manger en la bouche encore quand l'ire de Dieu tomba sur eux. Car, en la première veille de la nuict, un grand bruit fut entendu, comme si c'eust esté de soldats armés dans le dortoir qui sembloient combattre cruellement ensemble, de manière que cela fit lever en sursaut tous les religieux, et, estanz espouvantez de ce bruit qu'ils entendoient, fermèrent très bien les portes de leurs chambres.

Mais l'heureux Frère de Capistran avec un courage magnanime, et avec ceste force de laquelle il estoit entichy, sortit de sa chambre pour voir que c'estoit, et quoi qu'il ouist un grand bruit, il ne voyoit pourtant chose quelconque; mais il luy estoit advis qu'il y eust des hommes à cheval qui combatissent et qui rompissent des lances les uns sur les autres ; et huttant aux chambres des religieux, il n'y eust personne qui osast luy ouvrir que le Gardien qui le recogneut, et alla vers luy. Alors le Sainct le prit par la main, et le conduit dans l'église où il print la Croix et l'eau béniste ; retournans tous deux dès aussi-tost au dortoir, en monstrant la Croix et la lumière, incontinent des ténébreux esprits prindrent la fuitte et s'esvanouirent, et les religieux ouyrent une voix qui dit tout haut trois fois : Ha! malheur à moy! Qui fut l'occasion que tous s'unirent ensemble, excepté Frère Ipolite, lequel voyans n'estre avec les autres, l'allèrent appeler à sa chambre ; mais ne respondant point, le Gardien commanda qu'on ouvrist sa porte par force, laquelle estant ouverte, ils le trouvèrent tout estendu en terre, mort, nu, et noir comme de la poix, avec l'habit au pied de son lict, et le matelas, linceuls, coussins et couvertures tous c'en dessus sur le lict, ayant sa chambre bien garnie de choses à manger. Tellement, qu'ayant cognu le cas épouvantable qui estoit survenu, le Gardien commanda qu'il fust ensevely hors du cimetière parmy les bestes (1). »

Cet événement affreux eut un grand retentissement dans toutes les maisons de l'Ordre ; l'austère Philippa n'oublia jamais la Légende effrayante de Frère Ipolite ; elle la transmettait aux novices comme on la lui avait transmise à elle-même, « avec des larmes et des soupirs! » en les assurant que la paix dans ce monde, l'assurance des divines voluptés en l'autre, étaient dans la mortification.

Et comment les petites novices ne se fussent-elles pas habituées joyeusement à cette mortification tant recommandée dans nos saintes Règles (2), lorsqu'elles

---

(1) *Chroniques des Frères Mineurs*, divisées en dix livres par le Révérendissime Marc de Lisbonne, Evesque Portuense, Frère Mineur de l'Observance-portugaise. Livre II, chap. XXIII.

(2) Réflexions de notre vénérable Père Ange du Pas de Per-

voyaient la manière dont Philippa mettait en pratique ce qu'elle leur conseillait. Le Père Balthazard nous dit « que son jeûne fut continuel, n'usant, dans ce seul et frugal repas qu'on faisoit dans cette saincte maison que d'un peu de pain, de légumes ou de quelques racines insipides. Etant malade, elle ne vouloit d'autres mets que ceux que l'on servoit au réfectoire, que si quelquefois on lui en préparoit d'autres (un peu de poisson ou de hareng), il falloit un commandement précis de ses supérieurs pour luy en faire goûter. Les petits égards, les légers adoucissements que l'on ne pouvoit se dispenser sans trop de rigueur d'avoir pour elle de temps à autre de peur de ruiner entièrement sa santé, étoient sa seule Croix, parce qu'elle tiroit de ses peines, comme le grand Apôtre, une source d'amour et de consolations intarissables. « Nos travaux, disoit-elle, sont si courts qu'ils n'ont point de proportion avec ce poids infini de gloire qui en doit être la récompense. Heureux ceux qui pleurent et qui sèment des larmes, ils moissonneront une joye éternelle.

pignon, religieux de la Province des Réformés de Rome. — Cette avidité de manger, disoit le bon Père, apporte et traisne avec soy beaucoup de malheurs et à l'âme et au corps, ce qu'on a remarqué que les Apôtres et autres disciples de Jésus-Christ, ains toutes leurs austérités, ne furent jamais malades ; ce qui adviendroit aussi à nous, si, nous contentans de la sobriété, nous refrenions religieusement nostre appétit, cause de tant de maux, clouaque et sentine de tous vices.

Il ne faudroit point tant de viande et tant de mets ni tant de saulce, veu que les légumes donneroient substance de chair, les herbes nourriroient plus que le poisson et les fruits apporteroient plus de nourriture à la santé que les cailles, perdrix, phaisans, bizes, pigeons ou bevaries de Languedoc. Il ne faudroit pas user de tant de médecines et de tant de cautères, et, ce qui est plus important et doit être la fin de la santé, on seroit plus agile et plus propre au service de Dieu, comme l'on void avoir faict ceux qui ont gardé telle façon de vie. (*Chroniques des Frères Mineurs*, 1ᵉʳ partie, Livre x, chap. xxxv.)

On est en ce monde que pour souffrir, et se purifier en souffrant : l'amour de Dieu adoucit tout : il n'est rien de difficile à celuy qui L'aime véritablement : *la croix de l'amant n'est qu'une demi-Croix ; on ne souffre beaucoup que parce que l'on aime peu.* »

Les compagnes de la Bienheureuse, la voyant si mortifiée en toutes choses, disaient en souriant, que, « pour que leur bonne Mère la Royne se soustint parmy tant d'austérités, il falloit que quelque ange du Ciel lui apportast une nourriture céleste ! »

Il nous semble que les chères Sœurs n'exagéraient guère : Philippa, comme Augustin, s'élevait de la terre à la contemplation de ce pays « d'inépuisable abondance où Dieu rassasie éternellement ses fils du Pain de la Vérité, et leur ouvre pour les désaltérer les sources vives de la sagesse (1). »

Nous avons parlé de ses veilles sacrées, et de ce qu'elle goûtait de célestes délices pendant les belles nuits du cloître... Ajoutons que, jusqu'à la fin de sa vie, « son sommeil fut de si peu d'heures qu'on ne pouvoit comprendre comment elle pouvoit subsister ; souvent elle éveilloit les religieuses pour aller au chœur où elle étoit toujours la première et n'en sortoit que la dernière (2)... » Et encore « ce très petit sommeil » auquel elle avait habitué son corps, elle ne le prenait que par obéissance, « se faschant néanmoins contre luy de ce que, comme un aspre et difficile peager, il partageoit avec nous la moitié de nostre vie (3).

Fidèle dans les grandes choses, Philippa ne l'était pas moins dans les petites. Oui, tout était sacré dans

---

(1) *Confess.*, Liv. ix, chap. 10.
(2) Balthazard.
(3) Mérigot.

ces admirables Règles qu'avait si bien défendues la royale Clarisse, et tout lui était cher dans ces religieuses observances, qu'elle conservait comme son précieux héritage. Rien n'était petit pour son grand cœur, rien n'était vulgaire pour sa belle âme.

Au réfectoire, il était touchant de voir la Reine de Sicile porter à ses lèvres une pauvre écuelle de bois, elle, habituée pendant 58 ans à boire dans une coupe d'or ou d'argent ; et ce qui était non moins édifiant, c'était d'observer la manière dont elle se servait de cette pauvre tasse, « la prenant par les deux anses », selon la vieille coutume de l'Ordre, coutume que nous trouvons en usage dans d'autres familles religieuses, et particulièrement chez les fils de Saint Bruno : « L'ancienne coutume de l'Ordre, dit le Cérémonial des Pères Chartreux, est qu'on met les deux mains au gobelet en buvant, ce qu'on observe toujours pour révérer la première simplicité de nos anciens Pères, quoique l'usage du monde d'à présent y soit un peu opposé ; mais nous serons trop heureux, si nous mettons bien en pratique ces paroles de la Sainte Ecriture : *Mourons dans notre simplicité !* » (1)

Qu'elle était belle, dans Philippa, cette grande simplicité religieuse qui élève si haut ceux qui la pratiquent parfaitement ! Par esprit de pauvreté, et fidèle à l'usage prescrit par le Directoire, la sainte Reine ne quittait pas la table du Réfectoire sans avoir ramassé et mangé une à une les petites miettes qu'elle avait laissées tomber en prenant son repas... Au chœur, faisait-elle involontairement un peu de bruit, ou se trompait-elle d'un mot dans la récitation d'un

---

(1) *La Grande Chartreuse*, par un Chartreux, p. 290.

verset, d'une leçon, d'un oremus, aussitôt, comme la dernière des novices, elle allait se prosterner devant le pupitre, baisait terre avec une humilité ravissante, et n'oubliait point d'en dire aussi sa coulpe publiquement.

Beaucoup, parmi ses sœurs pouvaient être aussi exactes qu'elles : nulle ne l'était davantage. Au premier coup de cloche, on la voyait cesser toute occupation et se rendre aussitôt où l'appelaient les saints exercices prescrits par la Règle. La cloche! ce n'était pas un simple son pour Philippa : c'était la Voix du Seigneur Jésus qui lui disait : *Lève-toi, Bien-Aimée, et viens!* Faut-il alors nous étonner si elle était si exacte à lui répondre?... N'est-il pas doux de se *lever* en tressaillant dans le Christ? N'est-il pas doux d'*aller*, quand c'est l'amour qui nous donne des ailes?...

Dans ses allées et venues par le Monastère, quelque pressée qu'elle fût, jamais Philippa ne perdait de vue les règles de la modestie religieuse, et les Sœurs s'appelaient les unes les autres pour jouir du spectacle de « leur bonne Mère la Royne » traversant gravement le cloître ou le préau, le voile à demi baissé, les mains repliées sur son cœur, comme pour y retenir l'Hôte divin, Jésus, son unique trésor, dont, en tout lieu, elle goûtait la douce présence.

Lorsqu'elle passait devant la porte de clôture, et qu'elle se croyait seule, elle tombait à genoux, et, dans une sorte d'extase, elle baisait les gonds et les verroux sacrés de cette infranchissable barrière qui la séparait du monde. Elle se rappelait son vœu de clôture, le renouvelait dans des transports inexprimables, et se relevait en rendant grâces à Dieu de l'avoir introduite dans le jardin délicieux de la sainte Religion.

Son amour pour les Règles de la Clôture était si profond, qu'elle ne s'approchait jamais de la « treille », c'est-à-dire de la grille, du chœur ou du parloir, sans tressaillir de joie, sans remercier le Sauveur Jésus, qui l'avait appelée aux douceurs de la vie cachée, et sans baiser avec un amoureux respect ces grilles de fer hérissées de pointes aiguës.

Cependant, ces grilles sévères, quel cruel sacrifice ne lui imposaient-elles pas, lorsqu'elles lui empêchaient de serrer dans ses bras, de presser sur son cœur ses fils, ses belles-filles, et qu'elles la privaient du bonheur de couvrir de ses caresses ses nombreux et charmants petits-enfants, lesquels, passant leurs petites mains dans ces sombres barreaux, qu'ils mouillaient de leurs pleurs, disaient qu'ils voulaient voir et embrasser « Madame la Royne leur bonne grand'mère! » Philippa était émue, parfois même des larmes sillonnaient son visage amaigri et trahissaient son émotion; mais la tendresse de la mère, l'amour de la grand'mère ne l'emportèrent jamais sur la fidélité qu'elle avait jurée à ses règles. Jamais elle ne se repentit de s'être séparée de cette famille aimable dont elle avait fait à Dieu le généreux sacrifice. Sans doute le cœur de la mère saignait, mais l'âme de la religieuse se réjouissait de son immolation.

Tout lui servait pour prouver à Jésus qu'elle l'aimait jusque dans la mortification de tout son être : elle sacrifiait son corps, comme elle sacrifiait son cœur!... L'hiver, elle enfonçait ses pieds nus dans la neige, heureuse de sentir le tourment du froid, et jamais elle ne s'approchait du feu de manière à sentir le bienfait de sa chaleur ; elle animait joyeusement ses Sœurs à supporter les rigueurs de la mauvaise saison, et elle les invitait « amiablement » à louer le Seigneur par la glace et la neige, en chantant en chœur ce verset du cantique sacré : *Benedicite glacies et nives Domino !*

L'été lui donnait aussi de nombreuses occasions de se mortifier. Elle eût regardé comme une sensualité de boire entre les repas et de se rafraîchir, n'eût-ce été que par un verre d'eau fraîche.

Souvent les Sœurs remarquaient que lorsqu'elle se trouvait assise dans un lieu agréable, à l'ombre et au frais, elle n'y restait pas longtemps, et trouvait bien vite un prétexte pour se priver de ce moment de bien innocentes délices.

Jamais elle ne voulut accepter l'offre qu'on lui faisait d'un habit plus léger, d'un voile moins lourd. Le matin, après la sainte Communion, les religieuses avaient la permission de quitter leur manteau de chœur, manteau de grosse bure, très lourd, aux jours de forte chaleur... Mais la Reine de Sicile ne le déposait point, et lorsque ses compagnes, émues de compassion de la voir se mortifier ainsi, venaient doucement le lui ôter, elle leur disait avec un ton de doux reproche et un ineffable sourire : « Le manteau séraphique ne m'a jamais pesé ! »

Jamais non plus il ne lui pesa le gros drap de laine blanche dont était recouvert son pauvre lit ; elle s'en servit jusqu'à son dernier jour ; bien que cette mortification ait toujours été regardée comme une des plus pénibles.

Il est rapporté dans l'histoire de Mme Louise de France, qu'il lui avait été très dur de s'habituer à cette pratique de pénitence également en usage au Carmel. Mais, comme la royale Clarisse, la royale Carmélite voulut s'y soumettre jusqu'à la fin de sa vie.

Non seulement Philippa ne voulut jamais accepter un drap de toile pour son humble couchette, mais souvent même, se reprochant la poignée de paille sur laquelle elle dormait son léger sommeil, elle l'enlevait et dormait sur la planche ; et encore là, sur cette planche, elle pleurait avant de s'endormir, parce que, disait-elle, ce lit n'était pas celui de la Croix, et que, par amour pour son Crucifié adoré, elle eût voulu être attachée toute vive à l'Arbre de la Croix, et y mourir abandonnée et méprisée de tous.

On n'en finirait pas, assurément, si l'on voulait détailler toutes ces petites pratiques de mortification auxquelles s'adonnait Philippa... En apparence, elles paraissent peu de chose, cependant, dirons-nous avec saint Augustin : « Peu de chose est évidemment peu de chose, mais c'est une très grande chose, que d'être fidèle dans ce qui est peu de chose (1). »

Nous ne parlerons pas des effrayantes macérations de la Duchesse, « de ses disciplines sanglantes et réitérées, de ses âpres cilices (2). » Nos cloîtres en gardent pour eux seuls le souvenir, et une sorte de re‥‥ue sacrée nous empêche de dire ce que nous sa ‥ es actes héroïques accomplis par la Bienheureuse, alors qu'elle se sentait seule, protégée par l'ombre et le silence des murs bénis de son Monastère. Non, nous n'osons pas soulever le voile qui recouvre ce côté intime et délicat de sa vie. Il nous

---

(1) Quod minimum est minimum est ; sed in minimo fidelem esse magnum est... (De Doctrina christiana, lib. IV, cap. XVIII.)
(2) Balthazard.

semble que, du haut du Ciel, l'humble Philippa nous en voudrait de révéler le secret des cruautés qu'elle exerçait contre elle-même. Il nous suffira de dire que ses supérieurs reconnurent qu'en cela, comme en tout, elle était guidée par l'Esprit de Dieu et, jusqu'à la fin de sa vie, il lui fut permis de mettre la haire, les disciplines, les ceintures, les croix, les bracelets de fer au service des saintes folies de l'amour pénitent.

Le monde ne comprendrait rien à cette passion de souffrir dont sont dévorés ceux qui savent aimer. Nous le ferions frémir par nos révélations : peut-être même s'en scandaliserait-il... mais ceux qui ont livré leur cœur à l'amour d'un Dieu-Victime, devineront aisément jusqu'où se laissa emporter cette grande Amante de la Croix, qui ne se consolait de ne pouvoir mourir qu'en se faisant beaucoup souffrir.

« Un jour viendra, où, en présence du Ciel et de la terre, les anges de Dieu apporteront sur l'autel du jugement deux coupes remplies : une main irrécusable les pèsera toutes deux, et il sera connu, à la gloire éternelle des Saints, que chaque goutte de sang donnée par l'amour en a sauvé des flots (1). »

(1) Lacordaire, *Vie de saint Dominique.*

CHAPITRE XXVIII

Les dernières tristesses. — Peines et souffrances
croissantes.

> « Qui nous empêchera d'être saintes, puisque
> nous avons des cœurs pour aimer et des corps
> pour souffrir ! »
> (B⁺⁺ Marguerite-Marie.)

Sur le Calvaire Philippa avait vécu ; sur le Calvaire elle devait mourir : elle était un fruit de l'Arbre de la Croix, un fruit qu'avait doré l'amour, qu'achevait de mûrir la souffrance, et que Jésus se préparait à cueillir. Mais, avant de rappeler à Lui son Epouse bien-aimée, le Seigneur se plut à lui donner une consommation de sainteté par une consommation de souffrances, et c'est pour cela que les dernières années de la Duchesse de Lorraine furent remplies de nouvelles tristesses, de nouvelles amertumes... Sa vie avait commencé par la douleur : elle devait se terminer par une longue agonie.

Nous nous rappelons ce qu'avait été l'enfance de Philippa : quelles scènes lugubres frappèrent sa jeune imagination, quels souvenirs navrants déchirèrent le cœur de l'orpheline, quelles larmes amères elle versa ensuite lorsque, à l'âge de dix-huit ans, elle quitta la Gueldre qu'elle ne devait plus revoir... Devenue l'épouse du roi de Sicile et de Jérusalem, alors que depuis sa petite enfance elle avait désiré s'unir au Roi de la Jérusalem céleste, elle goûta des joies, il est vrai, mais que de douleurs à côté de ces joies qu'elle n'avait point rêvées... Frappée dans le bonheur de l'amour maternel, foudroyée dans celui de l'intimité conjugale, elle perd d'abord sept petits enfants, puis c'est René, son cher René, qui lui est ravi tout à coup, et alors sa douleur est si profonde, mais en même temps si chrétienne, qu'on la compare à celle de Sainte Paule.

Ces deux illustres veuves devaient avoir plus d'un trait de ressemblance, et, de Philippa comme de Paule, nous pouvons dire que « depuis son veuvage la joie, même sainte, ne fut pour elle qu'un accident, et que le vrai fond de sa vie, ce fut la douleur. Depuis la mort de son mari un deuil éternel l'enveloppa; vainement elle se donne à Dieu avec toute la générosité de sa belle nature, elle répand à flots sur les pauvres l'affection refoulée dans son cœur, elle se plonge dans la grande étude des Ecritures : rien ne peut ramener le sourire et la joie dans ce cœur attristé pour jamais : elle nous apparaît tout en pleurs et baignée par les larmes (1). »

Sous son voile de novice, sous son voile de professe, nous l'avons cependant entrevue parfois joyeuse et souriante... Qu'était-ce donc que cette joie? qu'était-il ce sourire?... C'étaient la joie et le sourire d'une âme consacrée victime, d'une âme transfigurée par la douleur, d'une âme qui se réjouissait de son immolation... Ah! de tels sourires ne sont pas de la terre :

(1) Vie de Sainte Paule, par l'Abbé Lagrange.

ils sont comme un rayon du Ciel, illuminant le sacrifice : souvent ils font briller des larmes !...

Désormais cette sainte veuve ne recherche plus qu'une seule chose : la souffrance ! Sa consolation d'avoir souffert est de souffrir encore, et elle supplie le Seigneur de redoubler ses coups, car elle s'est offerte en victime, et, qu'importe qu'elle meure, pourvu que des âmes tuées par le vice ou l'erreur soient ressuscitées à la vie (1).

Il en est des âmes consacrées à Dieu comme des justes, qui sont autant de grâces que Dieu accorde à l'humanité. Les uns et les autres apparaissent dans le monde moral comme ces sommets élevés d'où descendent les eaux fécondes. Dieu se plaît à ces hauteurs saintes et leur confie ses trésors pour les répandre autour d'eux et au loin. En eux toute rosée se concentre et par eux les fleuves de grâce sont donnés. Mais, ô Seigneur ! par combien de souffrances intérieures et physiques, d'orages même, ces sommets solitaires rachètent-ils le privilége de féconder la terre au-dessous d'eux !... Dieu entendit la prière de Philippa, et Il l'exauça en martyrisant son cœur...

La première mort que la Bienheureuse eut à pleurer dans le cloître fut celle de Marguerite, cette sœur aimée qui lui avait frayé le passage à travers les sentiers de la Montagne séraphique... mais ce n'était là que le prélude de coups plus douloureux encore. Le Seigneur Jésus connaissait l'âme qu'il s'était si intimement unie ; il la savait capable de pouvoir beaucoup souffrir pour son amour. Il lui devint un *Epoux de sang* et, comme Moïse devant la tendre Séphora, il laissa couler devant

(1) La Bienheureuse s'offrait souvent en victime pour la conversion des pécheurs, des hérétiques.

elle le sang de son enfant... Bien plus, Dieu fit mourir l'enfant sous les yeux de la mère éplorée, et, lorsque Philippa sortit de son oratoire, pâle et en pleurs, ses sœurs apprirent avec stupeur que François de Lambescq n'était plus...

Trois ans après, de nouvelles blessures en rouvraient d'autres toujours saignantes, et la Reine de Sicile, dans sa douleur maternelle, n'avait que la triste consolation de tenir quelques instants entre ses mains le cœur du Comte de Vaudemont, de l'ensevelir sous ses yeux, et de pleurer chaque jour près de ce dernier souvenir du noble trépassé...

Le martyre n'était pas fini : Philippa pleura aussi sur les enfants de ses enfants. Elle en vit plusieurs descendre dans la tombe, ou plutôt monter vers les Cieux : leur part était belle : l'aïeule l'enviait, mais la douleur des pauvres parents était profonde : Philippa la partagea et les consola.

En 1538, le frère de la Bienheureuse la devançait dans un monde meilleur. Charles Egmont était le dernier souverain de la Gueldre qui perdit avec lui sa fière indépendance.

Bien amères furent les larmes que versa Philippa sur son frère tendrement aimé et sur le pays de Gueldre... Ces larmes coulaient encore qu'une nouvelle épreuve broya le cœur de la Reine Mère : sa charmante belle-fille Renée de Bourbon, l'ange de la Lorraine, mourait comme elle avait vécu, c'est-à-dire comme une sainte. « Mère des pauvres, attentive et bienfaisante, magnifique dans ses libéralités pour le culte de Dieu, elle termina sa carrière l'an MDXXXIX (1). »

(1) Inscription latine du tombeau de Renée de Bourbon.

En 1544 le glaive des douleurs maternelles fut encore replongé dans le sein de la royale Clarisse, et il y fit une telle blessure qu'on se demande comment la Bienheureuse n'en mourut point.

Antoine le Bon, le Vainqueur des Rustauds, le Prince de la Paix, « le Père de la Patrie, le scrupuleux observateur de la religion catholique, l'invincible défenseur de ses dogmes contre l'hérésie confédérée, l'Immortel pour les âges futurs (1) » « descendit dans la tombe, sans avoir atteint la vieillesse, ayant toutefois assez vécu pour laisser dans l'histoire le renom d'un des meilleurs princes dont elle ait gardé le souvenir.

« Ce prince, si aimé de ses sujets que les pauvres eux-mêmes voulaient avoir son portrait dans leurs chaumières, si regretté qu'on s'assembla après sa mort dans les villes et les villages pour le louer et le pleurer, avait rendu sa belle âme à Dieu au château de Bar le 14 juin » (2).

« Il fut résolu que son corps serait déposé dans l'église de Saint Maxe jusqu'à ce qu'il fût possible de le transporter à Nancy pour y être enterré selon qu'il l'avait ordonné. La guerre, qui désolait alors le pays, ne permettait ni aux princes du sang, ni à la noblesse de se réunir pour le convoi; elle ne laissait aucune sécurité pour le voyage. Les préliminaires de la paix ayant été arrêtés entre l'empereur et le roi de France, le duc François son successeur, déjà malade, quitta Bar le 15 septembre et vint à Nancy où il arriva le vendredi 18 avec le corps de son père qu'il fit immédiatement inhumer auprès de la duchesse

(1) Inscription latine.
(2) *Vie abrégée.*

Renée de Bourbon, son épouse ; la cérémonie des obsèques étant renvoyée au jour de l'anniversaire révolu, afin de laisser aux affaires le temps de s'arranger, et aux princes de la famille la facilité de venir en Lorraine, sans s'exposer à de graves dangers.

« Mais la mort vint troubler ces dispositions, ou plutôt elle voulut que les apprêts funèbres que l'on méditait pour honorer la mémoire du père, servissent immédiatement aux obsèques de son fils. Le duc François expira, en effet, le vendredi 12 juin 1545, à Remiremont, où il prenait les eaux de Plumières qu'on lui amenait dans des tonneaux. Son corps fut transporté en l'église collégiale de Denœuvre, en attendant qu'il pût être amené à Nancy, où l'on devait faire l'enterrement. Les conditions de la paix qui se traitaient, tenaient éloignés et occupés les princes lorrains ; la peste ensuite, qui désolait la Lorraine et le Barrois, et provoquait de justes craintes, firent ajourner la cérémonie solennelle des funérailles jusqu'au mois d'août 1546 (1). »

Le petit-fils de Philippa avait 28 ans : il n'avait régné qu'un an. « Né pour l'héroïsme guerrier, une mort prématurée lui ravit les lauriers que lui restituèrent sa bonté naturelle, une prudence consommée et une constante sagesse (2). »

Ce dernier coup acheva de briser Philippa de Gueldre ; cependant elle eut assez de force pour écrire à la jeune veuve du « Saige duc François, » Christine de Danemark, proclamée régente de Lorraine. Elle lui offrit ses consolations et ses conseils...

(1) *Pompes funèbres des ducs de Lorraine.* (Abbé Guillaume.)
(2) Inscription latine du tombeau ducal.

La chère petite princesse était sur le point de devenir mère une seconde fois : on juge de la douloureuse compassion qu'elle inspirait à Philippa... François Ier laissait pour successeur un fils de trois ans : Charles III; ce fut au nom de ce jeune prince que Christine de Danemark gouverna la Lorraine avec une sagesse, une prudence demeurées célèbres...

Sur ce trône de Lorraine, Philippa avait vu passer son Epoux, le Victorieux, son fils, surnommé le Bon, son petit-fils dit le Sage : c'était son arrière petit-fils qui était proclamé souverain! Elle s'étonnait de survivre à tant de morts, et, brisée de tristesse, elle demanda au Seigneur de la rappeler à Lui : c'était assez avoir pleuré sur la terre : il était temps d'aller sourire au Ciel, et de retrouver dans le sein de Dieu ceux qui lui avaient été si cruellement ravis. Lorsqu'une mère compte dix enfants au Ciel, que peut-elle faire sur la terre sinon gémir et crier au Seigneur : *O malheureuse que je suis qui me délivrera de ce corps de mort?...*

C'était ce que faisait Philippa : penchée sur les bords ténébreux de tant de tombes, elle demandait à grands cris que la sienne s'ouvrît. Aux consolations qu'on essayait de lui donner, cette mère désolée ne répondait que par ses larmes ou par les paroles lamentables que la Sainte Ecriture met sur les lèvres tremblantes de la fille de Sion : « Le Seigneur a renversé les hommes vaillants que j'avais au milieu de moi, disait-elle; Il a fait venir sur moi le temps qu'il avait marqué pour mettre en pièces mes soldats choisis... c'est pour cela que je pleure et que mes yeux se fondent en eau... Mes enfants sont perdus parce que l'ennemi est devenu le plus fort... Mon cœur est renversé dans moi-même parce que je suis remplie d'amertumes. Au dehors, l'épée a détruit, et au-dedans, c'est comme la mort. O vous tous qui passez par le chemin, regardez et voyez s'il est une douleur semblable à ma douleur. Car le Seigneur m'a foulée comme le raisin, lorsqu'il m'a affligée au jour de l'ardeur de sa colère (1). »

Et cependant, quelque amer que fût pour Philippa le chagrin de son cœur maternel, il était pour son âme une tristesse plus désolante encore : elle languissait loin de Jésus : elle voulait le voir face à face ; l'amour du Christ la dévorait, aussi, comme Paula, cette sainte veuve dont elle retraçait la vie merveilleuse, « elle s'écriait sans cesse avec des larmes dans la voix : « *Hélas! hélas! que mon exil se prolonge donc ! Au milieu des habitants de Cédar mon âme est trop étrangère.* » Elle disait encore et sans cesse : « *Je voudrais voir se dissoudre cette poussière de mon corps, et demeurer avec le Christ... Ah ! qui me donnera les ailes de la Colombe, et j'irai, je volerai dans le lieu de l'éternel repos* (2).

Saisie par ces désirs et ces espérances de l'Immortalité, la Bienheureuse se consumait lentement. Détachée de tout, livrée à une divine tristesse, elle soupirait vers l'instant du céleste départ, et, voyant qu'il tardait à venir, elle se prenait à pleurer : « *Pourquoi es-tu triste, ô mon âme ?* se disait-elle alors à elle-même : *espère en Dieu, et chante avec confiance : c'est Lui mon Seigneur, c'est Lui mon salut.* »

L'heure de la venue de l'Epoux approchait : ces sublimes impatiences l'annonçaient. Mais, comme rien

(1) Lamentations.
(2) *Sainte Paule.* Ouvrage de M. l'abbé Lagrange.

ne devait manquer à ce martyre de toute une vie, Dieu ajouta aux douleurs du cœur, aux tortures de l'âme de nouvelles et cruelles infirmités. Philippa accepta les maladies comme de célestes messagères, et, au plus fort de ses souffrances, « elle entonnoit suavement un cantique de joye. »

« Deux ans avant son trépas, dit la Vénérable Sœur Claude, elle tomba dans une grosse maladie; tellement qu'on pensoit qu'elle deut mourir. Et, depuis, ne retourna en santé parfaicte, comme elle faisoit les autres fois. Elle avoit plus mal l'une des fois que l'autre. Toutesfois elle prenoit tousjours vigueur pour ce qu'elle estoit d'une très bonne et forte complexion naturellement. Aussi, par le moyen des bonnes prières et l'aide des médecins, elle revenoit à convalescence. Et le mal qui la tourmentoit le plus étoit la cholique et sciatique avec un point qu'elle avoit au côté sénestre. Et sans cela les médecins disoient qu'encore estoit-elle pour vivre plus de dix ans. Mais elle a porté tant de mal et de martyre, que trois hommes les plus jeunes et forts qu'on sçauroit trouver ne l'eussent sçeu porter sans mourir. Nul ne le sçauroit dire ny croire qui ne l'a veu...

« Jamais de sa bouche ne sortit un seul mot d'impatience ny de fascherie. Mais disoit toujours : Loué soit mon bon Dieu! Je suis contente de sa saincte volonté. Qu'Il m'envoye tout ce qu'Il luy plait. Je l'ay bien desservi... Et encore plus de cent fois davantage son sainct Nom soit bénist. Et plusieurs aultres sainctes paroles qu'elle disoit continuellement. Elle se recommandoit souvent à nos prières esquelles avoit grande espérance... Et disoit qu'elle sentoit ses douleurs allégées, quand la saincte Communauté prioit

Dieu pour elle. *Mais c'estoit de sa bonté non pas par nos mérites* », ajoute avec une humilité parfaite la sainte écrivaine...

Voilà donc les grands désirs de souffrance de Philippa pleinement réalisés... Elle subit un *martyre tel que trois hommes les plus jeunes et forts qu'on sçauroit trouver, ne l'eussent su porter sans mourir. Nul ne le sçauroit dire ny croire qui ne l'a veu !...* Et, au milieu des tourments de ce mal horrible, son courage ne faiblit point : au contraire, l'amour la relève au-dessus de la souffrance et elle se dédommage de « ne pouvoir plus suyvre le train commun comme elle avoit accoustumée » en prolongeant ses ferventes oraisons ou plutôt en ne les interrompant plus : « tant qu'elle a peu, alloit tousjours à l'église et y demeuroit coustumièrement depuis la Messe jusqu'à dix ou onze heures, sans en partir, en dévote oraison et contemplation avec abondance de larmes. Mesmement après Complies, jamais ne partoit de l'église jusqu'à huict heures. Et falloit bien souvent qu'on l'allast requérir. Et quand on luy disoit qu'elle se blessoit, elle respondoit Bon Dieu ! ah ! bon Dieu ! que dictes-vous ! J'ay assés perdu de temps au monde ; mon bon Seigneur Jésus peut bien avoir le demeurant (1). »

« Comme elle avoit tousjours esté d'un très grand courage, elle ne put pas estre renversée du premier coup. Aussi-tost au moindre intervalle de la maladie, la revoilà debout, la voilà et plus eschauffée et plus fervente que jamais au service de Dieu, la voilà au réfectoire, au chœur, à l'ouvroir, partout. C'estoit

---

(1) *Tradition des Clarisses.*

l'affliger vivement que de luy dire : *Vous en faictes trop !*

« Mais comme ce grand zèle estoit au-delà de ses forces, elle estoit contraincte de céder à la violence de la maladie et des douleurs de la mort qui l'assiégeoient puissamment... Toutefois, elle n'estoit pas moins exemplaire afflictée qu'en santé : c'estoit une édification bien belle à tout le monastère de voir une Princesse délicate endurer tant de martyres avec une patience invincible. Elle recevoit les tourments comme *des perles, des rubis, des faveurs de Paradis*. Jamais elle ne disoit : c'est assés ; et plus de maux et plus de biens, et plus de tourments et plus de courage : voicy une de ses dernières devises : *Tant plus travaille amour, tant plus repos sent-il* (1).

Les médecins venaient souvent visiter Philippa de Gueldre, mais depuis plusieurs années, ils avaient déclaré que la science n'avait rien à faire pour soulager le mal dont souffrait la Bienheureuse Reine ; qu'*il falloit en laisser la cognoissance et la cure à la divinité*. Ils n'approchaient du lit de Philippa que pour contempler le merveilleux spectacle qu'offrait cette sainte victime, si patiente dans ses grandes douleurs, si joyeuse de souffrir. A peine osaient-ils donner quelques remèdes, car, disaient-ils, « la Royne estoit malade d'amour divin et de cet amour elle mourroit. »

Pour contenter la Mère Abbesse et les bonnes Sœurs, pour obéir aux Princes, les médecins de la Cour faisaient de temps à autre quelques nouvelles ordonnances dont ils assuraient l'inutilité. Ils ne cessaient de répéter que les causes de cette étrange

(1) *Vie abrégée*, Mérigot.

maladie étaient surnaturelles et ils ne se trompaient pas (1).

Nous avons déjà dit que, pendant les sept dernières années de sa vie, la Bienheureuse, par un privilège céleste, *participa aux souffrances du Christ*. Tous les vendredis, elle souffrait les douleurs de la Passion, elle perdait l'usage de ses sens, et demeurait toute la journée étendue sur son lit *comme une morte*. Durant ces sanglantes extases, les anges sans doute la crucifiaient.

Vers la fin de sa vie, ces mystérieuses douleurs redoublèrent; toutefois, Philippa n'en divulgua jamais la cause. Après sa mort, l'on surprit quelque chose de ce grand secret, en découvrant l'instrument miraculeux par lequel le Seigneur stigmatisait le corps de son épouse.

Il est rapporté dans la vie de Sainte Thérèse, qu'un jour Notre Seigneur lui apparut, au plus intime de son âme, par une vision imaginaire, comme elle L'avait vu d'autres fois. Il Lui donna sa main droite et lui dit : « *regarde ce clou, c'est le signe de notre alliance, dès ce jour, tu seras mon épouse* (2).

A Philippa aussi, Jésus offrit un présent d'alliance, un instrument de passion, un joyau précieux qu'il enchâssa, dans la chair de son épouse : c'était une sorte de pierre-lance, qui lui déchirait les entrailles, et provoquait au cœur une douleur qui finit par devenir mortelle, et que la chère Bienheureuse n'aurait

---

(1) Il ne m'est point permis d'entamer ce saint corps pour vous faire voir la cause de ces grandes douleurs; attendons sa mort, et à la dissection je vous feray hautement advouer que Dieu est véritablement admirable en ses Saincts. » Mérigot, *Vie de la Sérénissime Philippa.*

(2) *Vie de sainte Thérèse.*

pu supporter si longtemps sans un secours particulier du Ciel.

Nos saintes mères eurent la consolation de vénérer cette pierre miraculeuse, car, dit l'Abbé de Sainte-Marie, « tandis que Dieu plaçait l'âme de sa chère épouse parmy les anges et les séraphins, et qu'Il la couronnait d'une gloire immortelle, Il inspirait de faire l'ouverture de son sacré corps pour faire paraître aux hommes ses divines et secrètes opérations, par la pierre admirable dont il est parlé dans sa *Vie*; pierre qui, suivant les médecins, n'est pas moins miraculeuse dans sa formation que mystérieuse dans ses effets, *luy ayant servi de douloureuses stigmates, à l'imitation de son Père Séraphique, Saint François, non en figure, mais en réalité*, par une vertu divine et périodique qu'elles avoient à luy faire ressentir en elle-même, *quod et in Christo Jesu*, les douleurs de son cher Epoux crucifié, précisément et réglément le même jour qu'Il a souffert et qu'Il est mort pour nous, dont l'Eglise fait mémoire chaque semaine, le saint jour du Vendredy. »

« Mais, ô pierre miraculeuse, dont il n'y a nul lieu de douter dans cette histoire ! pierre plus précieuse que les diamants et que toutes sortes de bijoux ! pierre rare, qui deviez être enchâssée dans l'or pur, pour être révérée dans toute la postérité, où êtes-vous, à présent ? qu'êtes-vous devenue ?... Et vous, grande Sainte, donnez-nous la satisfaction que, comme nous avons recouvré votre précieux Reliquaire, le tendre objet de vos dévotions, après avoir été longtemps égaré, comme nous en allons bientôt parler, nous ayons de même la consolation de revoir ce sainct instrument de votre cruelle passion, dont Jésus-Crucifié, votre

Illustre et Divin Epoux, vous a bien voulu faire une très bonne part » (1).

Hélas ! ce joyau d'alliance divine, que l'on retira ensanglanté du corps de Philippa, n'a pas été retrouvé... Nous aurons bientôt l'occasion de dire comment cette pierre merveilleuse fut enlevée aux Clarisses et quelle profonde douleur elles en ressentirent : pour le moment, revenons à notre auguste malade ; veillons auprès du lit de la « saincte languissante », près de ce lit qui est devenu pour elle l'autel du sacrifice, et s'il lui est encore donné d'en descendre parfois, suivons pas à pas la Bien-Aimée du Seigneur, car la fin de son pèlerinage approche et bientôt le Ciel va l'enlever à la terre.

Les historiens nous disent « que la dévote Philippa arriva au but de sa carrière dans des transports d'amour ». Ni les tortures morales, ni les souffrances physiques ne ralentirent cette flamme divine qui la dévorait toute vive : *elle avoit vécu dedans les flammes*, elle y mourut, toute consumée par le feu de la souffrance et du sacrifice qu'avait allumé en elle la Charité du Christ.

En vain l'instrument de son supplice lui perforait les entrailles, lui déchirait le côté et lui faisait continuellement sentir au cœur une douleur mortelle ; en vain la fièvre la brûlait ; en vain « la mort, cette grande meurtrière, laquelle va sans choix, abattant les plus hautes puissances de la terre, marquoit la chambrette de Philippa et y faisoit arriver ses avant-courriers et la plus-part de son train » rien ne lassait le courage de « cette Fille de douleurs qui enduroit

---

(1) Révérend Père Guinet, p. 105.

tout avec une patience invincible, bénissant Dieu à mesure que ses douleurs augmentoient...

« Tous les remèdes étant inutiles, et ne les prenant que pour obéir à ses Supérieurs, elle s'abandonna totalement à la divine Providence; la céleste Jérusalem l'occupa entièrement dans cette dernière maladie. Elle répétoit sans cesse ces belles paroles du Roy-Prophète : *Je me suis réjouie de ce que l'on m'a dit que nous irons en la Maison du Seigneur...* »

« Elle ne cessa plus de prier, veiller et souffrir, afin que son divin Epoux, venant à frapper, elle fût en état d'entrer avec Luy aux Nopces éternelles... Ses Sœurs ne pouvoient se lasser d'admirer sa constance et sa soumission à tout ce que l'on vouloit d'elle; les saincts discours qu'elle leur tenoit les charmoient, les édifioient infiniment : elles voyoient sensiblement que la divine Charité opéroit seule en elle, et que la nature n'y avoit point de part. Dans cet état accablant, elle ramassoit tout ce qu'elle avoit de forces pour s'acquitter encore des Offices de la Religion, jusqu'à ce que, ne pouvant plus se soutenir, ni quitter sa couche, elle s'y vit attachée comme sur la Croix, formant perpétuellement des actes du plus parfait amour et de la plus ferme espérance en la bonté de son Dieu (1). »

Le jour de l'Assomption de Notre-Dame, de l'année 1546, la Révérende Mère Philippa se trouva si mal, qu'on la crut arrivée à sa dernière heure. Dans leur douloureux effroi, les Clarisses firent appeler en toute hâte « Messieurs ses enfants, » afin qu'ils aient la consolation de revoir une dernière fois leur bonne Mère.

(1) Balthazard.

Les Princes devaient, ce jour-là, se rendre à Nancy pour assister à la triste cérémonie de l'inhumation de François Ier. Le corps du royal défunt avait reposé un an à Denœuvre; au commencement d'août 1546, avait été faite la translation solennelle, et à la « my-aoust » était fixée la grande cérémonie nationale et religieuse, lorsque la grave indisposition de Philippa de Gueldre retarda l'inhumation de François Ier dans le caveau ducal...

Qu'on s'imagine la douleur des Princes dans ces tristes circonstances.

Le jeune évêque de Metz (1), Nicolas de Lorraine, demeura à Nancy pour présider « aux royales et excellentes cérémonies » qui devaient précéder le jour de la sépulture de son frère. Les fils et autres petits-fils de la Duchesse Philippa, au lieu d'aller le rejoindre, durent changer leur itinéraire et se rendre aussitôt au pauvre Monastère de Pont-à-Mousson. Ils pénétrèrent jusque dans l'humble cellule de leur Mère : « ils la trouvèrent moult changée et malade ; de quoy ils avoient grande douleur. » Mais elle les consola avec une tendresse touchante, leur donna de pieux conseils, et, les bénissant de sa main défaillante, elle leur rappela les espérances de l'Eternité : « Nous nous verrons en Paradis si Dieu plaist, » leur disait-elle avec un doux sourire. Et elle ajoutait encore à cette céleste invitation « plusieurs bonnes et sainctes paroles de Nostre-Seigneur. »

Les Princes étaient brisés : ils ne répondaient que par des larmes et des sanglots déchirants à cet adieu qu'ils croyaient être le dernier.

(1) Petit-fils de Philippa, en faveur duquel le Cardinal avait résigné l'évêché de Metz.

Cette couronne de Princes autour du lit de la pauvre Clarisse était chose nouvelle au Monastère du Pont. Les religieuses considéraient cette scène attendrissante avec une émotion qui ne put se contenir, lorsqu'elles virent leur sainte compagne se soulever sur son séant, malgré son extrême faiblesse, et, se penchant vers son fils le Cardinal, lui demander, en s'inclinant, « sa sainte bénédiction... »

Monseigneur de Lorraine sembla hésiter un instant : le fils n'osait bénir sa mère ! mais celle-ci prit la main tremblante du Cardinal, et la posa humblement sur sa tête... alors, d'une voix entrecoupée par ses sanglots, le Prince de l'Eglise bénit la Reine de Jérusalem............. La sainte malade se laissa retomber sur son pauvre chevet ; un doux sourire effleurait ses lèvres : on l'eût crue en extase, et l'on se demandait avec anxiété si sa belle âme n'était pas sur le point de déployer ses ailes et de s'envoler vers les Cieux...

Mais non : l'heure du grand départ n'était point encore arrivée ; la victime n'avait pas fini de souffrir. Sans doute elle le comprit, par un avertissement divin, car, dans la soirée, au milieu de l'angoisse inexprimable qui serrait tous les cœurs, et du morne silence qui régnait parmi ceux qui l'entouraient, elle ouvrit tout à coup les yeux, et, reprenant l'usage de la parole, elle déclara à ses enfants qu'ils ne devaient pas retarder plus longtemps l'inhumation du cher duc François, et qu'il leur fallait se rendre à Nancy au plus tôt.

Les Princes étaient dans une alternative cruelle, et ne savaient trop à quoi se résoudre. Entre les devoirs qu'ils voulaient rendre à leur mère mourante et ceux qui étaient dus à son petit-fils mort, ils restaient là, à genoux dans cette pauvre cellule, broyés par la douleur, arrosant de leurs larmes le lit de leur mère, en attendant d'arroser de leurs pleurs, le lendemain, le cercueil de François Ier...

Un tel spectacle était navrant; le monastère s'enveloppait de deuil; un silence plus grand que jamais y régnait : on n'avait plus le courage de parler; on pleurait en silence, et les prières se mêlaient aux larmes.

Philippa, toujours forte et courageuse, mit fin à cette scène de désolation : Elle tendit les bras aux Princes, les pressa contre son sein maternel, leur promit que par le cœur elle serait toujours avec eux, et qu'elle aussi accompagnerait de ses prières le corps de son illustre petit-fils à sa dernière demeure. Elle leur parla encore de la joie que goûterait bientôt son âme à aller s'unir à tant d'âmes chères envolées vers les régions éternelles, puis, dit la Sœur Claude, « elle print congé d'eux en leur disant *à Dieu* tous l'un après l'autre. »

Les Princes obéirent à leur sainte mère : en sanglotant, ils quittèrent la pauvre cellule, traversèrent silencieusement les longs corridors, puis, parvenus à la porte de clôture, ils demandèrent à la R. Mère Abbesse de leur faire donner chaque jour des nouvelles de « Madame la Royne. »

Agnès de Mousson le leur promit, et les augustes visiteurs, s'éloignant du monastère désolé, prirent la route de la capitale en deuil... Que s'y passait-il ?.....

« Les Princes Lorrains, attendus à Nancy pour assister à l'inhumation du Souverain décédé, n'étant pas arrivés, le corps demeura du vendredi 6 au lundi

16 août dans l'église de l'hôpital Notre-Dame; dix jours, pendant chacun desquels les Vigiles des Morts et les Messes furent solennellement chantées, le corps constamment gardé et servi à la royale dans la maison du Briseur, maître de la Monnaie, contigüe à l'église où il attendait la sépulture. Pendant tout ce temps, Monseigneur de Metz, accompagné de toute la noblesse, allait chaque jour, à pied, depuis la maison de Nancy, assister aux offices religieux, puis diner au bout bas de la table où l'on servait pour le corps à la royale.

« Chose, hélas! si pitoyable et triste à veoir, ajoute notre historien, qu'impossible estoit la regarder sans larmes, signamment quand on consideroit la bonté et loyaulté naturelle de ces Princes Lorrains, suivant laquelle Monsieur le Duc d'Aumalle, Monsieur de Troie, Monsieur le Marquis de Maysnne, arrivez à Nancy le jour de la my-aoust, ne voulurent faillir d'aller souper avec mon dict Seigneur de Metz auprès du corps, servy ce jour à la royale pour la dernière fois, car le lendemain lundy, seizième jour d'aoust, le corps fut transporté à Nancy (1) où se trouvèrent pour la cérémonie de l'inhumation dix Princes du sang, nom et armes de la Souveraine maison de Lorraine, avec deux Duchesses, deux Princesses, une Marquise et une Comtesse. »

Comme on le voit, tout brisés de fatigue et d'émotion qu'ils étaient, les Princes se trouvaient à Nancy le lundi matin, et, selon le vœu de Phillippa, ils fuisaient commencer les cérémonies royales des funérailles. L'ordre de ces lugubres cérémonies fut indi-

(1) Le corps avait été déposé dans un faubourg éloigné.

qué par « le roy d'armes » qui publia « à haulte voix, le dernier édict du transport du corps du feu Prince » (après le son des cloches d'armes) devant la maison ducale et en la grande place de Nancy, ainsy que s'ensuit :

« Honorable assistance ! on faict à tous savoir et entendre que le corps de feu, de bonne mémoire et d'immortelle recordation le Trèshault, le Tréspuissant et Trèsillustre Prince François, par la grâce de Dieu duc de Lorraine, marchis, duc de Calabre, de Bar et de Gueldres, marquis du Pont, comte de Provence, de Vauldemont et Zutphen, etc., nostre souverain Seigneur et Maistre, lequel trespassa à Remiremont l'an mille cinq cent quarante cinq, le vendredy douziesme jour du mois de juing, et à présent est reposant en l'église des Sœurs Grises, au faubourg de Nancy, ville capitale de ses pays, sera aujourd'huy, à une heure après midy, transporté en l'église Saint Georges, du dict Nancy, où il fera station cette nuict. Et demain jusques à pareille heure qu'il sera transporté (Dieu aydant), en l'église de Saint François où il reposera la nuict suyvante, puis sera inhumé mercredy au matin en royalles cérémonies de souverain duc de Lorraine marchis, auprès du bon Duc Anthoine son père, de la magnanime Renée de Bourbon sa mère, et du victorieux Roy de Sicile, René de Lorraine son grand père, comme en dernière volonté il l'a ordonné.

« Pourtant, vous, Messieurs des troys estats, l'église, noblesse et commun peuple, vous prirez tous de bon cœur à Dieu le Créateur, qu'il pardonne à son âme. Pareillement, ferez tous votre debvoir de l'assister et conduyre és heures et lieux susditz tenant le meilleur ordre qu'il vous sera possible comme bons subjectz doibvent faire à leur bon Prince. »

« L'église, la noblesse et le commun peuple » répondirent à cet appel sacré. La foule fut immense ; sa douleur si profonde s'accrut encore lorsqu'elle apprit que la Bonne Royne était elle-même sur les bords de la tombe, et que bientôt, sans doute, elle suivrait son petit-fils François dans l'Immortalité.

Les Lorrains ne pouvaient se faire à l'idée de perdre « *leur Saincte;* » ils luttèrent contre Dieu même, et, aux prières funèbres qu'ils faisaient pour le repos de l'âme du duc François, ils mêlèrent d'ardentes supplications pour obtenir du Ciel la guérison de la royale religieuse de Pont-à-Mousson...

C'était vraiment « chose pitoyable, » comme dit la chronique, de voir la douleur de la famille ducale, et cette vue seule eût suffi pour faire couler les larmes de tous. Accablés par une tristesse dont rien ne pouvait les distraire, les Princes, néanmoins, parurent tous aux diverses cérémonies des funérailles. Edmond du Boulay nous dit dans quel ordre défilait ce cortège princier; nous empruntons à son intéressant récit les lignes suivantes :

« A dix pieds arrière marchoient quatre Princes du sang en grand dueil, avec manteaux de frize à grandes queues de quatre aulnes et demye de Paris, et l'ung après l'autre sans que nulz portassent leurs queues, avec le chaperon au grand cornet en forme, et estoient adestrez et soutenuz par les bras de quatre aultres princes de leur sang vestus en dueil, excepté le cardinal, asçavoir : « Monseigneur Nicolas de Lorraine, évesque de Metz et de Verdun, premier prince du grand dueil, adestré par Monseigneur le Révérendissime Cardinal de Lorraine, son oncle. Monseigneur Loys de Lorraine, évesque de Troye, second Prince du grand deuil, adestré de Monseigneur Claude de Lorraine, duc de Guise, pair de France, son père, Claude de Lorraine, marquis de Maysnne, tiers prince du grand dueil, adestré par Monseigneur le duc de Longueville, son nepveu ; René, Monsieur de Lorraine, quart prince du grand dueil, adestré de Monseigneur François de Lorraine, duc d'Aumalle, son frère. Et Charles de Lorraine, archevêque de Reims, primat des Gaules, qui devait faire l'office de l'enterrement...

» Suivait à dix pieds arrière du dernier prince, Messire Jehan du Puis-du-Fou, chevalier, bailly de Metz, conduisant les Maistres d'hostelz, gentilz-hommes et officiers de tous les dessus nommez, pareillement de ceux de Madame la Duchesse de Lorraine veuve; de Madame la Duchesse de Guyse ; la princesse d'Orange, et la marquise de Maysnne, lesquelles ne marchèrent point aux cérémonies, mais se trouvèrent aux oratoires où on va du château aux deux églises, excepté Madame la Duchesse, laquelle ne bougea de sa chambre le jour de l'enterrement, assistée de Madame la Princesse de Macédoine, dame d'honneur de son Excellence, etc., etc... »

Philippa de Gueldre manquait à cette imposante réunion de ses enfants et petits-enfants... mais de son lit de douleur, elle s'associait à ces lugubres cérémonies ; aux prières qu'elle faisait pour le repos de l'âme de François Ier se joignait le mérite de ses cruelles souffrances, et Dieu sait de quelle valeur était cette merveilleuse offrande.

Tous les jours, fidèle à sa promesse, Agnès de

Mousson, faisait parvenir aux princes des nouvelles de la Reine-Mère : le danger paraissait toujours imminent ; cependant, on osait espérer encore, et le sujet de cette espérance était les prières de tout un peuple demandant au Seigneur de prolonger l'existence si chère « de la Mère de la Patrie. »

Dieu, en effet, fut touché d'une foi qui *espérait contre l'espérance*, et il accorda encore six mois de vie à sa servante Philippa. Pendant ces six mois elle vécut, dit-on, par miracle : « Les médecins s'estonnoient comme elle pouvoit endurer tant de maux sans mourir ; les religieuses admiroient sa patience, et l'assistoient de leurs prières ; les anges bénissoient Dieu de voir en un sexe si fragile une vertu tant héroïque, et Jésus la regardoit comme il regardoit jadis avec contentement ses chers apôtres au milieu de la tourmente. Ce n'est pas un petit plaisir pour les gens du Ciel que de voir les justes en ce monde au plus fort des adversités (1). »

Aussitôt libres, les princes et les princesses étaient revenus à Pont-à-Mousson ; la sainte religieuse leur dit qu'elle se trouvait beaucoup mieux et que l'heure de son grand départ était encore retardée.

Elle se fit porter au parloir, afin, disait-elle, d'éviter une nouvelle entrée dans la clôture, et, à travers la grille, elle répondit à leurs tendres questions, les consola, et se recommanda à leurs prières ; mais sa voix était si faible que la famille ducale ne se fit point illusion : elle comprit que le sacrifice n'était que retardé, que bientôt il allait être consommé : elle ne se trompait pas...

(1) *Vie abrégée.*

11

Depuis ce temps, en effet, la Bienheureuse « ne fit plus que languir, et fut presque toujours obligée de garder le lit. Cependant elle ne perdit rien de sa première ferveur. Elle semblait l'augmenter au contraire, semblable à une lampe qui, sur le point de s'éteindre, répand autour d'elle une plus vive clarté.

« Si la douleur lui laissait quelques instants de relâche, elle reprenait immédiatement les exercices de la communauté, se rendait au chœur, selon sa pieuse coutume, pour y assister à l'office; mais surtout pour se confesser et recevoir Notre-Seigneur dans la sainte communion; car elle ne voulait absolument pas souffrir le moindre dérangement à cause d'elle, ni jamais avoir un confesseur autre que celui de la communauté. Souvent aussi elle se rendait au réfectoire pour y prendre ses repas avec les religieuses qu'elle ne cessait d'édifier par le charme pieux de sa conversation (1). »

Au commencement de décembre, elle entra en retraite pour se préparer à célébrer le vingt-sixième anniversaire de sa Profession religieuse : elle comprit que cette retraite serait la dernière, et, l'envisageant comme une préparation à l'éternité, elle la fit dans des transports d'amour tels qu'elle en sortit toute épanouie pour le Ciel et qu'au beau soir du jour anniversaire de sa Profession, un an après ses noces d'argent, elle se coucha pour ne plus se relever.

Ecoutons Mérigot nous raconter les joies et les douleurs du 8 décembre 1546.

« Le jour de la Conception de la glorieuse Royne

---

(1) Abbé Guillaume.

des anges s'approchoit, c'estoit le jour bien-heureux de sa naissance en religion ; elle rallu.. tout son courage pour l'honorer à l'accoustumée, et fit tant qu'elle se traîna la veille au Réfectoire, où, prosternée en terre, elle demanda humblement pardon de toutes ses fautes à la saincte Communauté, la remerciant, avec des ressentiments non-pareils de l'honneur qu'elle luy avoit faict de la recevoir, contre ses mérites, en une si saincte et honorable compagnie.

« Le contentement qu'elle monstroit avoir, la joie intérieure laquelle, malgré la maladie, luy rendoit le visage très beau et très aggréable, la forte et sage contrainte que sa très fervente charité faisoit à ce pauvre corps miné de fièvre, le faisant tenir debout, veiller, marcher, travailler, aller à la Messe, aux Vespres, aux Complies, et toutes les rencontres que les cérémonies de ce sainct jour apportoient, firent aisément croire aux Religieuses qu'elle avoit recouvré une parfaite santé...

« On se persuade facilement ce qu'on désire : elles furent bien trompées en leur attente. Car, comme les plus beaux soleils et les plus clairs ont souvent leurs orages, leurs tempestes, leurs esclairs, la soirée ne correspondant point ni à la sérénité du matin, ni aux chaleurs du midy, ce sainct jour qui s'estoit escoulé avec la joye commune des Religieuses, et généralement de toute la ville du Pont, finit en larmes et souspirs. Philippa fut assaillie plus fortement que jamais, les douleurs la ressaisissent, les foiblesses l'accablent, une fièvre autant maligne que violente la terrasse et la couche au lict duquel elle ne se relèvera jamais.

« Les médecins y accoururent en diligence, mais ils trouvèrent qu'il n'y avoit plus de remèdes, et partant, n'osèrent rien entreprendre sur sa personne.

« On leur envoye promptement secours de Nancy: les médecins de son Altesse se rendent auprès d'elle, entrent en conférence avec les siens. Sa grande foiblesse, le peu de nourriture qu'elle prenoit, les maux qu'elle enduroit, les paroxysmes extravagants de la fièvre, son poulx qui commençoit jà à décliner, sa face livide, tous ces accidents les firent conclure à la mort. Ils en donnèrent aussi-tost advis à la Révérende Mère Abbesse, à cette fin qu'elle eût soing de l'âme, les remèdes humains manquants pour le corps. Mais la bonne Religieuse n'avoit pas attendu ceste sentence pour se préparer à ce passage!... »

La lampe de cette prudente épouse était allumée et brillait du feu de son amour: Il pouvait venir le Christ, Notre-Seigneur, et convier Philippa à entrer dans la salle des noces éternelles. Tout était prêt : Il y avait vingt-six ans que le glas funèbre avait sonné pour apprendre à tous que la Reine de Sicile et de Jérusalem était morte au monde, vingt-six ans qu'elle s'était ensevelie dans un linceul sacré, vingt-six ans que la veuve de René II était devenue l'épouse du Christ et que le signe du grand Roi avait été posé sur son front royal. Et, durant cette longue vie religieuse, elle n'avait point passé un seul jour sans dire au Seigneur: « Attirez-moi et je courrai à l'odeur de vos parfums. »

Elle s'était parée d'ornements merveilleux, pour plaire au Dieu de son cœur: l'anneau de la fidélité brillait à son doigt, l'humilité avait tissé son voile, la pauvreté son vêtement... l'amour, l'obéissance, la mortification, la patience et d'autres vertus sans nombre avaient tressé sa couronne... Tout n'était-il pas prêt pour la venue de l'Epoux, et cet Epoux divin pouvait-Il tarder à se montrer face à face à sa Bien-Aimée ?.. Non, le Seigneur Jésus ne devait point se cacher davantage : bientôt Il allait renverser la muraille qui dérobait à Philippa la vue des splendeurs éternelles ; mais avant de faire briller à ses yeux l'aurore de la Résurrection, Il fit descendre sur elle les grandes ombres du Calvaire. Ce fut au milieu de ces ombres, de ces ténèbres rendues plus épaisses que jamais, que s'acheva la fête de la Conception de la glorieuse Royne des Anges... Au soir de ce jour solennel, Philippa fut attachée à la Croix de Jésus : elle n'en devait descendre que pour la *mise au tombeau*.

CHAPITRE XXIX

Mort de la Bienheureuse Philippa.

> « Belle délivrance! douce liberté, qu'il y a longtemps que je vous souhaite........ »
> « Adieu donc mes filles, adieu mes chères sœurs, je m'en vay très-content de vous, demeurés satisfaictes de moy. »
> *(Paroles de la B. Philippa sur son lit de mort.)*

Jusque dans les ombres de la mort Philippa restait reine : la paix de l'âme dominait les souffrances du corps ; une joie délicieuse inondait son cœur et semblait lui faire oublier les défaillances de la nature. Elle avait entendu l'appel de l'Epoux, et elle y répondait par ce cri sublime : *Cor meum et caro mea exultaverunt in Deum vivum!* Son cœur tressaillait d'amour en sentant sa chair tressaillir de douleur, et, dans ce tressaillement de tout son être, elle souriait au Dieu vivant : elle exultait en Lui.

« Voyez, je vous prie, la patiente Philippa : la voilà sur sa petite couche accablée d'un monde de douleurs qui greslent sans cesse sur sa teste, et qui martellent le reste de sa vie ; la voilà toute hâve, toute descharnée, toute desséchée et bruslée à petit feu. Et cependant, ceste belle âme, abysmée en Dieu, n'a que des pensées de séraphin, pleines de feu, pleines d'amour, pleines de mespris de tout ce qui n'est pas Dieu ou pour Dieu (1). »

Les Sœurs se succédaient près du lit de douleur de leur sainte Mère ; toutes voulaient recueillir ses derniers avis, recevoir ses conseils et contempler les merveilles que le Seigneur opérait en elle; toutes aussi se disputaient l'honneur de la servir, de la veiller le jour et la nuit, de lui réciter les heures canoniales qu'elle ne pouvait plus dire elle-même.

Philippa semblait déjà ne plus tenir à la terre : on l'eût crue plongée dans une extase continuelle. La plupart du temps, elle demeurait, les yeux à demi-clos, les lèvres entr'ouvertes, les mains repliées sur son cœur, dans une immobilité qui paraissait extraordinaire, vu la violence des douleurs qui l'accablaient : mais, sur la Croix, le Christ ne changea point de position, et c'était Lui, ce Modèle crucifié, que Philippa avait résolu d'imiter jusqu'à son dernier soupir. Elle ne rompait ce mystérieux silence que pour dire « de bonnes et saintes paroles, » et lorsque la voix lui manquait, elle exprimait par un doux sourire l'affection reconnaissante qu'elle avait pour ses chères compagnes, ou bien, elle leur faisait voir le Crucifix, et la tendresse avec laquelle elle le baisait faisait comprendre qu'elle n'était point lasse de souffrir : au contraire, le mystère de la Croix restait toujours le plus cher à son cœur.

Un jour, au grand étonnement de ses Sœurs, elle demanda une plume, de l'encre et du papier. Ce désir parut étrange, cependant, on s'empressa de le satisfaire, tout en se demandant comment elle aurait le

(1) Mérigot.

courage d'écrire, elle qui ne pouvait se lever sur son séant sans redoubler ses atroces souffrances, et qui était si faible, qu'à chaque instant, on craignait de n'avoir plus qu'un cadavre entre les bras.

« Voicy une chose qui relève bien le mérite de sa vertu, dit le Père Mérigot. Pendant que les maladies conjurées à la ruine de ce pauvre corps donnoient l'alarme quasi à tous ses membres, sans relâche et miséricorde, la saincte patiente demanda une plume et du papier. Peut estre pour minuter les articles de son testament?... La pauvrette n'avoit de quoy en faire un... Peut estre pour dire le grand adieu à messeigneurs les princes ses enfants? Rien moins, jamais elle ne parla d'eux en ceste dernière maladie. Elle pouvoit dire avec vérité ce que ceste courageuse dame, la Mère des Machabées, disoit après avoir perdu pour la loy du Seigneur sept valeureux princes ses enfants : Je n'ay rien laissé au monde, j'ay tout donné à mon Dieu : mes thrésors, mes enfants, ces belles espérances nourricières de ma vieillesse...

« A quoy donc faire une plume?... Pour nous laisser les grandes et généreuses pensées qu'elle avoit pendant que les douleurs la tenailloient avec tant de violence! Bon Dieu! quelle différence il y a entre un malade de Cour et un de religion bien réformée. »

Ces saintes maximes furent comme le dernier gage d'amour que Philippa laissa à ses Sœurs. Notre famille religieuse les conserve encore aujourd'hui parmi ses plus précieux trésors. Elles furent le chant du cygne, quelques-uns des derniers accents que rendit la lyre de notre Mère sur les bords de la tombe.

« Voicy la liste qu'elle nous en a laissée, plus digne de mémoire éternelle que ces beaux mots dorés des sept Sages grégeois que l'antiquité a tant admirés (1). »

I. — N'estime rien hault, rien grand, rien plaisant, rien aggréable, sinon Dieu seulement, ou ce qui vient de Dieu! Tout le demeurant est de nulle valeur, et ce n'est que vanité que de chercher quelque confort des créatures!

II. — L'âme qui ayme Dieu ne fait estime des choses qui sont au-dessous de Dieu.

III. — Le vray réconfort de l'âme, la vraye joye et repos du cœur, c'est ce grand Dieu, ce Dieu éternel, incompréhensible et qui remplit toute chose.

IV. — Jamais amour ne fatigue, jamais ne lasse, jamais il n'est troublé, tourmenté, surmonté.

V. — Non, non, il n'y a point de thrésor qui vaille l'amour de l'âme envers son Dieu.

VI. — Tout passe en ce monde et les afflictions aussi; nous passerons avec elles, mes bonnes Sœurs, priez pour l'âme, et laissés le corps retourner à sa pourriture.

VII. — Tant plus travaille amour, tant plus repos sent-il...

VIII. — Une fois fault mourir.

IX. — Le moyen de se ménager auprès de Dieu les grâces que l'on souhaite avoir, c'est de faire un bon usage de celles qu'on a (2).

(1) *Vie abrégée*.
(2) On ne sait pas si les sentences qui suivent furent écrites à cette époque, mais tout porte à le croire; elles sont empruntées à l'édition de la *Vie de Philippa*, imprimée à Toul en 1736. L'ancienne orthographe n'a pas été conservée; on ne peut que le regretter.

X. — L'inconstance, la perfidie et l'instabilité des créatures nous fournissent de puissants motifs de nous en éloigner et de nous attacher au Créateur.

XI. — Une conversion différée court grand risque de ne jamais s'opérer ; plus on tarde de se donner à Dieu, plus les mauvaises inclinations deviennent fortes, et les bonnes résolutions deviennent faibles.

XII. — Une âme qui fuit la tribulation, qui se plait dans les plaisirs, qui les aime et qui les recherche, est plus à plaindre qu'elle ne pense. Sa grande peine devrait être de n'en point avoir.

XIII. — Ce n'est pas souffrir comme il faut que de ne pas souffrir avec patience, et la patience que Dieu couronne par la gloire éternelle est celle qui persévère jusqu'à la fin pour son Nom en vue de sa gloire.

XIV. — Dans quelle illusion se jettent la plupart des hommes qui s'attachent à un rien, à une ombre, à un néant, au mépris de Celui qui est tout ! qui mettent dans leur cœur le monde à la place de Dieu, et qui oublient Dieu comme ils devraient oublier le monde ; qui sont rebutés à la moindre difficulté, lorsqu'il s'agit de servir le meilleur de tous les pères ; le plus puissant de tous les rois, le plus fidèle de tous les amis ; qui s'assujettissent au joug le plus dur, le plus rebutant, souvent le plus cruel, pour plaire à un maître infidèle, injuste, ingrat ; enfin, qui risquent tout pour un bien apparent, qu'on est incertain de posséder pendant la vie, et qu'on est toujours assuré de perdre à la mort, et qui ne font presque rien pour devenir cohéritiers de Jésus-Christ et pour posséder le royaume éternel.

XV. — Nous devons être tout à Dieu, parce que

nous tenons tout de Dieu ; étant notre premier principe, Il doit être notre dernière fin.

XVI. — Celui qui s'éloigne de Dieu, qui ne se le propose pas pour fin, n'est pas sans inquiétude, sans trouble, sans agitation.

XVII. — Quelque disgrâce qu'on éprouve de la part du monde, quelque chagrin qu'on en reçoive, on est assez insensé pour ne pas vouloir le quitter, et s'attacher à Jésus-Christ.

XVIII. — On connaît les élus à ce caractère : ils haïssent tout ce que le monde aime ; ils aiment tout ce que le monde hait. Ils en méprisent les biens, en fuient les honneurs, en détestent les plaisirs. Ils se plaisent dans la tribulation, la surmontent avec patience, la reçoivent avec soumission, font violence aux inclinations de la nature, et les font obéir aux mouvements de la grâce, oublient les affronts, pardonnent les injures, et rendent le bien pour le mal.

XIX. — Mal à propos juge-t-on du mérite des personnes par le succès de leurs desseins ; Dieu se plaît à affliger les justes ; ceux qui sont affligés sont souvent les plus aimés.

XX. — L'écueil le plus ordinaire du chrétien, c'est l'amour-propre qui, devenant le principe de son amour et de sa haine, corrompt ses actions.

XXI. — Le pécheur qui oublie Dieu se porte aux plus grands désordres sans crainte et presque sans y penser.

XXII. — Il ne faut jamais désespérer de son salut quelques crimes que l'on ait commis. Les miséricordes de Dieu sont infinies, et nos iniquités ont des bornes : quelque grandes, quelque nombreuses qu'elles soient ou qu'elles puissent être, Dieu ne donne point de limites à son amour ; nous ne pouvons sans Lui faire injure en donner à nos espérances. Dans cette persuasion, plus nous sommes indignes de ses bontés, plus nous devons le presser de soulager notre misère.

XXIII. — Les bons doivent souffrir patiemment les mauvais traitements des méchants ; Dieu tolère les méchants, afin qu'en exerçant la patience des bons, ceux-ci aient occasion de faire du profit dans la vertu. La méchanceté doit nous affliger, mais non pas nous irriter : nous devons haïr le crime, mais non pas celui qui le commet. Dieu permet cette épreuve dans les élus pour purifier leurs cœurs. C'est la voie par laquelle Il veut qu'ils puissent se rendre dignes des biens qu'Il leur destine.

XXIV. — Le temps est d'un prix inestimable ; quand une fois on l'a mal employé pendant la vie, on ne peut plus en réparer la perte après la mort.

XXV. — L'âme sérieusement touchée de son salut et fortement occupée de Dieu est indifférente à la censure ou à l'applaudissement des hommes, et n'est sensible ni à leur louange ni à leur mépris. Elle fait consister tout son bonheur à le suivre dans ses souffrances, à l'imiter dans ses humiliations, et enfin à devenir, à son exemple, l'objet de la haine des méchants.

« *Voilà de belles sentences, et tirées de l'essence de la plus pure et fine doctrine de l'amour de Dieu, sentences très profitables à tous bons Religieux, pour acquérir en peu de temps toutes les faveurs et bénédictions du Ciel* (1). »

(1) Mérigot, page 343.

⁂

Cependant, la fête de Noël arrivait, et comme depuis la solennité de la Conception la Révérende Mère Philippa était privée du bonheur d'assister à la sainte Messe, on résolut de faire célébrer dans sa pauvre cellule le Sacrifice trois fois saint du Corps et du Sang de l'Agneau divin.

Le 24 décembre, après l'Office de Tierce, Agnès de Mousson, entrant dans la petite chambre de l'auguste malade, la salua gracieusement par ces paroles de l'Office : « *Hodie scietis quia veniet Dominus, et mane videbitis gloriam ejus!* Vous saurez aujourd'hui que le Seigneur viendra, et le matin vous verrez sa gloire...

Philippa comprit la pensée de sa sainte Abbesse, et, toute ravie en Celui qu'elle désirait et qu'on Lui promettait, elle répondit : *Revelabitur gloria Domini : et videbit omnis caro salutare Dei nostri* : La gloire du Seigneur se manifestera et toute chair verra le Sauveur envoyé de Dieu.

Elle passa la journée dans un recueillement dont rien ne put la distraire. Ses compagnes allaient et venaient, préparant dans la cellule tout ce qu'il fallait pour y célébrer le lendemain les saints Mystères : elles ressemblaient à des Anges dressant l'Autel du Sacrifice... mais Philippa ne les voyait pas : elle était abîmée en Dieu ; elle Le suppliait de venir à elle : aux Cieux, elle demandait *qu'ils versent leur rosée* ; aux nuées, *qu'elles fassent pleuvoir le Juste* ; et ces demandes touchantes, elle les terminait par ce cri d'espérance : *Veni ad redimendum me, jam noli tardare : venez me délivrer, ne tardez pas davantage!*

Ainsi se passa la Vigile de la Nativité; tout, dans l'Office de ce jour, était en céleste harmonie avec les pensées de la Bienheureuse, et redoublait les transports de ses saintes impatiences.

Enfin sonna le « Minuit chrétien », et le Cantique des anges retentit dans l'humble chapelle du Couvent: c'était Noël ! c'était la fête de la joie, et, cependant, des larmes coulaient de tous les yeux, parce que la Bien-Aimée du Sauveur se mourait *« dans sa petite crèche de Béthléem ! »* L'Emmanuel venait avec sa Croix...

Après la Messe de Minuit, toutes les religieuses, portant un flambeau à la main, se rendirent processionnellement à la porte de clôture, qui s'ouvrit devant « le divin Messie ! »

Le Révérend Père Confesseur, tenant entre ses mains le Saint Ciboire, se dirigea vers la cellule de la Bienheureuse, « et luy administra le précieux Corps de Nostre Seigneur, Lequel elle reçeut en très grande ferveur et dévotion, ainsi qu'elle avait bonne coustume (1). »

« *Jucundare filia Sion et exsulta satis filia Jérusalem, alleluia...* » Réjouissez-vous, fille de Sion; tressaillez de joie, fille de Jérusalem !... » Il est venu, le Seigneur, sa Lumière brille sur vous : laissez reposer votre cœur sur son Cœur d'Agneau divin, et goûtez combien Jésus est doux......

Après la Messe « de l'aube », le Révérend Père revint dans la petite chambre de la Bienheureuse pour

---

(1) S. Claude Maujean.

y célébrer la Messe du jour. Le lit de Philippa était en face de l'autel : elle put suivre les touchantes cérémonies du Saint Sacrifice, et, à la joie qui illuminait son doux visage, on devinait ce qui se passait en son âme ; son cœur était uni à celui des anges dans les célestes harmonies du *Gloria* : c'était la dernière fois qu'ici-bas, sur notre froide terre, elle chantait Noël !

Qu'il fut touchant de voir le Fils unique de Dieu naître à nouveau sous les yeux de son épouse, afin de réjouir son amour et son espérance !... *Et verbum caro factum est ! Et le Verbe se fit chair* dans cette petite cellule si excellemment nommée « la Crèche de Bethléem. » *Il se fit Hostie,* près de son épouse victime. Le sacrifice de Jésus fut offert au lieu même où allait bientôt se consommer celui de Philippa ! Vraiment, elle pouvait chanter son *Nunc dimittis*, l'heureuse Clarisse qui avait vu naître l'Agneau dans le silence et le mystère de sa cellule ! Cette cellule était devenue la Crèche et le Calvaire : Jésus y était né sur l'autel... son Sang y avait coulé ; les anges y avaient chanté le cantique de Bethléem et adoré l'Hostie : *ce lieu était saint : locus iste sanctus est !* et Philippa, après y avoir, elle aussi, adoré et aimé, après s'être offerte en victime, pouvait-elle rêver autre chose que d'y mourir bientôt !...

Après la Messe, le Révérend Père demeura auprès de la sainte malade. « Il la consola, et donna réfection spirituelle, en luy parlant de son doux Amy Jésus. Car en aultre chose elle ne prenoit consolation (1). »

« Depuis ledict jour, ajoutent les Clarisses, ses douleurs continuoient et croissoient tousjours ; mais aussi

---

(1) S. Claude Maujean.

faisoit sa bonne patience : elle louoit joyeusement Nostre Seigneur et soubmettoit ses volontés à la sienne très saincte. Et quant nous l'allions voir elle nous demandoit pardon et se recommandoit à noz prières. »

« Chaque jour les Sœurs donnoient avis aux Princes de cette maladie et de son progrez ; ils firent plusieurs voyages à Pont-à-Mousson pour luy procurer tous les soulagements qu'ils purent ; ce n'estoient tous les jours que courriers dépêchés pour en savoir des nouvelles précises (1). »

« Cependant, dit Mérigot, comme elle estoit d'une complexion très robuste, on l'entretint quasi deux mois entiers, maintenant avec un peu de potage (d'herbes), tantost avec du vin qu'on luy faisoit succer par un tuyau.

« Les pauvres religieuses faisoient tout leur possible pour l'assister, et comme elles tenoient le bien de sa santé pour un bonheur public, aussi elles mettoient sa maladie au rang des maux et calamités communes. Ce n'estoient que prières, que vœux, que soupirs vers le Ciel, que mortifications et humiliations pour tascher d'obtenir la suspension de la sentence de mort donnée contre leur bonne Mère. Mais son heure estoit venue, et Philippa l'attendoit, et souspiroit après elle, comme après un breuvage et médecine très salubre qui la debvoit faire passer doucement d'un lieu d'inconstance et de vicissitude à une immortalité bien heureuse.

« Autrefois, pendant ses maladies, elle avoit recours aux prières de ses Sœurs, et elle en ressentoit des effects admirables ; maintenant elle les conjure de ne

(1) Balthazord, p. 77.

point importuner le Ciel pour elle et la laisser aller, à la bonne heure, jouir de son bon Dieu.

« Un jour qu'elle vit sa chambrette pleine et son lit entouré de toutes les religieuses pleurantes amèrement la perte qu'elles faisoient, elle ne se put empescher de leur tesmoigner par acte publique les bons ressentiments qu'elle avoit pour elles; ainsi d'une voix languissante et entrecoupée leur dict ce dernier adieu :

« Mes filles bien aymées, si j'estois capable de vous rendre des services en l'estat misérable où je suis, je m'obligerois très-volontiers d'y demeurer longues années. Le contentement que j'aurois d'estre utile à la saincte communauté m'allègeroit de la moitié de mes maux, et l'autre moitié je la supporterois joyeusement pour l'amour de mon Dieu. Mais ne pouvant rien plus faire en ceste maison que de vous apporter des incommodités insupportables et troubler la paix et repos de la Religion, je vous conjure, mes très chères filles, de me laisser aller, et ne point mettre empeschement à ma liberté. Les prières instantes que vous faictes, pour me retenir dedans les entraves et captivité de ceste chétive *carcasse*, seront beaucoup mieux employées pour le salut de ceste pauvre âme, laquelle à moitié desveloppée de ses liens, languit après l'heure tant désirée de sa délivrance. Belle délivrance! douce liberté! qu'il y a longtemps que je vous souhaitte!

« Et ne pensés pas, mes filles, que ce grand désir que j'ay de m'en aller vers mon Maistre provienne d'une asseurance présomptueuse que j'aye ou de mes vertus, ou de mes mérites. Bon Dieu! que je serois mal appuyée sur un baston rompu, sur un roseau trompeur, plus plein de vent que de force. Je ne recognois rien en moy qu'un monde d'infirmités. Les vertus, à ce qu'ón dict, sont comme de beaux brillans, ou comme des astres luisants, enchâssés dedans l'âme, qui la rendent plus rayonnante qu'un soleil levant. Et je me trouve oppressée d'une infinité d'imperfections, lesquelles se sont finement glissées comme nuages entre moy et mon Dieu, et ont causé à mon âme une éclipse qui me debvroit bien faire craindre, au lieu et au temps où je suis, une nuict éternelle, si je n'avais asseurance en la parole de Celuy qui m'a dict : Je seroy avec toy au lict de la tribulation, et au milieu des angoisses et douleurs de la mort.

« Adieu donc, mes filles, adieu mes chères Sœurs, je m'en vay très-contente de vous, demeurés satisfaictes de moy. Que s'il y a de l'amertume en ceste séparation, une goutte de miel d'une humble résignation aux ordonnances du Ciel l'adoucira facilement.

« Nous nous reverrons un jour dedans ceste Syon céleste, et là, sans crainte d'estre jamais séparées, jouirons des bonheurs que le doux Jésus nous a acquis par sa Croix. Doux Jésus ! ô bon Jésus ! escoutés mes vœux, et recevés miséricordieusement ceste pauvrette qui s'en va vers vous, n'ayant autre asseurance, autre passe-port, autre conduite que vostre très saincte et très bénite Passion. »

Les Sœurs, tout éplorées, ne répondaient que par leurs larmes à cet adieu suprême... Elles baisaient les mains de leur sainte Mère, puis, regardant le Crucifix, elles demandaient à Jésus « cette goutte de miel » qui devait adoucir l'amertume de leur calice. Elles ne faisaient trêve à leurs sanglots déchirants que pour admirer le calme céleste de cette grande âme qui se préparait avec une si profonde sérénité à l'éternel festin des noces de l'Agneau. Elles lui donnaient leurs commissions pour le Ciel, et lui demandaient humblement pardon des petits manquements dont elles craignaient de s'être rendues coupables à son égard. Pauvres chères Sœurs ! leur humilité leur faisait oublier qu'elles avaient toujours été admirables de respect pour leur souveraine, admirables d'amour filial envers cette souveraine devenue leur compagne, admirables de reconnaissance envers cette compagne devenue leur *seconde Mère Sainte Colette*. Et d'ailleurs, Philippa ne leur avait-elle pas dit : « Je m'en vay très contente de vous ! »

De temps en temps, les novices venaient aussi recevoir les dernières bénédictions, les derniers avis de la Reine mourante, et elles ne pouvaient s'empêcher de lui dire combien elles étaient ardentes les prières qu'elles faisaient devant le petit autel du Noviciat, afin d'obtenir la prolongation de jours si précieux.

La bonne Mère les regardait avec tendresse, et, d'un ton de doux reproche, elle leur disait :

« Mes enfants, laissez-moy aller avec mon Dieu, mon bon Espoux. Pourquoy me retenez-vous tant? Laissez-moy aller avec Luy. Priez Dieu pour le salut de mon âme, et laissez aller ce pauvre corps. J'ay vescu mon aage. Je ne peux estre deux fois et n'ay nul regret à chose qui soit en ce monde. Je m'en vais joyeusement avec mon bon Maistre Jésus; et crois qu'il aura pitié de moy par sa bonté et miséricorde. Combien qu'il me faict mal de laisser la saincte communauté que j'ay tant aymée. Mais nous

nous retrouverons en ce beau Paradis. Je suis grandement marrie que prenez tant de peine pour l'amour de moy. »

On se trouvait alors vers le milieu de février ; les premières fleurs du printemps commençaient à paraître... mais Philippa ne devait plus cueillir les violettes de son jardin pour en couronner son Crucifix : c'était Jésus, au contraire, qui allait venir couronner son épouse de fleurs immortelles.

« *Déjà l'hiver est passé, les pluies ont cessé*, lui criait-il, le Dieu du saint Amour : *levez-vous, ma bien-aimée, et venez. Venez, ô vous que j'ai choisie, et je placerai en vous mon trône, alleluia !* (1) »

Et l'Epouse ravie, « *parée de sa gloire et de sa beauté, s'apprêtait à combattre* jusque dans les ombres de la mort, *à vaincre* par la foi et l'amour, et à *régner* dans l'Immortalité (2). »

« Le dix-septième jour de février, dit la chère Sœur Claude, la Bienheureuse renvoya son médecin, au grand regret de toutes les religieuses. Car elles voyaient bien qu'elle ne se portoit pas bien. Et dès ceste heure là commença tousjours à décliner et disoit qu'elle se mouroit, et que les médecins ne la sçauroient garder. Toutefois, de rechef on renvoya quérir le médecin qui la trouva fort empirée. Parquoy il en manda encore quérir un aultre, disant que pour sa descharge ne l'oseroit plus entreprendre tout seul. Le lendemain, Madame la Duchesse de rechef en renvoya un aultre, qui avoit esté médecin de ladicte

---

(1) *Jam hiems transiit, imber abiit, et recessit : surge, amica mea et veni... Veni, electa mea, et ponam in te thronum meum, alleluia !* (Office des saintes Femmes.)
(2) *Specie tua et pulchritudine tua, intende prospere procede et regna !* (Office des Vierges.)

bonne Royne quand elle estoit séculière. Et y avoit plus de trente ans qu'il cognoissoit sa complexion.

« Après qu'ils l'eurent visitée, dirent tous ensemble qu'on pensast de son âme, car du corps il n'y avoit plus de remèdes, et qu'elle n'avoit plus de poulx et que sa nature estoit du tout défaillie.

« Hélas! la bonne Dame n'avoit pas attendu leurs advis et sentence. Car elle s'estoit de bien long-temps préparée à la mort. Et depuis Noël s'estoit plusieurs fois confessée et disposée.

« Elle a esté neuf jours tous entiers en continuelle et extrême douleur, aultant de jour que de nuict. Elle sentoit douleurs par tout son corps, et ne la pouvions secourir, ny par médecine, ny aultrement. Elle nous rompoit le cœur de la voire en tel estat. Et tous lesdits neuf jours elle ne prenoit nourriture de ce monde, sinon un peu de potage d'herbes qu'on luy mettoit en la bouche, et aucunefois quelque peu de vin qu'on luy faisoit sucer par un tuyau ; et ne disoit rien sinon : Jésus! Maria! Puissance divine, miséricorde! Doux Jésus, ayez pitié de moy. Elle a nommé plus de trois mille fois le Nom de Jésus et de Maria. Elle parloit à grand peine ; mais elle oyoit et entendoit bien. Ces douleurs nous transperçoient comme des sagettes ou espées.

« Le vingt-deuxième jour de février, qui estoit le jour des Cendres, à cinq heures du matin, elle receut le précieux Corps de Nostre Seigneur en grande ferveur et dévotion (1), et se

(1) On luy donna le sacré Viatique le 22 février, jour auquel commenceoit la saincte Quarantaine. Elle le receut avec des ferveurs et dévotions extraordinaires. Plus les forces du corps s'abbaissent, plus celles de l'âme se guindent vers le Ciel.
(Mérigot.)

monstroit très joyeuse et contente de s'en aller avec son bon Maistre Jésus. Elle avoit accoustumé de l'appeler ainsi, quand elle en parloit, et durant sa maladie, jamais ne parla de Messieurs ses enfants, ni de quelquonque chose de ce monde, n'ayant aultre parolle en la bouche sinon le doux Nom de Jésus... (1) »

La R. Mère Abbesse Agnès de Mousson ne quittait pas le chevet de la sainte mourante. Attentive à satisfaire ses moindres désirs, elle lui faisait baiser la Relique de la vraie Croix, des images de Notre Seigneur, de Notre Dame, et de ses Saints protecteurs... « elle l'assistoit tousjours de quelque bon mot pour luy fortifier le courage au milieu de tant d'alarmes, luy faisant faire des actes de foy, d'espérance et de charité.

« Entre les bonnes et dévotes parolles que nostre Mère Abbesse luy disoit, raconte la vénérable Sœur Claude, fut qu'elle luy dict : « Ma Mère, le doux
« Jésus a souffert mort et passion pour nous ra-
« chepter, vous le croyez bien. » — Alors, elle la regarda doucement, disant, moult fermement: « Ouy,
« ma Mère, pourquoy ne le croirais-je pas ?... » — Et de rechef, luy dict : « Ce sera aussi Luy, ma Mère,
« qui vous recevra, vous fera miséricorde et qui vous
« conduira à sa gloire... » — « Oui, je le crois, ré-
« pondit-elle, et n'en fay point de doubte. »

Ensuite, avec une ferveur qui rappelait celle du beau jour de sa Profession, elle fit sa profession de foi en latin et renouvela ses Saints Vœux, posant ses mains jointes dans celles d'Agnès de Mousson; après cette rénovation solennelle, la Reine de Sicile de-

(1) Manuscrit des Clarisses.

manda humblement, pour l'amour de Dieu, l'assistance particulière des prières de ses Sœurs, les suppliant « qu'il leur plaise la faire assister tant de l'Extrême-Onction que des Oraisons et suffrages de la Communauté. »

Puis elle se dépouilla de tout ce qu'elle pouvait avoir à son usage et demanda, par charité, un pauvre habit, une corde et un voile pour être ensevelie ; une Règle, une Croix, et enfin la sépulture après qu'il aurait plu à Dieu de recevoir son âme.

Tout lui fut accordé « pour l'amour du Christ ! »

Quelques heures après, elle pria ses Sœurs de la coucher sur de la cendre. Agnès de Mousson ne pouvait se résigner à satisfaire un tel désir, mais, vaincue par les instances de la Bienheureuse, elle se retourna vers ses Sœurs, et leur ordonna de faire tout ce que voulait l'humilité de la sainte mourante. Alors l'Abbesse, aidée de plusieurs de ses filles, souleva quelques instants dans ses bras la Mère Philippa, tandis que d'autres religieuses parsemaient de cendres mêlées de leurs larmes le petit lit à trois aix de la royale Clarisse... Puis, doucement, elles reposèrent sur cette couche de cendres la Reine de Sicile et de Jérusalem. On se trouvait au jour où l'Eglise rappelle à l'homme « qu'il est poussière et qu'il retournera en poussière. » C'était le mercredi des Cendres! « Changeons d'habit, couvrons-nous de cendres et revêtons-nous de cilices... jeûnons, répandons des larmes devant le Seigneur, parce que notre Dieu étant rempli de miséricorde, nous pardonnera nos péchés (1)... »
Voilà ce que l'Eglise nous invite à faire dans cette

---

(1) Antiennes du jour.

journée de mortelle tristesse : Philippa suivit cet austère conseil..........

« Le Jeudy matin, on luy donna la saincte huile pour la prémunir en ce dernier et mauvais pas contre l'ennemy commun des mortels et nommément de tous bons Religieux. Elle la receut avec une belle et entière cognoissance, tantost respondant, tantost prononçant le Sainct Nom de Jésus, tantost fermant les yeux et par des saincts élancements portant ses pensées à la considération du Paradis. Les médecins asseuroient qu'elle ne passeroit pas le jour ; mais elle passa et le jour et la nuit ; ce qui fit croire aux religieuses que Dieu la vouloit récompenser pour la signalée dévotion qu'elle avoit eue à la très-saincte Passion de Jésus-Christ, la prenant au sainct jour de Vendredy, jour de Croix, jour d'espines, jour de mort, mais jour très glorieux, jour de victoire, jour de triomphe pour Jésus, jour de grâces pour les pauvres mortels.

« La Révérende Mère Abbesse luy vint congratuler de ce bonheur : « Vous êtes bien heureuse, ma bonne Mère, luy dit-elle, de ce que le bon Jésus vous appelle en une si saincte journée ; ne craignés point, c'est en ce grand jour qu'il fit couler les flots de sa miséricorde pour inonder tout le monde de son précieux Sang, laver nos péchés, effacer nos imperfections, et nous rendre capables de sa gloire... » « La responce fut d'une âme déjà espurée, clairvoyante et cognoissant les secrets du Ciel :

« Je sçais bien que c'est aujourd'hui Vendredy, journée que j'ay tant chérie, tant respectée, tant honorée... Et cependant, tenés pour le certain, ma bonne Mère, que je ne mourray pas aujourd'huy. Tout le bonheur que j'ay jamais eu au monde m'est venu au Samedy. J'espousay le feu bon Roy René Monseigneur, un samedy. Un samedy je fis mon entrée en Lorraine avec l'applaudissement de mes bons subjects: Je renonçay au monde un Samedy, faisant profession en la saincte Religion. Et demain, qui sera Samedy, je m'en iray jouir des embrassements de mon Epoux Jésus en Paradis. »

« Elle le dict et il fut faict. Sans doute, elle avoit veu dedans ce beau et adorable miroir de la Divinité les moments de sa vie qui ne pouvoient estre aucunement abbrégés par les violences et excès de la maladie. Les arrests de ceste Cour souveraine sont vérité et l'exéquution en est inévitable (1). »

Tous les historiens de la Bienheureuse parlent de l'assurance avec laquelle elle prophétisa le jour de sa mort : « laquelle chose advint comme elle l'avoit prédicte, ajoutent les Clarisses, et plusieurs fois en sa vie a prédict beaucoup de choses, qui depuis sont advenues tout ainsy qu'elle les avoit dictes.

« Ledict jour du Vendredy, environ douze heures de midy, elle eut une grosse foiblesse, et voulut avoir la recommandation de l'âme. Le Confesseur et tous les Religieux, avec les chappelains, revestus des sainctz vestementz luy vindrent donner. Et les quatre passions leues, et plusieurs aultres suffrages et oraisons, la bonne Dame leur dict à Dieu et se recommanda à leurs prières et les fit retourner. Après elle print congé de ses trois médecins, en les remerciant de la peine qu'ilz avoient pris à l'entour d'elle. Et ilz luy dirent à Dieu en pleurant amèrement. »

(1) *Vie abrégée.* Mérigot.

Quelques instants après un violent coup de cloche retentit au tour : c'était Mgr Nicolas de Lorraine, Evêque de Metz, qui venait, hélas! recueillir le dernier soupir de sa royale grand'mère.

La Communauté fut le recevoir solennellement à la porte de clôture ; quelques instants après, il se trouvait agenouillé près de la mourante et sollicitait d'elle un dernier adieu ; mais, « comme elle n'avoit plus de pensées que pour le Ciel, elle ne luy dict autre chose sinon : « Adieu, mon fils, soyés tousjours bon Chrestien! » puis elle baisa son Crucifix et se replongea dans sa sublime oraison. Monseigneur de Metz, n'osant l'en distraire, garda lui-même un profond silence ; il resta à genoux, malgré les instances des Sœurs qui voulaient lui faire accepter un modeste siège ; il priait et il pleurait !...

Peu de temps après arriva Monseigneur le Duc de Guise, le fils très aimé de la Reine, « qu'elle avoit tousjours chéri par dessus tous ses aultres enfants tant pour son bon et rare naturel que pour le zèle incomparable qu'il avoit pour la maison de Dieu. » Le Prince était suivi de ses fils : François de Guise ; Charles de Lorraine, archevêque de Reims, primat des Gaules ; Claude, marquis de Mayenne ; le Cardinal Louis, Evêque de Troyes ; Monseigneur François de Lorraine, duc d'Aumale et René Monsieur duc d'Elbœuf.

Lorsque les Princes furent introduits dans l'humble cellule, Philippa poussa un profond soupir : cette parfaite religieuse paraissait souffrir de ce que, pour elle, la famille ducale était introduite dans la clôture. Elle ne put s'empêcher d'en faire un doux reproche au duc de Guise, car, dit la Chronique, « entré qu'il fut dedans la chambrette et qu'il eut prononcé ce doux nom de *Madame ma Mère*, la languissante, levant les paupières desjà quasi collées sur ses yeux, luy dict : « Ah ! que venés vous faire icy, mon fils ?... pourquoi venir voir mourir une pauvre pécheresse ? une religieuse de sainte Claire ?... »

« Le bon Prince, se jettant aussitost sur les grandes et étroictes obligations qu'il luy avoit, protesta qu'estant fils d'une telle Mère, il seroit indigne de s'en réclamer jamais, s'il ne luy rendoit ces derniers devoirs. Elle luy tendit la main, et, le regardant doucement, en deux mots luy fit une très belle leçon, qui ne pouvoit que le rendre agréable au Ciel et recommandable en la terre :

« Adieu, mon amy, ayés toujours la crainte de Dieu devant vous, et faites tousjours bien ; pour moy je m'en vay, et à mon départ je vous laisse hériter de l'amour que j'ay tousjours porté à ceste saincte maison. Je vous la recommande de tout mon cœur, mon fils, et toutes les religieuses, mes bonnes Sœurs, jamais, jamais ne les laissés. » Et elle répéta encore une fois : « *jamais, jamais ne les laissés!* » (1)

Le duc de Guise était profondément ému (2) : « Ce grand cœur qui n'estoit point de ceste trempe barbaresque, qui estime les larmes indignes d'un courage généreux, laissa faire à la nature, ne respondit que par larmes, et, frappant rudement sa poitrine, protesta qu'il ne s'escarteroit jamais de ses dernières volontés (3). »

(1) *Vie abrégée.*
(2) Ce oyant, le bon Seigneur frappa contre son estomach, luy promettant de faire son devoir tout le temps de sa vie. Aussi fit Monsieur de Metz. (Tradition des Clarisses.)
(3) Morigot. *Vie abrégée.*

A la tombée de la nuit, les Princes « s'en retournèrent moult piteusement, pleurant moult fort » disent tristement les compagnes de Philippa, dont la douleur s'accroissait encore par la vue de l'affreuse tristesse de la famille ducale.

La nuit fut très mauvaise : la malade s'affaiblissait de plus en plus ; à tout instant on redoutait de lui voir rendre le dernier soupir... avec une inexprimable angoisse, les religieuses virent poindre le jour : leur Mère n'avait-elle pas dit : « Et demain, qui sera Samedy, je m'en iray jouir des embrassements de mon Espoux Jésus en Paradis! » Qu'elle fut belle cette journée pour la Bienheureuse, mais qu'elle fut terrible pour ses Sœurs bien-aimées...

Vers les huit heures, les Princes rentrèrent dans la clôture : Le Confesseur luy donna encore la recommandation de l'âme, et, demeurant tout auprès d'elle, prioit Dieu et luy disoit moult de sainctes parolles. »

« Et pourtant que la bonne Dame avoit accoustumé en sa vie de faire le signe de la Croix de son pouce, en son front, en sa bouche et en sa poitrine, elle levoit souvent la main jusqu'à son chef pour faire ledict signe de la Croix, ce que ne pouvant faire pour sa foiblesse, le Père Confesseur le faisoit pour elle, en disant : *O passio magna! ô profunda vulnera Christi*, etc. : *Madame, ayez espérance ferme en la miséricorde de Dieu*, et aultres semblables sainctes parolles... Elle fit par deux fois le signe de la saincte Croix de sa langue...

« Elle a eu tant de bonnes prières, qu'il seroit impossible les pouvoir exprimer. Et nonobstant que la bonne Dame fût en grande souffrance, si n'en foisoit-elle aultre semblant. Elle avoit la bouche fermée et les yeux à demy clos. Et toute la journée du Samedy fut en tel estat. Et toute icelle journée, son bon fils, Monsieur de Guise et Monsieur de Metz, avec tous les Religieux et Religieuses n'en partirent (1). »

La Bienheureuse Philippa resta quarante heures en agonie, mais, disent les historiens, ce fut à la fois une agonie et une divine extase (2).

La paix de l'âme était inaltérable; les souffrances du corps si vives, si prolongées, que « les médecins disoient tout hault qu'il y avoit quelque chose en son faict par dessus l'ordre ordinaire des maladies ; qu'il estoit impossible, sans quelque ordonnance secrette du Ciel, qu'un corps tant exténué de maladies, tant rompu de fatigues, tant cassé et usé de jeusnes, veilles et autres austérités, pût supporter si longtemps tant de maux, et résister à tant d'attaques et de secousses. »

« La légende croit pieusement qu'elle avoit demandé à son bon Jésus ces quarante heures d'agonie, pour expier en ce monde tous les défauts qui pourraient retarder à sa sortie l'accomplissement de ses désirs (3). »

---

(1) St Claude Maujean.
(2) « Elle tomba dans l'agonie ou plutôt dans une divine extase, qui dura quarante heures : fermant les yeux du corps pour ouvrir ceux de l'âme, afin de voir et posséder éternellement son Seigneur, qui l'avait créée pour son amour et pour sa gloire. (Bolthazard.)
(3) Elle a travaillé à la mort bien l'espace de quarante heures. Et estimons que c'estoit son Purgatoire qu'elle faisoit en ce monde. Car elle a plusieurs fois dict en sa vie que c'estoit un grand signe de salvation, quand une bonne personne souffroit beaucoup en la mort. (*Tradition des Clarisses.*)

Les Sœurs agonisaient avec leur bonne Mère ; leur douleur était si navrante, leurs sanglots si déchirants, que *le bon et vertueux duc de Guise* essaya de les consoler par une *belle exhortation de l'amour de Dieu, et de la résignation à son bon plaisir.* « La Légende asseure qu'il sembloit que ce fût un prédicateur (1) » :

« Mesdames, dit-il aux Religieuses éplorées, je sçay bien que ce vous est une playe très sensible que de voir Madame et très honorée Mère en l'estat où vous la voyés ; mais puisque c'est le bon plaisir du Ciel, il se faut sagement conformer à ses arrests. C'est s'esloigner du debvoir de subjects que de contrôler les ordonnances de son souverain. C'est folie de disputer contre la mort : il la faut recevoir quand elle se présente. Les sages luy faisant bon accueil, trouvent enfin qu'il y a plus d'horreur au nom qu'à la chose. Le nom de mort porte de l'effroy aux oreilles du corps, mais l'âme vertueuse l'entend comme un signal pour aller à l'Immortalité. Pour moy, j'advoue bien franchement que ce m'est une chose bien dure que de me voir aujourd'huy privée de celle à qui je doibs et la vie et ce que je suis. L'amour que je luy porte feroit librement évaporer mes souspirs, et mon cœur

---

(1) Le bon duc de Guise a été toujours regardé comme l'un des plus insignes bienfaiteurs de l'Ordre : citons un trait, pris entre cent, de sa charité pour les Clarisses : En 1522, un Prince, au cœur généreux, dévoué à l'Eglise, le duc de Guise, gouverneur de Bourgogne, au nom de François I⁰, se trouvant à Auxonne, vit le couvent de sainte Colette. M. de Bessey lui en fit remarquer le délabrement et l'insalubrité. Aussitôt le Duc, pris de pitié, donne l'ordre à Louis de la Trémouille, son lieutenant, de réparer et d'assainir la maison. Cet acte de charité princière fut le point de départ de nouveaux progrès dans l'entière observance de la Règle. (*Histoire de sainte Colette et des Clarisses de Bourgogne*, par l'abbé Bizouard.)

ne dénieroit point des larmes à mes yeux, pour pleurer ma perte, si sa fin tant saincte et tant heureuse ne me défendoit de pleurer ce qu'il faut que je mette au nombre de mes plus grands bonheurs. Naistre, vivre, mourir, ce sont les rudiments des mortels; le premier est plein de misère, le second d'inconstance, le troisièsme d'effroy. J'ay esté assisté royallement de Madame ma bonne Mère, quant au premier; les bons préceptes qu'elle m'a donnés pendant sa vie m'ont mis à l'abry des désordres du second, et maintenant elle m'enseigne le troisièsme. Et par son exemple, me dict : que si je veux bien mourir comme elle, il faut que je vive sainctement comme elle.

« Jamais, Mesdames, je ne m'oublieray de ce mot, et bon courage là-dessus, vous aurés une très-chère Sœur au Ciel, moy une très-bonne Mère, la Lorraine une puissante advocate, le monde une grande Saincte.

« Pendant ces belles et généreuses remontrances, la malade s'abaissoit de plus en plus. » Elle fit signe qu'on lui apportât son voile de profession, qu'elle avait pieusement conservé et sous lequel elle voulait mourir... (1).

Agnès de Mousson s'empressa de satisfaire ce touchant désir, et, d'une main tremblante, elle couvrit l'Epouse du Christ du voile de l'amour : *Posuit signum in faciem meam!* murmura en souriant la sainte mourante, et elle baisa par deux fois ce long voile noir, parure de ses noces éternelles, puis on

---

(1) La dite bonne Dame avoit tousjours gardé le voile de sa Profession, par dévotion, pour le porter en terre, comme elle a fait. Et l'avoit sur son chef quand elle mourut. » (S' Claude.)

« luy donna encor de rechef la recommandation de l'âme. »

« Le jour déclinoit et elle aussi : on redouble les prières, elle ses souspirs et ses vœux, parlant plus par les yeux que par la bouche. Elle les avoit vivement attachés sur un dévot Crucifix, monstrant avoir une grandissime confiance à ce gage sacré (1).» Le Père Confesseur s'en aperçut et, se penchant vers la Bienheureuse, il lui dit : « Madame, Nostre Seigneur ne vous délaissera point. » Elle lui répondit doucement que « non ».

A ce moment, entra dans la cellule la jeune Duchesse de Lorraine, Christine de Danemarck, accompagnée de la Princesse de Macédoine (2) ; plusieurs autres membres de la famille royale arrivèrent peu après. »

La veuve de René II eut encore la force de bénir ses enfants, ses petits-enfants et ses arrière-petits-enfants ; elle les embrassa tous une dernière fois, mais on remarqua qu'après leur avoir donné ce suprême témoignage de tendresse maternelle, elle saisit son Crucifix et le couvrit de ses baisers, comme pour prouver à tous que le Christ Jésus restait l'Objet divin des chastes amours de son grand cœur, et qu'à ce Dieu crucifié elle donnait ses dernières caresses et

---

(1) *Vie abrégée.*
(2) La Duchesse de Guise que les vieux Mémoires nomment Princesse de Macédoine. Moreri nous a laissé d'elle ce magnifique éloge : « La Duchesse de Guise éleva ses enfants dans des sentiments très particuliers de piété. Elle en avoit beaucoup, et diverses fondations qu'elle fit en sont un témoignage public. Elle avoit encore un soin très remarquable des pauvres. Ceux qui professoient la nouvelle religion ne l'aimoient pas ; et ils la nommoient dans leurs Prêches, la mère des tyrans et des ennemis de l'Evangile. — Ces injures lui sont glorieuses.   (Moreri, liv. I. pag. 281.)

ses derniers sourires... Ainsi, jusque sur son lit de mort, *elle combattait ce qui lui restait de mère en l'âme!* L'amour céleste triomphait une fois de plus!

Il était environ cinq heures... les derniers rayons du jour jetaient dans la cellule une demi-clarté qui semblait ajouter une sorte de mystère à la majesté sacrée de cette scène douloureuse. Près de Philippa brûlait le cierge bénit; il y avait quarante heures qu'il éclairait l'agonie de la royale Clarisse!

La Révérende Mère Abbesse proposa de réciter le *Salve Regina*, aussitôt toute l'assistance tomba à genoux, et les cœurs et les voix s'unirent pour faire monter vers la Reine du Ciel, la Mère de Miséricorde, les accents de la supplication, le cri désolé des fils d'Ève exilés...

On eût dit que Philippa attendait ce chant sublime pour quitter la vallée des larmes... « ramassant toutes ses forces, elle tascha de mettre ses bras et ses pieds en Croix pour, en Croix, rendre son esprit à son doux Jésus. Mais les forces luy manquèrent au milieu de ce dernier effort; les pieds demeurèrent croisés, et les bras estant desjà hors de service demeurèrent décemment estendus. Après avoir, une fois encore, regardé « fort vivement et attentivement le cierge bénist et le Crucifix » elle ferma les yeux et ainsi rendit sa belle et saincte âme à Dieu, tant doucement qu'il sembloit qu'elle dormit!......... »

On n'avait pas encore fini de réciter le *Salve* que déjà la Bienheureuse montait du désert appuyée sur son Bien-Aimé et achevait dans le sein de Dieu l'hymne commencée dans les ombres de la mort: Notre Dame lui avait montré Jésus à la fin de son exil!

On se trouvait alors au 6 des Ides de décembre, 25 février 1547. La Reine de Sicile et de Jérusalem était âgée de quatre-vingt cinq ans; elle en avait passé plus de vingt-sept dans les austérités du cloître : le temps était venu pour cette fidèle Epouse du Christ d'aller voir *les biens du Seigneur dans la terre des vivants...* et d'être *revêtue d'allégresse.*

On la disait morte: en réalité, elle s'était endormie dans le baiser de l'Epoux céleste et se réveillait dans son beau Ciel !!

« Ne pleurez plus, prenez courage !!
« Pensez-vous que ce soit peu
« D'avoir pu dans son saint passage
« Saluer un ange de Dieu !
« La cellule qu'elle abandonne
« Ornez-la des plus belles fleurs,
« Car les élus, pour sa couronne,
« Ont déjà préparé les leurs (1).

« Incontinent que la Bienheureuse eut rendu sa belle âme à Dieu, disent les Clarisses, toute la noble compagnie approcha de son lit tant seigneurs que dames, médecins et aultres ; et faisoient grand' lamentations et pleurs disant : aujourd'huy s'en est allée la plus vertueuse Princesse qui soit au monde. Hélas! bonne Dame, vous estes maintenant au lieu que vous avez tant désiré. Et se mettoient à genoux, se recommandant à ses saintes prières. Et lui baisoient les mains qui estoient si blanches et délicates qu'elles ressembloient à la chair d'un petit enfant.

« Le Révérend Père Confesseur, qui estoit un homme fort sage et prudent, de bonne vie et cons-

(1) Poésie de G. Borel. On retrouve ces vers touchants dans « *Vie de la Bienheureuse Louise de Savoie*, par l'abbé Jeanet.

cience, fort discret et sçavant, dict hautement devant toute l'assistance, qui là estoit, qu'il croyoit et tenoit pour véritable que depuis son entrée en religion, elle n'avoit offensé Dieu mortellement.

« Et puis chascun lui jetoit de l'eau bénite et s'en retournèrent dehors et les Religieuses demeurèrent auprès de la Saincte Dame, regardant comment elle estoit belle, et sembloit qu'elle dormist ; elles pleuroient moult amèrement ayant grand regret d'estre orphelines et séparées de sa sainte et vertueuse compagnie. »

« La gloire des Saints commence à l'heure où le plus souvent finissent les gloires humaines (1). » Tandis que la Bienheureuse abordait au rivage de l'Eternité, Dieu se plaisait à consoler par des prodiges ceux qui pleuraient son départ, et leur apprenait qu'il ne fallait pas chercher parmi les mortes celle qui était parmi les vivants.

Racontons d'abord la gracieuse légende des petits oiseaux :

« Il y avoit en la chambre de la saincte défunte, une petite aloueste, laquelle estoit bien instruiste du ramage du Ciel ; elle avoit un *tire-lire* bien plus relevé que ses compagnes de campagne ; elle répétait très souvent ce beau fredon : *Jésus ! Jésus ! Jésus !* Avec elle estoient d'aultres petits oiseaux qui faisoient de temps en temps des concerts très harmonieux et très aggréables. Philippa y avoit pris autrefois grand plaisir, disant que ces gentils choristes la faisoient souvenir et du chant des Anges et des joyes du Paradis. Or, elle ne fut pas plustost morte, que ces petits mu-

(1) *Vie de Sainte Thérèse.*

siciens, que l'obscurité de la nuict et le sommeil avoient fait taire, se réveillèrent aussitost, et avec l'admiration de toute l'assistance commencèrent à desgoiser des airs si nouveaux, des roulades si inaccoustumées, des chansonnettes si mignardes qu'ils firent dire à ceux qui les escoutoient que ces carillons estoient le premier coup de la feste de leur bonne Maistresse (1).

« Mais voicy une autre chose qui apporta bien plus d'estonnement et de contentement tout ensemble aux Religieuses :

« Estant auprès du saint corps de la Royne, et pensant à la gloire que sa bienheureuse âme avait au Ciel, elles virent une grande clarté au jardin, laquelle en peu de temps chassa la nuit et rendit le jour. Elles s'approchèrent aussitost de la fenestre pour voir ceste grande vision et voilà qu'au milieu de la clarté, elles virent la Bienheureuse Philippa avec un port et maintien très augustes, couverte d'une robe blanche, montant doucement vers le Ciel. Les Religieuses se demandoient l'une à l'autre saisies de joye : Voyés vous, ma Sœur, voyés vous ce que je vois ? Voyés vous l'âme de notre bonne Mère qui s'en va triomphante en Paradis ? (2) »

Petit à petit, la brillante clarté s'évanouit, et, Philippa, s'enfonçant dans la profondeur des horizons

---

(1) S* Claude Maujean confirme les paroles de la légende : « Elle avoit de petites linottes et aultres oyseaux en sa chambre, lesquels à l'heure de son trespas commencèrent à chanter si hault et si mélodieusement *qu'il sembloit que ce fussent orgues*, de sorte que tous les assistants en estoient esbahys. Et sembloit qu'ils fissent la feste de ce que leur bonne Dame et Maîtresse s'en alloit en Paradis.

(2) Cette vision célèbre est racontée d'abord par les Clarisses, puis par tous les historiens de la B*. Le récit que nous en donnons est emprunté à Mérigot.

célestes, disparut aux regards ravis de ses Sœurs... elle allait régner dans l'Immortalité : les douleurs de l'exil avaient cessé... les joies du Ciel commençaient!!

Ces prodiges étaient le prélude de l'éclatante merveille qui devait signaler la journée du lendemain et des autres faits miraculeux que l'on allait voir se produire près du « Saint corps. » Les Sœurs comprirent que la mort de la Bienheureuse était un magnifique triomphe, et leurs larmes devinrent moins amères : elles avaient vu l'âme de leur bonne Mère s'en aller triomphante en Paradis!! Quelle consolation pour leurs cœurs affligés!! Le souvenir seul de cette apparition changeait leurs pleurs en sourires d'allégresse. « O mort où est ta victoire?... O mort, où est ta puissance? » (1) pouvaient-elles s'écrier en contemplant ce triomphe de la vie sur la mort, en voyant l'âme « de la Sainte » s'exhaler des débris du trépas et monter glorieuse vers les régions éternelles.

Le jour béni de *cette naissance au Ciel* ne s'oublia point; le doux souvenir en fut précieusement gardé.

Aujourd'hui encore nous retrouvons Philippa inscrite au martyrologe du Père Arthur qui lui donne le titre de *Bienheureuse*, selon que l'indiquent les lignes suivantes :

Die XXV Februarii

Mussiponti in Lotharingia Beatæ Philippæ a Geldria, Reginæ Siciliæ, quæ Sanctimonialis effecta, humilitate, obedientia, pietate et monastica observantia admodum eluxit.

(1) S. P. aux C. xv, 55.

A Pont-à-Mousson en Lorraine, la naissance au Ciel de la Bienheureuse Philippa de Gueldre, reine de Sicile, qui, devenue religieuse, brilla grandement par son humilité, son obéissance, sa piété et l'observance des règles monastiques (1).

(1) Martyrologe du P. Arthur du Moutiers. Appuyé sur le P. Arthur, on peut donner le titre de Bienheureuse à Philippa.

CHAPITRE XXX

Les funérailles de la Bienheureuse Philippa. Dieu glorifie son tombeau.

> « *Quia respexit humilitatem ancillæ suæ : ecce enim ex hoc beatam me dicent omnes generationes.* »
>
> « Parce qu'il a regardé la bassesse de sa servante : désormais toutes les générations m'appelleront bienheureuse. »

Les Religieuses passèrent la nuit en oraison près du corps de leur sainte Mère; elles ne cessaient d'admirer la paix toute céleste répandue sur son doux visage, et, dans le sourire angélique que gardaient ses lèvres, elles saisissaient quelque chose du ravissement de l'épouse s'endormant dans le baiser du Seigneur; elles collaient leurs lèvres sur ses pieds et ses mains dont la chair était devenue blanche et délicate comme celle d'un petit enfant; elles la priaient, elles l'invoquaient cette Bien-Aimée de Jésus qu'elles avaient vue s'élever vers le Ciel « brillante comme un soleil; » elles la suppliaient de ne point les laisser orphelines, mais de veiller toujours sur ce pauvre monastère d'où elle avait pris son vol vers l'éternité... Puis elles chantaient des psaumes, des hymnes selon leur tendre dévotion et les besoins de leurs cœurs.

Le dimanche matin, après la Messe, l'Abbesse réunit toutes ses Sœurs près du « saint corps qui gisoit sur une table au milieu de la chambre » et leur ordonna de réciter en chœur le psautier, ce qu'elles firent aussitôt. Il y avait quelques minutes que la psalmodie sacrée avait commencé, lorsque la porte de la chambre s'ouvrit soudain, et deux Religieux, portant le costume de l'Ordre, parurent au milieu des Religieuses. L'un était petit, maigre, pâle et défait; l'autre « grand et de riche taille, » tous deux « d'une modestie et gravité extraordinaires » dit la Légende. Ces mystérieux personnages allèrent droit à la table sur laquelle reposait le corps de la Bienheureuse, et, s'arrêtant devant ses restes inanimés, ils les contemplèrent en silence.

Les Sœurs étaient fort étonnées; la Révérende Mère Abbesse cherchait des yeux la Mère Portière et les assistantes, s'apprêtant à leur demander quels étaient ces visiteurs inattendus, et pourquoi, sans sa permission, elles les avaient introduits dans la clôture...

Mais la Portière et ses compagnes tenaient encore leur bréviaire à la main : elles psalmodiaient avec les autres Sœurs lorsque les Religieux étaient entrés, et, aussi surprises que l'Abbesse, elles se demandaient qui avait pu ouvrir la porte de clôture aux deux Pères franciscains.

Cependant, ceux-ci étaient toujours debout, immobiles, les yeux fixés sur le visage à demi-voilé de la défunte...

« Après qu'ils eurent assez longuement contemplé ce sacré corps, disent les chroniques, le petit Religieux éleva la main dextre (droite), luy donna sa bénédiction, faisant le signe de la Croix depuis sa teste jusqu'aux pieds, puis tous deux s'inclinant profondément, comme les Religieux ont accoustumé de faire, ils se retirèrent sans mot dire. »

La Révérende Mère Abbesse et ses discrètes se hâtèrent de les suivre « bien esbayes et pensant en elles-mêmes qui pourroient estre ces Religieux, » mais, ô prodige! tout à coup ils disparaissent à leurs yeux... et les chères Sœurs tout effrayées se rendent au parloir. « Elles sonnent au tour, demandent quels Religieux on avoit laissés entrer; on respond que la porte ne s'ouvroit jamais sans leur adveu, que ce jour là, elle n'avoit esté ouverte. Elles, au contraire, protestent que deux Religieux sont entrés et sortis, les dépeignent entièrement : leur teinct, leur grandeur, leur port, mais on ne les cognoist pas, ce qui laissoit de l'estonnement à toute la Maison (1). »

Aux questions multipliées des Sœurs, le Frère portier répondait « asseurément et en vérité que nulle créature n'avoit entré ny sorty du couvent et que la porte n'avoit encore esté deffermée pour ceste journée-là (2).

Le Ciel se chargea d'instruire lui-même les saintes habitantes du cloitre, car, écrivant peu après le récit de cette pieuse légende, elles ajoutèrent : « nous croyons pieusement que c'estoit sainct Françoys et sainct Anthoine de Padoue, auxquelz elle avoit eu singulière dévotion, qui venoient faire révérence à son corps pour l'honneur qu'elle avoit faict à leur saincte religion. »

(1) Mérigot.
(2) Mémoires de S' Claude Maujean.

Le R. Père Abbé de Sainte-Marie assure « qu'il faut tenir pour autant *incontestable* que tout le reste de cette histoire ce qui est dit des deux apparitions miraculeuses, l'une de deux Religieux qui viennent rendre des honneurs au saint corps, soit par leurs inclinations et leurs profondes révérences, soit par la bénédiction que l'un des deux donna, que l'on se persuade être saint François avec saint Antoine de Padoue : l'autre apparition d'une Religieuse qui montoit au Ciel environnée de gloire, que l'on a prise avec autant de fermeté que de piété pour l'âme de cette Bienheureuse Reine, qui alloit en triomphe dans le séjour des prédestinez. Il semble que ces deux apparitions soient pleinement prouvées quant à la substance, étant couchées dans tous les mémoires et dans la vie imprimée deux fois en 1585 et en 1607 (1). »

Une visite, moins agréable que celle de saint François et de saint Antoine de Padoue, fut celle des médecins qui vinrent embaumer le corps de la Bienheureuse. Les bonnes Sœurs eussent bien désiré « de n'estre point molestées de ce costé-là : l'humilité religieuse fait plus d'estat de la cendre que du baume doux-flairant; de la poussière que du plomb, d'un *Requiescat in pace* que de tous les épitaphes, obélisques et pyramides. » Mais, devant la volonté des princes, elles se soumirent aussitôt, et, abandonnant la chère cellule, elles laissèrent entre les mains des chirurgiens le corps déjà sanctifié de la Bienheureuse, ce corps qu'avait béni la main stigmatisée de François d'Assise, et qu'avait contemplé l'œil si pur d'Antoine de Padoue.

(1) *Observation* V, pages 107 et 108.

« Dieu le permettoit ainsi, dit un historien, pour faire voir au monde combien Il est admirable et adorable en ses saincts. »

C'est à cet auteur que nous allons laisser faire le touchant récit des choses merveilleuses qui arrivèrent alors; sa narration est en parfait accord avec les vieux mémoires du couvent de Pont-à-Mousson.

« Saint Paul se glorifioit grandement de ce qu'il portoit en son corps les stigmates sacrés de son bon Maistre Jésus. Saint Ignace d'Antioche avoit tant honoré le sainct Nom de Jésus, l'avoit tant eu à la bouche et au cœur, qu'on le trouva buriné bien avant dedans son cœur. On trouva en celuy de saincte Claire de Montefalcon les marques et vestiges de la Passion de Jésus-Christ. Et à nostre Bienheureuse Philippa, laquelle avoit esté en sa vie escholière si zélée et si fervente de la Croix, on trouva deux choses bien remarquables de la Passion de Nostre Sauveur. L'une, que jamais les chirurgiens ne peurent par aucune violence ou industrie humaine descroiser les pieds qu'elle avoit mis en croix en mourant, et fallut ainsi l'enterrer; l'autre, que faisant l'incision, ils trouvèrent au costé droit une pierre d'une blancheur nonpareille, de la largeur de trois doigts ou environ et aussi longue que la moitié de la main, au hault de laquelle il y avoit deux pointes extrêmement piquantes, et au milieu cinq trous à la façon de ceux que font les mouches à miel en leurs ruches, dedans chaque trou une petite pierre. La curiosité poussa les chirurgiens à voir ce que ce pouvoit estre, ils la rompirent, et au milieu trouvèrent une autre pierre noire enchâssée là-dedans, comme le diamant dans son chaton. Les experts et médecins disoient hautement que *cela estoit miraculeux*, qu'on ne trouvoit rien de semblable au corps humain et que c'estoit ce qui luy causoit ces pointes si estranges tous les vendredys (1).

« La princesse de Macédoine fit tant qu'elle emporta ce précieux thrésor, les Religieuses ne pouvant résister aux prières violentes qu'elle leur en fit. Il devoit estre gardé chèrement, *honoré comme reliques* et monstré à la postérité comme un instrument de patience, une faveur de Jésus, une clef de Paradis, ou plustost comme une fine pierre de touche qui avoit esprouvé si longtemps la vertu et le courage invincible de Philippa (2). »

Avant de remettre à la princesse de Macédoine cette pierre miraculeuse, les Clarisses l'avaient couverte de leurs baisers et de leurs larmes. Le sacrifice leur en fut très pénible; elles l'avouent naïvement dans leurs Mémoires :

« Madame la princesse de Macédoine, voyant cette dicte pierre, nous pria très instamment par plusieurs fois, nous suppliant de la luy donner pour elle, et qu'elle la garderoit tout le temps de sa vie bien chèrement, comme précieuse et digne relique. Et pour la révérence d'elle, et pour sa grande dévotion, l'on ne luy osa refuser : *combien que ce fut bien ennuy; et l'emporta avec elle à nostre très grand regret* (3). »

« Philippa fut donc embaumée par l'ordre des Souverains ! Mais, ô Ciel ! si cette humble servante de

---

(1) C'estoit cela qui luy piquoit les entrailles, car ladicte pierre avoit deux pointes en hault aussi piquantes comme deux petites loncettes. » (Tradition des Clarisses.)
(2) R. P. Christophe Mérigot.
(3) Page 27 (Mémoires).

Jésus-Christ l'avoit pu prévoir quelles défenses et quels obstacles n'y auroit-elle pas apportez!...

« Ses entrailles furent solennellement enterrées par l'illustre prélat Nicolas Thuilier, abbé de Sainte-Marie aux bois, vicaire général de la province de Lorraine, autrefois conseiller et aumônier de la duchesse Renée de Bourbon, et honoré par la défunte et les princes de grandes marques de confiance et de vénération. »

A cet enterrement, écrit la Sœur Claude, « on dict les respons et Psaulmes avec toutes les aultres choses comme on faict quand une religieuse est trespassée. »

Agnès de Mousson ne voulut point permettre que le cœur de la Bienheureuse fut ravi au monastère; après que le corps fut embaumé, les chroniques disent que « la Mère Abbesse luy fit rasseoir son cœur en son propre lieu, » puis, avec autant de respect que d'amour, elle revêtit Philippa de Gueldre de son pauvre habit de bure, la ceignit de la corde et du saint Rosaire, la voila de son long voile de Profession, la couronna de blanches fleurs, et compléta cette dernière parure de l'Epouse de l'Agneau par « un beau petit crucifix eslevé et posé sur son estomach. » D'une main la défunte tenait le livre de la Sainte Régie, de l'autre elle soutenait l'humble croix de bois qui terminait son Rosaire.

Les Sœurs, ayant achevé de rendre au « saint corps » ces derniers devoirs, le déposèrent dans un cercueil de plomb, « selon l'ordonnance de Messeigneurs les Princes. » La tête reposait sur un faisceau de sarments, la face était entièrement découverte (1).

(1) Rituel de l'Ordre.

Il est rapporté que la famille ducale eût grandement désiré faire enterrer la Reine de Jérusalem près du Roi de Sicile, et posséder à Nancy ce double trésor : « un duc invincible et une duchesse très sainte; un père du peuple et une mère de tant de religieuses, en un mot, les glorieux restaurateurs de la Maison de Lorraine. »

« Mais, est-il ajouté, l'humilité de la Bienheureuse avoit mis bon ordre contre tous les efforts ou que la grandeur humaine, ou que l'amour filial pourroient faire en tel cas, faisant un cinquiesme vœu par lequel *elle se donnoit et vive et morte à la Saincte Religion, deffendant expressément à quelconque personne que ce fust de molester ses cendres, qu'elle vouloit estre meslées avec celles de ses Sœurs bien aymées.* »

Respectant ce vouloir sacré, les Princes n'insistèrent pas auprès de ces *sœurs bien aymées* qui ne voulurent jamais entendre parler d'être séparées de leur bonne Mère, laquelle *s'estoit donnée vive et morte à leur saincte Religion.* »

Du moins les enfants de la Bienheureuse cherchèrent-ils un adoucissement au sacrifice qui leur était imposé, « en prenant la résolution de luy rendre tous les honneurs possibles au lieu où elle avoit choisi sa sépulture. »

Laissons les Princes édifier à leur Mère un tombeau digne d'elle, et revenons veiller près du corps de cette chère Bienheureuse. Il n'est plus dans la cellule : il ne reposera plus désormais dans la *petite crèche de Bethléem!* On a transporté la défunte, « au milieu du chœur sur des tresteaux de bois, et un beau mortuaire dessus avec ses armoiries, comme il luy appartenoit bien, avec grand luminaire.

« L'on dict Vigiles solennelles, et le lendemain qui estoit le lundy, après que les services furent dictz, les Sœurs estantes hors de l'église (du chœur), on leva le drap de la treille tout hault, afin que les gens de la ville vinssent voir son corps, et luy jetassent de l'eau bénite par la galerie de l'église.

« Il y vint grande multitude de gens. Tout le peuple pleurant et gémissant, la regrettoit moult piteusement disant : Nous avons perdu la plus saincte et vertueuse créature qui soit au monde. Hélas ! bonne Dame, priez Dieu pour nous ! Vous nous avez tant consolez et admonestez par vos salutaires et sainctes paroles en vostre vivant. Maintenant ayez mémoire et souvenance de nous, et nous impétrez grâce envers Dieu et aultres semblables regretz *qui estoit chose pitoyable à ouyr.* »

Pendant que le peuple lorrain était admis à jeter l'eau bénite sur le cercueil de l'illustre défunte, il se présenta un jeune homme, qui, lui aussi, voulut accomplir ce pieux devoir. C'était sans doute un étranger, car il paraissait ignorer complètement quelle était celle qui dormait là son dernier sommeil, et ne pas comprendre « ce que signifioient autour du saint corps les armoiries de Gueldre et de Lorraine. »

Un des assistants tint à honneur d'apprendre à ce jeune étranger que cet humble cercueil renfermait les précieux restes d'une Princesse et d'une Sainte : La Sérénissime Duchesse de Lorraine, laquelle, pour l'amour de son Dieu, quittant toutes les grandeurs, abdiquant toute autorité, avait voulu s'enfermer dans le cloître, y avait passé le reste de ses jours dans la pénitence la plus austère, et venait « d'y mourir sur la cendre » en odeur de sainteté.

Ce pieux récit toucha le jeune homme jusqu'au fond du cœur et y réveilla le vif désir d'une vocation déjà conçue, mais que jusqu'alors sa mère l'avait empêché de suivre, car, dit la Légende, « ceste bonne femme hayssoit tendrement son fils unique, l'aymoit cruellement, et en l'embrassant mignardement, l'estrangloit et n'avoit point d'oreilles pour ses prières. »

L'exemple de la « Saincte Royne » aida ce bienaimé fils à triompher des résistances maternelles; car il est rapporté que, se retournant vers sa mère qui l'avait accompagné, il lui dit tout haut et devant toute l'assistance qui remplissait l'église de Sainte-Claire : « Vous m'empeschés donc, ma Mère, de correspondre à la volonté de mon Dieu, et voilà les Princesses qui quittent les couronnes, les sceptres, les domaines ; vous me dictes que je suis trop délicat, trop tendre, trop flouët pour supporter le joug, la haire, l'habit austère de Sainct François ; et voilà une Duchesse nourrie toute sa vie dans les douceurs du monde, qui supporte courageusement jusqu'à la mort toutes les fatigues de la Religion ! Non, rien ne me sçauroit d'oresnavant empescher de l'imiter ; puisque le Ciel m'appelle, je le suyvrai : vos prières, vos pleurs, vos cris ne retarderont d'une minute ma saincte entreprise. Adieu, ma Mère, je prie Dieu qu'Il vous assiste ; priés s'il vous plaist qu'Il me bénisse ! (1) »

Effectivement, ce bon jeune homme entra peu après au Noviciat des Frères Mineurs et eut le bonheur de se consacrer à Dieu dans cet Ordre Sé-

---

(1) Chroniques.

,raphique qu'il édifia par sa vertu, qu'il honora par ses talents et glorifia par son martyre (1).

Le corps de la Reine de Sicile demeura plusieurs jours dans le chœur où les religieuses le gardaient sans interruption, récitant des prières et ne pouvant se rassasier de témoigner leurs regrets et leur affection à la mémoire d'une aussi bonne Mère.

« Mais une novice devant faire sa profession à la grille le seizième jour de Mars, on jugea convenable de transporter le corps de la Princesse au cloître, non loin du lieu où il devait être définitivement déposé. On fit alors les services avec toute la décence possible ; puis, après l'oblation du Sacrifice, les religieux, le clergé de Pont-à-Mousson, Messieurs les gens de justice et les personnes notables pénétrèrent dans le monastère et accompagnèrent jusqu'au cloître la dépouille mortelle de la Reine décédée. Elle y demeura jusqu'à ce que la sépulture fut achevée et qu'il plût aux princes de Lorraine d'ordonner les grands services de l'inhumation solennelle. Toutefois elle n'y était point abandonnée, et la solitude du tombeau ne régnait pas là pour elle. Heureuses qu'un cercueil et un drap mortuaire seulement leur dérobassent la vue des traits vénérés de leur Mère bien-aimée, les religieuses faisaient leur jouissance d'aller prier auprès d'elle, et de s'exciter à la ferveur en contemplant la

---

(1) Il fut l'un des martyrs de Gorcum dont le martyrologe célèbre la mémoire en ces termes :

A Brille, en Hollande, la mort cruelle des dix-neuf Martyrs de Gorcum qui, pour avoir défendu l'autorité de l'Eglise et la présence réelle de Jésus-Christ dans l'Eucharistie, furent outragés et tourmentés en diverses manières par les calvinistes et consommèrent enfin leur martyre par le dernier supplice. Le Pape Pie IX les a rangés au nombre des Saints Martyrs.

(Martyrologe romain.)

bière où reposait celle qui les avait tant édifiées. Si les intentions de l'illustre défunte eussent été respectées par les princes ses enfants, ses cendres eussent été bien plus promptement et plus humblement rendues à la terre (1). »

Nous nous rappelons, en effet, combien Philippa s'était complue dans cette douce pensée, qu'un jour elle reposerait près de ses chères Sœurs dans le pauvre cimetière du couvent. Que de fois elle avait été s'agenouiller aux pieds de ce grand Crucifix de pierre sur lequel était gravée son épitaphe... Elle s'y voyait déjà ensevelie dans la pauvreté et l'humilité, et, lorsqu'elle revenait de cette funèbre promenade à travers le champ des trépassées, on l'entendait murmurer doucement :

« *Sœur Philippa de Gueldre fut reine du passé...*
« *Terre son lot pour toute couverture............*
....

Mais les fils de la Duchesse « ne crurent pas devoir, en telle circonstance, suivre avec scrupule la volonté maternelle, et l'on ne peut que les louer d'avoir témoigné leur juste et généreuse reconnaissance envers une mère à laquelle ils devaient tant ; aussi est-ce à leurs Altesses qu'il faut attribuer toutes les magnificences qui furent déployées pour honorer les funérailles de la digne Epouse de René le Victorieux.

« On s'occupa donc, et avec activité, de faire la sépulture de la bonne Duchesse. On en avait déterminé l'emplacement au cloître, sous la chapelle qu'elle avait fait construire, et où se trouvaient déposées les

---

(1) Abbé Guillaume.

insignes reliques qu'elle avait vénérées avec tant de piété pendant sa vie monastique. On y ménagea un caveau souterrain, en parois de pierres taillées, et disposé de manière qu'une partie du corps devait se trouver dans l'intérieur du monastère, et l'autre dans l'église, afin de satisfaire en même temps à la dévotion des religieuses et à celle du peuple.

« Au-dessus du caveau, on éleva un sarcophage en forme de stylobate, sur lequel on plaça la statue de la vénérable princesse de grandeur naturelle, couchée en costume de Clarisse, ayant une statuette représentant une religieuse de l'Ordre assise et soutenant entre ses mains une couronne ducale (1). Une chapelle spéciale, peinte et décorée avec goût, avait été ajoutée à ce sanctuaire funèbre, et les religieuses de la Communauté venaient souvent y prier Dieu, se rappeler leur bienfaitrice et s'exciter à l'imitation de ses vertus (2). »

Cependant le 13 juillet approchait : c'était la date fixée par les Princes pour les obsèques solennelles de leur royale Mère. Trois jours avant, l'Illustrissime Evêque de Metz et la Sérénissime duchesse de Lorraine vinrent à Pont-à-Mousson et donnèrent leurs ordres afin que la cérémonie fut faite avec autant de pompe et de dignité, que le permettait l'emplacement et que l'exigeait la mémoire de la défunte. Ils firent élever au milieu de l'église une chapelle

---

(1) Cette statue, ouvrage du célèbre Ligier Richier, et véritable chef-d'œuvre de sculpture, a heureusement échappé au vandalisme de la Révolution. Amenée à Nancy par le concours de circonstances favorables, elle se trouve actuellement dans l'église ducale des Cordeliers, où les connaisseurs et les étrangers peuvent l'admirer. (Abbé Guillaume.)

(2) Abbé Guillaume, Chap. xxx.

ardente, toute tendue de noir et seulement éclairée par la lumière des flambeaux allumés. L'église fut elle-même également tendue de velours noir dans tout son pourtour et dans toute sa hauteur, de façon que la lumière extérieure n'y pouvait pénétrer.

« Dès la veille de la cérémonie funèbre, à la chute du jour, on chanta les Vigiles solennelles auxquelles officièrent les trois prélats qui devaient se retrouver aux obsèques le lendemain. Ce jour-là, toute l'assistance étant réunie, le service commença. L'abbé Saint-Vincent, de la ville de Metz, était le principal officiant. L'abbé de Sainte-Marie-aux-Bois et le commandeur de Saint-Antoine assistèrent, et chacun d'eux célébra une Messe. Ces prélats firent aussi les absoutes et ensuite conduisirent le corps à sa dernière demeure. Pour cette lugubre et suprême cérémonie, ils marchèrent précédés des religieux de la ville s'avançant deux à deux, avec leurs croix en tête, du clergé de la ville et de leurs assistants respectifs portant les crosses abbatiales. Derrière le corps marchait, accompagné d'un grand nombre de seigneurs et de gentilshommes du pays, Monseigneur de Metz, conduisant le grand deuil. Venaient ensuite Madame la Duchesse de Lorraine, la Princesse de Macédoine avec les dames et demoiselles de leur suite, toutes portant le costume du grand deuil. Arrivé à l'entrée du caveau, le cercueil y fut descendu et placé sur deux tréteaux de fer, sous l'autel préparé en l'honneur de la vénérable décédée et qui n'était probablement autre que le monument sculpté par Richier, dont nous avons précédemment parlé (1). »

(1) C'est à M. l'Abbé Guillaume que nous empruntons ces intéressants détails sur les obsèques de la Bienheureuse Reine.

La cérémonie funèbre était terminée ; mais longtemps encore, les Princes, le clergé et la foule demeurèrent agenouillés devant la chapelle de la Conception : tous se recommandaient « à la Sainte » et ne faisaient trêve à leurs gémissements que pour célébrer ses vertus et implorer sa céleste protection.

Les Annales de Wadding rapportent que les louanges rendues à Philippa surpassèrent celles des grands, et les honneurs funéraires qui lui furent décernés étaient les honneurs d'une princesse.

Le peuple fit son panégyrique ; les uns célébraient sa prudence et sa pratique des affaires, d'autres sa douceur et sa mansuétude ; d'autres sa gravité au sein de la fortune : sa soumission sans bassesse, sa modestie et sa pudeur ; d'autres sa grandeur d'âme au milieu des événements les plus difficiles, sa constance, sa charité envers les pauvres, l'excellente éducation donnée aux orphelins ; sa pureté digne de celle des veuves et des vierges ; le talent qu'elle avait pour se faire la protectrice et la conseillère de tous ; son habileté à renouer les amitiés, le zèle qu'elle déploya à dissiper et à anéantir les bandes de protestants qui s'étaient précipitées des confins de l'Alsace dans le territoire de la Lorraine ; d'autres sa chasteté, le vœu de pauvreté volontaire et ses veilles et ses jeûnes ; à cela elle ajoutait une telle modération dans sa contemplation des choses célestes qu'elle traitait tout également sans que l'une profitât au détriment de l'autre. Toutes ces choses, et d'autres semblables, chacun, suivant son opinion, les exprimait au milieu de ses larmes (1).

(1) Wadding.

Pendant ce temps, « les religieuses demeuroient au cloistre pour dire le dernier adieu à leur chère Dame et Mère. Ce ne fut pas sans grande tristesse et amertume de cœur, avec abondance de larmes, regrettant la dure séparation de sa saincte compagnie. Après, par l'ordonnance de Monseigneur de Metz et de madame la Duchesse, on fit venir les ouvriers pour faire un petit mur, pour enfermer le corps de ladicte bonne Dame en la petite maisonnette.

« Mais une chose advint digne de grande admiration. C'est que sa fosse et le coffre où elle fut mise jetèrent une odeur si grande, si douce et si suave *qu'il n'y a senteur de rose ou de violette qui soit à comparer à cela.* Ce qui remplit de grande joye et consolation nos pauvres espritz. Et les ouvriers nous voyant si fort esbayes de cela, nous dirent que déjà par plusieurs fois ils l'avoient senti; et que tous les matins, quand ilz venoient besongner, estoient grandement consolez de sentir ceste douce et suave odeur. Et le dirent à Monsieur de Metz et à Madame la Duchesse, affirmants et jurants en leur conscience que la chose estoit véritable (1). »

« Les Clarisses, chargées de surveiller les ouvriers, respirèrent ce délicieux parfum, et le prodige se renouvela tant que le mur de clôture ne fut pas terminé. La Communauté en resta tout embaumée. Il y eut parmi les religieuses un surcroît de zèle et de ferveur. Du haut du Ciel l'esprit de la sainte fortifia, secourut, consola ses chères compagnes, et on aurait pu presque leur dire comme Saint Augustin en s'adressant aux apôtres après la Résurrection du

---

(1) Tradition des Clarisses.

Sauveur : « Une telle absence n'est pas une absence ; ayez confiance, elle est encore avec vous, celle qui ne se montre plus à vous ! (1) »

Non, non, au Ciel on n'oublie pas : des preuves éclatantes et multipliées en furent données aux Clarisses de Pont-à-Mousson. « Ces chères Sœurs, comme de plaintives Colombes, pleurèrent longtemps la mort de leur bonne Mère, dit Balthazard... Elles l'eussent toujours pleurée si le Dieu des consolations ne leur eût marqué par des prodiges qu'elles devoient enfin tarir leurs larmes, puisque cette belle âme étoit entrée au repos éternel » et que, du sein de la gloire, elle protégeait toujours cet humble monastère dont elle avait fait son ciel sur la terre...

Un ancien auteur la comparait « à une estoille enchâssée dans le firmament de la gloire, » et il ajoutait « que ceste estoille est de la première grandeur aussi esclatante que puissante, en influences douces, bénignes et aggréables. »

L'heureuse Sœur Claude entrevit, par deux fois, quelque chose des rayonnements de cet astre splendide.

Quelques heures après la mort de la Bienheureuse Philippa, elle la vit, ainsi que ses Sœurs, s'élever dans la gloire, et telle était la clarté qui l'environnait « qu'en peu de temps elle chassa la nuict et rendit le jour. »

Plus tard, « la glorieuse Mère Philippa, rayonnante comme un soleil, » apparut à sa chère *historienne*, et, tandis qu'elle inondait d'une lumière céleste sa

---

(1) *Vie de Philippa de Gueldre*, par l'auteur de la *Vie de Marguerite de Lorraine*.

pauvre cellule, elle la remplissait elle-même d'une joye et dilatation de cœur extraordinaire ; elle éclairait merveilleusement son âme des splendeurs du Ciel, et lui donnait une claire vue de l'inanité des choses de la terre...

Personne, a dit Notre Seigneur Jésus-Christ, n'allume une lampe pour la placer sous le boisseau! Ce que le divin Sauveur avance dans ses paroles, Il veut bien l'accomplir Lui-même dans la conduite qu'Il tient vis-à-vis de ses fidèles serviteurs. Ceux-ci l'ayant servi, l'ayant aimé ardemment ici-bas, ils ont déjà reçu sur leur face les irradiations de celle du Christ, et les rayons lumineux qui s'en échappent produisent une clarté croissante que les ombres mêmes de la mort ne sauraient cacher... La vie du Juste, s'écriait saint Paul, est semblable à une belle lumière qui s'avance... Or, à ce point de vue, la chère Bienheureuse, que nous avons suivie et admirée pendant 85 ans, devait, elle aussi, avoir sa part dans cet éclatant triomphe de la sainteté. Déjà, bien avant sa mort, elle était considérée comme une sainte mais lorsqu'elle eut quitté la terre et que des faits merveilleux se produisirent à son tombeau, lorsque de signalés miracles prouvèrent l'effet de son intercession, alors ses compagnes et le bon peuple lorrain se laissèrent aller à un enthousiasme sacré qui se traduisit par les plus touchantes manifestations.

Philippa de Gueldre avait été une lampe brillante allumée par le Seigneur. Elle avait répandu son éclat dans le cours de sa longue vie. Grands, petits, religieux et pauvres, tous avaient pu jouir de sa clarté : « la Bienheureuse estoit en telle estime de saincteté par toute la Lorraine, disent les vieux Mémoires;

qu'on avoit hautement recours à elle en toute nécessité, comme à celle qui avoit très grand pouvoir auprès de Dieu. Mais particulièrement en la ville du Pont, on honoroit tant ses rares et admirables vertus, on chérissoit tant le thrésor inestimable de sa présence, on faisoit tant d'estat de sa saincteté, qu'on n'entreprenoit rien sans le conseil de la saincte princesse, qu'on ne parloit d'elle que sous le nom de la bonne et saincte royne ; qu'on venoit continuellement à Saincte-Claire pour entendre d'elle les paroles de la vie éternelle. » Maintenant que le froid de la mort a glacé les membres de la sainte duchesse, allait-il en même temps porter sur sa mémoire l'indifférence ou l'oubli? Non, rassurons-nous, *In memoria æterna erit justus!* La *mémoire du juste est éternelle;* le souvenir de ses vertus lui survit, et s'il n'est plus donné aux hommes d'admirer visiblement sur la terre ces héros de la foi, qu'ils portent les yeux en haut, et leur regard n'aura point de peine à les découvrir au sein de la gloire.

Oui, *la mémoire du juste est éternelle,* et c'est, sans doute, pour éterniser en quelque sorte ici-bas celle de la royale Clarisse du Pont que le Seigneur se plut à glorifier son tombeau par d'éclatants miracles. Ce cher tombeau! c'était, dit la légende, « l'asile commun de tout le monastère. » Là, les chères Sœurs trouvaient toujours « de l'allégement à leurs maux, de la paix en leurs troubles, de la consolation en leurs afflictions ; » là, venaient s'agenouiller les foules parce qu'elles savaient, par une heureuse expérience, quelle vertu secrète s'échappait de cette tombe rendue glorieuse.

On se rappelle quel témoignage public de vénération le peuple donnait à sa souveraine aux jours de sa vie mortelle : « La fête de saint Philippe, patron de la Bienheureuse, se passoit avec grande célébrité, le peuple s'amassoit en l'église de Saint-Laurent, et puis, en procession générale, venoit en celle de Saincte-Claire, afin de prier Dieu pour la santé et longue vie de la saincte royne et de toute sa sérénissime Maison. Si ceste dévotion publique eût demeuré là après sa mort, on eût pu dire : ainsi va le peuple; ceste mer n'a point de mouvement que celuy que les vents luy donnent : il ayme ce qu'il voit, oublie ce qu'il a prisé quand il lui est ravi, court après ce qu'il pense profitable, n'estime grand que ce qui le rend grand, puissant, heureux... Mais ce que le peuple faisoit pendant sa vie, pour obtenir du Ciel une longue jouissance de bien qu'il possédoit, passa après sa mort en vénération. Et ceste procession se continua et se continue encore aujourd'hui (1627) en l'honneur de sa mémoire bienheureuse, et pour recommander à ceste grande et saincte âme la ville, et le peuple qu'elle avoit tousjours aymé et chéri comme ses entrailles » (1).

En vérité, chacun n'avait-il pas le droit de l'appeler sa bonne Mère « cette Princesse du Ciel » (c'est ainsi que l'appelle Mérigot), puisque tous recevaient d'elle des témoignages d'une bonté maternelle et d'une sollicitude dont les effets se faisaient d'autant plus merveilleusement sentir que son crédit était plus grand dans le royaume des Cieux !

Nous allons rapporter quelques-uns de ces prodiges opérés par l'intercession de la Bienheureuse;

(1) Mérigot.

ces faits, pris entre mille, donneront au lecteur une idée de la confiance avec laquelle grands et petits se recommandaient à Philippa, et laisseront apercevoir quelques-unes des maternelles largesses que la « sainte de Pont-à-Mousson » versait à pleines mains sur ceux qui l'invoquaient avec foi et amour. De si touchants souvenirs sont comme les fleurs dont s'émaillent les dernières pages de notre récit.

Tout d'abord consultons les mémoires intimes des chères Clarisses ; un doux parfum de reconnaissance s'en exhale : ils ne sont qu'un long récit des faveurs accordées par le Ciel à l'humble monastère sur lequel planait toujours l'ombre de la Bienheureuse. La tradition rapporte que, tous les ans, « on faisoit mémoire de deux très considérables entre ces grâces. » Or voici quels étaient ces prodiges :

Deux ans après la mort de Philippa de Gueldre, la terreur régnait dans la cité de Pont-à-Mousson, et tout particulièrement au monastère des Pauvres-Dames ; une armée ennemie se préparait à envahir et à piller la ville, et, pour les soustraire aux dangers qui les menaçaient, ordre avait été donné aux Clarisses par leurs supérieurs ecclésiastiques, de quitter leur chère solitude de l'Ave-Maria...

Tout éplorées, les chères Sœurs se recommandèrent plus instamment que jamais à leur bonne Mère Philippa ; elles la suppliaient d'obtenir du Ciel leur délivrance. Agenouillées devant son tombeau, elles répandaient avec leurs prières l'amertume de leur cœur. Quitter ce *lieu de leur repos*, abandonner leur cloître, et les cendres de leurs premières Mères, dire adieu au sépulcre de Philippa et remettre les pieds dans ce monde dont elles n'étaient plus... non, les

Pauvres-Clarisses ne s'y pouvaient résoudre: Elles firent une procession solennelle sous les cloîtres, et, s'arrêtant devant la tombe de leur seconde Mère sainte Colette, elles lui demandèrent un miracle : il se fit. Dieu envoya un messager céleste ordonner à ses épouses de ne point quitter leur couvent de l'Ave-Maria : « cet ange parut au milieu des vierges et leur assura *que l'armée effroyable de M. de Brandebourg ne passeroit pas au Pont-à-Mousson* » (1549). Cette apparition merveilleuse remplit de consolation l'âme des pauvres Religieuses, et leurs larmes de douleur furent changées en larmes de joie et de reconnaissance.

L'autre grâce « très considérable » dont les Clarisses « faisoient mémoire » était « d'avoir été délivrées d'un incendie qui, en apparence, devoit tout perdre, et quelques anciennes affirmèrent qu'elles avoient vu saincte Claire éteindre le feu avec ses mains, et nous apprennent encore que le dimanche dans l'octave des Roys, elles ont été délivrées d'un déluge autant dangereux que subit, et elles ajoutent enfin que l'an 1601, le jour de l'octave de l'Ascension elles furent pareillement préservées d'un furieux tonnerre qui alla friser les livres que les Sœurs tenoient en main dans le chœur pour chanter les Vêpres, et, passant au milieu d'elles, alla s'évanouir contre le petit autel qui est devant la sépulture de notre vertueuse reine et duchesse.

« Toutes marques singulières de la protection de Dieu sur cette maison et sur ces bonnes Religieuses, très semblables aux premières réformatrices et surtout à l'illustre reine-duchesse, Sœur Philippa de Gueldre (1). »

Mais ce n'était pas seulement les générations du cloître qui se proclamaient redevables à la Bienheureuse Reine de grâces miraculeuses : d'autres voix s'unissaient aux leurs pour entonner l'hymne de la reconnaissance, prêtons l'oreille et nous en saisirons quelques accents……………………………………
……………………………………………

---

(1) L'Abbé de Sainte-Marie.

CHAPITRE XXXI

Faveurs obtenues par l'intercession de Philippa de Gueldre. — Souvenirs ! — Regrets ! — Espoir.

> « *Te decet hymnus Deus in Sion, et tibi reddetur votum in Jerusalem.* »
> (Ps. 64. v. 1.)
> « C'est à vous, Seigneur, qu'il convient d'adresser nos hymnes dans Sion, et d'offrir nos vœux dans Jérusalem..... »

Le R. Père Guinet rapporte qu'un seigneur de Rupigny, messire Michel d'Aubertin, dont le fils aîné, alors âgé de quatre à cinq ans, était dangereusement malade eut l'heureuse inspiration de venir au tombeau de la Bienheureuse Philippa de Gueldre pour lui recommander son enfant et solliciter sa guérison.

Ce pauvre père, aussi désolé que celui dont il est parlé dans l'Evangile, conjurait de toute son âme la sainte Clarisse de lui conserver cet enfant, l'héritier de son nom, sur lequel son affection paternelle avait déjà placé tant d'espérances.

La Bienheureuse ne fut pas longtemps à se rendre à de si ardentes prières. Elle se souvint sans doute des poignantes angoisses, qu'en pareil cas, son cœur maternel avait jadis plus d'une fois ressenties et, touchée de la douleur et des anxiétés de ce pauvre père, elle l'exauça pleinement. Peu après ce pèlerinage, le fils du seigneur de Rupigny revint à une santé parfaite, et son heureux père, attribuant cette guérison si prompte et si complète à l'intercession de celle qu'il était venu invoquer à Pont-à-Mousson, aimait à en raconter les détails aux admirateurs et aux dévots de Philippa.

Il est à regretter que nos bonnes Mères de l'Ave-Maria n'aient pas mis plus d'exactitude à relater les faits miraculeux qui se sont opérés au tombeau de leur Chère Bienheureuse, ainsi que les nombreuses grâces spirituelles et temporelles obtenues par son intercession. C'est de cet excès d'humilité que les sœurs survivantes à Philippa furent gravement reprises par un pieux jésuite du xvıı° siècle, le Révérend Père Antoine Richard, fort dévot à la Duchesse de Lorraine et grandement dévoué à la gloire de son culte.

Cet excellent religieux, qui honora sa Compagnie autant par la sainteté de sa vie que par son érudition, était animé d'une confiance et d'une dévotion si grandes pour la servante de Dieu, que, non content de l'honorer et de la prier dans le secret de son cœur, il s'efforçait de faire partager à tous cette vénération, cette confiance et cet amour. Aussi bien, mérita-t-il d'être secouru en maintes circonstances par la Bienheureuse, d'en obtenir, pour lui ou pour d'autres, des grâces signalées, et d'être même l'heureux témoin d'une guérison instantanée, obtenue en faveur d'un pauvre ouvrier que le Père Richard avait engagé à recourir à l'intercession de la sainte Duchesse de Lorraine ainsi que nous allons le raconter bientôt.

On sait aussi que Dieu se plut à accorder de nombreuses grâces par le moyen du petit reliquaire que portai., durant sa vie, avec tant de dévotion, sa pieuse servante. Il était formé d'un cercle de cuivre, assez grossier, de trois pouces environ de diamètre sur deux plaques aussi de cuivre ayant à leur centre une ouverture de neuf lignes fermée par une double corne, et renfermait de précieuses reliques. Les bonnes religieuses de l'Ave-Maria le conservaient avec tout le respect dû aux saintes reliques et à la mémoire de celle à qui il avait appartenu. Le pieux Jésuite dont nous avons parlé, ce dévot serviteur de la Bienheureureuse Philippa, désireux d'avoir de sa chère sainte un souvenir authentique, alla jusqu'à demander à l'Abbesse actuelle de Pont-à-Mousson qu'elle voulût bien lui céder, au moins pour un temps, le reliquaire de Philippa, qui, à ses yeux, avait un double prix. A force d'instances, il finit par l'obtenir, et c'est avec ce précieux talisman que le Père Antoine Richard partit pour de lointaines missions.

L'ardent apôtre eut plusieurs fois l'occasion de reconnaître sur diverses carses la vertu surnaturelle de ce reliquaire, et plusieurs fois aussi il en a donné pleinement l'attestation. « Non pas, dit-il, que ces merveilles ne puissent aussi être attribuées aux reliques enchâssées dans ce reliquaire; mais il serait bien difficile de se persuader que les mérites et l'intercession de cette sainte reine n'y eussent également contribué ».

On admettra d'autant mieux cette hypothèse que le Père Antoine Richard ne présentait jamais le pieux remède aux infirmes qu'après les avoir instamment excités à une entière confiance en la sainte religieuse qui l'avait possédé, et qu'en effet tous les malades ne l'acceptaient qu'après avoir éveillé en eux un sentiment de foi chrétienne en la puissance de Dieu et de confiance envers celle qui avait autrefois fait du reliquaire l'objet d'une spéciale dévotion (1).

C'est dans ces dispositions que le reçut un jour ce pauvre ouvrier rencontré par le Père Richard à l'heure où sa vie était en grand danger. Ce brave homme, ainsi que le rapporte le saint religieux, était atteint à la gorge d'un affreux aposthume, et le mal en était arrivé à de telles proportions que tout remède avait été jugé impuissant. La mort approchait à grands pas.

Le pauvre tonnelier, averti du danger prochain, se prépara à la mort par la réception des derniers Sacrements.

Or, dit le Père Richard, l'ayant su en cet état désespéré, j'eus hâte de me rendre chez le pauvre malade pour l'exhorter à mettre sa confiance en la sainte Vierge et en la vertueuse princesse de Lorraine, Philippa de Gueldre dont l'intercession pouvait être certainement assez puissante auprès de Dieu pour lui obtenir la guérison.

Pour l'exciter davantage, je lui laissai un remède d'une efficacité étonnante, c'est-à-dire le reliquaire venant de cette princesse, décédée dans le cloître en odeur de sainteté. La confiance de ce pauvre moribond fut efficace ; car, le lendemain, m'étant rendu en son logis dans l'appréhension de le trouver au cercueil, je le rencontrai si sain et si parfaitement guéri, qu'il travaillait actuellement de son métier et façonnait un tonneau (2). Contre toute apparence, l'hu-

(1) Abbé Guillaume.
(2) *Ibid.*

meur de cet horrible abcès s'était échappée par l'oreille et le malade était sauvé.

« Que les médecins raisonnent tant qu'il leur plaira, observe ici le Père Guinet, sur l'activité des causes naturelles, nous leur en laissons faire la discussion, et nous disons deux choses. La première, qu'il y a grande différence entre un homme qui passe en un instant d'un état moribond à celuy d'une santé assez robuste pour travailler à l'ordinaire, surtout du métier de tonnelier, qui est l'un de ceux qui exigent le plus de force. La seconde, que Dieu peut disposer les causes naturelles à la prière des saints pour leur imprimer une vertu extraordinaire, sans quoy qu'elles ne pourroient effectuer d'elles-mêmes, ce que nous tâchons d'obtenir par les médiateurs célestes que nous invoquons avec confiance : ainsi ce que nous obtenons par cette voye ne laissant pas d'être extraordinaire et miraculeux, *quo ad modum*, qu'importe d'en pénétrer davantage? Nous n'en avons pas moins d'obligation ny à Dieu qui accorde, ny à ses Saints qui prient et qui intercèdent pour nous (1) ».

Le reliquaire de Philippa de Gueldre fut rendu aux Clarisses de Pont-à-Mousson ainsi que l'avait formellement promis le Père Richard. Celui-ci l'ayant gardé précieusement jusqu'en 1682, et sentant alors sa fin approcher, il se fit un devoir de remettre ce précieux dépôt entre les mains d'un Frère de la même Compagnie qui se trouvait avec lui à Bar, et le pria de le rendre au plus tôt à ses légitimes propriétaires.

Le Frère Barbillot, s'empressant d'obtempérer à

(1. P. Guinet.

l'ordre du Père Richard, le remettait une heure après à l'Abbesse de l'Ave Maria, accompagnant le reliquaire d'une pieuse adresse « dans laquelle il exprimait toute son admiration pour le bonheur qu'avait eu son confrère de posséder une si précieuse relique. »

La lettre suivante adressée au Révérend Père directeur des religieuses de Sainte-Claire de Pont-à-Mousson par le doyen de la chrétienté de Jersey curé de Mirecourt, et conservée dans les archives du Monastère, fait connaître une autre faveur obtenue par l'intercession de la vénérable Philippa.

A Mirecourt, le 22 d'octobre 1648.

« Mon Révérend Père, nous avons icy une pauvre jeune fille nommée Menne, Fille de deffunt Jean Turquat de Vroville, Mère Eglise de la Paroisse de Mirecourt, qui est depuis sept ans extrêmemeut affligée et incommodée ez deux jambes qui sont trouées en plusieurs endroits avec des douleurs insupportables, n'ayant les trois premières années sçu marcher qu'avec l'aide de deux crosses, et les quatre dernières ayant eu les jambes tellement ramassées et raccourcies qu'il luy a été impossible de marcher ny faire un pas, et falloit la porter ça et là où la nécessité le requeroit : et comme elle a été toujours grandement dévote et craignant Dieu, supportant sa pauvreté et son affliction avec une patience incroyable, elle faisoit ordinairement lecture de plusieurs bons livres, entr'autres celle de la vie de la sainte et vertueuse Princesse Madame Philippa de Gueldre de glorieuse mémoire, jadis Reine de Sicile, Duchesse de Lorraine et de Bar, et depuis religieuse à Sainte-Claire du Pont-à-Mousson.

« Depuis la lecture de cette sainte vie, la pauvre Fille a conçu depuis Pâques dernier une telle dévotion envers sa Sainte Princesse, qu'elle luy a fait et fait encore tous les jours des prières très particulières, afin qu'il plaise à Dieu, par ses mérites et suffrages, luy octroyer la grâce de marcher à tout le moins avec des crosses, afin de pouvoir mendier sa vie durant et de le bien et mieux servir que du passé, promettant luy rendre grâces et à sa sainte servante en l'Eglise de Sainte Claire du Pont-à-Mousson, si elle venoit à en recevoir cette faveur.

« Or, il est arrivé que, depuis six semaines en çà, ladite Menne, continuant toujours envers cette sainte Princesse sa fervente dévotion, elle s'est trouvée grandement allégée, posant librement les pieds sur terre et marchant avec deux potances avec l'ayde desquelles elle va présentement à l'Eglise, ainsi que nous voyons tous les jours; mais comme elle n'a pas encore tant de force que de bonne volonté pour aller accomplir sa promesse en l'Eglise de Sainte Claire, elle a prié et commis le porteur des présentes, nommé Pierre Marlier, Bourgeois de Mirecourt, de s'y transporter à son nom et de suppléer provisionnellement à son deffaut, attendant que Dieu luy fasse la grâce de cela faire personnellement.

« Le porteur vous dira, comme aussi je le déclare par ces lignes, que vous êtes très humblement supplié, de la part de cette pauvre fille, de vouloir célébrer la sainte Messe à son intention en action de grâces de l'allégement qu'elle a déjà reçu par l'intercession, ainsi qu'elle croit pieusement, de ladite sainte Princesse, et de vouloir exhorter toutes vos bonnes et charitables Religieuses d'accompagner votre saint sacrifice de leurs ferventes prières, ausquelles je les prie très instamment, comme aussi votre Révérence, de m'avoir pour recommandé, afin qu'il plaise à Dieu, qui est admirable en ses Saints, que le tout *redonde* à sa gloire, à la vénération de ladite Sainte, et l'édification et salut du Prochain.

« J'importune en cecy d'autant plus librement votre Révérence, que je sçais être grande sa charité ordinaire et celle de vos vertueuses Religieuses, ce qui me fait espérer que vous en aurez pour excusé celuy qui est de votre Révérence, et de toute la sainte Maison de Sainte Claire, Mon R. Père,

Très humble et très obéissant serviteur.

D. MARTIN Doyen de
la Chrétienté de Jercey et curé de Mirecourt.

Et au dos : *Au Révérend Père, le R. P. Directeur des Religieuses de Sainte-Claire du Pont-à-Mousson.*

Et en son absence : *à la Révérende Mère Supérieure desdites Religieuses, Au Pont-à-Mousson.*

« Quelques esprits au-dessus du vulgaire, et curieux de belles recherches, ont avec raison ajouté foi au rapport d'un vieillard, digne de foi, lequel, s'étant trouvé à la dernière prise de la ville de Bude (1) assura qu'au pays dont elle est la capitale et où il était né, on tenait par tradition qu'un prince, descendu

---

(1) Depuis 1784 capitale du royaume de Hongrie et située vis-à-vis de Pesth à laquelle la réunit un pont de bateaux. Elle fut prise par les Turcs en 1541, et par les Autrichiens sous Charles de Lorraine en 1686. (*Dict. de Géog.* par Tennerg et Hirth. Tome 1er, p. 627.)

d'une Religieuse de Sainte Claire, en chasserait les Turcs, que cette prédiction était fondée sur la prédiction qui en avait été faite aux Turcs eux-mêmes par une religieuse de Sainte Claire, lorsque ces infidèles, après s'être emparés sur les chrétiens de cette importante conquête, s'y livraient à mille cruautés ; ce même vieillard ajouta qu'il avait appris de ses ancêtres ces curieuses particularités.

« Or chacun sait que le vaillant héros qui commandait l'armée impériale lors de l'expulsion des Turcs et du recouvrement de l'importante place de Bude, descendait en ligne directe de la Sérénissime Philippa de Gueldre, devenue religieuse de Sainte Claire et dont il était le petit-fils en cinquième génération. Et les observateurs se laissent d'autant plus facilement convaincre de la vérité de cette prédiction, aussi bien que de celle de la tradition populaire, qu'ils peuvent constater des rapprochements tout à fait remarquables entre les noms des personnes désignées, les dates et la chronologie (1).

« Voicy une autre tradition plus voisine de nos jours, et qui n'est pas moins digne d'admiration, écrivait en 1601 l'Abbé de Sainte-Marie.

« Nos bonnes religieuses de Sainte Claire dont la vertu si hautement reconnue ne peut souffrir qu'on les soupçonne ny de mensonge, ny de fiction, nous ont souvent assuré qu'elles tiennent chez elles pour une tradition certaine dont elles sont elles-mêmes confirmées par une expérience incontestable, que quand la mort ou quelques accidents funestes arrivent ou sont prêts d'arriver à quelques princes de la

---

(1) M. l'Abbé Guillaume d'après le R. P. Guibet.

Maison de Lorraine, on entend un grand bruit dans le tombeau de notre Bienheureuse Reine. Plusieurs de celles qui vivent aujourd'huy assurent l'avoir distinctement entendu un mois avant la mort de Mademoiselle de Guyse, Marie de Lorraine, qui trépassa le 3 Mars 1688, parmy lesquelles la Révérende et Vénérable Mère Abbesse, Sœur Françoise Clausse, par une lettre de sa main du 19 décembre 1690 nous a rendu un témoignage particulier, tant pour elle que pour ses religieuses *qu'elles ouïrent du gros bruit sur le tombeau.*

« La même vénérable Abbesse nous a encore attesté par écrit que quand cet invincible héros du Christianisme Charles V de Lorraine fut abattu par la mort le 18 avril 1690, après avoir été luy même le formidable destructeur de l'empire ottoman, le Révérend Père Trompin, leur confesseur et leur directeur, religieux d'une grande probité, l'avoit assuré que quinze jours avant son trépas, faisant ses prières près de la chapelle de la Conception où notre Bienheureuse est inhumée, il entendit dans son tombeau *comme des coups de canons et de tonnères souterrains.*

« On entend aussi quelquefois ce bruit dans le petit oratoire, où elle se retirait souvent, pour s'appliquer plus intimément à l'oraison, et pour jouir à l'écart, plus en repos, des sacrés entretiens de son divin Epoux : c'était là particulièrement où le Ciel lui versoit ses grâces les plus extraordinaires, et c'étoit là où elle communiquoit actuellement avec Dieu quand elle reçut la révélation de la funeste bataille de Pavie, et qu'elle apprit que son fils François de Lorraine, comte de Lambescq, et d'Orgon, y avait été tué au côté du Roy François Ier ; d'où elle sortit à l'instant pour recommander aux prières des charitables religieuses ses Sœurs les pressantes nécessités du Royaume et le salut de ce Prince son très cher fils.

« Ce qui nous porte à conclure, avec toute sorte de probabilité, que cette charitable Mère n'est nullement satisfaite d'avoir, suivant la glorieuse approbation du Saint-Siège, employé tous les soins d'une parfaite chrétienne à élever les Princes ses enfants dans la pratique de toutes sortes de vertus, mais qu'elle leur continue pareillement dans le Ciel cette salutaire application, et que ce grand bruit qu'elle fait retentir dans son tombeau n'est que pour avertir et exhorter tout ce saint couvent de prier pour leur repos et pour celuy de tous les princes leurs descendants.

« Mais si elle a soin des morts, elle n'oublie pas les vivants; en voicy une preuve si considérable que nous ne pouvons mieux conclure ces remarques qu'en y ajoutant avec fidélité celle-cy, qui est une des plus illustres.

« Les premiers de nos magistrats sont persuadéz que Monseigneur le duc de Bourgogne, fils aîné de Monseigneur le Dauphin, a été obtenu du Ciel par les prières de notre Bienheureuse Philippa de Gueldre. Voicy sur quoy ils se fondent:

« Le Roy, avec toute la Cour, étant arrivé au Pont-à-Mousson, la veille de la Toussaint de l'année 1681, et Sa Majesté y ayant passé la fête en dévotion, l'incomparable Reine Marie-Thérèse d'Autriche, dont la pieté et vertu éminente ont volé partout, se retira au couvent des pauvres Religieuses de Sainte-Claire, qui n'oublièrent pas de luy faire fête du saint et inappréciable dépost qu'elles possèdent.

« Après donc que la Reine eut passé environ une

heure à faire sa prière dans leur chœur, elles firent voir premièrement à Sa Majesté le petit Oratoire de notre Bienheureuse dont nous venons de parler ; elles la conduisirent ensuite à sa cellule dans le dortoir, et elles terminèrent enfin cette petite procession en la faisant descendre sur son tombeau du côté qu'elles le possèdent, car ce précieux mauzolée est artistement travaillé dans le mur et heureusement partagé entre l'église et le cloître; mais il est d'autant moins élevé du côté des religieuses, quoy qu'il soit égal de tous côtez, que le pavé du cloître est plus exhaussé que celuy de l'église.

Aussitôt que cette grande et pieuse Reine se fut approchée avec vénération de ce lieu saint, elle se prosterna humblement sur le pavé, sans carreau, pour y présenter ses vœux au Roy des roys, sous les auspices et l'intercesion de notre Bienheureuse Philippa, et après avoir par elle-même invoqué, avec autant d'ardeur que de confiance, la médiation de cette sainte Princesse auprès de son Dieu, elle se leva et invita affectueusement la Vénérable Abbesse de ce monastère et toutes les religieuses de joindre leurs prières aux siennes, et de vouloir y intéresser leur Bienheureuse Mère, à laquelle elle venoit de rendre ses respects aux pieds de son tombeau, *à ce qu'il plût à Dieu de bénir le mariage de Monseigneur le Dauphin et de donner un Prince à la France.*

« Ce sont les propres termes de la Reine, suivant le témoignage que nous en avons reçu, et de la même Abbesse et des Religieuses qui étoient présentes à cette édifiante dévotion.

« Il ne faut pas douter que ces bonnes et charitables Religieuses n'ayent imité un si bel exemple, et qu'elles n'ayent satisfait à la dévotion que cette très pieuse Reine demandoit d'elles; puisque la reconnoissance des aumônes qu'elle leur fit les obligeoit même par un double titre de recourir à leur puissante et ordinaire Médiatrice : et il arriva, non sans une espèce de merveille, que Madame la Dauphine accoucha heureusement du Prince Monseigneur le duc de Bourgogne justement neuf mois et six jours après le commencement de ces prières, scavoir le 6 du mois d'août 1682.

« Ainsi, pourquoy ne pas croire pieusement que notre Bienheureuse employa son crédit pour procurer cette grâce autant avantageuse à la France que fortunée à la maison royale? et qu'en sa faveur Dieu prit plaisir d'entheriner la requête d'une Reine très vertueuse, étant si bien secondée des prières de toutes ces bonnes Religieuses. Toutes les circonstances établissent et confirment une idée si raisonnable.

« Il y avoit vingt mois moins six jours que le mariage de ces augustes personnes avoit été fait à Châlons, sans que Madame la Dauphine ait encore pu avoir de couches heureuses. Dans cette conjoncture, une grande Reine verse son cœur devant Dieu, et déploye toute sa piété pour conjurer le Ciel de vouloir bénir ce lit royal par la médiation d'une autre Reine, sur le tombeau de laquelle elle est humblement prosternée. Elle souhaite même cette prétieuse fécondité avec tant de passion qu'elle presse ces saintes filles de l'y vouloir appuyer de leurs prières. Enfin, les effets si ardemment souhaités s'en sont ensuivis, et cette bénédiction parut précisément neuf mois et six jours après qu'on eut fait des vœux pour ce sujet.

« Partant, et nos magistrats et tous ceux qui sont entrés dans leur même réflexion, en ont jugé avec prudence et avec équité, quand ils se sont persuadés que la charitable Philippa de Gueldre avoit contribué à cette heureuse naissance.

« On sçait assez, et c'est l'opinion des théologiens mystiques, que les Saints intercèdent dans le Ciel, avec une application très particulière, pour les personnes qui leur appartiennent sur la terre (1). »

Philippa avait goûté les joies de la maternité, elle avait su, par une heureuse expérience, ce qu'il y a de douceur et d'honneur à en remplir les sublimes devoirs. Elle qui avait été douze fois mère; elle qui avait donné des anges au Ciel et des Princes au peuple, ne pouvait rester insensible au cri d'angoisse poussé sur sa tombe. Nous avons vu comment elle y répondit, mais ce que nous ne saurions décrire, c'est la reconnaissance que lui voua la royale famille, au sein de laquelle apparut le cher petit Duc de Bourgogne.

« Le R. Père Nicolas Guinet, l'auteur des « *Additions à la vie de la Vénérable servante de Dieu* » nous a laissé dans ces pages intéressantes l'énumération des faits miraculeux que nous venons de rapporter, et à ce gracieux récit le pieux théologien ajoute sa note de reconnaissance personnelle qu'on aime à entendre résonner à deux siècles de distance. Voici comment il s'exprime :

« Nous ne pouvons omettre icy sans ingratitude ce qui nous est arrivé à nous même. L'an 1687, au commencement de juin, nous fûmes réglez par quatre

(1) R. P. Nicolas Guinet.

médecins à six heures de vie pour le plus : et pour dernière disposition à la mort, nous reçûmes par la grâce de Dieu tous les Saints Sacrements; après quoy l'on n'attendait plus que le moment de ce terrible passage.

« Ce fut dans cette importante occasion qu'on s'employa pour nous avec toute sorte de charité, et nous conservons d'éternelles obligations à toute la ville de Pont-à-Mousson en général, et, particulièrement, à toutes les Maisons religieuses des peines qu'elles eurent la bonté de prendre soit pour le salut de l'âme qui en avait un très grand besoin, soit pour la santé du corps, quoy que très inutile sur la terre.

« Entre les plus zélez, le Révérendissime P. Philippe Georges Général de la Congrégation de Notre Sauveur, nous apporta une serviette de remarque de Vénérable Serviteur de Dieu Pierre Fourier de Mataincourt, instituteur de la même Congrégation, aussi bien que de celle des filles de Notre-Dame. C'était une serviette qui avait été posée sur son estomac en la dernière maladie qui luy ouvrit le passage dans la bienheureuse éternité.

« La Révérende Mère Abbesse de Sainte-Claire sœur Françoise Clausse et toutes ses charitables Religieuses coururent à leur bonne Mère, la Vénérable Servante de Dieu sœur Philippa de Gueldre, et, après avoir fait sur son tombeau de très ferventes prières, qu'elles ont toujours eu la bonté de nous continuer depuis, pour dernière ressource, elles nous envoyèrent le Reliquaire dont nous avons parlé, pour nous exciter de plus en plus à recourir à cette Bienheureuse Reine.

Ayant donc été heureusement armez de ces deux

thrésors en qui nous avions grande confiance, nous attendions le dernier moment de combat : et voylà que tout à coup la fièvre, qui nous avoit abattu, cessa, et les quatre Médecins commencèrent à reconnêtre que nous sortions hors de péril, et avoûerent sincèrement que c'étoit un effet extraordinaire de l'opération divine.

« Que l'on raisonne encor un coup tant que l'on voudra, sur le cours des causes naturelles, après ce que nous devons à Dieu, nous ne pouvons jamais étoûfer les ressentimens de reconnaissance dont nous sommes redevables envers tant de personnes dévotes qui se sont employées pour nous auprès de Dieu, et très particulièrement envers ces deux charitables Médiateurs qui règnent dans le Ciel; dont l'un qui est le Bienheureux Pierre Fourier, est sur le point d'être canonisé par le Saint-Siège; et quand il plaira à Dieu de faire briller dans tout leur éclat les vertus très héroïques de la seconde qui est notre Bienheureuse Reine, et de manifester hautement que les excellentes opérations de sa grâce luy ont bien mérité cette gloire accidentelle, tout le Peuple Chrétien en recevra une très grande consolation; et c'est ce que nous espérons et que nous attendons de la divine Providence.

Nous ne sommes pas seuls persuadez des mérites et de la gloire d'une si sainte Princesse; la très Révérende Mère Abbesse, que nous venons de citer, nous assure que souvent plusieurs personnes de piété viennent non seulement l'invoquer et faire leurs dévotions à son tombeau; mais elles témoignent même qu'elles y reçoivent, des grâces et des soulagements très particuliers dans leurs nécessités tant spirituelles que corporelles.

« Dieu bénira peut-être un jour la sainte simplicité de ces bonnes Religieuses, qui, par des principes d'humilité et par une retenue trop scrupuleuse, se contentent d'imiter les vertus de leur sainte Princesse et de leur bonne Mère sans faire des remarques, comme le Révérend Père Antoine Richard le leur avoit recommandé il y a longtemps, et comme nous le leur recommandons pareillement, en attendant que leurs supérieurs réguliers leur en fassent un commandement exprès (1) »

Après avoir vu, par leur côté surnaturel, les faits divers dont se compose la vie de notre illustre héroïne, après avoir admiré les éclatantes vertus dont elle fut remplie, contemplé avec ravissement sa mort si précieuse, et constaté par de nombreux miracles la puissance de son intercession auprès de Dieu, on s'étonnera peut-être que la Sainte Eglise n'ait point décerné à la royale Clarisse de Pont-à-Mousson les honneurs d'une béatification solennelle que l'héroïcité de ses vertus nous semble si bien mériter.

Pourquoi, se demandera-t-on, Philippa de Gueldre n'a-t-elle pas la gloire de figurer dans le catalogue des Saints à côté de Louise de Savoie et de tant d'autres de ses contemporaines qu'elle égalait en vertu ? Comment se fait-il que la grande voix du Vicaire de Jésus-Christ ne se soit point élevée pour proclamer Bienheureuse après son trépas, celle que, de son vivant, il avait tant de fois louée à la face de toute la terre.

Pour répondre à ces diverses objections, les biographes de Philippa ont mis en avant, comme motif

(1) P. Guinet. Observation.

surnaturel et général, *sa grande humilité* : « Le Seigneur qui se plaît à glorifier ses Saints en les faisant les instruments de ses miséricordes, et les distributeurs de ses grâces, semble quelquefois respecter en eux, jusque dans les splendeurs éternelles, les vertus qui furent sur la terre l'objet de leur prédilection, afin d'exciter plus efficacement les fidèles à les imiter (1). » Or, nous savons jusqu'où elle le porta cet amour de l'humilité, Philippa qui, non contente d'avoir fait divorce avec toutes les grandeurs de sa condition, recherchait encore partout et toujours l'abaissement et l'oubli. Elle aimait à être ignorée, inconnue, et, pour y parvenir, elle était venue se cacher sous un voile épais, derrière de sombres et fortes grilles qui lui étaient comme l'enceinte d'un vivant tombeau. Là, elle vécut dans l'humilité, et dans l'humilité elle mourut. La Reine de Jérusalem avait demandé cette grâce : elle lui fut accordée et, jusque par delà la mort, le Seigneur semble favoriser son amour de l'effacement et de l'oubli.

Si la question de Béatification de Philippa de Gueldre eût été agitée à Rome, il y a lieu de croire au bienveillant accueil qu'elle y aurait reçu, et à l'empressement qu'eussent mis à la traiter les Révérendissimes Pères Commissaires.

D'autre part, le Saint-Siège, qui, en maintes circonstances, s'est plu à manifester hautement son estime pour les Princes de Lorraine, ainsi qu'il avait jadis témoigné de son admiration pour Philippa, n'aurait pas manqué alors de sanctionner son appréciation, et, appuyé sur les preuves si authentique-

---

(1) Abbé Guillaume.

ment vraies qu'on pouvait fournir, le Saint-Siège n'eût pas refusé de prononcer l'héroïcité de ses vertus et de donner en sa faveur le décret solennel de sa Béatification ou de sa Sainteté.

Mais cette cause de Béatification ne fut point portée en Cour de Rome. Les Princes de Lorraine, ni les Clarisses de l'Ave Maria ne prirent à ce sujet aucune initiative. L'affaire en demeura donc à l'état de projet.

Les premiers, absorbés par les graves événements religieux et politiques de cette époque, ne purent commencer aucune démarche, et, malgré le désir qu'en eurent tour à tour les successeurs d'Antoine le Bon, et les Princes de la Maison de Guise, la béatification de leur vénérable aïeule ne fut nullement poursuivie.

Toutefois, il reste évident que les uns et les autres gardèrent à sa mémoire un culte de profonde et religieuse vénération, et, avec le bon peuple Lorrain, les Princes considérèrent toujours Philippa comme « leur advocate et une grande Saincte ! »

Quant aux Clarisses de l'Ave-Maria, elles ne firent rien de plus. Une réserve excessive, et par trop regrettable, leur fit même omettre d'enregistrer, comme elles auraient dû le faire, bon nombre de grâces miraculeuses obtenues par l'intercession de leur Chère Bienheureuse.

Cette négligence, qui a valu à nos Mères les reproches de tous les biographes de la Sainte, n'était pas du reste sans leur causer de justes remords, ainsi qu'elles l'ont avoué dans l'épître dédicatoire de leur relation où il est dit :

« Avons eu crainte que ne fussions justement reprises, comme ce mauvais et paresseux serviteur qui cacha son talent en terre si nous tenons plus longtemps cachée ceste grande lumière de vertus et perfection laquelle a reluy entre nous en ceste saincte et dévote Princesse Madame Philippa de Gueldres, jadis espouse du Roy de Sicile, et depuis religieuse en nostre couvent de Pont-à-Mousson ».

Mais une fois cette relation écrite, les bonnes religieuses s'en tiennent là, et l'on ne voit pas qu'elles aient pris notes des nouvelles faveurs qui furent attribuées dans la suite au puissant crédit de la Bienheureuse.

Nous apprenons toutefois qu'après l'observation que leur en fit le Père Antoine Richard qui les reprit de ce que, « sachant les grâces particulières que plusieurs personnes avaient déjà reçues dans leurs afflictions spirituelles, et le soulagement qu'elles avaient reçu à des maux corporels par l'invocation de la bienheureuse Reine, elles n'en faisaient nulle remarque, » elles tinrent à devoir de consigner dorénavant les faits miraculeux. C'est dans ce but que fut écrit l'avertissement que l'on trouve dans l'abrégé de la Vie de la pieuse Duchesse (1), avertissement ainsi conçu :

« Les personnes qui auront été secourues par l'intercession de cette vertueuse princesse sont priées d'en informer les religieuses de Sainte-Claire, selon les connaissances qu'elles en auront, afin que cela puisse servir, dans la suite au procès de sa béatification, s'il plaisait à Dieu de leur accorder une si grande faveur (2).

---

(1) Par l'Abbé de Montis.
(2) Cité par l'Abbé Guillaume.

On le voit, la béatification de leur royale Sœur était pour les Clarisses de Pont-à-Mousson bien plus qu'un simple désir, c'était un espoir : espoir auquel n'ont pas encore renoncé celles de nos jours. N'a-t-on pas dit, en parlant d'une sainte et incomparable veuve, « qu'il était arrêté dans les desseins de Dieu qu'elle n'arriverait qu'après plus de mille ans à la gloire d'un culte public ?..... (1) Pourquoi cela ? Pourquoi Sainte Philomène, martyrisée dès les premiers temps, n'a-t-elle obtenu qu'au xix° siècle, et y a-t-elle obtenu si vite sa splendide auréole ?...... Pourquoi n'a-t-on vu briller que de nos jours le glorieux mystère de l'Immaculée Conception ?..... Pourquoi y a-t-il dans le Ciel des astres dont la lumière au témoignage des savants ne nous est pas encore parvenue ?... Ce sont les secrets de Dieu (2). »

Mais nous aimons à le redire, si des circonstances malheureuses empêchèrent les démarches relatives à la canonisation de Philippa de Gueldre, « l'opinion publique ne douta ni de la sainteté de la religieuse, ni de son crédit au ciel. On se plaisait à l'invoquer parce qu'elle exauçait bien des prières, et chaque année, à la Toussaint, quand venait cette fête touchante consacrée aux bienheureux de tout âge, de tout temps, de toute condition, dont la religion ne célèbre pas les mérites par un culte spécial, des âmes reconnaissantes honoraient de leurs hommages la vénérable Philippa de Gueldre (3). »

L'humble chapelle des Clarisses fut pendant plus de deux siècles un lieu de pèlerinage : les princes se

(1) Sainte Monique, M⁰ Bougaud.
(2) Idem.
(3) *Vie de la Duchesse*, par l'auteur de la *Vie de M. de Lorraine*.

mêlaient au peuple, dans cette touchante procession qui amenait chaque jour de pieux visiteurs au tombeau de la Reine de Sicile. Parmi ces visites princières, faites au royal sépulcre, les historiens mentionnent celles de la Reine de Hongrie, du Prince de Condé et de Marie-Thérèse d'Autriche. Nous avons déjà parlé de cette dernière, nous l'avons vue prosternée sur la tombe de Philippa, et nous savons comment fut récompensée sa foi.

Mais nous n'avons pas dit qu'un an après le trépas de la Bienheureuse, en 1548, la Reine de Hongrie « s'estima honorée » de demeurer parmi les compagnes de Philippa « pendant les jours les plus sacrés de la Semaine Sainte », de faire ses dévotions dans cette pieuse maison, et d'y laver elle-même, dans le Chapitre des religieuses, les pieds à treize des Sœurs. Dévotion peu commune dans une personne de ce rang, qui tira les larmes et les soupirs de toutes ces bonnes religieuses, par la tendresse d'un tel exemple d'humilité : « *La Reine de Hongrie étoit ceinte d'un linge*; *Madame la Duchesse de Lorraine portoit la serviette pour essuyer les pieds*; *Madame la Princesse de Macédoine, c'est-à-dire Madame de Guise, Anthoinette de Bourbon, et Madame la Princesse d'Orange, portaient le bassin l'une et l'autre, à genoux*; *la Reine lavoit les pieds et les essuioit, puis les baisoit humblement*, comme l'histoire le rapporte (1)..
On le voit, de royales fleurs d'humilité croissaient à l'ombre du saint tombeau, en mémoire des anéantissements de Jésus et des abaissements de son épouse.

Nous n'avons pas non plus parlé du passage d'un

(1) Vieux Mémoires. — Cité par le R. P. Guinet.

Prince célèbre au Monastère des Pauvres-Dames... Nous nous reprocherions d'omettre ce récit si touchant. Mérigot le fait avec une grâce et une fidélité qui nous engagent à le laisser parler une fois encore.

« Le Prince de Condé, passant en armes par la Lorraine, entra au Pont-à-Mousson. Les bonnes Religieuses craignaient à bon droict, ou pour elles, ou pour leur monastère. Ce prince estoit entouré d'un grand nombre de gens d'une religion nouvelle, gens sans respect, sans scrupule, sans conscience; gens qui n'aymoient pas beaucoup les Religieux, et qui creusoient les fondements de leur nouveauté dedans le desbris, dedans la cendre, dedans le saccagement de la vénérable antiquité.

« On avoit sorti de l'église tout ce qui pouvoit ouvrir l'appétit à ces affamés, qui abusoient impunément et du nom et de la bonté naturelle de ce grand Prince, de peur que l'occasion d'une proye, bien que légère, ne fût la cause de la perte et du débris de tant de servantes de Dieu.

« Mais le nom de Gueldre, l'authorité de Duchesse, l'estroite alliance entre les maisons de Bourbon et de Lorraine, et surtout la saincteté de Philippa, borna l'insolence de ces mutins. Ce brave Prince ne fut pas plustôst arrivé au Pont, qu'il se fit instruire du lieu où reposoit sa très chère Cousine, et aussi tost s'y rendit pour rendre l'honneur qu'il debvoit à sa mémoire.

« Il vit et honora son sépulcre, s'estima beaucoup et prisa pour la grande alliance qu'il avoit avec elle, admira la grandeur de son courage qui l'avoit ravallée du haut throsne de la souveraineté mondaine dedans ceste petite cabane de Monastère.

« Un Seigneur de sa suite, qui n'avoit des yeux que pour admirer la grandeur du monde, attribua à foiblesse d'esprit la généreuse résolution de ceste vertueuse Princesse, disant hautement que *c'estoit une grande folie de quitter tout pour rien, de Duchesse devenir servante, de puissante Royne et femme du plus glorieux et renommé Prince de son temps, tomber de guet-apens dedans un abysme de misère, de honte, de pauvreté.*

« Le courageux Prince fit taire ce pauvre mondain, luy disant d'un accent grave et plein de ressentiment :

« *Mon gentil-homme, elle estoit plus sage que nous.* »

« Et puis, sortant de l'église avec une très belle noblesse, mais fortement empoisonnée de l'aconit que le misérable Calvin avait desmeslé pour la ruine de la France, fit sonner la trompette, et protesta hautement qu'il prenoit l'église, le sépulcre de sa bien-aimée cousine, toutes les religieuses en sa protection. Qu'il vengeroit puissamment toutes les injures et excès qui se pourroient commettre ou contre la maison de Dieu, ou contre les cendres de la Saincte, ou contre l'innocence des religieuses, adjoustant qu'il debvoit cela à la mémoire, à la vertu, à la saincteté de celte incomparable princesse. »......

Hélas! ce qu'avait si pieusement vénéré et protégé le Prince de Condé; ce qu'avait respecté, sur son ordre, le fanatisme des hérétiques, ne devait pas trouver grâce devant la fureur révolutionnaire......

Il ne reste plus rien aujourd'hui des mausolées et des inscriptions dont se faisait gloire l'humble chapelle des Clarisses... Oserons-nous le dire, le plus saint de ses tombeaux, celui de la Bienheureuse Philippa a été indignement profané......

Mais si les hommes avaient le pouvoir de chasser les vierges qui veillaient à l'entour de cette tombe sacrée, ils ne pouvaient repousser les anges qui gardaient sous leurs ailes les restes précieux d'une épouse du Seigneur.

Pendant que les Vandales sacrilèges enlevaient le plomb du cercueil, plusieurs des personnes attirées soit par la curiosité, soit par le respect, se partagèrent, comme de véritables reliques, ces restes mortels de la Princesse qui avoit été pour leurs pères un sujet de si haute édification. Le Sieur Rauch, décédé brasseur à Pont-à-Mousson, qui avait lui-même ouvert le cercueil, remit à sa femme, qui le lui demandait, un des grands os du royal squelette.

Cette relique, enveloppée dans un morceau d'étoffe de soie, était conservée avec respect par le Sieur Rauch, qui, plus tard, en fit présent à M. Boiselle, vérificateur des poids et mesures à Nancy (1).

C'était le 30 septembre 1702 : au soir de cette journée néfaste, pour la première fois depuis 345 ans, le Monastère ne retentit point du chant doux et grave des Complies : l'orage avait dispersé ses vierges ; l'impiété furieuse avait ouvert et profané ses tombeaux.

Les cloîtres étaient déserts, la chapelle en ruines !!....

« O Dieu ! les nations ont envahi votre héritage : elles ont profané votre Saint Temple..... elles ont fait de Jé-

---

(1) L'Abbé Guillaume. (Un des grands ossements a été donné à M. Boiselle, qui a fait trois morceaux de sa relique. Il en a conservé un, et a donné les deux autres à M. le Marquis de Villeneuve-Trans, et à M. l'Abbé Guillaume, auteur de la *Vie de Philippa de Gueldre.*)

rusalem un monceau de ruines(1)!! Tel est le cri de douleur que peut laisser échapper le voyageur attristé, lorsque, traversant l'ancienne rue *des Sœurs Claires*, il voit l'église du célèbre monastère convertie en une remise.......

« L'on y distingue l'emplacement du sanctuaire pavé en dalles hexagones, arrêtées au côté de la nef par un cordon de pierres de tailles en ligne brisée. Les murailles du chœur, rejointes de chaque côté par le cordon séparatif entre le sanctuaire et la nef, devaient former avec ce cordon un décagone irrégulier. Sur les pans du mur, de chaque côté de l'abside, on voit deux médaillons ayant quatre-vingts centimètres de diamètre et représentant, celui du côté de l'Epître Saint-André, et celui du côté de l'Evangile, Saint-Barthélemy. Vers le milieu de l'Eglise, à gauche, en regardant le sanctuaire, on remarque l'encadrement d'une chapelle qui doit être celle de la Conception, sous laquelle a été déposé, dans un caveau, le corps de l'humble servante de Dieu, et qui renfermait « l'autel de pierre où la portraiture de feu la bonne Royne étoit couchée dessus, taillée en pierre et accoustrée et peinte comme une religieuse ».

« Cette belle petite chapelle, est-il dit dans la vie de Philippa, étoit bien peincte et décorée. Or, on voit encore, dans la partie supérieure, une double frise sculptée, dorée et de bonne conservation. Dans le montant de droite, et vers le milieu, est une torche renversée et dont la flamme s'éteint, symbole de deuil et de mort, attestant en ce lieu l'existence d'un monument funèbre. Derrière et sur le jardin, on peut

(1) Missel romain. Messe de plusieurs Martyrs pontifes.

voir, mais bien dégradée, une peinture murale représentant les divers instruments de la Passion, et dans le lointain deux tourelles assez semblables à celles de la porte de Notre-Dame de Nancy (1).

Voilà tout ce qu'il reste de cette chapelle où Philippa de Gueldre avait été consacrée épouse du Christ... où elle dormit deux cent quarante-cinq ans, aimée et admirée de tous, dans la tombe de pierre que lui avaient creusée ses fils !!! Ah ! un pieux auteur a eu raison d'écrire ces lignes émues et émouvantes :
« Des hommes indignes de ce nom se sont rués dans cette église avec la fureur de brutes et n'ont laissé derrière eux que des ruines. Rien n'a trouvé grâce à leurs yeux, ni la sainteté, ni le prestige d'un grand nom, ni l'art, ni le mérite, rien, pas même la tombe et l'inviolabilité qui la défend. Tout a été pillé, saccagé, mutilé, dispersé à tous les vents. L'enclos seul de ces saintes murailles, triste et dénudé, a échappé à la rage de ces sauvages.

« Un autre débris échappé à ces ruines, ajoute M. l'Abbé Hyver, est le sceau plaqué de l'abbaye. Les archives départementales renferment plusieurs requêtes revêtues de ce sceau. Il représente, dans une sorte d'ogive ornée, l'image de Sainte Claire patronne de l'abbaye. La Sainte porte entre les mains un ostensoir en souvenir du jour où elle mit en fuite les Sarrasins prêts à envahir son monastère. On lit dans l'exergue, en lettres gothiques : *S. Sanctæ Claræ Pontis-Moncionis*. Il a paru intéressant de sauver de l'oubli cette modeste relique de l'abbaye des humbles Clarisses de Pont-à-Mousson. »

(1) M. l'Abbé Guillaume.

Qui sait, si Dieu ne le conserve pas, ce sceau béni, pour le remettre, tôt ou tard, entre les mains de la première Abbesse d'un second Couvent de Sainte-Claire à Pont-à-Mousson.....

Mais, avant de sourire à l'espérance de cette résurrection, mon âme veut encore errer au travers des ruines de la vieille abbaye... mon cœur y veut pleurer parce que, de ce *lieu qui était vraiment saint*, on a chassé les filles de François et de Claire............

....

Asile de paix, qu'as-tu fait de tes vierges ?... Pauvre monastère, séjour bien-aimé, qu'es-tu devenu ?... Oh! laisse-moi pénétrer encore une fois dans ton enceinte, et baiser avec amour les traces des pas de mes Sœurs, aujourd'hui des Saintes dans le Ciel de mon Dieu... Ah! pourquoi faut-il que mon regard attristé ne rencontre plus ici que les ruines de notre ancien couvent ?...

O Murs, murs sacrés, pourquoi avez-vous consenti à ne plus abriter d'angéliques vierges et de chastes veuves ?... Monastère Séraphique ! où sont-ils maintenant tes lieux réguliers ?..... comment as-tu osé laisser changer leur destination ?... (1).

Le chœur, ce centre commun, où se rendaient, par

---

(1) Le chœur est aujourd'hui la salle des récréations de l'*Union des jeunes gens*. Une brasserie est établie dans une aile du cloître; on y distingue très aisément, au premier étage, un double rang de cellules éclairées par de petites fenêtres et accessibles par un corridor. Au rez-de-chaussée, se trouvent..., avec des fenêtres plus hautes, le parloir et probablement le réfectoire, ayant vue sur le jardin. Il se trouve encore une sorte de crypte qui pourrait bien être une de ces chapelles élevées dans le jardin par la piété de Philippa de Gueldre. Ce qui reste de l'ancien couvent et de l'église des Clarisses donne sur la rue des Jardins, ancienne rue des Clarisses ou des Sœurs Claire. (Note de M. l'abbé Hyver.)

une porte unique, toutes les religieuses que l'on voyait là, absorbées, durant de longues heures, dans la douceur de la contemplation et de l'amour ?...

Mais, depuis longtemps, ses dalles glacées ne sont plus foulées par leurs pieds nus, et elles ne reçoivent plus l'empreinte de leurs baisers brûlants... O sol tant de fois béni de ce mystérieux Sanctuaire, je ne vois plus maintenant perler sur toi ces larmes brillantes qu'arrachait aux épouses du Christ le sentiment de la tendresse et de la réparation... Ils ne t'effleurent plus ces fronts que le respect de Dieu courbait dans la poussière. Plus de chant!! Plus de psalmodie!! Plus de soupirs!! Les hymnes de louange dont ce lieu a retenti sont maintenant montées jusqu'à Dieu et nul écho n'en redit le son...

Et vous, ô Notre Dame, Sainte Vierge Marie, vous, l'Abbesse perpétuelle du monastère, avez-vous aussi déserté ce lieu ?... Elle n'est plus là cette aimable statue qui surmontait la chaire abbatiale, présidait aux exercices, et devant laquelle la Communauté entière se prosternait chaque soir pour recevoir de Marie une bénédiction que lui transmettait la main vénérée de la Mère qui présidait en son Nom... Là, on priait en commun; là, on se fortifiait dans la grâce, tout près de Celui qui, au Tabernacle, la donne avec une douce abondance.....

Petite église des Clarisses, toi aussi tu as perdu ton bonheur, car tu n'abrites plus mon Dieu... Désolante pensée!! Il n'est plus là Jésus-Hostie; c'est pourquoi, sur cet emplacement où il reposait jadis, je me prosterne et je pleure.......

Le cloître!! cette partie contiguë au chœur, dans laquelle aboutissent séparément tous les lieux réguliers, et qui, dans nos Monastères, porte si bien le cachet de la Sainte Pauvreté, qu'on le prendrait facilement pour un simple vestibule si de symboliques peintures, et l'atmosphère de silence et de recueillement qu'on y respire, ne révélaient l'existence d'un lieu presque sacré...... C'est là que les habitants du Monastère font leurs lectures, étudient les divines Ecritures, réfléchissant et priant tour à tour. On peut les voir alors, un livre spirituel ou le long rosaire dans les mains, tantôt s'asseoir gravement ou lentement marcher, tantôt debout, immobiles devant une de ces dévotes peintures, représentation d'un pieux mystère qu'ils contemplent et dont leur âme se nourrit.... Cloître béni, qu'on ne traverse jamais que les pensées de la foi à l'esprit, qu'avec des psaumes sur les lèvres, pourquoi as-tu permis à l'indifférence de te profaner... Comment les pensées du monde osent-elles y reparaître, après en avoir été jadis si énergiquement repoussées ?...

Le Chapitre!!! cette salle témoin des saintes pratiques d'une humilité profonde, où les religieuses n'entrent que le voile baissé et le cœur plein d'une sainte componction... d'où elles sortent toujours plus humbles et toujours plus fortes... de cette salle du Chapitre qu'en est-il resté ?...

Modeste réfectoire!!... où je crois voir encore mes Sœurs bien-aimées assises le long de ces tables étroites, ou prenant à terre leur pauvre repas, tu as aussi disparu à travers ces années de dévastation et de troubles; mais notre cœur aime à garder le souvenir des vertus admirables pratiquées dans ton enceinte...

Et toi, aimable Nazareth, petite salle des travaux communs, où l'éclat de grands noms cherchait à s'éclipser à l'ombre des plus bas offices, des plus humbles travaux... petite salle de Nazareth, atelier mystérieux, tu ne me réponds pas, et que de regrets provoque ton silence..... Redisons-nous, au moins, ce qu'il y avait d'intimité et de pure tendresse dans les rapports mutuels de nos Sœurs bien-aimées, et comme elles se le témoignaient librement et saintement durant les courts instants où il leur était permis de causer ensemble, dans un religieux cœur à cœur...

Et ce sombre couloir, aux murs dénudés, parsemés seulement de quelques sentences, que les monia's traversaient d'un pas grave, les yeux baissés, et au milieu duquel il me semble apercevoir glisser l'ombre des âmes souffrantes, qui revenaient du Purgatoire chercher soulagement et secours au couvent de l'Ave-Maria... Pauvres âmes, ne revenez plus dans ces lieux désolés : vos confidentes n'y sont plus !...

En vain, je les appelle, ces avocates des vivants et des morts, ces femmes presque célestes, auxquelles parlaient les anges et qu'attaquaient les démons... pas une voix ne sort de ces ruines, pas une de ces Sœurs chéries ne vient guider mes pas errants...

Elle est déserte cette allée du dortoir, ornée simplement de quelques pieuses images, et d'où mes Sœurs rentraient chacune dans leur cellule comme dans un Eden.

La cellule! ah! qu'on l'a bien nommée en l'appelant un petit coin du Paradis! Qui dira les divines émotions qui s'y éveillent, les doux parfums qu'on y respire, le calme qui nous y entoure, les salutaires réflexions qui s'y présentent, les pieux projets qui s'y mûrissent, les bonnes résolutions qui s'y prennent, l'énergie morale qu'on y trouve, les joies célestes qu'on y goûte... qui dira enfin les charmes de Celui qui nous y retient!...

Cellule chérie! douce retraite de l'âme en retraite qu'ils sont beaux tes murs blancs et nus! qu'elle est aimée cette petite fenêtre mi-close qui ne permet aux regards d'autres points de vue que ceux du firmament! Qu'il est attrayant surtout ce crucifix de bois, douce image de Celui que l'amour a rendu victime et prisonnier, et pour l'amour duquel je suis, moi aussi, victime et prisonnière dans toute la joie de mon cœur...

Mieux que les autres parties de l'édifice, on la distingue cette rangée de cellules, mais que d'avanies et d'insultes le vandalisme leur a fait subir.....

Mes yeux cherchent le noviciat, ce berceau de notre vie religieuse que de doux souvenirs nous font toujours aimer, et, ne retrouvant plus ce nid d'amour, ni les blanches colombes pour qui il était fait, mon cœur, dans sa tristesse, va s'épancher au lieu du dernier repos, dans ce modeste cimetière où dorment nos saintes Mères de l'Ave-Maria... Elles sont là, ces Mères, ces Sœurs vénérées, qui, dans le cours de ce récit, nous ont ravie par leurs vertus... Elles sont là, isolées, solitaires, et pas un ange de leur famille religieuse ne veille sur ces tombeaux oubliés.....

En sera-t-il ainsi longtemps encore?... en sera-t-il ainsi toujours?... Philippa, ô Bienheureuse Mère, ne rappellerez-vous point vos Sœurs sur ce sol béni qu'avaient concédé aux filles de Sainte Colette Charles de Lorraine et Marguerite de Bavière?... Des cendres de nos Mères, mêlées aux vôtres, Dieu ne fera-t-il pas renaître des Clarisses à Pont-à-Mousson?...

Pourquoi ne l'espèrerions-nous pas?... Notre siècle ne se voit-il pas traversé par de séraphiques phalanges que le Seigneur multiplie partout où Il lui plaît?... Que de ruines relevées en quelques années! que de monastères fondés! que de tabernacles élevés à Jésus-Hostie par les filles de Claire d'Assise! Et naguère encore, ne voyions-nous pas plusieurs de nos Sœurs chéries, s'envoler, ardentes comme des vierges, joyeuses comme des anges, vers les rivages d'Orient, et dresser leur tente sur la colline de Nazareth et dans les murs de Jérusalem, en attendant qu'elles aillent, bientôt peut-être, chanter à Bethléem le cantique du *Gloria* et à Ptolémaïs l'hymne des Vierges martyres...

Et le Cœur de Jésus qui a préparé cette floraison nouvelle, oublierait-Il de faire épanouir des fleurs sur les ruines du monastère de Pont-à-Mousson?...

Non, nous ne le pouvons croire... et il nous semble que, dans cette solitude désolée, sous un rayon d'amour, à l'instant voulu de Dieu, la Lorraine verra refleurir des violettes et des lis...

FIN DU TOME SECOND ET DERNIER

TABLE DES MATIÈRES

CHAPITRE XVIII

L'ŒUVRE DE SAINTE COLETTE EST MENACÉE. — L'ÉNERGIE ET L'HÉROISME DE PHILIPPA SAUVENT LA RÉFORME. — LES CLARISSES RECONNAISSANTES L'APPELLENT LEUR SECONDE MÈRE SAINTE COLETTE... 5

1521......	Les filles de sainte Colette tremblent pour l'œuvre de la Réforme.....................	5
	Guerre sainte entre les fils et les filles de François d'Assise...........................	6
	Ce que voulaient les Révérendissimes Pères Généraux................................	6
	Saint Jean de Capistran et sainte Colette....	7
	Les Colettines se souviennent du différend survenu entre ces deux Saints : Elles suivent le chemin frayé par leur sainte Réformatrice...............................	10
	Philippa encourage ses Sœurs et prend elle-même leur défense...	11
	Les Grands lui offrent leurs services, les Princes leur autorité, le roi son pouvoir..	12
	En quoi la Réforme était-elle menacée ?....	13
	Le monastère de Cambrai mis en émoi par la visite du R. P. Général............ ...	13
	Ce monastère n'est pas le seul dont les plaintes parviennent à celui de Pont-à-Mousson	14
	Philippa de Gueldre écrit aux communautés victimes, comme la sienne, de cette terrible tourmente, et les console admirablement................................	14
	Elle a recours au Souverain Pontife.........	15
	Le Saint-Siège se déclare en sa faveur. . ..	16
	Les Brefs des 13 et 25 mai 1521.............	16-17

18 mai.	Lettre de Paul de Soncino à la Bienheureuse Philippa.	18
	Les Clarisses Colettines croient avoir remporté une victoire complète	20
	Leur joie est de courte durée	21
	Lettre de la Mère Philippa au R. P. Provincial	21
	Bref papal du 16 novembre	22
	La Reine duchesse refuse d'avoir un confesseur autre que celui de la communauté	24
	Elle écrit au R. P. Provincial	25
	La lutte continue	29
1537	Elle ne se termine que sous le Pontificat de Paul III par le Bref du 19 octobre adressé à Philippa	30
	Reconnaissance des Clarisses de la Réforme envers leur seconde Mère sainte Colette	32

CHAPITRE XIX

LES GRANDES DOULEURS DE LA MÈRE. — LES PROFONDES TRISTESSES DE LA CHRÉTIENNE. — MORT DE FRANÇOIS DE LAMBESCQ. — CRIMES DES LUTHÉRIENS.................... 37

	Philippa avance toujours dans la voie royale de la sainte croix	38
1522	L'évêque de Verdun quitte l'habit ecclésiastique et devient comte de Vaudemont	39
	Tristesse qu'en dut ressentir sa sainte Mère	40
	La peste de 1522	40
	Conduite indigne de certains bourgeois	41
	Dieu réserve à son épouse le martyre du cœur	42
	Comment François de Lambescq aimait sa mère et combien Philippa aimait son douzième enfant	44
1524-1525	Le jeune comte part pour l'Italie à la suite de François I"	46
	Ce qu'était alors François de Lambescq et d'Orgon	47
	Tristes pressentiments de la duchesse : elle souffre en mère, et prie en religieuse	49
	La bataille de Pavie	50
24 février 1525	Philippa apprend par révélation la mort de son fils bien-aimé	51

DES MATIÈRES

Agonie de son cœur maternel...............	52
Jésus crucifié s'incline vers Philippa désolée, et sa bouche adorable lui fait entendre des paroles de divine consolation..........	55
Les compagnes de la Bienheureuse mêlent leurs larmes à ses larmes..................	57
Elles admirent son héroïque résignation...	61
La Bienheureuse, par des communications célestes, a connaissance des douleurs de la sainte Église et des crimes des Luthériens.	62
1524......... Les fils de saint François persécutés par les hérétiques.....	64
Philippa de Gueldre s'offre en victime à la Justice divine.........	65
Elle apprend avec terreur que vingt-quatre mille hérétiques s'avancent vers la Lorraine.................................	68
Divinement inspirée, elle fait appeler les Princes au Monastère.......	68

CHAPITRE XX

COMMENT LA BIENHEUREUSE PHILIPPA INVITE SES ENFANTS A VAINCRE ET A MOURIR. — ELLE PRIE AU PONT-A-MOUSSON, ET SES FILS TRIOMPHENT EN ALSACE. — ELLE PREND SOUS SA ROYALE PROTECTION LES MONASTÈRES PERSÉCUTÉS. — MORT DU COMTE DE VAUDEMONT................. 69

Les Princes répondent aussitôt à l'appel de leur Mère...........	70
Leur arrivée au Monastère de l'Ave-Maria..	70
Ce qui se passa dans le parloir de l'humble Couvent.................	71
Paroles enflammées par lesquelles la Bienheureuse Mère invite ses enfants à défendre la cause de la sainte Église................	72
Émotion des Princes et du peuple.....	74
Philippa rentre dans son oratoire, et pendant qu'elle prie le Seigneur des Armées, la noblesse et la bourgeoisie prennent les armes.	75
Antoine Ier prend le gouvernement des troupes : à ses côtés se rangent ses frères de Guise et de Vaudemont.	75
20 mai 1525... Victoire de Saverne..................... ...	76
Admirable conduite du duc de Gueldre. — Charles Egmont....................	81

1525...	Lettre de ce Prince au Souverain Pontife ...	82
	Grâce au courage et à la foi héroïque de leurs ducs, la Lorraine et la Gueldre sont sauvées	84
	Philippa prend sous sa protection les divers monastères de l'Ordre persécutés par les hérétiques..................................	85
	Ce que souffrirent les Clarisses de Genève...	86
	De la part que prirent à leur tristesse les Clarisses de Pont-à-Mousson................	86
	Héroïsme des Clarisses genevoises...........	87
	Admirable dévouement de leur Père Confesseur..	89
30 août 1535..	Elles sont chassées de la ville de Genève....	95
	Sous la protection du duc de Savoie et de Béatrix de Portugal son épouse, elles s'établissent à Annecy......................	96
	Reconnaissance des Clarisses persécutées envers leur bienfaitrice Philippa de Gueldre.	97
	Fragments de quelques lettres adressées par ces héroïques religieuses au monastère de Pont-à-Mousson..............................	98
	Le R. P. Guinot prouve que, du haut du Ciel, la Bienheureuse Philippa protège encore les religieux affligés et opprimés........	101
23 août 1528..	Mort du comte de Vaudemont au Siége de Naples...................................	104
	Douleur de Philippa............................	104
13 septembre	On lui rapporte le cœur de son fils, et elle veut que ce cœur repose dans la chapelle de son monastère........................	105
	Comment se conserve à Naples la mémoire de la mère et du fils.........................	107

CHAPITRE XXI

DÉVOTION DE LA BIENHEUREUSE PHILIPPA A LA PASSION. — LE PETIT ORATOIRE. — LA COURONNE D'ÉPINES. — EXTASES ET DÉFAILLANCES DE LA SAINTE MÈRE. — ELLE PARTICIPE AUX SOUFFRANCES DU CHRIST. — LE MONT DU CALVAIRE ET LE MONT D'OLIVET...... 109

La Mère Philippa vit dans les flammes du saint amour................................	109
Ce que font les Clarisses derrière leurs grilles.......................................	110

DES MATIÈRES

Le secret de la la Croix compris et aimé dans le cloître	112
Ce n'est pas Philippa qui vit, c'est Jésus-Crucifié qui vit en elle	112
Elle répand sa vie en sacrifice	113
L'oratoire de la Révérende Mère Philippa	114
Faveurs merveilleuses qu'elle y reçoit	115
Elle fait enlever les tableaux des armoiries de Lorraine et de Gueldre qui rappellent les gloires de sa famille	117
Elle ne conserve que le tableau des Rois de Jérusalem surmonté d'une couronne d'épines	118
Le diadème de l'Epouse du Christ	120
Philippa décore les divers lieux du monastère d'images de la Passion et de pieuses sentences	122
Elle donne le nom de Crèche de Bethléem à sa petite cellule	122
Le jardin de la Passion	124-131
Ce qu'est devenu le crucifix miraculeux	132

1539-1547.....
Par un privilège divin, Philippa participe aux souffrances du Christ	136
Ce qu'elle faisait pendant la semaine sainte et à l'aurore pascale	137-139
Le Mont du Calvaire et le Mont d'Olivet	141
Le Calvaire d'Auxonne	142
Une conférence à l'ermitage de l'Ave-Maria	145

CHAPITRE XXII

LIPPA ET L'EUCHARISTIE. — AMOUR ET IMMOLATION. — L'ÉPREUVE. — OUVRAGES ASCÉTIQUES A L'USAGE DE LA REINE DE SICILE.. 150

Les Clarisses ne savent qu'une chose : Jésus-Crucifié et Jésus-Hostie	151
Délices de Philippa au banquet des Anges	152
Son cœur succombe sous le poids des divines faveurs	152
Ses extases eucharistiques	153
Ce qu'elle faisait pour Jésus-Hostie	156
Ce qu'elle souffrait pour Jésus-Hostie	157
Dans de sublimes extases elle a connaissance des horribles sacrilèges commis envers le T. S. Sacrement	157

En voyant cette profanation des hosties, elle est triste jusqu'à la mort.................... 159
Elle s'offre en victime réparatrice............ 159
Dieu agrée le sacrifice...................... 159
L'épreuve : Philippa la supporte avec une générosité digne de son amour............ 160
Pour l'aider à vaincre la tentation, un religieux de la Réforme de Fontevrault compose pour la Duchesse le dialogue entre l'Ame et Raison...................... 162-168
Quelques autres ouvrages de la bibliothèque de Philippa............................ 168
Le Livre de vraie et parfaite oraison........ 168
La discipline de l'amour divin.............. 169
Les dialogues de saint Grégoire-le-Grand.... 169
La *Vie de Jésus-Christ*, par Ludolphe de Saxe 171
La Passion de Notre-Seigneur selon les quatre Évangélistes..................... 174
Merveilleux avantages que Philippa retire de la lecture spirituelle................. 176

CHAPITRE XXIII

LA TRÈS SAINTE VIERGE REINE DE L'AVE-MARIA. — DU GRAND AMOUR DE LA BIENHEUREUSE PHILIPPA POUR NOTRE-DAME.. 180

Comment on aimait et honorait la Reine des Vierges au monastère de l'Ave-Maria..... 181
Notre-Dame de la Portioncule ou Notre-Dame des Anges, berceau de l'Ordre séraphique. 181
Philippa instruit les Novices de la dévotion qu'elles doivent avoir à Notre-Dame....... 183
La Légende de la Couronne franciscaine.... 184
La Révérende Mère la Reine encourage les jeunes Religieuses en les conduisant aux pieds de la Consolatrice des affligés...... 189
Comment la Bienheureuse Philippa honorait le samedi.................................. 190
Sa douleur en apprenant les outrages faits à la Mère de Dieu......................... 190
1528........ Le crime du quartier Saint-Antoine à Paris; les luthériens brisent les Statues de la Vierge et de l'Enfant-Jésus................. 191
Réparation éclatante......................... 191
La Procession du 11 juin..................... 191

DES MATIÈRES

	Comment les Clarisses toussipontaines réparèrent les outrages faits à Notre-Dame....	192
	Ce qu'était la Vierge de Gand pour les ... ts de Sainte-Claire....	193
	Où se trouve aujourd'hui la chère Statue....	195
	Le *Salve Regina* des cloîtres séraphiques...	196
	Comment Philippa saluait chaque soir la Reine Mère de Miséricorde............	196
1529......	La chapelle de la Conception bâtie par Philippa............	199
	Bref du 22 février 1532..........	199
1535......	Autres indulgences accordées par le Cardinal Jean de Lorraine............	200
	Comment la chapelle de la Conception bâtie par la Reine de Sicile devint son tombeau	201
	Ce n'était pas le vœu de l'humble Religieuse qui avait déjà désigné le lieu de sa sépulture dans le cimetière du couvent........	202
	Les deux épitaphes.....................	202-203

CHAPITRE XXIV

DE LA DÉVOTION DE LA MÈRE PHILIPPA A SES SAINTS PROTECTEURS. — ELLE SANCTIFIE SES NUITS ET SES JOURS PAR LE CHANT DES LOUANGES DIVINES.................................. 205

Comment Philippa honorait :	
Son bon Père saint Joseph................	205
Saint François d'Assise..............	206
Sainte Claire............	206
Sainte Colette..........	206
Saint Antoine de Padoue............	206
Saint Nicolas................	207
Saint Claude.............	207
Son saint Patron	207
La Procession de saint Philippe...........	208
En aimant les Saints, la Bienheureuse les imite................	208
Ses veilles sacrées	209
Les Clarisses Colettines psalmodient le saint Office sur le ton indiqué par les Anges...	212
Les transports de la royale Clarisse pendant l'office de nuit et de jour...........	213
Le Bréviaire d'une moniale......	216

TABLE

A l'exemple du Roi-Prophète, sept fois le
jour, la Reine de Jérusalem chante les
louanges de son Dieu.................... 217
Au chœur comme partout la Bienheureuse
est le modèle de ses Sœurs............... 217
Comment elle ne quitta jamais Dieu pour les
hommes................................. 218
Comment elle quittait le monde pour Dieu.. 219
Le *Nunc dimittis* de l'Epouse de Jésus...... 220
L'étude des Saintes Ecritures ravit son âme 221
Elle baigne chaque jour son lit de ses lar-
mes, elle arrose sa couche de ses pleurs.. 221
De son amour pour le Créateur; de sa cha-
rité pour les créatures................... 223
Le monde ne connaît pas les saintes joies
des moines............................. 226

CHAPITRE XXV

HUMILITÉ ET PAUVRETÉ................ 228

L'humilité est la vertu préférée de la Bien-
heureuse Philippa de Gueldre............ 229
C'est aussi la vertu favorite des premières
Mères de Pont-à-Mousson................ 229
Attaques de l'enfer........................ 230
Récompenses du Ciel..................... 230
La royale Clarisse a oublié la signification
des armoiries de la duchesse de Lorraine. 236
Elle ne veut point qu'on l'appelle Madame.. 238
Elle reçoit humblement l'office de Portière
et de Jardinière........................ 238
Elle se nomme : petit ver de terre.......... 241
Comment elle s'exerçait à l'humilité........ 242
Son amour pour la sainte Pauvreté........ 245
Elle refuse le présent de son fils le Cardinal. 247
De sa joie à demander l'aumône pour la
pauvre Communauté.................... 248
Le voile de tulle de Hollande.............. 249
La robe de drap de Troyes................ 250
La vénérable Mère Philippa mange dans une
écuelle de bois et dans un plat d'argile... 251

CHAPITRE XXVI

OBÉISSANCE ET CHARITÉ................. 253

Philippa s'enivre des joies de la sainte Obéissance.................................. 254
Comment elle pratiquait cette vertu........ 254
Témoignage de ses historiens.............. 256
Témoignage de ses Sœurs................. 258
Son exactitude à demander les moindres permissions.............................. 258
Comment devait l'imiter un jour le Père Charles de Lorraine...................... 259
Ce que la vénérable Mère Philippa pensait de l'Obéissance........................... 261
Elle se plaît à dire et à prouver qu'elle est venue en religion non pour commander, mais pour obéir........................... 261
La Reine de Sicile fait par obéissance le sacrifice de sa cellule..................... 264
Sa charité pour ses compagnes............ 265
Les Sœurs cherchent le moyen de la rencontrer dans ses allées et venues pour avoir d'elle de saintes paroles............. 266
Comment elle les encourageait dans leurs peines et travaux....................... 269
De sa grande sollicitude et de son généreux dévouement pour les malades............. 272
Ses visites au cimetière................... 273
Ce qu'elle disait aux jeunes filles qui se préparaient à entrer au couvent de Sainte-Claire................................... 275
De sa tendresse pour ses enfants........... 278
En devenant religieuse, elle n'a point cessé d'être mère............................... 278
Fragments de deux de ses lettres à la duchesse de Guise....................... 279-281
De son amour pour son peuple............ 283

CHAPITRE XXVII

AMOUR DES SAINTES RÈGLES. — MORTIFICATION CONTINUELLE. 287

Comment on aima et observa toujours la sainte Règle au monastère de Pont-à-Mousson................................ 288

TABLE

Les Clarisses louent la régularité de leur Bienheureuse Mère Philippa 289
L'Abbé de Sainte-Marie fait l'éloge de celle des Clarisses. 290
Un discours de Philippa sur la fidélité aux Règles. 293
Comment le zèle de cette austère pénitente lui fit toujours refuser les moindres privilèges 296
La vision de Sœur Claude Manjeau......... 298
Du jeûne et de l'abstinence à Sainte-Claire de Pont-à-Mousson................. 301
Philippa et ses compagnes préfèrent mourir mille fois plutôt que de prendre une cuillerée de bouillon gras................ 301
Frugalité de leur pauvre table.............. 302
La légende du Frère Ipolite............... 303
Réflexions du R. P. Ange du Pas de Perpignan. 306
Philippa se plaint affectueusement des égards que l'on a pour elle. 307
Du très petit sommeil de la Duchesse....... 308
De sa fidélité aux petites choses........... 309
De son amour et respect pour la clôture.... 311
De ses mortifications et pénitences...... 311-314

CHAPITRE XXVIII

LES DERNIÈRES TRISTESSES. — PEINES ET SOUFFRANCES CROISSANTES. 315

1538	Mort de Charles Egmont...............	318
1539	De Renée de Bourbon.................	318
1544	D'Antoine Ier........................	319
1545	De François Ier......................	320

Douleurs du cœur maternel de Philippa.... 321
Tristesse de son âme...................... 322
Son dégoût de la terre.................... 322
Son désir du Ciel......................... 322
Elle veut mourir pour voir le Seigneur..... 322
Elle tombe malade........................ 323
Les souffrances, loin de diminuer sa ferveur, l'augmentent encore.................... 324
Les médecins assurent que son mal est divin................................... 325

DES MATIÈRES — 441

	Le présent de Jésus ou la pierre miraculeuse	326
	Cet instrument de martyre lui sert de stigmates, non en figure, mais en réalité.....	327
	Elle arrive au but de sa carrière dans des transports d'amour.........................	328
	Le jour de l'Assomption de Notre Dame, on appelle les princes près de leur mère mourante...	329
	Résignation de Philippa.........................	330
	Douleur de ses enfants...........................	331
1546.........	Inhumation du duc François Ier...............	332
	Des prières publiques se font pour la guérison de la Reine Mère............................	335
	Elle semble revenir à la santé comme par miracle..	337
	La fête de la Conception de la glorieuse Reine des Anges..	338
	Comment elle se commença et comment elle se termina..	338-341

CHAPITRE XXIX

MORT DE LA BIENHEUREUSE PHILIPPA........ 342

Jusque dans les ombres de la mort Philippa reste reine..	342
Elle n'a plus que des pensées de séraphin...	342
Toutes les Sœurs veulent recevoir ses derniers conseils...	343
Elle leur laisse de saintes maximes ; c'est son testament spirituel...........................	345
On lui apporte Jésus-Hostie dans la nuit de Noël...	350
On célèbre dans sa cellule la Messe du jour..	351
Les douleurs de la sainte malade croissent avec sa patience..................................	351
La famille royale fait plusieurs voyages à Pont-à-Mousson....................................	352
Philippa conjure ses Sœurs de ne plus prier pour sa guérison..................................	353
Elle leur dit publiquement un dernier adieu	354
Douleur des Pauvres-Dames.......................	354
Les Novices viennent voir la Révérende Mère la Reine et lui parlent des prières	

	qu'elles font au Noviciat pour obtenir sa guérison...............	355
	Philippa leur fait de doux reproches.........	355
	L'Epoux des Cantiques appelle sa Bien-Aimée.................	356
	Philippa renvoie ses médecins au grand regret des religieuses.................	356
	On va bientôt les chercher, car la sainte malade baisse de plus en plus............	356
22 février....	Elle reçoit en viatique le précieux Corps de Notre-Seigneur.................	357
	Elle fait sa profession de foi, renouvelle ses saints vœux, demande l'Extrême-Onction, les prières de ses Sœurs et tout ce qui sera nécessaire pour l'ensevelir.......	358-359
	La Reine de Sicile se fait coucher sur un lit de cendres.................	359
23 février....	Elle reçoit les saintes huiles............	360
	Le vendredi elle prophétise le jour de sa mort.................	361
24 février....	Les Princes accourent au monastère pour recevoir le dernier soupir de leur Mère....	362
	La sainte religieuse leur reproche doucement de venir voir mourir une pauvre religieuse. Derniers adieux............	362-363
	Les Sœurs voient avec angoisse poindre l'aurore du samedi............	364
	Admirable exhortation du duc de Guise.....	366
	Philippa de Gueldre demande son voile de Profession et s'en recouvre en le baisant.	367
	On fait de nouveau la recommandation de l'âme.................	368
	Christine de Danemarck, la Princesse de Macédoine et plusieurs autres membres de la famille ducale entrent dans la cellule.................	368
	Philippa bénit une dernière fois ses enfants et ses petits-enfants............	368
25 fév. 1547..	Pendant qu'on récite le *Salve Regina*, elle rend doucement sa belle âme à Dieu, après quarante heures d'agonie............	369
	Douleur des Princes et des religieuses......	370
	Le confesseur de la Reine rend témoignage à son innocence............	371
	Les oiseaux chantent à l'heure de sa mort..	371

DES MATIÈRES   443

Philippa de Gueldre, s'élevant dans la gloire,
  est aperçue par ses Sœurs................ 372
Éloge de la Bienheureuse dans le Martyrologe du P. Arthur du Moutiers............ 373

CHAPITRE XXX

LES FUNÉRAILLES DE LA BIENHEUREUSE PHILIPPA. — DIEU GLORIFIE
SON TOMBEAU 375

	Comment se passa la nuit du samedi au dimanche............	375
	Saint François d'Assise et saint Antoine de Padoue apparaissent près du corps de la sainte défunte..................	376
26 février....	Philippa est embaumée par l'ordre de ses enfants................	378
	Les chirurgiens découvrent la pierre miraculeuse cause de ses souffrances............	379
	Madame la Princesse de Macédoine réclame ce précieux trésor.............	380
	Les religieuses ne le lui cèdent qu'à regret.	380
	On enterre solennellement les entrailles de la Bienheureuse................	381
	Revêtue des saintes Livrées de l'Ordre et couronnée de fleurs, la sainte défunte est déposée dans un cercueil de plomb..........	381
	Les Princes désirent ramener à Nancy le corps de leur Mère................	382
	Résistance des Clarisses : elles opposent le cinquième vœu qu'avait fait Philippa......	382
	La famille ducale n'insiste pas............	382
	Elle fait élever à la Reine de Sicile un magnifique tombeau...............	382
	On expose le saint corps dans la chapelle des religieuses, et, après les services solennels, le peuple est admis à contempler la défunte et à lui donner l'eau bénite...........	383
	Une scène touchante se passe à l'église......	383
	Comment se décida la vocation d'un martyr de Gorcum................	384
	Le 16 mars on transporte le corps au cloître	385
	Il y demeure jusqu'aux obsèques solennelles	385
	Les Religieuses veillent tour à tour près de leur bonne Mère................	385

	Pendant ce temps, on achève le royal tombeau................................	386
13 juillet.....	La cérémonie des funérailles	388
	Le peuple célèbre les vertus de la vénérable défunte................................	389
	Les Religieuses éplorées disent un dernier adieu à leur chère Dame et Mère.........	390
	Un parfum suave s'échappe du tombeau et du cercueil où sont enfermés les précieux restes de Philippa.......................	390
	La bonne Reine est proclamée sainte par la voix du peuple...........................	393
	On honore sa mémoire.................... ...	393
	La procession de saint Philippe se continue chaque année...........................	394
	On vient prier sur le tombeau de la royale Religieuse.............................	394
	Du haut du Ciel elle veille sur tous..........	394
	Faveurs célestes accordées au monastère qui gardait le corps de la Bienheureuse Philippa de Gueldre...	395-397

CHAPITRE XXXI

FAVEURS OBTENUES PAR L'INTERCESSION DE PHILIPPA DE GUELDRE. — SOUVENIRS. — REGRETS. — ESPOIR......... 398

	Guérison miraculeuse du fils du seigneur de Rupigny................................	398
	Le Révérend Père Richard obtient des Mères Clarisses d'emporter le reliquaire de Philippa..................	400
	Nouvelle faveur obtenue par l'intercession de la Bienheureuse......................	401
1518.........	Guérison de Menne Turquat................	403
	La prophétie de Bude.....................	405
	Bruits mystérieux entendus dans le tombeau de Philippa...........................	407
1681.........	Marie - Thérèse d'Autriche prie sur cette tombe royale	408
	Comment elle fut exaucée..................	410
	Le Révérend Père Guinet raconte sa guérison miraculeuse........................	411
	Obstacles survenus à la canonisation de Philippa................................	414

DES MATIÈRES 445

	Néanmoins, personne ne doute de sa sainteté	416
1548...... ...	Séjour de la Reine de Hongrie au monastère de Sainte-Claire............................	419
	La visite du prince de Condé au tombeau de sa cousine.........	420
	La Terreur. — Profanation des tombes......	421
	Ce que sont devenus les restes de la Bienheureuse Philippa...........................	422
30 sept. 1792.	Les Clarisses sont chassées de leur cloître..	423
	Ce qu'est devenu le monastère de Pont-à-Mousson.............	423
	Souvenirs et regrets....................	425-429
	Rayon d'espoir.............................	430

FIN DE LA TABLE DES MATIÈRES DU TOME SECOND

ERRATA

Page 12 lire *auprès* au lieu de *auprés*.
— 24 — *Constitutions* au lieu de *Constitution*.
— 51 — sans *doute* au lieu de sans *double*.
— 52 — *sérénissime* au lieu de *sénérissime*.
— 56 — *s'y* était enfermée au lieu de *s'était* enfermée.
— 114 — *dedans* Dieu même au lieu de *devant* Dieu même.
— 119 — *paraît* au lieu de *parait*.
— 126 — *simple* fait au lieu de *faible* fait.
— 127 — *contredicts* au lieu de *contedicts*.
— 132 — *prières* au lieu de *prières*.
— 141 — *un* ingénieux au lieu de *uu* ingénieux.
— 142 — ne le *sçauraient* au lieu de ne le *scauroient*.
— 142 — *Dans la* construction au lieu de « *Dans la*...
— 160 — *Bethléem* au lieu de *Betléem*.
— 175 — que les Juifs ont *placée* au lieu de ont *placé*.
— 176 — *il est vrai* au lieu de *il erai*.
— 193 — *méritait* les hommages au lieu de *méritaient*.
— 198 — en *ses* jeunes années au lieu de *ces*.
— 219 — et dévotement *faisait* au lieu de *faisaient*.
— 232 — *Sainte-Marie* au lieu de *Sainte Marie*.
— 242 — *elle* les forçait au lieu de *elles*.
— 248 — *pauvre* au lieu de *pavure*.
— 285 — *clausule* au lieu de *clausu le*.
— 290 — *continuelles* au lieu de *continuel*

Grenoble, impr. BARATIER et DARDELET.

www.ingramcontent.com/pod-product-compliance
Lightning Source LLC
Chambersburg PA
CBHW070606230426
43670CB00010B/1430